农业农村法治发展报告
2022年度

农业农村部法规司

中国农业出版社
北　京

编 委 会

主　　　编：王乐君

副　主　编：陈朱勇　刘兆光　许海晨　杨东霞

编写组成员：冯汉坤　王　娜　韩文博　冯　慧

　　　　　　王玉娜　于　冰　赵　明　刘天宇

　　　　　　陈　亭　秦静云　刘　怡

党的二十大报告首次单独把法治建设作为专章论述，强调发挥法治固根本、稳预期、利长远的保障作用，在法治轨道上全面建设社会主义现代化国家，充分凸显了法治建设事关根本的战略地位，强化了法治建设服务保障党和国家工作大局的战略任务，是我们党在新时代坚持全面依法治国、推进法治中国建设的纲领性文件，是新时代新征程推进农业农村法治建设的行动指南。

党的十八大以来，农业农村部门坚持以习近平法治思想和习近平总书记关于"三农"工作的重要论述为指引，推动法治建设取得全面重要突破性进展。制定实施《中华人民共和国乡村振兴促进法》，明确了乡村振兴的总目标、总方针、总要求，构建起实施乡村振兴战略的"四梁八柱"。10年来制修订22部法律、20部行政法规、83部部门规章；组建一支10万人的农业综合行政执法队伍，成为"三农"工作的重要力量；深入推进农村学法用法示范户培育和农村法治教育基地建设，尊法学法守法用法的乡村法治氛围正在形成；部级行政许可事项精简过半，证明事项全面实行告知承诺制，行政审批全程电子化办理加快推进。

农业农村法治建设是全面依法治国的重要内容，农业农村法治工作是法治政府建设的重要组成部分。为分享研究成果和经验做法，促进交流借鉴，特编辑出版《农业农村法治发展报告（2022年度）》。本书共分为6章，对2022年农业农村法治建设总体情况进行了总结分析，选取了地方年度法治政府建设工作报告和经验做法，收录了农业农村法治建设研究成果、农业农村普法机制创新案例、农业综合行政执法典型案例，梳理了农业农村法治建设的历史变迁。全书从理论分析到实践探索，从宏观研判到地方经验，力求全面、客观地反映我国农业农村法治建设的历程与现状，供研究与参考，不足之处，请予指正。

目 录
CONTENTS

第三章 农业农村普法机制探索创新

第四章 农业农村法治研究和调研报告

第一章
农业农村法治建设情况

01

农业农村部2022年度法治政府建设情况报告

2022年，农业农村部坚持以习近平新时代中国特色社会主义思想为指导，深入学习宣传贯彻党的二十大精神，坚决贯彻落实中共中央、国务院关于法治政府建设重大决策部署，农业农村法治建设和法治政府建设取得新进展新成效，为全面推进乡村振兴、加快建设农业强国提供了有力法治保障。

一、深入学习贯彻党的二十大精神，加强党对法治建设的组织领导

（一）坚决贯彻习近平法治思想和党中央全面依法治国决策部署

贯彻落实习近平法治思想和全面依法治国"一规划两纲要"，将法治政府建设重大部署分解细化，纳入有关规划计划和部党组年度重点工作任务，在全国农业农村厅局长会议上作出部署，定期调度进展，认真抓好落实。对标对表党的二十大报告关于全面依法治国有关部署，将法治重点任务列入中央一号文件，细化为省级党委政府乡村振兴战略实绩考核指标，与贯彻落实党中央关于"三农"工作重大决策部署一体谋划、协同推进。

（二）健全完善法治建设工作推进机制

部党组书记、部长唐仁健同志履行推进法治建设第一责任人职责，担任部依法行政工作领导小组组长，将法治建设情况列入年度述职报告重点内容。全年8次主持召开部党组会、部常务会，研究推进农业农村法治建设重点举措。落实农业农村部《关于全面推进农业农村法治建设的意见》，把法治建设作为部绩效管理的重要内容，对司局单位依法行政、依法履职情况开展绩效考核。

（三）全面推行依法科学民主决策

严格落实《中共农业农村部党组讨论和决定的重大事项清单》，完善"三重一大"事项集体讨论决策机制，将调查研究、公众参与、专家论证、风险评估、合法性审查和集体讨论决定作为重大行政决策的必经程序，推进工作强调依法依规、实事求是，提高决策科学化、民主化、法治化水平。充分发挥法治工作

机构、法学研究机构、法律专家顾问作用，为重大决策提供法律支撑。

（四）提升干部法治思维和依法行政能力

把法治教育纳入干部教育培训重点内容，在处级干部任职培训班、初任公务员及部属事业单位新录用人员培训班中开设法治课程，组织机关干部行政复议应诉知识专题培训，推动干部提高法治素养，在工作中自觉把法治作为行政决策、行政管理、行政监督的重要标尺。组织部系统干部参加全国普法办公室举行的党内法规、宪法、民法典、国家安全法律知识网上竞赛活动。

二、加快完善农业农村法律规范体系，以良法促进发展、保障善治

（一）推进重点领域法律制修订

围绕农业高质量发展，配合全国人大常委会制修订公布《中华人民共和国农产品质量安全法》、《中华人民共和国畜牧法》、《中华人民共和国黄河保护法》、《中华人民共和国野生动物保护法》。围绕全方位夯实粮食安全根基，配合立法机关制定公布《中华人民共和国黑土地保护法》，推动加快《中华人民共和国粮食安全保障法》、《中华人民共和国耕地保护法》制定进程。围绕深化农村集体产权制度改革、发展壮大新型农村集体经济，推动加快农村集体经济组织立法进程，草案已经全国人大常委会初次审议。

（二）加强规章规范性文件配套

贯彻落实有关法律、法规、规划和重大改革要求，制定实施年度立法工作计划，2022年新制定出台《病死畜禽和病害畜禽产品无害化处理管理办法》、《外来入侵物种管理办法》，修改《动物诊疗机构管理办法》、《执业兽医和乡村兽医管理办法》、《动物检疫管理办法》、《动物防疫条件审查办法》等9件部门规章，废止8个规范性文件。

（三）严格规范性文件合法性审核

全面推行行政规范性文件合法性审核机制，严把审核范围、内容和责任关，对没有法律法规依据增加管理相对人义务、超越职权对地方提工作要求、拟出台政策与法律不一致等问题，及时指出存在的问题，在法治框架内寻求可行的对策，以实事求是的态度推动工作，确保农业农村部制发及上报中共中央、国务院的规范性文件合法有效，从源头上防止违法文件出台。

三、深入实施农业综合行政执法能力提升行动，充分发挥护农保障作用

（一）推动农业综合行政执法改革走深走实

制定《农业综合行政执法管理办法》、《全国农业综合行政执法基本装备配备指导标准（2022年版）》，对农业综合行政执法机构和人员管理、执法行为、执法条件保障、执法监督等进行统一规范。组织各地围绕省、市、县三级农业综合行政执法机构"三定"印发、人员划转、执法办案、装备配备、执法着装、培训考核等开展交叉互评，加强交流互鉴、补强短板弱项。

（二）全方位提升执法队伍能力素质

制定《关于加强农业行政执法培训工作的指导意见》，构建部、省、市、县四级培训体系。举办地方执法骨干培训班和新进人员网络培训班，培训各级农业行政执法人员超3万人次。组织全系统开展执法练兵比武活动，在湖北省武汉市举办首届全国农业综合行政执法大比武总决赛，组织开展执法办案能手评选，打造专业化、职业化、现代化的执法队伍。命名第四批全国农业综合行政执法示范窗口80个、示范单位30个，发布2022年度农业行政执法典型案例、农业执法保障粮食安全典型案例和第二批指导性案例。

（三）聚焦重点领域强化执法办案力度

部署开展"护奥运保春耕"专项执法行动，继续组织开展种业监管执法年活动，建立"种业执法直通车"，依法严厉打击套牌侵权等违法犯罪行为。督促指导各级农业综合行政执法机构加大品种权保护、农资质量、农产品质量安全等重点领域执法力度，加大违法案件查处力度。2022年全国农业综合行政执法机构累计出动执法人员455.26万人次，查办违法案件11.36万件，挽回经济损失4.94亿元。

四、持续巩固"放管服"改革成果，优化涉农营商环境

（一）深入推进农业农村领域"放管服"改革

贯彻落实国务院"放管服"分工方案，召开部推进职能转变和"放管服"改革工作领导小组会议，制定《农业农村部关于进一步深化"放管服"改革的意见》、《深化"放管服"改革优化营商环境重点任务分解落实安排》，进一步明确改革指导思想、工作目标和基本原则，细化21项重点任务的责任单位和进度安排。

（二）以清单管理促进审批规范化建设

落实行政许可事项清单管理制度，编写行政许可事项实施规范338项，研究制定监管规则和标准，逐事项明确监管依据、监管措施，国务院"放管服"简报刊发农业农村部许可事项清单管理经验。贯彻落实中共中央办公厅、国务院办公厅关于权责清单编制工作部署，编制形成包含277项权责事项的农业农村部权责清单草案报中央机构编制委员会。

（三）着力提升政务服务便利化水平

开展种子审批服务开放日活动，聘任15位企业负责人及专家代表作为第三届行政审批服务监督员。完成国务院首批营商环境创新试点5个业务系统、4项数据和8个电子证照信息的互联互通和数据共享工作。部政务服务大厅2022年共受理各类申请12.06万件，办结11.95万件，按时办结率、好评率均为100%。行政审批办公室被共青团中央认定为"一星级全国青年文明号"。

五、深入推进法律宣传实施，畅通农村普法"最后一公里"

（一）持续推进乡村振兴促进法宣传贯彻实施

持续开展乡村振兴促进法学习宣传，帮助干部群众准确理解法律精神，推动法律确立的重要制度、重要机制有效实施，为全面推进乡村振兴夯实法治根基。配合全国人大常委会开展乡村振兴促进法执法检查，联合全国人大农业与农村委员会召开法律实施一周年座谈会，对进一步贯彻实施好乡村振兴促进法进行再部署、再推进。

（二）全面启动农村学法用法示范户培育

将培育农村学法用法示范户作为畅通农村普法"最后一公里"的重要抓手，目前全国已认定农村学法用法示范户30余万户，开展学法用法示范户线下培训3.1万余次。联合司法部印发农村学法用法示范户标志牌统一样式，针对新制修订的涉农法律法规和农民群众关心关注的法律问题，累计设计30门农民学法用法课程，各级农业综合行政执法机构为示范户开展"结对子"法律服务4.5万余次。

（三）全方位多层次开展送法下乡活动

组织开展"宪法进农村"活动，联合中共中央宣传部、司法部、全国普法办公室开展"民法典进农村"活动，组织各类普法活动3000余场次，参与农民群众达360多万人。举办"乡村振兴、法治先行"2022年中国农民丰收节普法直播活动，邀请法治专家、基层干部、农村学法用法示范户解读法治问题，讲述学法用法故事。利用全国农业综合行政执法、农业农村法治微信公众号和各类新媒体平台讲好农村普法故事，印发通知推介农村普法典型案例10个、学法用法优秀视频16个。

六、妥善化解涉农争议纠纷，提高农业农村依法治理水平

（一）认真做好行政复议应诉工作

发挥行政复议内部监督、主动纠错和预防诉讼风险的作用，依法平稳有序有效化解行政争议。2022年办理行政复议案件157件；办理行政应诉案件15件，胜诉率100%。严格落实集体会商、专家研讨工作机制，妥善处理复杂敏感案件，努力做到"案结事了"，实现法律效果和社会效果的有机统一。

（二）妥善化解土地承包经营纠纷

加强农村土地承包经营纠纷调解仲裁体系建设，研究起草农村土地承包仲裁员职业技能培训规范，指导地方探索建立分级分类仲裁员培训体系。督促各地调解仲裁机构依法规范运行，及时调处矛盾纠纷，维护当事人合法土地承包经营权益。目前全国共设立农村土地承包仲裁委员会2595个，仲裁委员会人数5.1万人。

（三）依法办理涉农信访事项

2022年共接待群众来访2314人次，办理群众来信5381件次，部长信箱4750件次，网上信访2680件次。针对群众反映集中的问题，组织开展调查研究，分析找出症结所在，提出加强督促落实、完善政策措施的意见建议。组织信访突出问题专题会商，积极化解信访积案，消除风险隐患。

（四）加大政府信息公开力度

聚焦"三农"重要政策、重点工作、重大事件，及时主动公开发布权威信息，2022年通过农业农村部门户网站主动公开政策法规、建议提案答复、工作动态等各类信息941件，实时播报新闻发布会8场，网站总点击量79.2亿次，总浏览量53.2亿次。办结农业统计数据、农村集体经济、土地确权、种质资源、农药、农田建设等方面信息公开申请628件。全年主动公开率、按时公开率和依申请公开按时答复率均保持100%。

2023年，农业农村部将以习近平新时代中国特色社会主义思想为指导，全面贯彻落实党的二十大精神，深入贯彻落实习近平法治思想和习近平总书记关于"三农"工作的重要论述，锚定建设农业强国目标，依法守牢确保粮食安全、防止规模性返贫等底线，扎实推进乡村发展、乡村建设、乡村治理等重点工作，为全面推进乡村振兴、加快建设农业强国提供法律制度支撑和全方位法治保障。

农业农村立法工作取得新进展新成效

2022年，农业农村部坚持以习近平新时代中国特色社会主义思想为指导，深入学习贯彻习近平法治思想和习近平总书记关于"三农"工作的重要论述，认真落实全国人大常委会和国务院立法工作部署，坚持立法决策与改革决策相衔接，将社会主义核心价值观融入立法，深入推进科学立法、民主立法、依法立法，加强农业农村重点领域立法，推动农业农村法律规范体系不断健全完善，为全面推进乡村振兴、加快农业农村现代化提供有力法律制度保障。截至目前，农业农村领域现行有效的法律24部、行政法规28部、部门规章144部、地方性法规规章600多部，"三农"工作重要领域和主要行业实现了有法可依。

一、习近平法治思想为新时代科学立法提供了根本遵循

党的十八大以来，以习近平同志为核心的党中央高度重视立法工作。习近平总书记对新时代科学立法的目标方向、任务要求、重要原则、体制机制等进行了全面阐述，深入回答了科学立法中的重大问题，这是习近平法治思想的重要组成部分，为新时代坚持科学立法提供了根本遵循。

一是始终坚持、不断加强和改进党对立法工作的领导。习近平总书记鲜明指出："党的领导是我国社会主义法治之魂，是我国法治同西方资本主义国家法治最大的区别。"《中共中央关于全面推进依法治国若干重大问题的决定》明确，加强党对立法工作的领导，完善党对立法工作中重大问题决策的程序。凡立法涉及重大体制和重大政策调整的，必须报党中央讨论决定。《中共中央关于加强党领导立法工作的意见》进一步明确了党领导立法工作的指导思想、基本原则、方式方法和组织保障等内容，为立法工作更好地坚持党的领导提供了重要遵循。

二是坚持立法以人民为中心。坚持以人民为中心的根本立场是习近平法治思想的重要组成部分，习近平总书记就此多次指出："我们必须始终坚持人民立场，坚持人民主体地位"、"必须坚持法治为了人民、依靠人民、造福人民、保护人民"、"要坚持人民主体地位，把体现人民利益、反映人民愿望、维护人民权益、增进人民福祉落实到依法治国全过程，使法律及其实施充分体现人民意志"，这些重要论述深刻揭示出我国立法的本质要求和价值取向。《中华人民共和国立法法》充分体现了以人民为中心的立法理念，明确规定了立法公开原则，

对立法论证、听证、法律草案征求意见等作了明确规定，确保每一项立法体现宪法原则和最广大人民的根本利益。

三是坚持和发展全过程人民民主。发展全过程人民民主，保障人民当家作主，是党中央明确提出的任务要求。2019年，习近平总书记在全国人大常委会法工委基层立法联系点考察时，第一次提出"人民民主是一种全过程的民主"的重要论述。2021年，习近平总书记在"七一"重要讲话中再次强调"发展全过程人民民主"，为发展全过程人民民主进程指明了方向。党的二十大报告把发展全过程人民民主确定为中国式现代化本质要求的一项重要内容，强调全过程人民民主是社会主义民主政治的本质属性，对"发展全过程人民民主，保障人民当家作主"作出全面部署、提出明确要求。

四是坚持全面推进科学立法。习近平总书记深刻指出："推进科学立法、民主立法，是提高立法质量的根本途径。科学立法的核心在于尊重和体现客观规律，民主立法的核心在于为了人民、依靠人民。"推进科学立法，关键是完善立法体制。习近平总书记强调："要优化立法职权配置，发挥人大及其常委会在立法工作中的主导作用，健全立法起草、论证、协调、审议机制，完善法律草案表决程序，增强法律法规的及时性、系统性、针对性、有效性，提高法律法规的可执行性、可操作性。"习近平总书记还就丰富立法形式提出，"可以搞一些'大块头'，也要搞一些'小快灵'，增强立法的针对性、适用性、可操作性"。党的二十大报告进一步明确，推进科学立法、民主立法、依法立法，统筹立改废释纂，增强立法系统性、整体性、协同性、时效性。

五是紧紧抓住提高立法质量这个关键。在十八届中央政治局第四次集体学习时，习近平总书记指出："人民群众对立法的期盼，已经不是有没有，而是好不好、管用不管用、能不能解决实际问题；不是什么法都能治国，不是什么法都能治好国；越是强调法治，越是要提高立法质量"、"发展要高质量，立法也要高质量。要以立法高质量保障和促进经济持续健康发展。"2021年10月，习近平总书记在中央人大工作会议上指出："要抓住提高立法质量这个关键"、"要在确保质量的前提下加快立法工作步伐，增强立法的系统性、整体性、协同性，使法律体系更加科学完备、统一权威"，这些重要论述深刻阐述了新征程提高立法质量的重要性、目的、途径和方法，使立法工作有了清晰的目标和努力方向。

六是加强重点领域、新兴领域、涉外领域立法。习近平总书记多次对立法的目标任务和重点方向作出重要论述："要加强重点领域立法，及时反映党和国家事业发展要求、人民群众关切期待，对涉及全面深化改革、推动经济发展、完善社会治理、保障人民生活、维护国家安全的法律抓紧制定、及时修改"、"要积极推进国家安全、科技创新、公共卫生、生物安全、生态文明、防范风险、涉外法治等重要领域立法，健全国家治理急需的法律制度、满足人民日益增长的美好生活需要必备的法律制度"。党的二十大报告也明确，要加强重点领域、新兴领域、涉外领域立法,统筹推进国内法治和涉外法治,以良法促进发展、保障善治。

七是坚持在法治下推进改革和在改革中完善法治相统一。习近平总书记科学阐释了改革与法治的关系,指出"改革与法治如鸟之两翼、车之两轮",强调"要坚持改革决策和立法决策相统一、相衔接,立法主动适应改革需要,积极发挥引导、推动、规范、保障改革的作用","凡属重大改革要于法有据,需要修改法律的可以先修改法律,先立后破,有序推进。有的重要改革举措,需要得到法律授权的,要按法律程序进行。"在中央全面深化改革领导小组第二次会议上,习近平总书记再次强调:"在整个改革过程中,都要高度重视运用法治思维和法治方式,发挥法治的引领和推动作用,加强对相关立法工作的协调,确保在法治轨道上推进改革。"

八是维护社会主义法治的统一、尊严、权威。维护法治统一,首先是维护宪法权威和尊严。习近平总书记鲜明指出:"维护宪法权威,就是维护党和人民共同意志的权威;捍卫宪法尊严,就是捍卫党和人民共同意志的尊严"、"要健全宪法监督机制,推进合宪性审查工作。有关方面拟出台的法规规章、重要政策和重大举措,凡涉及宪法有关规定如何理解、如何适用的,都应当事先经过全国人大常委会合宪性审查,确保同宪法规定、宪法精神相符合。"2020年年初,党中央印发了关于推进合宪性审查的指导文件,从事前、事中和事后全过程,对规范性文件起草、制定和实施中的合宪性审查责任、程序和机制作了安排。党的二十大报告进一步明确要加强宪法实施和监督,健全保证宪法全面实施的制度体系,更好发挥宪法在治国理政中的重要作用,维护宪法权威。

二、农业农村重点领域立法积极推进

2022年,农业农村部贯彻落实法治建设"一规划两纲要"和中央一号文件要求,制定年度立法工作计划,有计划地推进"三农"领域亟需的法律法规制修订,补上立法短板空白。完成《中华人民共和国黑土地保护法》、《中华人民共和国农产品质量安全法》、《中华人民共和国畜牧法》、《中华人民共和国黄河保护法》、《中华人民共和国野生动物保护法》5部法律制修订,推动《农村集体经济组织法》、《粮食安全保障法》、《耕地保护法》立法进程,参与《青藏高原生态保护法》、《村民委员会组织法》、《长江河道采砂管理条例》等重要涉农立法,制定实施《病死畜禽和病害畜禽产品无害化处理管理办法》、《外来入侵物种管理办法》,修改《动物诊疗机构管理办法》、《执业兽医和乡村兽医管理办法》、《动物检疫管理办法》、《动物防疫条件审查办法》等9部部门规章,废止8个规范性文件。

一是制定黑土地保护法,保护好"耕地中的大熊猫"。《中华人民共和国黑土地保护法》(简称《黑土地保护法》)于2022年6月24日经十三届全国人大常委会第三十五次会议审议通过，自2022年8月1日起施行。《黑土地保护法》全面贯彻落实党中央决策部署，将一系列黑土地保护政策转化为法律制度，着力保护黑土地中的耕地，促进资源可持续利用，维护生态系统平衡，保障国家粮食安全。这部法律是"小快灵"立法的成功实践，明确了黑土地保护的范围和各方主体的责任，坚持利用和养护相结合，注重保护好农民等生产经营者的合法权益，规定任何组织和个人不得破坏黑土地资源和生态环境，禁止盗挖、滥挖和非法买卖黑土，并明确了法律责任。

二是修订农产品质量安全法，守护"舌尖上的安全"。新修订的《中华人民共和国农产品质量安全法》（简称《农产品质量安全法》）于2022年9月2日经十三届全国人大常委会第三十六次会议审议通过，于2023年1月1日起施行。《农产品质量安全法》贯彻落实党中央决策部署，按照"四个最严"的要求，完善农产品质量安全监督管理制度，回应社会关切，做好与《中华人民共和国食品安全法》的衔接，实现从田间地头到百姓餐桌的全过程、全链条监管，进一步强化农产品质量安全法治保障。《农产品质量安全法》提出实施农产品质量安全承诺达标合格证制度，对农产品生产者开具、收购者收取保存和再次开具、批发市场查验承诺达标合格证作出规定。承诺达标合格证制度的实施，有利于培育和增强农产品生产主体的诚信观念和责任意识，也有利于降低交易成本。

三是修订畜牧法，多措并举推进重要农产品稳定安全供给。新修订的《中华人民共和国畜牧法》（简称《畜牧法》）于2022年10月30日经十三届全国人大常委会第三十七次会议审议通过，自2023年3月1日起施行。《畜牧法》适应促进畜牧业高质量发展的需要，对畜牧业管理制度作了进一步健全完善。针对部分畜禽产品价格波动较大等问题，明确加快建立畜禽交易市场体系和市场监测预警制度，完善畜禽产品储备调节机制，要求省级人民政府负责保障本行政区域内的畜禽产品供给，建立稳产保供的政策保障和责任考核体系。在强化疫病防控和屠宰管理方面，明确加强畜禽疫病监测和畜禽疫苗研制，健全基层畜牧兽医技术推广体系。增加"畜禽屠宰"一章，规范定点屠宰制度，并对屠宰企业的设立条件、建立质量安全管理和风险监测制度等作出规定。

四是修订野生动物保护法，促进人与自然和谐共生。新修订的《中华人民共和国野生动物保护法》（简称《野生动物保护法》）于2022年12月30日经十三届全国人大常委会第三十八次会议审议通过，自2023年5月1日起施行。修订《野生动物保护法》是加强我国公共卫生安全和生态安全的重要法治举措。新修订的《野生动物保护法》，坚持人和自然和谐共生的原则，积极回应社会关切，加强对野生动物栖息地保护，完善野生动物保护和管理制度，加大对违法行为的处罚力度。此外，《野生动物保护法》还规定禁止使用电击或者电子诱捕装置猎捕野生动物，提供了禁止电捕野生蚯蚓的法律依据；规定不得违法放生、丢弃从境外引进的野生动物物种，完善了外来物种防控措施；规定符合畜牧法规定的陆生野生动物人工繁育种群，经科学论证，可以列入畜禽遗传资源目录。

五是起草农村集体经济组织法，促进农村集体经济组织发展壮大。2022年12月27日，十三届全国人大常委会第三十八次会议初次审议《中华人民共和国农村集体经济组织法（草案）》（简称《农村集体经济组织法》）。制定《农村集体经济组织法》，对于巩固完善社会主义基本经济制度和农村基本经营制度，对于维护好广大农民群众根本利益、实现共同富裕具有重要意义。草案明确了农村集体经济组织内部治理机制、成员身份确认及其权利义务，为农村集体经济组织发展壮大、农民群众利益维护奠定了良好法治基础。草案还进一步明确了农村集体经济组织特别法人地位，规定农村集体经济组织可以通过出资成立公司、农民专业合作社来从事经营活动，避免农村集体经济组织因承担超出其承受能力的市场风险而破产。

六是围绕落实上位法要求，完善配套规章制度。贯彻落实《中华人民共和国生物安全法》的规定，与自然资源部、生态环境部、海关总署联合制定《外来入侵物种管理办法》，进一步明确了外来入侵物种范围、监管部门职责分工和法律责任，细化了源头预防、监测预警、治理修复等具体措施，规定了全国普查、信息发布等制度机制，筑牢农业生态安全屏障。贯彻落实新修订动物防疫法的规定，集中制修订《病死畜禽和病害畜禽产品无害化处理管理办法》、《动物检疫管理办法》、《动物防疫条件审查办法》、《动物诊疗机构管理办法》、《执业兽医和乡村兽医管理办法》5部规章。这几部规章细化、实化法律制度要求，增强法律的执行性和可操作性，构建起更加完备的动物疫病监督管理法律规范，为加强病死畜禽和病害畜禽产品无害化处理管理，完善动物检疫、动物防疫条件审查、动物诊疗及兽医管理等动物防疫管理提供了更加充足的制度支持。开展转基因作物产业化配套规章制度清理工作，针对现行规定与产业化应用不适应、不衔接、不配套等问题，对绿色食品认证、转基因安全评价、转基因种子、耐除草剂农药登记等方面的20个文件提出了立改废意见，为生物育种产业化破除制度障碍。持续审查修改《农村土地承包合同管理办法》、《农村宅基地管理暂行办法》、《兽药注册管理办法》、《渔业无线电管理规定》等多部规章，在合法性、合理性、逻辑性、框架结构、文字表述等方面全面把关。

三、农业农村地方立法成果丰硕

地方性法规规章是农业农村法律规范体系的重要组成部分，为进一步加强农业农村地方立法工作，充分发挥立法在全面推进乡村振兴中的保障和推动作用，农业农村部办公厅印发了《关于进一步加强地方农业农村立法工作的通知》，就提高思想认识、把握总体要求、深入调查研究、做好立法宣传等提出具体意见，要求各地聚焦保障国家粮食安全和不发生规模性返贫"两条底线"，围绕乡村发展、乡村建设、乡村治理三件大事，充分发挥地方立法实施性、补充性、试验性作用，以"小切口"切实解决乡村振兴中的难点、痛点、堵点问题。截至目前，共有21个省（自治区、直辖市）配套制定了乡村振兴促进法规，各地还结合当地实际，积极探索开展农业农村重点领域立法工作，形成了《山西省小杂粮保护促进条例》、《安徽省粮食作物生长期保护规定》等一批体现地方特点、符合地方规律的地方立法成果。

一是健全立法体制机制。河北省将《河北省乡村振兴促进条例》列为报省委常委会议研究的立法事项，成立乡村振兴立法起草工作领导小组、协调小组和起草专班，领导小组组长由省人大常委会副主任、省政府分管农业农村工作的副省长担任。黑龙江省在《黑土地保护利用条例》立法中，充分发挥党委领导、人大主导、政府依托、各方参与的立法工作格局优势，省委、省人大、省政府高度重视，省委提出明确要求，省人大常委会专门听取汇报，省政府召开专题会议推进立法工作，省政府主要领导担任领导小组组长，形成了立法工作强大合力。重庆市印发实施《重庆市农业农村委员会立法工作管理办法》，明确加强党对立法工作的领导，建立健全立法工作机制，对年度立法项目实施"季调度、半年推进、年总结"制度。

二是围绕中心服务大局。河北省、上海市、江苏省、浙江省、广西壮族自治区、重庆市、贵州省、甘肃省等地制定乡村振兴地方性法规，在全面贯彻落实上位法要求的同时，力求充分体现地方特色，将实践中行之有效的经验固化入法，进一步明确了贯彻实施乡村振兴战略的各项具体要求。上海市、福建省、广东省、广西壮族自治区、新疆维吾尔自治区、贵州省全面衔接新修订的动物防疫法，对动物防疫地方性法规进行修改。浙江省在《浙江省动物防疫条例》立法中，率先写入动物防疫数字化相关内容，构建的"浙江畜牧产业大脑"得到了唐仁健部长和时任省委书记袁家军的充分肯定；制定的《浙江省家畜屠宰管理办法》，填补了牛羊定点屠宰监管空白。福建省积极谋划"三农"领域立法，提出制定《福建省农产品质量安全条例》、《福建省闽江、九龙江流域保护管理条例》、《福建省农业植物保护条例》、《福建省海洋经济促进条例》、《福建省水利工程管理条例》、《福建省农村产权流转交易管理办法》6条立法建议，省委罗东川副书记作出批示，要求省人大、省司法厅研究落实。江西省紧密衔接长江保护法，推动出台《关于促进和保障长江流域江西重点水域禁捕工作的决定》，进一步巩固重点水域禁捕退捕成效；修订《江西省农业机械管理条例》，创新了农机购置补贴政策实施方式，激发了农民购机用机热情，农机装备总量得到不断提升。广东省起草《广东省农村宅基地和农村村民住宅建设管理暂行规定》，指导汕尾市制定《汕尾市农村建房条例》，规范农村宅基地审批和农村住宅建设行为，从根本上改变长期以来当地农村建房审批无法可依的状况。

三是强化重点领域立法。吉林省于2018年制定了《吉林省黑土地保护条例》，是第一个出台黑土地保护地方性法规的省份。为进一步扛起保护好黑土地政治责任，吉林省根据《黑土地保护法》对《吉林省黑土地保护条例》进行了修订，为依法保护和利用黑土地贡献了"吉林方案"。黑龙江省制定《关于切实加强黑土地保护利用的决定》、《黑龙江省黑土地保护利用条例》，采取"长牙齿"的硬措施，落实最严格的耕地保护制度，切实把黑土地用好养好。江苏省制定《关于加强高标准农田建设的决定》，从法治角度进一步规范高标准农田建设、管理和利用，促进全省高标准农田建设健康发展。海南省突出海南自由贸易港特色，开展《海南自由贸易港促进种业发展若干规定》立法，在全国率先制定促进种业发展的地方性法规，率先在隔离检疫期间同步开展DUS测试，率先建立主要农作物品种审定自主试验制度，率先自主规定育繁推一体化种子经营许可证申请条件。辽宁省、广西壮族自治区、贵州省等也都贯彻落实新修订的《中华人民共和国种子法》，结合本地实际，开展了种子领域地方性法规立法工作，进一步加强当地特色优势种质资源保护与利用。广东省清远市起草《清远市耕地利用促进条例》，与土地管理法等上位法做好配套衔接，推动耕地合理合法流转，切实促进耕地利用，守牢粮食安全底线。

四是切实提升立法质量。 山西省坚持以"管用"为目标，在《山西省农业机械化条例》修订中，遵循不重复、不照抄的原则，对上位法规定比较详细的内容不再重复规定，对操作性不强的条款予以修改、删除，增强条例的针对性、适用性、可操作性。黑龙江省坚持高质量立法，针对以往存在的立法质量不高、部门利益法制化倾向、与"放管服"改革制度不配套等问题，在《黑土地保护利用条例》立法中坚持宁要高质量一款，不要"注水"一章。江苏省以委托第三方评估、自行评估等形式，对《江苏省植物检疫管理办法》、《江苏省水产种苗管理规定》等6部规章进行立法后评估，以高质量事后评估提升立法质量。青海省在《青海省农民专业合作社条例》立法中，把调研和实践作为立法两个重要环节，农业农村厅主要负责同志亲自挂帅，组建专班，先后赴15个县近80个合作社开展立法调研；实施立法前期试点工作，清理整顿"空壳社"6044家，确定25个县（市、区）开展农牧民合作社质量提升整县推进试点。

五是践行区域协同联动。 黑龙江省在《黑土地保护利用条例》立法中，充分借鉴吉林省立法工作经验，进一步增强立法的针对性、适用性、可操作性。浙江省积极融入长三角一体化发展战略大局，做好立法工作的部门协同、区域协同。与上海市、江苏省、安徽省协同出台了《关于促进和保障长江流域禁捕工作若干问题的决定》，突破省域界限推进禁捕工作，建立健全"三省一市"协同执行的非法捕捞闭环监管长效机制，共同打击破坏禁捕工作的违法犯罪行为。青海省在《青海省农民专业合作社条例》立法中，积极与甘肃省、陕西省等兄弟省份联系，了解掌握各地在农民专业合作社立法方面的进展情况。新疆维吾尔自治区在动物防疫法实施办法立法中，组成联合调研组，前往内蒙古自治区和西藏自治区开展立法调研，同时参考借鉴山东省、浙江省等地新修订的动物防疫地方性法规的有关规定，学习交流立法经验。

六是小切口解决大问题。山西省制定《山西省小杂粮保护促进条例》，作为全国首部小杂粮地方性法规，对于打好山西小杂粮优势牌，推动全省农业"特"、"优"战略，擦亮"小杂粮王国"金字招牌具有重要意义。安徽省针对一些地方出现的割青毁粮、铲苗毁田等现象，制定了《安徽省粮食作物生长期保护规定》，这是全国第一部专门针对生长期粮食作物保护的地方性法规，通过立法对生长期粮食作物实施保护，惩处破坏粮食生产行为，对推动完善粮食安全法治体系、切实维护粮食生产正常秩序具有重要意义。辽宁省本溪市深入贯彻落实习近平生态文明思想，因地制宜制定《本溪市野生鱼类保护管理条例》，以保护野生鱼类为切入点，适用范围小，针对性强，确保恢复野生鱼类种群数量，维系水生生物多样性，维护生态平衡。山东省济宁市聚焦人居环境治理，制定《济宁市农村人居环境治理条例》，为全省农村人居环境治理探索了立法路径、为当地农村人居环境治理提供了法律保障。

七是维护国家法治统一。山西省建立规范性文件"五审三统"机制，即"法律顾问审查"、"法规处审核"、"办公室审稿"、"分管领导审正"、"办公会审定"；由农业农村厅办公室统一登记、统一编号、统一印发。安徽省针对村民筹资筹劳兴办村内集体公益事业的情形较少出现、农业税全面取消等情况，对《安徽省村内兴办集体公益事业筹资筹劳条例》、《安徽省农民负担管理条例》予以废止。福建省组织开展专项清理工作，对涉及生态环境保护、食品药品安全、野生动物保护等6个领域87件规范性文件专项清理开展"回头看"，组织开展涉及"水能资源开发利用权"等专项清理。广东省按照国家生态环境损害赔偿制度的相关规定开展规章清理工作，对《广东省禁止电炸毒鱼规定》渔业资源损害赔偿条款进行修改。江苏省、河南省、甘肃省、天津市、西藏自治区等结合"放管服"改革和上位法制修订情况，对现行涉农地方性法规、政府规章和行政规范性文件开展了专项清理。

全面深化农业综合行政执法改革
着力提升执法能力
有力有效服务"三农"中心工作

　　党的十九届三中全会对农业综合行政执法改革作出专门部署。2018年年底，中共中央办公厅、国务院办公厅印发关于深化农业综合行政执法改革的指导意见，要求整合组建农业综合行政执法队伍。党的二十大报告对深化行政执法体制改革、全面推进严格规范公正文明执法进一步提出要求。2022年以来，农业农村部深入贯彻落实党中央、国务院决策部署，围绕部党组中心工作任务，坚持深化改革与队伍建设并重，着力健全制度、建强队伍、提升能力，充分发挥执法护农保障作用，逐渐成为基层农业农村部门抓"三农"工作的一支重要可依靠力量。

一、多措并举建强队伍提升能力

　　农业农村部深入贯彻落实党的二十大精神和党中央决策部署，按照部党组要求，坚持问题导向，坚持以上率下，坚持务求实效，聚焦执法人员素质、执法制度体系、执法条件保障等关键问题，以更大的决心、更坚决的态度、更有力的举措，全面部署实施农业综合执法能力提升行动。

（一）强化制度建设

　　以制度机制建设为抓手，制定出台《农业综合行政执法管理办法》，进一步加强执法队伍管理，督促各地农业农村部门充实执法力量，厘清层级职责。指导地方建立重大案件举报奖励制度，引导鼓励社会公众积极发挥监督作用，实现社会共治。健全跨部门跨区域执法协作机制，加强与市场监管、自然资源等部门的执法信息共享、案件移交和执法协作，实现违法线索互联、监管标准互通、处理结果互认，及时向公检法等司法部门通报案情、移送案件，做好行刑衔接。健全跨区域、跨流域的案件信息畅通、执法协作联动机制，做到"一处发现、全国通报、各地联查"。修订全国农业综合行政执法基本装备配备指导标准，规范地方执法装备配备（图1）。

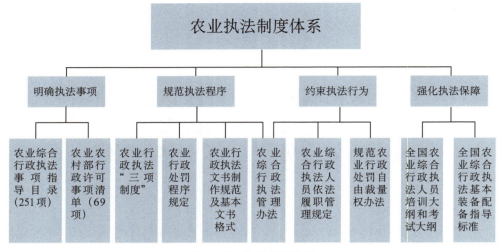

图1　农业执法制度体系

（二）强化示范带动

继续组织开展全国农业综合行政执法示范创建活动，以示范带发展、以创建促提升，公布第四批80个示范窗口和30个示范单位。赴生态环境部、交通运输部、文化和旅游部、市场监管总局等综合行政执法部门开展专题调研，交流深化综合行政执法改革的经验做法，形成专题调研报告并获得部领导肯定性批示。部署各地开展农业综合行政执法大调研和交叉互评，提炼可参照、可借鉴、可复制的典型经验做法，定期编发工作简报，通过《农民日报》、《农业农村法治动态》、全国农业综合行政执法微信公众号等进行宣传交流，有效地辐射带动了各地工作。发布第二批全国农业行政执法指导性案例、2022年全国农业行政执法典型案例、农业执法保障国家粮食安全典型案例，充分总结农业执法经验，有效震慑违法行为。

（三）强化练兵培训

部署各地开展执法大比武活动，举办首届农业综合行政执法大比武全国总决赛，全面检验各地执法队伍建设成效。研究制定全国农业综合行政执法培训指导意见，启动编写全国农业综合行政执法培训统编教材，组织开展全国农业综合行政执法办案能手评选活动。督促指导各地落实全国农业综合行政执法人员培训大纲和考试大纲，进一步加大培训力度，创新培训方式，2022年全国共培训执法人员超过3万人次。

（四）强化执法办案

建立重大案件督办制度，对重大复杂案件，与业务司局共同挂牌督办，加强业务指导。抓好关键环节重点领域执法，印发农业农村部办公厅《关于开展农业综合行政执法"护奥运保春耕"专项行动的通知》，制定2022—2023年度种业监管执法年活动方案，督促各级农业综合行政执法机构围绕关键节点，突出重点对象，通过组织"绿箭护农"、"蓝盾护农"等专项执法行动，提高执法检查和抽检频次，加大执法办案力度。

（五）强化条件保障

制修订《全国农业综合行政执法基本装备配备指导标准》，明确执法车辆、调查取证、应急处置设备等执法装备配备指导标准。加强执法信息化建设，将加强农业执法信息化建设写入"十四五"数字农业农村建设规划和信息化发展规划；升级全国农业综合执法信息共享平台，实现对全国农业执法案件办理情况在线监测和执法人员在线管理。督促各地加快推进农业综合行政执法统一着装工作。

（六）强化党建引领

坚持将党的全面领导作为执法队伍能力建设的统领，在农业综合执法改革指导意见和执法能力提升行动等文件中，都将强化执法机构党组织建设作为重要内容。要求各级农业农村部门坚决把党的领导贯穿工作始终，以政治建设为统领，确保执法队伍牢牢站稳人民立场，强化执法为民意识，切实维护人民群众的合法权益，努力让人民群众在每一个执法行为中都能看到风清气正，从每一项执法决定中都能感受到公平正义。

二、农业综合行政执法改革成效显著

提升农业综合执法队伍能力，建设一支能办案、敢办案、善办案的农业综合行政执法铁军，是农业综合执法改革的初衷和关键，也是做好改革后半篇文章的切入点和最终落脚点。尤其是2022年以来，通过深入实施农业综合行政执法能力提升行动，取得了以下3个方面的显著成效。

（一）农业综合行政执法职能充分整合

在各级农村部门共同努力和编制、财政、人事等部门的大力支持下，截至2022年年底，省、市、县三级农业综合行政执法机构应建尽建，除沿海、内陆大江大湖和边境交界等少数渔业执法任务较重的地方，继续在农业农村部门内设置相对独立的渔政执法队伍外，各地农业农村部门已基本实现一支队伍管执法，集中行使农业执法职责。目前全国共有2564个农业综合行政执法机构，负责履行24部法律、28部行政法规、146件部门规章赋予的农业执法职责。

（二）农业综合行政执法能力有效提升

各地各级农业农村部门以农业综合行政执法能力提升行动为抓手，多措并举推动执法人员素质普遍提高、执法制度机制更加完善、执法保障措施基本落实。深入贯彻农业综合行政执法管理办法，加强政策解读和培训，因地制宜配套制定细化文件，将部门规章确定的重要原则和要求转化为可操作、能考核、能落地的具体工作措施，积极推进管理办法的有效落实。通过综合运用讲授式、研讨式、案例式、模拟式、体验式、技能竞赛等多种方式开展教、学、练、战一体化培训，逐一攻克执法办案中的"老大难"问题，集中力量啃下硬骨头，打造了一支关键时刻冲得上去、危急关头豁得出来、敢打敢拼敢办案得农业执法铁军。通过执法大练兵大比武活动，全面检验农业综合行政执法队伍建设成效，发现和培养了一批执法办案能手。各省配套制定了农业综合行政执法事项指导目录，大部分省制定了农业行政处罚自由裁量基准制度，河北省、青海省等地建立健全农业行政执法协调监督工作组织体系，安徽省、江西省、海南省等地细化了行刑衔接标准和程序。绝大部分县级以上农业农村部门将执法经费纳入同级财政预算，一些省份还积极争取财政支持加强基层执法条件保障。如山西省计划3年投入6000万元支持全省105个市、县农业综合行政执法机构配备执法装备，福建省农业农村厅安排1500万财政资金支持示范窗口和示范单位执法条件建设，青海省农业农村厅安排1000万元资金用于50个市、县执法机构装备配备。各级农业综合执法机构积极服务"两个要害"，建立"种业执法直通车"，完善执法联动协作机制，加强执法技术支持体系建设，提升种业执法能力；依法查处耕地违法行为，协助地方党委政府和有关部门依法管控耕地"非农化"、"非粮化"。长江、黄河沿线农业综合行政执法机构将长江、黄河禁捕作为"头等大事"，落实落细网格化管理措施，严抓严管严打非法捕捞行为，努力做到执法无死角。建好建强农业综合执法队伍，已经成为保障国家粮食安全、农产品质量安全的有力支撑，成为推进长江黄河禁捕、乡村治理等重大任务的重要抓手，成为农业领域应急处置、纠纷调处的依靠力量。

（三）农业综合行政执法力度显著增强

各地农业综合行政执法机构聚焦执法办案主责主业，围绕品种权保护、长江禁渔、农资质量、农产品质量安全、动植物检疫等重点领域、重点专项加大执法办案力度。2022年全国农业综合行政执法机构累计出动执法人员455.26万人次，查办各类违法案件11.36万件，调处纠纷6434件，挽回经济损失4.94亿元。根据企业投诉举报和有关单位移送线索，农业农村部先后向福建、河南、山东、广东等省份发送督办函，督促查处侵犯品种权和生产销售假劣农资等重大违法案件。其中，湖南省绥宁县农业农村水利局在农业农村部和湖南省农业农村厅的督办下，成功办理了1起侵犯水稻种子新品种权案件，罚款180余万元，并调解当事人和品种权人自愿达成赔偿协议。四川省苍溪县农业农村局、天津市武清区农业农村委员会、浙江省遂昌县农业农村局分别破获了1起经营假劣农药的重大案件，涉案金额分别为1.2亿元、2000余万元和1000余万元，累计捣毁数十个假农药生产窝点。福建省漳州市农业农村局、广西壮族自治区梧州市农业农村局、浙江省台州市农业农村局分别查处了1起未经定点从事生猪屠宰活动案，涉案金额分别为8600万元、5100万元和3000余万元。上述案件的破获有效挽回了农民损失，有力维护了农业经营主体的合法权益，充分发挥了农业综合行政执法对国家粮食安全的服务保障作用（图2，图3）。

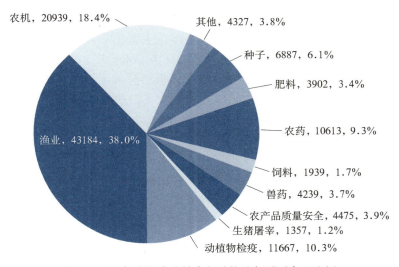

图2　2022年全国农业综合行政执法领域／专项比例

图3　2022年全国31省份农业综合行政执法情况

三、存在的主要问题

总体上看，农业综合行政执法改革已取得明显成效，但从督导调研和地方反映的情况看，仍存在以下问题，需要汇聚各方面力量共同推动解决。

一是执法机构性质和人员身份尚未明确。中央关于农业综合行政执法改革的部署允许农业综合行政执法队伍不同性质编制保持现状，待中央统一明确政策后，逐步加以规范。目前各地执法机构性质不一、执法人员混编混岗问题普遍存在，影响执法队伍稳定和工作积极性，各地在执法队伍人员划转、招录等方面也面临制约。

二是执法队伍能力素质水平亟需提高。改革后新组建的农业综合行政执法队伍，其执法人员主要来源于农业部门的业务和管理岗位，法律专业人员少，仅占8.32%，多数是农业技术人员，普遍存在法律基础薄弱、缺乏执法经验的问题，强化执法培训、提升执法队伍素质的任务非常迫切。

三是不少地方执法装备保障能力较低。基层执法队伍存在装备配备不足问题，尤其是中西部地区、粮食主产区、农业大县，执法装备普遍陈旧落后，执法车辆严重不足，难以应对急难险重执法任务。

四、下一步工作打算

农业农村部将深入学习贯彻党的二十大精神，继续深化农业综合行政执法改革，深入实施农业综合行政执法能力提升行动，加大关系群众切身利益的重点领域执法力度，全面推进严格规范公正文明执法，围绕"三农"中心工作全面发挥支持保障作用。

一是进一步强化执法体系建设。持续贯彻农业综合行政执法管理办法有关要求，继续强化执法队伍管理，推动省级农业农村部门加强自身建设，充分发挥示范带动作用，并加大支持力度，加强对市县执法队伍建设和执法工作的指导，加快构建权责明晰、上下贯通、指挥顺畅、运行高效、保障有力的农业综合行政执法体系。

二是进一步强化执法能力建设。研究制定农业综合行政执法培训指导意见，组织编写全国农业执法统编培训教材，加大部、省、市、县四级对基层执法骨干和执法师资培训力度。督促省级农业农村部门落实好培训大纲和考试大纲，增加培训班次，提升培训实效。指导各地常态化开展执法练兵比武，培养和选拔一批办案能手，分领域遴选组建执法办案专家组。

三是进一步强化执法条件保障。推动各地落实2018年国务院办公厅关于全面推行行政执法"三项制度"指导意见和党政机关执法执勤用车配备使用管理办法中加强执法经费保障的有关要求，结合部里新发布的装备指导标准，推动省级政府加快制定执法装备计划、规划和标准，尽快配齐配强执法装备。推动加快建设全国统一、互联互通的综合行政执法信息系统。

四是进一步强化执法队伍作用发挥。围绕"三农"中心工作,部署各地组织开展全国农业综合行政执法"稳粮保供"专项行动。深化种业监管执法年活动要求,严厉打击侵犯品种权、制售假劣种子等违法行为,全面梳理总结种业执法经验成果。及时发布执法典型案例,推动各地农业综合行政执法机构创新执法方式方法和制度机制,提升执法效能,继续做好重点领域、重点专项的执法工作。

第二章
地方农业农村法治工作经验做法

02

第一节
地方农业农村部门法治政府建设年度报告

NONGYE NONGCUN FAZHI FAZHAN BAOGAO 2022 NIANDU

北京市农业农村局
法治政府建设情况2022年度报告

　　2022年，北京市农业农村局认真学习贯彻党的二十大精神，以习近平法治思想为指导，以全面贯彻落实党中央、国务院《法治政府建设实施纲要（2021—2025年）》为主线，认真落实《北京市全面依法治市规划（2021—2025年）》和《北京市法治政府建设实施意见（2021—2025年）》，紧紧围绕全市中心工作，采取有力措施，全面完成法治政府建设各项任务。

一、2022年度法治政府建设的主要举措和成效

（一）深化学习贯彻习近平法治思想

　　理论学习中心组专题学习习近平法治思想，组织机关全体干部、所属单位班子成员学习习近平《论坚持全面依法治国》等书籍，开展习近平法治思想研讨，推动全局上下学深学透习近平法治思想，并把学习成果转化为全面推进乡村振兴的自觉行动。

（二）全面落实法治政府建设各项制度

　　1. 落实"三重一大"决策制度。以中共北京市委农村工作委员会《"三重一大"事项决策实施意见（试行）》为依据，推进决策科学化、民主化、法治化。

　　2. 落实政务公开工作制度。主动公开政府信息1901条，依申请公开答复227件，用政务服务"温度"提高群众满意度。

　　3. 落实行政规范性文件审核制度，确保政策措施合法有效。完成行政规范性文件梳理入库和规范性文件清理。

　　4. 落实公平竞争审查制度。遵循"谁制定、谁审查、谁负责"的原则，落实公平竞争审查程序，着力营造公平和谐的营商环境。

（三）推进完成涉农相关立法任务

　　一是推动出台《北京市种子条例》，2022年4月1日正式实施。

二是完成《北京市乡村振兴促进条例》起草报送，条例草案送审稿及起草说明已正式提交市政府审查。

三是做好年度立法计划与五年立法规划的制定，组织完成《北京市农业植物检疫办法》的立法后评估工作。

（四）深化行政执法规范与效能建设

1. 全面落实行政执法重点任务。 加大农业投入品监管、农产品质量安全监管等执法工作。强化大局意识，积极承接进口冷链疫情防控紧急任务，为疫情防控把牢进京关卡。

2. 加强行政执法规范化建设。 一是深化落实行政执法"三项制度"。组织完成权力清单动态调整和裁量基准的制定公布。修订完善行政执法公示制度。二是深入贯彻行政处罚法。开展全市农业行政处罚案卷评查。印发《北京市农业领域轻微违法依法不予行政处罚管理规定（试行）》。三是持续推进执法队伍规范化建设。参加2022年全国农业综合行政执法大比武，获得总决赛团体三等奖。

3. 加强行政执法协调监督。 一是市区协同推进，综合执法改革全面到位。2022年，北京市农业综合执法总队和海淀区农业农村局分别被农业农村部评定为全国农业综合行政执法"示范窗口"和"示范单位"。二是加强互联互动，建立行政执法协同协作机制。开展京津冀区域执法协同协作，深化省际协同、部门联合、市区联动执法。三是科技引领执法，强化数字技术、检验技术和装备应用支撑。全市农业农村部门共查处违法案件4279起，同比增加19.93%。

（五）持续优化营商环境

1. 进一步优化审批程序。 将所有调入本市的应施检疫农业植物和植物产品全部纳入常用低风险农业植物和植物产品管理。

2. 持续提升政务服务便利化水平。 持续推进告知承诺制改革。配合开展政务服务标准化、规范化、便利化、数字化工作。

3. 创建一体化综合监管。 选取市级许可的28家农药经营企业为试点场景，确定监管对象分级分类监管名单，实施"一业一册"、"一业一单"、"一业一评"和"一业一查"场景化监管措施。

市农业农村局全年办结行政审批服务事项2366件。

（六）落实普法依法治理

1. 抓普法计划的制定落实。 印发全市农业农村系统2022年普法依法治理工作计划，确保普法工作有计划有步骤开展。

2. 抓重要时间节点普法宣传。 在"3·15"消费者权益日、第五个中国农民丰收节、"12·4"国家宪法日等重要时间节点，开展"送法进企业"、"送法进农村"主题活动,提升宣传效果。

3.抓农村学法用法示范户培育。全市13个涉农区已全部完成"到2022年年底50%的行政村有学法用法示范户"的目标任务。

（七）深化矛盾纠纷行政预防化解

1.依法做好信访工作。开展信访突出问题专项督查和信访工作调研,提升信访工作水平。

2.做好行政复议工作。全年办理行政复议案件共17起。按照法定程序提交答复意见或作出复议决定。

3.做好行政诉讼应诉工作。全年共有20件起诉北京市农业农村局的行政诉讼案件,认真落实答辩和出庭应诉。

二、2022年度主要负责人履行推进法治政府建设第一责任人职责,加强法治政府建设的有关情况

（一）强化组织领导

在主要负责人的统一推动下,全局上下深入学习贯彻习近平法治思想,准确把握习近平法治思想的重要意义、形成过程和核心要义。健全法治建设领导机制,统筹规划、组织实施法治建设工作,多次听取法治建设工作汇报。坚持以身作则,以上率下,带头尊法、学法、守法、用法,重点组织对宪法、乡村振兴促进法、民法典等的宣传培训,召开局办公会会前学法5次,推进落实"谁执法谁普法"责任制,切实增强运用法治思维和法治方式推动乡村振兴的能力。

（二）严格依法决策

全面组织贯彻《重大行政决策程序暂行条例》,落实法定程序,对以市委、市政府名义出台的重要文件,均要求起草处室在印发前经过意见征集、专家论证、合法性审核等环节,并履行集体讨论程序。严格落实规范性文件合法性审核工作规定和经济合同审查,确保各类文件制发质量。

（三）关注重点难点

主要负责人亲自安排调度,推进完成《北京市乡村振兴促进条例》立法起草和报审工作,突出城乡融合发展,着力解决制约乡村振兴发展的重点难点问题。加强督促指导,推进完成市区两级农业综合执法体制改革,开展农业综合执法示范创建,着力提升农业综合执法能力。全面落实行政执法各项制度,推动严格规范公正文明执法。深化落实"放管服"改革要求,不断优化营商环境。组织做好行政复议和应诉工作,认真落实行政机关负责人出庭应诉制度。全局

各项工作纳入法治化轨道，依法行政能力水平日益提升。

三、2023年度推进法治政府建设的主要安排

2023年，认真贯彻落实党的二十大精神，深入学习贯彻习近平法治思想，认真落实党中央、国务院决策部署和市委、市政府工作要求，着力做好以下工作。

1. **持续学习习近平法治思想**。持续组织习近平法治思想学习，全面提升依法行政能力水平，将习近平法治思想融入推进乡村振兴的全过程。

2. **全面提升科学民主依法决策水平**。严格落实《重大行政决策程序暂行条例》，认真贯彻加强规范性文件合法性审核的规定要求，深化政府信息公开力度，提高科学民主依法决策水平。

3. **积极推进重点领域涉农立法**。配合完成《北京市乡村振兴促进条例》审议各阶段工作，组织修订《北京市动物防疫条例》和修订《北京市农村集体资产管理条例》等立项论证和调研。

4. **加强行政执法规范化建设**。健全完善行政裁量基准制度，深化农业综合执法能力提升，推进严格规范公正文明执法。

5. **进一步优化营商环境**。全面实施行政许可清单管理，出台政务服务事项动态调整机制。

6. **全面完成普法依法治理任务**。做好"八五"普法规划的贯彻实施，指导推进学法用法示范户培育工作，促进农民群众法治素养提升。

7. **有效落实矛盾纠纷化解工作**。做好行政复议和行政应诉工作，落实好行政机关负责人出庭应诉制度。

山西省农业农村厅
法治政府建设情况2022年度报告

2022年，在省委、省政府坚强领导下，山西省农业农村厅坚持以习近平新时代中国特色社会主义思想为指导，全面学习宣传贯彻党的二十大精神，深入学习贯彻习近平法治思想，紧紧围绕省委全方位推动高质量发展决策部署，深入推进依法行政，加快农业农村法治建设，各项工作均取得了明显成效。

一、2022年法治政府建设主要举措和成效

（一）全力推进法治政府建设

坚持把学习宣传贯彻习近平法治思想作为重要政治任务，将习近平法治思想纳入全省农业农村系统"八五"普法规划和2022年全省农业农村法治工作要点，推动习近平法治思想学习宣贯走深走实。健全完善法治建设领导机制，成立了党组书记、厅长任组长的法治建设领导小组，层层压实法治建设第一责任人职责。建立党组工作规则和"三重一大"事项集体决策制度，坚持科学、民主依法决策。

（二）着力完善涉农法律规范体系

加快推进重点领域立法，制定了全国首部小杂粮地方性法规，修正《山西省农业机械化条例》。全面开展法规规章规范性文件清理，结合"放管服效"改革和上位法制修订情况，对现行有效的涉农地方性法规、省政府规章开展专项清理，3月13日省政府令第296号对《山西省肥料管理办法》予以公布废止，确保国家法制统一。严格落实合法性审核备案，编印了《行政规范性文件资料汇编》，分类绘制行政规范性文件制发流程图，提高了审核工作效率和备案率。

（三）坚持守正创新，持续深化"放管服"改革

动态调整省级保留审批事项清单，完善省政务服务一体化平台目录清单。公布全省农业农村领域行政许可事项58项。取消"执业兽医注册"等7项行政

许可事项。梳理省级行政许可事项对应的监管事项75项，全部纳入"互联网＋监管"平台。2021年以来，累计限制失信被执行人或行政处罚未终结企业，终止许可或限制变更23件。大力推进"双认证"改革，推动全省农产品质量检测机构"双认证"落地见效。广泛开展"五不能"、"五必须"服务规范提升行动，按期办结率、回访满意率、工单答复规范率、投诉举报满意率100%。

（四）大力提升综合执法效能

着力提升综合执法能力，开展全省农业综合行政执法能力提升行动，举办全省农业综合行政执法队伍统一着装仪式，指导各市开展大比武练兵活动，举办大比武集中培训。扎实推进综合执法规范化建设，组织开展全省农业综合执法案卷评查，分别筛选公布全省农业行政执法和农产品质量安全执法监管10大典型案例。印发农业综合行政执法事项指导目录和自由裁量权基准。开展农业综合行政执法"护奥运保春耕"、"晋剑护农"专项行动，围绕关键节点，聚焦农资质量、品种权保护、农产品质量安全、动物卫生监督、渔政等重点领域，强化违法案件查处力度，保障国家粮食安全和重要农产品有效供给。全年全省共出动执法人员58945人次，检查企业16945个，立案2286件，移送公安机关12件。

（五）深入开展法治宣传教育

深入开展农村学法用法示范户培育，严格程序、灵活方式、强化管理，加快推进培育工作，全省共培育农村学法用法示范户12000余户。开设"农村学法用法大讲堂"，全年共举办习近平法治思想、宪法等线上专题培训9期，累计观看18.3万人次。组织开展"乡村振兴促进法进乡村"和"乡村振兴 法治先行"宣传活动，组织新晋职晋级处级干部进行宪法宣誓。12月4日组织开展"宪法进农村"主题活动，举办线上宪法专题培训。制定《2022年度普法责任清单》，广泛学习宣传习近平法治思想、宪法、民法典、乡村振兴促进法以及涉农法律法规50余项。组织开展"4·15"全民国家安全教育日有奖竞答、2022年"美好生活·民法典相伴"主题宣传、全国"放鱼日"山西同步增殖放流、农产品质量安全宣传周、绿色食品宣传月等10余场活动，推动法治精神深入人心。

（六）有效化解社会矛盾纠纷

全面主动落实政务公开，制定出台《山西省农业农村厅2022年度政务公开工作要点》，全程督办管理依申请公开事项，今年7件依申请公开事项全部依法依规答复。对全年制发公文严格把关审核，做到应公开、尽公开。充分运用厅网站、山西农业农村官方微信公众号、新闻媒体，及时主动向社会公布农业农村政策信息，依法保障人民群众的知情权和监督权。依法办理涉农信访事项，全面推进让群众"最多访一次",妥善处理上访事件,一大批群众关注的问题通过信访渠道得到有效解决。对重大信访矛盾,逐一建立台账,明确责任单位、包案领导和化解期限。全年未发生行政复议、行政诉讼案件。指导各市县加强调解仲裁体系建设,全省115个农业县(市、区)设立了农村土地承包经营纠纷仲裁委员会,涉农乡镇全部设立农村土地承包调解委员会、行政村设立调解小组,不断完善"乡村调解、县市仲裁、司法保障"的纠纷化解机制。

二、2023年推进法治政府建设的主要安排

2023年,省农业农村厅将认真学习宣传贯彻党的二十大精神,深入学习贯彻习近平法治思想,全面落实党中央和省委、省政府法治政府建设决策部署,主动作为、持续发力,有效发挥法治对农业农村高质量发展的引领、保障作用,确保乡村振兴在法治轨道上有序推进、行稳致远。一是全面强化法治体系建设,推动完成修订《山西省农产品质量安全条例》立法任务,助力全面推进乡村振兴。推动完善制度建设,对现行规范性文件进行集中清理,应废尽废、应改尽改,保障法治服务"三农"工作大局。全面推进"放管服"改革,细化政务服务标准,深化减证便民服务,推进政务服务规范化、便利化,打造"三无"、"三可"营商环境。二是全面强化队伍能力建设,支持市县执法装备配备,提高执法信息化水平,强化省级统筹协调功能,组织开展交叉检查和示范执法,培养执法能手,提升办案能力。三是全面强化执法效能建设,聚焦重点区域、重点领域、重点时节,强化追溯查处、大案查办、执法监督,实现案件质量数量"双提升",强力护航粮食安全。四是全面强化法治乡村建设,继续抓好农村学法用法示范户培育年度任务,推进宪法法律进乡村,积极运用"报、网、微、端、屏"等媒体精准普法,加强普法宣传实效。

江苏省农业农村厅
法治政府建设情况2022年度报告

2022年，江苏省农业农村厅坚持以习近平新时代中国特色社会主义思想为指导，深入践行习近平法治思想，学习贯彻党的二十大精神，认真落实《法治政府建设实施纲要（2021—2025年）》，持续深化依法行政，扎实推进法治乡村建设，着力夯实乡村全面振兴法治根基，为加快农业农村现代化，建设农业强省提供坚强法治保障。

一、法治建设部署有效落实，依法行政能力持续提升

（一）认真学习宣传贯彻党的二十大精神和习近平法治思想

研究制定《省农业农村厅党组关于认真学习宣传贯彻党的二十大精神工作的通知》、《关于学习〈习近平法治思想学习纲要〉工作方案》，建立厅党组理论中心组常态化学法制度，专题学习党的二十大精神和习近平法治思想，跟进学习习近平总书记关于法治政府建设重要指示批示、重要讲话精神。健全干部学法用法制度，把《习近平法治思想学习纲要》纳入全厅干部教育培训首要内容，举办厅机关"三农大讲堂"法治专题讲座，编印《全省农业农村干部应知应会学法清单》。

（二）认真履行法治建设第一责任人职责

坚持把法治建设摆在重要位置，推动法治建设各项任务与农业农村中心工作同谋划、同部署、同推进。厅主要负责人任厅法治建设领导小组组长，定期召开领导小组会议，研究部署农业农村法治重点工作。带头尊法学法守法用法，不断健全完善重大行政决策程序、规范性文件制定管理、公平竞争审查等工作制度，提高制度执行力，以制度管人、用制度管权、按制度办事。自觉接受人大监督、民主监督和社会监督，做好人大建议、政协提案办理工作，受到省人大、省政协通报表扬。严格落实行政机关负责人出庭应诉规定，厅负责人出庭应诉率100%。

（三）建立健全法治政府建设推进机制

按照党中央关于全面依法治国的重大决策部署和省委关于全面依法治省工作要求，制定厅法治政府建设"一要点、一方案、两清单"，即：年度工作要点、任务分解方案、普法任务责任清单和普法联动事项清单。召开全省农业农村法治工作会议，开展法治调研和督察。将依法依规履职纳入厅先进处室（单位）年度综合考核内容，将依法行政能力纳入工作人员考核内容。

二、立法制规体系有效建立，法治保障水平持续提升

（一）稳步推进立法工作

推动《江苏省乡村振兴促进条例》、《江苏省人民代表大会常务委员会关于加强高标准农田建设的决定》颁布实施，做好《江苏省促进家庭农场发展条例》、《江苏省农产品质量安全条例（修改）》起草工作。完成3部省政府规章修改、7部规章清理和6部规章的立法后评估工作。

（二）严格执行合法性审查制度

制定《江苏省农业农村厅行政规范性文件管理实施办法》、《江苏省农业农村厅重大行政决策程序规定》等，严格执行重大行政决策和规范性文件年度目录制度，健全合法性审核机制，注重发挥法律顾问、公职律师作用，5件重大行政决策均严格按照规定履行法定程序，2件党内规范性文件和9件行政规范性文件实现应审尽审、应备尽备，对35件省政府涉农文件进行清理，58件厅规范性文件进行第三方评估。

（三）严格落实公平竞争审查制度

制定《江苏省农业农村厅公平竞争审查制度实施办法》、《关于做好政策措施公平竞争审查工作的提示》，编印《公平竞争审查指引》。在起草地方性法规草案、制定规范性文件和重大政策中严格落实审查制度。委托第三方对随机抽选的136件现行有效文件进行公平竞争审查评估。

三、"放管服"改革纵深推进，政务服务效能持续提升

（一）大力提高行政审批效率

依申请权力事项和公共服务事项全部进驻政务服务大厅办理，省级行政许可事项全部实现"一窗受理"、"一网通办"。推动"减时间、减材料、减环节、减跑动"，省级所有审批事项办理时限压缩至法定时限50%以内，减少许可申请

材料128份，18项省级高频许可事项实现"省内通办"。实现"证照分离"改革全覆盖，对农业农村领域的40项涉企经营许可事项实行分类改革，推进开办农药农资店等"一件事"改革。

（二）持续强化放管结合

建立监管事项目录清单动态管理机制，深化"双随机、一公开"、信用监管和"互联网＋监管"。2022年监管事项目录清单58项，检查实施清单59项，认领和编制完成率100%。大力推进农产品质量安全等领域信用分级分类管理，加快完善江苏省农产品质量追溯平台信用服务功能，积极推动信用承诺制度和主体入网行动，基本实现监管对象和信用承诺"全覆盖"。

（三）积极推进政务公开

制定《江苏省农业农村厅2022年政务公开工作要点》，严格登记、审核、办理、答复、归档等办理程序，完善协同办理、会商会办等机制，规范办理依申请公开80件。加强厅网站、政务新媒体建设，调整优化厅网站政府信息公开专栏设置，加强政务信息主动公开和政策解读，严格信息审核，扎实推进信息更新发布。2022年厅网站发布各类信息1.7万余条，厅微信公众号、政务微博共发布信息1200余条。

四、综合执法改革深入推进，执法能力持续提升

（一）加强执法能力建设

组建全省农业执法办案专家库，多种形式组织开展执法人员培训、执法技能竞赛、执法比武、模拟法庭、模拟复议听证等执法培训活动，全面加强执法能力建设。完成制式服装和标志首次配发，全省农业农村系统配发4000余人。推进执法规范化建设，新增全国农业综合行政执法示范单位和示范窗口6家。

（二）健全行政执法制度

制定出台《江苏省农业行政处罚自由裁量权适用规则》、《江苏省农业农村厅重大农业违法案件挂牌督办制度（试行）》，进一步规范行政处罚自由裁量范围和权限，对重大案件办理过程进行全程监督。全面推行行政执法公示、执法全过程记录、重大执法决定法制审核"三项制度"，开展省级专项督查，进一步推进严格公正文明执法。

（三）有力打击违法行为

印发《农资打假专项治理行动实施方案》、《种子执法专项行动通知》等，

召开全省农资打假专项治理行动视频会，全面开展农资打假、农产品质量和种子、渔业、农机等涉农执法专项行动。加快构建长江流域禁渔联合执法长效机制和人防、技防、群防、预防的"一机四防"工作体系。

五、创新普法形式，法治宣传质效持续提升

（一）落细普法责任

制定省农业农村厅《关于全面落实普法责任制的实施意见》，印发普法责任清单和联动事项清单，实施系统内联动普法事项23项，其中4项列入全省普法联动项目。将普法纳入综合考核指标体系，有力推动"谁执法谁普法"责任制落地见效。

（二）开展特色活动

印发《关于加强农业农村法治文化建设的通知》，组织"宪法进农村"、"情暖'三农'·送法下乡"和"农业法治文化节"等品牌活动。农业农村部简报宣传江苏省法治宣传工作，全国推介8个农村学法用法优秀短视频，江苏省入选2个，普法案例被农业农村部评为"农业农村普法典型案例"第一等次第一名。

（三）强化示范带动

编制《农村学法用法示范户工作方案》，印发《农民群众常用法律知识普及读本》，将农村学法用法示范户纳入高素质农民培育工作。推动农业执法机构与学法用法示范户"结对子"，认定示范户1.7万户，认定农村法治教育基地4000多个。

2023年，全省农业农村法治工作将全面贯彻落实党的二十大精神，按照党中央和省关于法治政府建设部署要求，聚焦"强制度、重执行，优流程、提效能"，开展"法治建设提升年"行动，为全面推进乡村振兴，加快农业农村现代化，建设农业强省筑牢法治基础，为建设宜居宜业和美乡村创造良好的法治环境。一是在高质量立法制规上再加力。扎实做好涉农立法工作，配合省人大常委会制定《江苏省促进家庭农场发展条例》，做好《江苏省农产品质量安全条例（修改）》起草和《江苏省畜禽屠宰管理条例》立法调研。严格执行重大行政决策合法性审查、行政规范性文件合法性审核、公平竞争审查和经济合同合法性审查等规定。二是在高水平执法监督上再加力。持续深化农业综合执法体制改革，加大农业执法监管力度，研究制定农业行政处罚裁量权基准制度，组织行政执法"三项制度"督查。开展农业综合执法大练兵活动，组织全省农业综合执法技能竞赛。三是在高效能政务服务上再加力。持续深化"放管服"改革，加大"一网通办"、"证照分离"、"告知承诺制"等政策执行力度。加强涉农监

管事项目录清单动态管理。推动建立行业信用分级分类监管制度,建设覆盖省、市、县三级的农业农村一体化监管平台。四是在高质效普法上再加力。深入实施"八五"普法规划,打造"法润苏农"普法品牌,全面提升农村学法用法示范户培育工作质效,持续开展"宪法进农村"、"情暖'三农'·送法下乡"等特色活动,积极营造良好法治环境。

浙江省农业农村厅
法治政府建设情况2022年度报告

2022年，浙江省农业农村厅坚持以习近平新时代中国特色社会主义思想为指导，深入贯彻落实习近平法治思想和习近平总书记关于"三农"工作的重要论述，扎实推进全省农业农村法治建设取得新成效。

一、推进法治政府建设的主要举措和成效

结合部门法定职责，健全法治建设工作机制，完善制度基础，狠抓执法监管，提升服务效能，深入推进依法治农、依法护农、依法兴农。

（一）完善工作机制，系统谋划推进

加强农业农村法治建设工作组织领导，厅党组多次专题研究法治建设重大工作、重要事项，并将法治建设与农业农村中心工作同研究、同部署、同落实细化完善厅本级绩效考核和市、县乡村振兴实绩考核有关法治建设工作指标体系，分解年度法治政府建设（依法行政）考核评价工作任务，明确分工、落实责任，经常对标对表、查漏补缺，确保法治建设各项工作高质高效推进，取得实效。

（二）加强涉农立法，夯实法治基础

坚持科学立法、民主立法、依法立法，《浙江省家畜屠宰管理办法》通过审议，颁布实施，为浙江省加强家畜屠宰行业管理提供了重要依据。按时出台《浙江省动物防疫条例》配套制度，进一步完善富有浙江特色的动物防疫法规体系。推动乡村振兴"一法一条例"各项基本原则、重要制度得到执行落实，确保法律法规从纸面文字转化为客观实践。开展行政规范性文件合法性审查"最佳实践"培育试点工作，构建规范性文件合法性审查多元化协同机制，试点工作入选全省行政合法性审查最佳实践案例，省农业农村厅《行政规范性文件不得违法设定行政处罚、增设行政许可条件》入选浙江省行政合法性审查典型案例。

（三）落实改革任务，健全执法体系

落实省委、省政府"大综合一体化"行政执法改革决策部署，指导市、县两级做好机构调整和编制人员划转、执法力量下沉。承接自然资源、生态环境和林业等部门海上执法事项68项，推进"海上一支队伍管执法"。编制更新农业行政执法事项清单450项，梳理完成126项农业农村条线执法和事项乡镇（街道）综合行政执法事项承接指引。深化数字赋能，率先推动全省农业农村部门使用省行政处罚统一办案系统，完成农业投入品质量安全、私屠滥宰、非法捕捞等执法监管"一件事"集成改革，投入品质量安全执法监管"一件事"集成改革试点工作信息被省政府办公厅采用专报国务院办公厅。深化农业综合执法示范创建，获评全国第四批农业综合行政执法示范单位3个、示范窗口4个。

（四）聚焦执法办案，提升监管效能

落实"法助共富、法护平安"专项行动要求，组织开展食用农产品"治违禁、控药残、促提升"行动、"绿剑"系列执法行动，联合海事、海警等部门深入开展以渔船安全检查为重点的"春雷"、"铁拳"等执法行动。2022年全省各级农业执法机构共办理行政处罚案件12163件、移送司法机关545件，整改渔船安全隐患5035处、责令停航635艘次，有力打击了涉农违法犯罪行为，保障了农业生产和农产品质量安全。省农业农村厅破获伏休期非法收购转载渔获物特大案件，得到时任省委书记袁家军批示肯定，承办案件的省海洋与渔业执法总队荣获集体二等功；"春雷"行动等涉海涉渔领域安全生产治理工作多次获得王浩省长批示肯定；组队参加全国农业综合行政执法大比武取得总决赛第6名，省农业农村厅获优秀组织奖；2个案例入选全国第二批农业行政执法指导性案例、2个案例入选全国农业行政执法典型案例，8个案例入选农业农村部各相关领域执法典型案例；省海洋与渔业执法总队获"中国渔政亮剑2022"成绩突出集体、长江流域重点水域禁捕退捕执法监管考核优秀单位、全省渔业安全生产工作成绩突出集体等。

（五）优化营商环境，维护公平竞争

提升审批服务，优化办事流程。2022年厅本级"最多跑一次"办事事项办结7701件，网上申请率、网上办事率、掌上办事率、跑零次实现率、材料电子化率均达100%，事项平均办结时间为2.6个工作日，较2021年压缩65%以上，全年"一网通办"率达97%。深入开展破除地方保护和市场分割专项行动，审查行政规范性文件和其他政策措施文件561件。落实跨部门"双随机、一公开"监管常态化要求，全省各级农业农村部门联合双随机事项覆盖率、检查任务完成率和问题处置率均达100%，实现"进一次门，查多项事"，有效杜绝执法扰企扰民。推行轻微违法行为告知承诺制，对360余起轻微违法行为实行"首违不罚"。修订完善种子、农产品质量安全、海洋与渔业等领域行政处罚裁量基准，全面规范执法自由裁量行为。

（六）深化普法宣传，浓厚法治氛围

抓住春耕备耕、农民丰收节、宪法宣传周等重要节点和重大活动，深入开展"放心农资下乡进村"、"乡村振兴 法治先行"、"宪法进农村"等主题宣教活动，积极开展民法典、乡村振兴"一法一条例"、《中华人民共和国反有组织犯罪法》、《中华人民共和国监察法》、《中华人民共和国种子法》、《中华人民共和国农产品质量安全法》等法律法规宣传。在《农村信息报》设立专栏，深入开展以案释法，拍摄10个微视频，被纳入全省农民培训内容。全年共举办各类现场宣传、咨询141场次，印发资料100余万份，开展各类媒体宣传11747次。

二、主要负责人履行推进法治建设第一责任人职责情况

厅主要负责人自觉担负起推进法治建设第一责任人职责，贯彻落实中央和浙江省委、省政府关于法治建设的决策部署，以身作则、以上率下，抓好厅法治政府建设各项工作，推进全省农业农村法治建设。

（一）以上率下，带头尊法学法守法用法

主持召开厅党组会议，传达学习《坚持走中国特色社会主义法治道路，更好推进中国特色社会主义法治体系建设》等习近平总书记重要文章、《习近平法治思想学习纲要》等书籍，带领全厅干部职工不断强化法治思维、树立法治意识，培养依法行政的自觉和习惯。组织新任命工作人员集体宪法宣誓仪式，弘扬宪法精神、增强宪法意识、维护宪法权威。

（二）靠前指挥，落实乡村振兴法治保障

成立配合乡村振兴"一法一条例"执行情况检查工作领导小组并担任组长，亲自研究部署乡村振兴"一法一条例"执法检查工作，着力推进执法检查工作实施。浙江省在全国人大常委会副委员长吉炳轩和农业农村部部长唐仁健出席的全国乡村振兴促进法实施一周年座谈会上作交流发言。

（三）紧盯重点，严格规范公正文明执法

始终突出安全生产这一重点工作，多次召开会议专题研究部署农业、渔业安全生产和农产品质量安全相关工作，通过不断深化执法体制改革、加大执法力度、严厉打击安全生产违法违规行为，在维护安全生产管理秩序的同时，全面推进严格规范公正文明执法，不断深化法治建设。

三、2023年度推进法治政府建设的主要安排

2023年，省农业农村厅将认真贯彻落实党的二十大精神和浙江省第十五次党代会、省委十五届二次全会部署要求，抓住"八八战略"实施20周年有利契机，扎实推进农业农村法治建设，持续推进依法行政、提升执法能力、优化政务服务，在法治轨道上全面推进乡村振兴，奋力推进中国式农业农村现代化先行。

（一）持续完善法治制度体系

按照浙江省人大、省政府立法计划要求开展法规规章调研起草工作，加快推进《浙江省农作物病虫害防治条例》修订草案报送以及《浙江省实施〈中华人民共和国农村土地承包法〉办法（修订)》、《浙江省农产品质量安全规定（修订)》等立法调研。根据《浙江省固体废物污染环境防治条例》等法规要求，与相关厅局联合制定出台动物医疗废物管理办法等配套制度。

（二）优化提升乡村营商环境

持续完善行政审批网上办事功能，简化办事流程，推进数据共享，实现简表单、减材料、优流程，提升事项办理便利化程度。加快推进农业农村部第三批14个事项与省政务服务"一网通办"平台数据对接。对涉及市场主体经济活动政策措施开展公平竞争审查。深化农业农村"投资一件事+明白纸"营商环境提升改革。

（三）常抓不懈行政执法监管

持续谋划推进"大综合一体化"框架下的农业行政执法改革，构建行政执法统一指挥体系，健全条块分工衔接和执法指挥协调机制。深化执法数字化改革，推进执法数字化应用贯通和数据共享，加快执法链条闭环。开展"绿剑"、"春雷"、"铁拳"等执法行动，加大违法犯罪行为打击力度，维护农业生产秩序和农民群众权益。

（四）积极开展普法宣传教育

结合"宪法宣传周"、"农民丰收节"等重要节点和重大活动，开展普法宣传、法律帮扶。落实"谁执法谁普法"普法责任制，加强以案释法。推动法律进乡村，助力构建社会化大普法格局。深入实施农村学法用法示范户培育工作。

（五）着力增强法治能力建设

落实领导干部学法制度，组织厅党组理论中心组学法。开展全省行政执法

案卷评查，以评促改、以评促优，不断提升执法办案的规范性和能力水平。修订完善行政执法人员行为规范准则。加强法制、执法工作人员业务培训，落实执法装备保障，强化法治工作力量。组织举办厅新任命工作人员集体宪法宣誓仪式。

安徽省农业农村厅
法治政府建设情况2022年度报告

2022年，安徽省农业农村厅以习近平法治思想为指引，认真贯彻落实农业农村部和省委、省政府关于法治政府建设的决策部署，扎实推进农业农村法治建设，以法治护航"三农"高质量发展。

一、2022年度法治政府建设的主要举措和成效

（一）深入学习宣传贯彻习近平法治思想，落实法治政府建设责任

1.深入开展学习。将深入学习领会习近平法治思想列入厅党组理论学习中心组学习专题并组织学习。为厅属各支部配发《习近平法治思想学习纲要》，作为支部学习重要内容。开展宪法知识测试，落实宪法宣誓制度，在省法治宣传教育基地举行新晋处级领导干部宪法宣誓仪式。

2.强化责任落实。厅主要负责人认真履行推进法治建设第一责任人职责，带头抓好厅推进法治政府建设各项工作，先后多次赴省委党校、新华社安徽分社以及铜陵市等地，作保障粮食安全专题报告，宣讲解读《安徽省粮食作物生长期保护规定》。2022年厅长办公会、厅党组会先后6次集体研究解决8项法治工作重大问题。

3.夯实法治政府建设基础。一是建章立制。加强地方性法规政府规章更新完善，制定全国第一部保护生长期粮食作物的地方性法规《安徽省粮食作物生长期保护规定》，安徽省立法保护生长期粮食作物全力保障粮食安全入选年度省十大法治事件提名。修改2件、废止2件地方性法规，修订1件政府规章。发布公告废止、宣布失效6件厅行政规范性文件。二是营造氛围。强化农村法治宣传教育，提高农民法治素养。突出宣传重点，增强"法律进农村"效果，先后部署开展"典亮村居　振兴乡村"为主题的民法典宣传活动、"乡村振兴 法治先行"为主题的中国农民丰收节宣传活动、纪念现行宪法公布施行40周年暨"宪法进农村"等主题宣传活动300多场次，发放宣传材料20多万份，接受普法宣传近10万人次。创新普法形式，首次在安徽广播电视台农业·科教频道开设

《法治"三农"》专栏，制作播出以案释法节目，打造农业农村空中普法平台。发挥示范引领，培育学法用法示范户，畅通农村普法"最后一公里"，全年超额完成50%的行政村有学法用法示范户的目标任务。制作的普法短视频入选农业农村部推介的农村学法用法优秀短视频。

（二）优化法治化营商环境

1. **持续深化"放管服"改革**。推动照后减证和简化审批，创新和加强事中事后监管。全省农业农村领域"证照分离"改革涉企经营许可事项清单共34个。推进证明事项告知承诺制和涉企经营许可事项告知承诺制，已有12个许可事项告知承诺制上线运行。为中国（安徽）自由贸易试验区合肥、芜湖和蚌埠3个片区赋权，委托实施农药生产、经营许可，权限内肥料登记等8项自贸试验区特别清单。赋予乡镇街道审批执法事项64项。认真做好国家行政审批事项下放的认领、承接工作，动态调整权责清单。

2. **扎实推进"互联网＋政务服务"**。实现厅OA办公系统与省政务服务网有效链接，推进信息资源实时共享，实现办件线上"一网通办"。将全省55个涉农行政许可事项关联电子证照，通过"核验助手"实现身份证、营业执照等材料免提交。与省林业和草原局共同联办"出口国家重点保护的农业野生植物或进出口中国参加的国际公约限制进出口的农业野生植物审批"，实现"一窗受理、集成服务"，切实做到便民利企。

3. **不断优化行政审批服务**。对标学习沪苏浙优化营商环境政策举措，完成了对调入安徽省的低风险农业植物和植物产品名单及检疫要求的动态调整，并对"常用低风险农业植物和植物产品跨区域流通检疫"事项办理流程进行优化。全年窗口共办理各类办件2315件，较上年增长9%，群众满意率100%。

4. **推进"双随机、一公开"监管**。认真贯彻省优化营商环境工作部署，优化监管措施，落实"无事不扰"要求，扎实推进部门"双随机、一公开"监管，2022年共开展"双随机、一公开"检查项目12项，其中与市场监管部门联查项目5项。

（三）提升依法治理能力

1. **健全依法行政工作机制**。一是落实"三项制度"。积极开展行政执法"三项制度"落实强化年活动，落实执法装备配备、人员培训等要求，加强执法证件管理，规范法制审核程序，纵深推进农业综合行政执法改革。二是细化完善工作制度。联合公检法印发《安徽省农业行政执法与刑事司法衔接工作规则》，推动行刑有效衔接。及时更新《安徽省农业综合行政执法事项指导目录（2022年版）》。制定《农作物种子管理、动物防疫、生猪屠宰等行政处罚自由裁量权基准》、《农业农村领域轻微违法行为免罚指导意见》、《农业农村领域轻微违行为免罚清单》。

2. 落实重大决策机制。 一是加强集体审议。贯彻落实《安徽省重大行政决策程序规定》，厅长办公会集体审议年度重大行政决策事项清单并及时公开。二是加强合法性审查及备案。确保重大决策、规范性文件制定程序合法，全年完成合法性审查（公平竞争审查）96件，做到应审尽审、应备尽备。三是建立完善法律顾问、公职律师管理制度。2022年推荐1名工作人员申领公职律师资格。通过公开遴选招标厅法律顾问单位。协调法律顾问、公职律师积极参与厅涉法事务。

（四）严格规范公正文明执法

1. 提升执法能力。 一是开展农业综合行政执法自查和交叉互评、执法大比武、行政处罚案卷集中评查等活动。二是按时完成农业综合行政执法制式服装和标志验收、配发工作。三是开展农业综合行政执法示范创建，全省4家农业综合行政执法机构、3家农业农村部门分别被授予全国农业综合行政执法示范窗口、示范单位荣誉称号。

2. 加强执法监督。 一是指导案件办理。指导查处一批私屠滥宰、生产假种子等案件。二是深化执法改革。督促部分市县严格落实中央农业综合行政执法改革要求，全省农业农村系统实现"一支队伍管执法"的改革目标。三是开展农业综合执法大调研，全面摸清全省各农业综合行政执法机构人员、编制、单位性质等底数。**四是发布典型案例。** 先后发布全省农业行政执法典型案例13个、农产品质量安全典型案例8个。其中，"安徽省濉溪县某农资店经营假玉米种子案"入选农业农村部农业执法保障粮食安全十大典型案例。

3. 强化执法办案。 各级农业综合执法机构将执法办案作为主责主业，与相关部门密切配合，紧紧围绕重要农时、关键环节和重点领域，积极参与长江禁渔、"护奥运、保春耕"专项行动、种业监管执法年活动、食用农产品"治违禁、控药残、促提升"三年行动等重大监管执法活动，强化案件查处，有效维护农村市场环境。2022年全省办理一般程序案件4882件，较上年增长54%，其中，渔业3304件、农药517件、种子325件、动物检疫169件、肥料119件。简易程序案件3343件，执法护农保障作用充分彰显。省本级依法查办某种子公司经营假种子案，吊销其主要农作物种子生产经营许可证。

（五）依法稳妥化解矛盾纠纷

1. 依法处理涉诉涉访案件。 认真贯彻落实《信访工作条例》，构建"党建＋信访"、"清单＋闭环"、"倒查＋问责"、"专项整治＋系统治理"工作机制，领导干部带头接访下访、阅批群众来信，全年接待群众来访93批127人次，办理群众来信56件、省信访平台转送事项39件、厅长信箱留言396件。

2.突出抓好农村宅基地承包地纠纷排查化解专项行动。 积极发挥牵头抓总作用，加强工作调度，先后通过通报、专报等形式调度全省农村宅基地承包地纠纷排查化解进展情况。2022年，全省累计排查拥有宅基地、承包地的农户1447.47万户，排查出宅基地承包地纠纷27309件（涉及77465户241411人），并且依法依规全部分类化解。

（六）规范行政权力制约监督

1.自觉接受社会监督。 强化政务公开力度，有效保障社会公众知情权。进一步突出重点领域信息公开，着力提升主动公开水平，全年共发布信息2400余条。严格按照制度规定，全年办理依申请公开信息36件。

2.做好复议应诉工作。 落实行政复议制度要求，充分发挥行政复议监督纠错作用，配合做好行政复议体制改革工作。严格落实行政机关负责人出庭应诉制度，自觉接受司法监督。2022年，省农业农村厅未发生行政复议、行政诉讼案件。

（七）强化法治政府建设保障

1.加强组织保障。 坚持把法治政府建设作为重要内容，纳入农业农村工作整体布局。成立厅依法行政工作领导小组，负责全面推进依法行政工作的统一领导、系统谋划、整体推进、督促落实。

2.落实经费保障。 将法治政府建设工作经费纳入单位年度财政预算，足额保障法治建设需求。2022年共安排资金64万元，用于执法服装配发、装备配备、普法宣传等。

二、2023年度推进法治政府建设的主要安排

2023年安徽省继续坚持以习近平法治思想为指引，全面贯彻落实党的二十大精神，深入推动法治政府建设，扎实推进依法行政，依法履行法定职责，为全面推进乡村振兴，加快建设农业强省营造良好法治环境。

（一）持续深化习近平法治思想学习宣传

将贯彻落实党的二十大精神与学习宣传习近平法治思想相结合，把习近平法治思想融入立法、执法、普法、依法行政等各个环节，全面提升依法履职能力和法治政府建设水平。

（二）完善涉农领域立法

认真做好修改《安徽省农村能源建设与管理条例》、制定《安徽省促进茶产业发展条例》、《安徽省实施〈中华人民共和国农村土地承包法〉办法》等地方

性法规的立法审议、调研论证工作。

（三）规范农业行政执法

强化内部协同、外部联动，分领域建立行业管理与执法监督协调机制，推进行刑衔接。运行执法办案指导小组，建立执法人员调用管理制度。实施执法能力提升行动，多措并举提高农业综合执法水平。突出"春耕"、"三夏"、"三秋"等重点时段，集中力量查处办理一批大案要案，公布一批典型案例。充分发挥农业综合行政执法在处理涉农信访案件、化解矛盾中的重要作用。

（四）推动普法责任落实

持续推进以宪法为核心的中国特色社会主义法律体系宣传教育。完善领导干部学法用法机制和国家工作人员学法用法制度。落实"谁执法谁普法"普法责任制，积极开展实时普法、以案释法。常态化开展"法律进农村"普法宣传活动。继续培育农村学法用法示范户，完成2023年示范户认定工作。

（五）优化行政审批服务

做好国家行政许可事项的认领、承接和实施工作。加快推进"全省一单"，制定全省农业农村系统政务服务标准化实施清单和办事指南，实现省、市、县、乡、村政务服务事项无差别受理、同标准办理。优化行政审批流程，加大对厅窗口办理事项授权力度。编制实施"一件事一次办"事项基础清单，加快推进涉农领域"一件事一次办"，打造政务服务升级版。

福建省农业农村厅
法治政府建设情况2022年度报告

2022年，福建省农业农村厅认真学习宣传贯彻习近平法治思想，按照中共中央、国务院《法治政府建设实施纲要（2021—2025年）》和省委全面依法治省委员会《福建省法治政府建设实施方案（2021—2025年）》的部署要求，采取扎实有效措施，全面推进农业农村法治建设。

一、深入学习贯彻习近平法治思想，健全完善法治建设推进机制

（一）深化习近平法治思想宣传教育

厅党组将习近平法治思想列入《理论学习中心组专题学习计划》，7次专题学习习近平法治思想以及与农业农村工作密切相关的法律法规。组织48个在职党支部利用"三会一课"、主题党日、宣传月、宣传周、纪念日等时间节点，通过集中学习研讨、专题辅导讲座、在线学习知识测试等形式，大力学习宣传习近平法治思想。结合农业农村部门实际，制定福建省农业农村厅《关于贯彻落实习近平法治思想全面推进农业农村法治建设的实施意见》，印发全省农业农村系统执行。

（二）全面落实法治建设第一责任人制度

厅党组高度重视法治建设工作，党组书记、厅长全面履行推进法治建设第一责任人职责，对农业农村法治建设重要工作亲自部署、重大问题亲自过问、重点环节亲自协调。把法治素养和依法履职情况纳入处级领导干部年度绩效考评，单独设置"依法行政"指标，考评结果作为评先评优的依据之一。

（三）建立健全依法决策机制

厅党组自觉运用法治思维和法治方式研判问题、制定决策，实行集体领导和个人分工负责相结合制度。健全完善厅党组会议制度、厅长办公会议制度，明确决策规则和程序，把公众参与、专家论证、风险评估、合法性审查、集体

讨论决定确定为重大行政决策法定程序。全面推行法律顾问制度，充分发挥厅涉农法律研究小组在立法、普法、法治审查等方面的作用，不断提升行政决策的民主化、科学化、法治化。

二、加大农业农村立法力度，服务保障乡村振兴战略

（一）推进重点领域立法

谋划"三农"领域立法，加强与省人大、省司法厅和涉农部门联系沟通，推动《福建省闽江、九龙江流域保护管理条例》、《福建省海洋经济促进条例》、《福建省水利工程管理条例》提请省政府审议，《福建省农业植物保护条例》、《福建省农产品质量安全条例》力争2023年提请审议，将《福建省农村产权流转交易管理办法》列入省政府2023年立法调研项目。根据省政府年度立法安排，印发省农业农村厅2022年立法工作计划，明确6件立法项目的责任单位和年度工作目标，有序推动立法工作，其中《福建省动物防疫条例》于2022年7月28日经省人大审议通过。积极跟进参与相关立法项目，对省人大、省司法厅等单位转来的《福建省湿地保护条例（修订草案）》等80件征求意见稿，结合农业农村部门的工作实际，及时提出150多条意见建议。

（二）严格农业农村法治审查

按照《福建省农业农村厅行政规范性文件制定和管理办法》等规定，开展规范性文件合法性审核和政策措施公平竞争审查，全年共完成《福建省农业农村厅关于印发非洲猪瘟防控应急实施方案的通知（送审稿）》等13件规范性文件合法性审核，《关于落实省委和省政府2022年农业农村重点工作部署的实施意见》等17件政策措施公平竞争审查，《2022年度动物疫病诊断试剂货物类采购项目合同》等30件标的在50万元以上合同的法务审核，《福建省农业农村厅与农业农村部规划设计院战略合作协议》等33件文件的政策法律咨询。及时向省委、省政府报备18件规范性文件。

（三）加强专项清规工作

按照省人大、省政府和省司法厅的要求，落实涉及生态环境保护、食品药品安全、野生动物保护等6个领域87件规范性文件专项清理"回头看"工作，组织开展涉及人口与计生内容、涉及"水能资源开发利用权"等专项清规。做好国务院第九次大督查有关清理政策意见整改落实工作，对现行有效的92件涉及市场主体经济活动的政策措施，开展是否违反排除、限制公平竞争规定专项清理，使法规、规章、规范性文件与上位法相一致、相衔接、相适应，确保法律协调和政令畅通。

三、持续深化"放管服"改革，建设法治化市场化营商环境

（一）全面实行清单管理

依法动态调整权责清单，通过福建省网上办事大厅认领中央层面设定的行政许可事项主项42项、子项66项，明确事项实施层级，编制形成福建省农业农村部门行政许可事项清单。组织做好《市场准入负面清单（2022年版）》的实施，落实"全国一张清单"管理模式。根据《种子法》等法律法规章修改情况，动态调整政务服务事项标准化目录清单，对有关事项的设立依据、行使层级、申请材料、公示期限、流程图等办事要素调整16次。

（二）推进"证照分离"改革

进一步减少证明事项、简化行政审批流程、缩短审批时限。将"饲料添加剂生产许可"、"饲料添加剂产品批准文号核发"两个行政许可事项整合为"一件事"套餐服务事项。根据新修改的《种子法》和新版《国家重点保护野生植物名录》，简化人工培植的农业野生植物的证明事项，减少种子生产经营许可事项基层农业农村部门初审环节，优化办事流程。指导审核漳州古雷、莆田城厢、龙岩新罗3个改革试点地区关于动物医院"一业一证"的许可工作规范。规范电子证照生成和应用，全年共生成电子证照1008本。

（三）加强事中事后监管

大力推行"双随机、一公开"监管，组织全省开展"双随机、一公开"监督抽查8156家次，其中省级1729家次，抽查结果均向社会公开。扎实推进"互联网＋监管"，全年累计向福建省"互联网＋监管"系统录入行政检查等监管数据2350条，数据合格率100%。认真做好信用信息归集等工作，全年向福建省公共数据汇聚平台归集行政许可等信用信息2853条，数据合格率100%。

（四）提升行政审批服务水平

适应新冠肺炎疫情防控形势，采取网上申报、材料邮寄、电话咨询、结果寄达等方式，开展"不见面审批"。对兽药、饲料和饲料添加剂等行政许可事项，因疫情影响无法开展现场核查的，暂缓相关程序，依据相关材料采取企业真实性承诺、远程视频评审等方式，予以按时审批。全年省农业农村厅共办结行政审批和公共服务事项2359件，其中审核转报事项255件，按时办结率100%，做到了零差错、零投诉。落实"好差评"制度，积极引导企业主动开展评价，主动评价率不断提高，办事企业群众满意度100%。

四、提升农业执法监管能力，加大重点领域执法力度

（一）深化综合执法改革

积极向当地党委、政府和编制部门反映改革现状，结合当地实际，进一步完善规范农业综合行政执法"三定"方案，明晰执法职责。组织开展农业综合行政执法自查和交叉互评，重点深入改革进度偏慢地区，因地制宜、分类指导、重点督促，有效推进改革措施落地落实。制定全省农业综合执法机构执法效能评估方案，协同省委编办开展调研评查，检视改革成效，推进改革走深走实。目前，全省76个农业综合执法机构实现职能整合、集中办公、高效运转。

（二）持续提升执法能力

持续推进农业综合行政执法示范创建活动，2022年上杭县、连城县两地农业综合执法大队获评全国农业综合行政执法示范窗口，目前全省共有24个农业农村局和农业综合执法队伍分别荣获全国农业综合行政执法示范单位、示范窗口，示范创建工作位居全国前列。通过推进执法队伍政治练兵、专业练兵、实战练兵、军训练兵和竞技练兵，充分营造"学本领、练技能、当标兵"浓厚氛围，福建省代表队在全国农业综合行政执法大比武总决赛中，荣获二等奖。加快"农业综合行政执法基本装备配备标准化项目"建设，全面提升执法装备建设水平。规范制服配发，举行全省统一着装仪式，充分展示执法队伍新形象。

（三）严格规范执法行为

督促各地分级梳理、制定执法事项清单，全面推行行政执法"三项制度"，严格遵守"六条禁令"，确保执法信息公开透明、执法全过程留痕、执法决定合法有效。根据新制修订的7部涉农法律法规，动态调整2020年版的《福建省农业行政处罚自由裁量基准》，保障公平公正行使自由裁量权。制订省级农业行政执法审慎包容清单，明确减轻、从轻和不予处罚事项，切实推进有温度、有力度、有精度的行政执法。

（四）开展专项整治行动

聚焦农资质量、农产品质量安全、动植物疫病防控、农村宅基地执法、耕地巡查保护等执法重点，开展专项整治行动。全年全省出动农业综合执法人员10.87万人次，检查生产经营主体5.86万个次，受理投诉举报288件，立案查处1462起违法案件，其中省级督办110件，移送司法机关案件94起，案件查处率、协查率、移送率全部实现100%。

五、增强农业农村普法实效，营造尊法学法守法用法氛围

（一）坚持普法进农村

制定年度普法清单，明确《乡村振兴促进法》等12部重点法律的宣传任务及其责任单位、时间要求。联合省司法厅分别于2022年5月29日和12月14日举办"民法典进农村"、"宪法进农村"省级主场活动，通过展演法治文艺节目，让农民群众在欢快的氛围中学习法律知识。据统计，全省利用宪法宣传周、民法典宣传月、中国农民丰收节等重要时间节点，组织开展"宪法进农村"、"促乡村振兴·民法典进农村"、"乡村振兴 法治先行"等主题活动共228场次。根据农业行业特点组织开展放心农资下乡进村、农机安全和绿色防控进田园等专题普法活动。结合"两直两前"调研实践活动组织厅162名干部深入1907个村、8365个农户、1374个农业主体开展法律宣讲和政策解读。据不完全统计，全年全省各级农业农村部门累计面向农民群众和涉农生产经营主体普法1000多场次，推动法治精神、法治文化和法律服务深入农村、深入人心。

（二）坚持普法进农户

加快培育农村学法用法示范户，组织全省各级农业农村部门会同司法行政部门从8571个行政村的村组干部、调解员、网格员、合作社带头人等家庭中认定9617个农村学法用法示范户，覆盖了全省60%的行政村。通过示范户带动更广大农民群众学法用法，提升法律意识和依法维权能力，畅通普法进村入户"最后一公里"。充分利用中小学校、农村公园广场、礼堂戏台、研学基地、农家书屋等场所，依托农业企业、农民专业合作社、家庭农场等农业生产经营主体，建设农村法治教育基地3209个，方便农民群众就地就近学法用法。

（三）坚持普法进机关

落实国家工作人员学法用法制度，常态化开展学法讲法活动，促使工作人员不断增强法治意识和依法履职能力。厅党组理论学习中心组共开展学法活动10次，厅机关51个处室（单位）利用"每周一课"集中学习国家安全、反食品浪费、乡村振兴等法律法规500多场。围绕民法典、保密法以及种业、农产品质量安全、动物防疫、绿色植保等方面法律法规，全省农业农村系统开展线上线下培训（讲座）400多场、2.1万人参加。组织系统干部参加中国普法微信公众号国家安全法、民法典、宪法宣传周等有奖竞答活动，累计参与13万人次。

六、完善社会治理体制机制，促进农村和谐安定稳定

（一）加强乡村治理体系建设

持续推进"三治"融合乡村治理体系建设，启动第二批"十百千"省级乡村治理示范村镇创建，联合省委组织部等7部门，确定示范乡镇119个、示范村1327个。按照"先试点，后推广"的原则，选择福清、罗源等22个县（市、区）开展"清单制"推广运用试点，指导科学编制村级小微权力、村级事务、公共服务等事项清单，着力解决村级组织负担重、运行不规范、为民服务不到位等问题。目前，22个县已全部制定完成试点工作方案，有1121个村梳理了相应清单。加快"积分制"推广运用，将农村人居环境整治提升、垃圾分类、营造文明乡风等"急难愁盼"重要事务量化为积分指标，制定科学合理的评价办法，对农民群众日常行为进行评价积分，并根据积分结果给予相应的激励和约束。目前，全省已累计推广运用"积分制"村数5199个，设立积分商品兑换点3768个，累计兑换商品货值1167万元。

（二）依法处理涉农矛盾纠纷

健全完善农村土地承包经营纠纷调解仲裁机制，注重从政策层面上预防和化解农民反映的普遍性、倾向性问题。目前，全省正式批准设立或明确农村土地承包调解委员会且机构人员健全的涉农乡（镇）997个，设立村级调解小组（或专人调解）的行政村14036个，全年调解矛盾纠纷575件。认真贯彻落实《信访工作条例》、《福建省信访事项复查复核办理规程（试行）》，共收到群众来信、厅长信箱留言以及12345平台来件732件，全部做到逢访必登、告知及时、处理得当，件件有着落、事事有回音，未发生处置不当而引发信访极端负面事件。

（三）强化农业安全生产

依法在全省农业农村系统持续开展以农机、饲料、沼气、农药、屠宰等领域为重点的农业安全生产专项整治三年行动巩固提升、安全生产大检查，切实抓早抓小抓苗头，最大限度将风险隐患化解在萌芽状态。全年共组织全系统监管力量1.3万多人次，排查各类生产经营单位6790多家次，发现并排除安全隐患1300多个。加强应急保障，组建110支、1200多名专业技术人员组成的应急抢险与灾后重建技术队伍。强化农业应急救灾物资储备，完成在库储备消毒剂75吨、消毒器械143台、口罩4万多个、一次性防护服2500多套、一次性医用乳胶手套6350双、护目镜1140个、一次性鞋套、高筒防滑鞋4000双等，可随时满足农业应急救灾抢险需要。

　　2023年，福建省农业农村厅将认真学习宣传贯彻党的二十大精神，坚持以习近平法治思想为指导，按照中央和省委关于推进法治建设的系列部署，全面推进农业农村法治建设，充分发挥法治固根本、稳预期、利长远的重要作用，为全面推进乡村振兴、加快农业农村现代化提供更加有力法治保障。

河南省农业农村厅
法治政府建设情况2022年度报告

2022年，河南省农业农村厅深入学习贯彻习近平法治思想，贯彻落实党的二十大精神，全面落实中央和省委省政府关于加强法治建设工作部署，结合河南农业农村法治建设实际，深入组织推进并较好完成了法治河南（法治政府）建设各项重点工作。

一、加强组织领导，强化法治政府建设推进机制

一是切实履行法治建设第一责任人职责。厅主要负责人对法治建设重要工作亲自部署、重大问题亲自过问、重点环节亲自协调、重要任务亲自督办。厅党组坚持每半年召开一次法治建设工作专题会议、每季度至少专题学法一次。二是认真落实"1211"法治政府建设推进机制。研究部署全省农业农村系统2022年度法治建设工作。按照要求向农业农村部和省委、省政府、省人大报告2021年度法治建设工作并公开。完成督导平台7个主项、61个子项考核任务。三是强化考评督导。印发考核指标体系，完成对地市对口部门年度法治建设日常评价工作。四是加强工作保障。注重法治人才培育、配备和使用，足额保障立法普法工作经费。

二、依法全面履行政府职能

一是做好行政许可事项清单管理。完成国家和省级层面设定的以省农业农村厅为主管部门的"河南省行政许可事项清单"。开展下放事项的调研指导培训工作。二是深入推进行政审批和"放管服"改革。全年办理政务服务事项1920件，多措并举优化行政审批服务。政务服务事项全部进驻省政务服务大厅，实现"一网通办"、"一站办结"。修订行政审批工作规程及服务指南，制定疫情防控期间企业视频考核实施方案，公布咨询电话，建立咨询微信群，创新办法便利企业。强化"双随机、一公开"监管，动态调整抽查事项清单，参与跨部门监管。三是持续优化法治化营商环境。承诺办理时限压缩81.1%，行政许可类事项即办件占比62%以上，全部实现"最多跑一次"。四是加快数字法治政

府建设。试点建设河南省农产品质量安全信用监管平台。发布"双公示"信息1519条。

三、健全依法行政制度体系，加快推进政府治理规范化程序化法治化

一是积极推进农业农村领域立法。厅党组专题研究农业农村领域立法和执法监督工作，办理相关行业立法征求意见120余件次。二是加强规范性文件管理。全年审核备案行政规范性文件3件，清理规范性文件62件。

四、健全行政决策制度体系，不断提升行政决策公信力和执行力

一是完善依法科学民主决策机制。制定厅党组、厅务会议议事规则，拟定重大行政决策实施办法。二是严格落实重大行政决策程序。严格执行重大行政决策程序暂行条例，落实重大事项党组集体讨论研究、依法科学民主决策制度。三是全面推进法律顾问和公职律师制度。拟定法律顾问和公职律师工作办法，聘请律师事务所和公职律师为法律顾问并备案。

五、健全行政执法工作体系，全面推进严格规范公正文明执法

一是深化推进服务型行政执法。印发2022年服务型行政执法建设工作要点，制定全省农业农村系统优化营商环境"四张清单"，开展行政执法标兵评比，制定《河南省农业行政处罚裁量标准（2022年版）》。二是全面落实行政执法责任制。推行行政执法"三项制度"，采取"四不两直"方式开展执法监督。全省共办理涉农案件3647件，全面消除"零"办案县。三是全面提升行政执法人员能力。举办农业综合执法培训班。组织"大练兵"活动，河南省荣获2022年全国大比武团体二等奖。

六、强化重大突发事件依法处置

一是积极应对疫情影响，组织制定优化疫情防控条件开展蔬菜促销工作等"十条措施"，成立专班，搭建平台，协调解决蔬菜滞销问题。二是不断提升全省重大动物疫情应急管理水平，修订突发动物疫情应急预案，强化应急物资储备管理，组织应急演练培训，加强应急预备队建设，依法核查处置疫情信息2起。三是针对猪周期低谷、寒风寒潮雨雪天气，研究提出办法，开展畜牧业预警服务。

七、依法有效化解社会矛盾纠纷，不断促进社会公平正义

一是制定行政复议答复和行政应诉内部工作制度，处理行政复议答复47件次。二是严格落实行政机关负责人出庭应诉制度，参与行政应诉1件。三是全省农业农村系统信访工作总体稳定，接待来访群众265人次，群众来信153件。办

理交办转办信访案件56件，及时办理率、办结率达100%。四是实行网络舆情周报制度，全面分析研判、及时组织处置。

八、完善监督体制机制，强化对权力的制约监督。一是依法推进政务公开

在厅官网公开文件、政策解读等信息4368条，发布领导活动信息及重要涉农新闻3134条。厅官网页面浏览量达690万次。全年接收依申请公开件123件、网上政务咨询296件、省级12345政务服务便民热线交办件7件，全部按期办结。二是加强审计监督。强化重点项目资金监管，开展水毁农田灾后恢复重建项目专项审计。对厅属事业单位主要负责同志开展离任经济责任审计。组织重大政策措施落实情况跟踪审计。三是强化统计监督。加强统计监督培训，落实"双把关"制度，开展数据质量自查。四是自觉接受监督。承办人大建议89件，政协提案132件。

九、推进法治社会建设，加大农业农村普法力度

一是落实八五普法规划，印发年度普法要点，突出抓好促进乡村振兴"一法一条例"宣贯。二是抓好干部学法用法，制定年度学法计划，举办乡村振兴促进条例专题讲座、全省农业法治政府建设暨"放管服"改革培训班等。三是落实"谁执法谁普法"普法责任制，制定《河南省农业农村厅普法责任清单(2022年版)》。四是稳步推进农村学法用法示范户培育工作，全年认定示范户27208家，开展法律服务4441次，线下培训694场次。五是开展全省农业农村法治暨农业综合行政执法大调研，向农业农村部报送了工作报告和典型案例。六是利用民法典宣传月、农民丰收节、宪法宣传周等重要时间节点开展普法宣传活动。

2022年，省农业农村厅法治建设虽然取得了一定成效，但仍存在一些薄弱环节，主要表现在：法治意识尚需强化，工作制度有待进一步健全等。2023年，省农业农村厅将继续坚持以习近平新时代中国特色社会主义思想为指导，全面贯彻习近平法治思想，认真落实省委、省政府法治建设工作部署要求，深入推进农业农村法治建设各项重点工作，为乡村全面振兴和农业农村现代化建设提供有力法治保障。

广东省农业农村厅
法治政府建设情况2022年度报告

2022年广东省农业农村厅坚持以习近平新时代中国特色社会主义思想为指导，深入学习贯彻党的二十大精神，认真贯彻落实《法治政府建设实施纲要（2021—2025年）》、《广东省法治政府建设实施纲要》，较好地完成了农业农村领域法治政府建设各项工作任务，乡村振兴法规体系不断健全，普法工作成效明显，巩固拓展脱贫攻坚成果扎实推进，粮食等重要农产品供应保障有力，城乡协调发展出现积极变化，农业农村经济形势稳中向好。

一、主要举措及成效

（一）加强党对农业农村领域法治政府建设的全面领导

一是深入学习贯彻党的二十大精神。严格落实党组"第一议题"制度，制定《2022年省农业农村厅党组理论中心组学习计划》，发挥党组理论中心组领学促学作用，以党的二十大报告和新修订的党章为主要内容，深刻领会新时代全面推进乡村振兴、推进法治中国建设战略部署精神，分专题、有计划地开展党组理论中心组学习交流研讨。采取线上线下相结合的方式，邀请分管省领导为广大党员宣讲党的二十大和省委十三届二次全会精神，充分利用中国干部网络学院等线上平台组织党员干部开展学习贯彻党的二十大精神网上专题培训，确保应训尽训。二是认真学习贯彻落实习近平法治思想。厅党组（扩大）会议、党组理论学习中心组会议认真传达学习了习近平总书记在《求是》杂志发表的重要文章《坚持走中国特色社会主义法治道路，更好推进中国特色社会主义法治体系建设》、《习近平法治思想概论》、《反有组织犯罪法》以及在审议《中国共产党政治协商工作条例》等有关会议上的重要讲话精神，坚持依法决策、依法施策。2022年4月25日召开厅党组理论中心组学习会议，专题学习《信访工作条例》。三是切实履行党政主要负责人推进法治政府建设第一责任人职责。建立党组会定期听取报告制度，厅党组会分别于2022年1月份和8月份听取了法治政府建设工作情况报告，及时研究解决法治工作中的重大问题。厅依法行政工作领导小组由厅长任组长，及时协调推进法治政府建设重点工作。主要负责人积极履行推进法治建设第一责任人职责，将述法情况列入年终述职内容。四是严格落实依法行政报告制度。制定法治政府建设年度工作要点，制定督查落实整改工作措施，按时上报法治政府建设督查自查及整改落实工作等情况。按时完成2021年度依法行政和政务诚信专项工作考核自评，向省委、省政府和农业农村部报告2021年度法治政府建设工作情况，并在厅门户网站公开。

（二）全面正确履行政府职能，深入推进"放管服"改革

一是推进行政许可统一标准办理。根据国务院办公厅的工作部署，梳理认领广东省农业农村领域实施的由中央层面设定的行政许可事项53项，由省级地方性法规、省政府规章设定的行政许可事项2项。进一步梳理、细化、统一全省行政许可事项办理标准。二是继续深化政务服务"放管服"改革工作。农业农村领域所有省级依申请事项实现"一网通办、省内通办"，行政许可事项即办率达38.34%，行政程序得到优化，办理时限大大压缩，平均减少提交材料1.03份。2022年度省农业农村厅行政许可窗口共办结行政许可事项3263件，政务服务全年零投诉。三是推动"追溯+信用"融合监管。依托省农产品质量安全追溯平台建立健全农安信用体系，对规模农产品生产经营主体进行信用分级评价，激励企业主体做好信用管理，提升农产品质量安全水平。

（三）法治引领乡村振兴，推进重点领域立法和法规清理

一是加强农业农村基础性立法。推动出台了《广东省乡村振兴促进条例》，自2022年9月1日起施行；加快制定《广东省农村宅基地和农村村民住宅建设管理暂行规定》，已通过省政府常务会议审议。二是科学制定立法计划。组织开展立法项目调研，向省人大、省司法厅报送了省第十四届人大常委会立法规划和2023年立法计划项目建议，建议将《广东省农产品质量安全条例》列入2023年地方性法规立法计划，将《广东省水产苗种管理办法》列入2023年省政府规章立法计划。三是开展法规规章清理工作。配合省人大、司法厅对法规、规章进行了专项清理，推动废止《广东省农民负担管理条例》，对96件法律法规规章征求意见稿提出修改意见。

（四）严格落实重大行政决策程序规定，强化合法性审查的刚性约束

一是将《广东省农业种质资源保护与利用中长期发展规划（2021—2035）》列入厅2022年度重大行政决策事项目录并向社会公布，严格履行公众参与、专家论证、风险评估、合法性审查、集体讨论决定等法定程序，规范推进决策落实。二是严格落实合法性审查和公平竞争审查制度。2022年共审查各类政策性文件、规范性文件并出具法制审核意见30件，开展公平竞争审查20件，办理党

内规范性文件备案审查意见回复19件，印发行政规范性文件4件。三是落实法律顾问审查制度。加强经济合同管理，厅法律顾问全年共审查修改合同、协议等82件，出具法律意见书87件。

（五）优化行政执法运行机制，依法惩处各类违法行为

一是完善行政执法制度建设。推进包容审慎监管，印发《广东省农业农村领域轻微违法行为免予行政处罚清单》，明确7项免予行政处罚事项的适用条件。完善行政执法与刑事司法衔接工作机制，组织修订《广东省农业行政机关移送涉嫌犯罪案件标准》。持续开展综合行政执法人才能力提升行动，通过开展执法示范创建、执法技能培训、执法大比武、案卷评查等活动，全面提升农业执法人员素质能力。二是依法查处农业违法行为。部署开展农资打假各类专项行动，全省累计出动农业综合执法人员17.32万人次，整顿农资市场2505个，检查生产经营主体9.54万个（次），立案查处违法案件1821宗，移送司法机关111宗。全省没有发生重特大农资和农产品质量安全事故。三是有效维护渔船生产秩序。实施最严伏季休渔监管，2022年广东渔船返回船籍港休渔率达99.91%，位居全国第一，受到农业农村部通报表扬。严打电炸毒、偷捕等违法行为，全年查获涉渔违法案件5335宗，移送公安、海警119宗，查扣涉渔"三无"船舶3110艘，清理违规渔具31万米。严查非法改装、非法载客行为，查获非法改装渔船191艘、非法载客270人。成功办理全国首宗渔船防台领域危险作业罪刑事附带民事公益诉讼案，有效发挥了警示作用。

（六）推进法治乡村建设，有效防范和化解社会矛盾

一是深入推进乡村依法治理。组织开展乡村治理"百镇千村"示范创建活动，将乡村依法治理作为乡村振兴战略实绩考核重要指标，协同有关部门合力推进农村地区法治建设。出台指导意见，在乡村治理中推广运用积分制、清单制，将村民遵纪守法12条，村级组织"小微权力、村级事务、村务公开、公共服务、干部行为"五类清单纳入积分、清单管理范畴，规范村级组织事务管理，提高乡村治理效能。突出抓好农村和渔民疫情防控，迅速果断有力处置渔民渔船疫情，出台全国首个渔船渔民疫情防控工作指引，制定实施省海洋渔船渔民疫情防控及渔业安全管理"六个必须"、"八个严禁"，压实"四方责任"，建立人防、物防、技防相结合的综合性疫情防控体系，筑牢疫情防控"海上防线"。二是坚持党建引领，高位推动信访工作。成立一把手任组长的厅信访工作领导小组，坚持厅领导接访下访、阅办群众来信，倾听群众诉求、回应群众关切。对省委信访局"双交双办"的重复信访事项和信访类案，全部落实厅领导包案，推动问题有效解决。2022年省农业农村厅共办理信访事项约2841宗，完成党的二十大信访安全保障任务，省信访工作联席会议发来表扬信。

（七）分众分类分层开展普法宣传，推进法律进农村

一是制定印发全省农业农村系统"八五"普法规划、普法责任清单和年度普法依法治理工作要点，组织各地开展放心农资下乡进村、民法典进农村、农民丰收节、宪法进农村等主题宣传活动。活动期间共发放法治宣传资料67400余份，开展咨询服务13350人次，推送法治宣传信息109391条，为乡村振兴营造良好的法治氛围。继续推进线上普法，举办"动物防疫条例知多少？"、"民法典进农村"有奖问答比赛，在厅官网、微信公众号普法专栏推送法治宣传信息164篇。二是联合省司法厅全面推进农村学法用法示范户培育工作，畅通普法进村入户"最后一公里"。2022年全省认定农村学法用法示范户17862户，有示范户的行政村（含部分社区）共12819个，占比达到63.3%，如期完成国家下达的50%的行政村有示范户的年度目标任务。加强农村学法用法示范户培训，线上推送22期农民学法用法系列课程，线下举办全省农村学法用法示范第一期培训班，培训示范户110人。三是做好《广东省乡村振兴促进条例》、《广东省动物防疫条例》的新闻宣传。配合省人大召开新闻发布会，在南方日报、南方+、南方农村报等新闻媒体刊载宣传解读文章，印制条例小册子，制作推送一图读懂、微博话题等扩大宣传影响。四是积极参加法治文化有关评选活动。省农业农村厅"动物防疫条例知多少"普法宣传获2021—2022年全省国家机关"谁执法谁普法"优秀普法项目。省农业农村厅制作的"多维度开展普法宣传全方位助推种业振兴"普法案例和"学习宣贯《植物检疫条例》"视频入选全国农业农村普法典型案例和优秀视频，在全国范围内予以推介。农村学法用法示范户集体说唱表演视频"听我说唱来普法"入选全国8个农村学法用法优秀短视频，在全国推介；该视频同时荣获广东省第四届法治文化节"寻迹·法治故事"语言类法治文艺作品铜奖。

（八）严格落实政务公开和建议提案办理，加强行政权力监督制约

一是切实推进政务公开。及时发布农业最新政策法规、办事指南、消费警示和服务动态等官方权威消息，厅门户网站和公众号推送信息11477条，浏览量28891319次，浏览人数1016269人。厅领导通过厅门户网站平台开展在线访谈，解读和在线回应群众关切，全年开展在线访谈6次，发布政策解读信息20篇次。全年共受理政府信息公开申请54件，已按时办结49件，5件正在办理。二是认真办理建议提案，自觉接受省人大、政协监督。2022年办理建议提案276件，其中全国建议提案9件，省建议提案267件。全部建议提案按期办结，沟通率、办复率、满意率均达到100%。三是规范办理行政复议和行政诉讼。按规定答复、答辩、出庭应诉，自觉执行生效的复议决定、判决和裁定。2022年共办理行政复议案件1宗，省政府维持了省农业农村厅答复；办理行政诉讼案件3宗，已审

结2宗。严格落实行政机关负责人出庭应诉制度，2022年度没有通知省农业农村厅出庭应诉的案件，无行政败诉案件。

（九）加强依法行政能力建设，强化法治教育培训

一是推进学法常态化。制定领导干部应知应会法律法规清单，举办《信访工作条例》宣贯学习视频培训会，培训厅机关事业单位领导干部300多人。2022年12月国家宪法日宣传活动期间，组织领导干部通过智慧普法平台开展线上法治专题培训，重点学习贯彻党的二十大精神、习近平法治思想以及宪法等内容。按时参加2022年度全省国家工作人员学法考试，省农业农村厅参考率100%，优秀率100%。二是加强执法人员学习培训。将《中华人民共和国畜牧法》、《生猪屠宰管理条例》、《广东省乡村振兴促进条例》、《广东省动物防疫条例》、《港澳流动渔船渔民管理规定（试行）》等作为农业农村系统干部培训的重点课程，举办系列宣传培训。推进以赛促学，举办《广东省动物防疫条例》知识竞赛，23名同志获得个人奖项，佛山市代表队荣获一等奖，广州市、清远市代表队获得二等奖，潮州市、东莞市、韶关市代表队获得三等奖。三是积极开展执法典型案例评选和评查。组织各地选送典型案例参加全国农业执法典型案例评选，其中广州市番禺区1宗案件获评2022年全国十大农业执法典型案例，韶关市1宗案件获评农业执法保障粮食安全十大典型案例。组织开展2022年全省农业行政处罚案卷评查工作，推荐5宗案卷参加全国评查。

二、2023年工作计划

2023年，省农业农村厅将始终坚持以习近平法治思想为指导，深入贯彻落实党的二十大精神，结合全省农业农村工作重点，落实落细法治政府建设各项要求，着重抓好以下五个方面工作。

一是强化法治工作保障。落实厅主要负责人法治建设第一责任人职责，强化厅党组对法治建设的统一领导，严格落实厅党组专题听取年度法治政府建设报告制度、主要负责人年度述职述法制度，举办宪法宣誓活动。健全乡村振兴法规体系，按计划推进《广东省农产品质量安全条例》、《广东省水产苗种管理办法》、《广东省从化马属动物疫病区域化管理办法》（修订）等立法工作。

二是深化行政审批"放管服"改革。立足"统一申办一张网"，持续优化线上政务服务水平。充分利用"广东省政务服务网"、"粤系列"应用程序等政务服务应用平台，推动上线"粤商通'三农'服务专区"，持续优化我厅行政审批事项全流程网办服务效能，发挥其便民利企的服务作用。

三是规范履行行政执法职责。进一步完善权责一致的监管执法体制，加大违法案件查处力度，认真落实行政执法"三项制度"，依法查处涉农违法行为。加强执法联动与信息共享，加强执法指导，形成工作合力。强化农业执法与刑

事司法衔接，及时移送涉嫌犯罪案件。深入开展农业领域扫黑除恶专项斗争。继续开展农业执法提升行动，提升全省农业执法人员业务能力水平。

　　四是加大对行政权力的制约和监督。强化规范性文件和重大行政决策的合法性审查。落实重大决策风险评估和公开工作。继续做好全省农业行政处罚案卷评查工作，提升基层依法行政水平。进一步畅通信访渠道，依法依规稳妥办理信访件。做好行政应诉工作，落实好败诉行政案件报告制度及行政机关负责人出庭应诉制度。

　　五是大力开展农业农村普法工作。大力宣传习近平法治思想，推进新法律法规的学习宣传贯彻。加强领导干部学法培训，举办两期领导干部学法讲座，继续组织全体国家工作人员开展年度学法考试。全面推进农村学法用法示范户培育，切实解决农村普法"最后一公里"问题。全力做好"谁执法谁普法"工作，制定年度普法工作计划，开展多形式的法治宣传活动，为农业农村营造良好的法治氛围。

重庆市农业农村委员会
法治政府建设情况2022年度报告

2022年，重庆市农业农村委员会认真贯彻落实中共中央、国务院印发的《法治政府建设实施纲要（2021—2025年）》及《农业农村部关于全面推进农业农村法治建设的意见》（农法发〔2021〕5号）工作要求，全委系统法治政府建设工作取得明显成效。

一、深入学习贯彻习近平法治思想，切实履行推进法治政府建设工作职责

根据党中央统一部署，把学习贯彻习近平法治思想不断引向深入，坚定不移走中国特色社会主义法治道路。一是专题辅导与支部学习相结合。召开理论学习中心组（扩大）学习会暨委系统领导干部"习近平法治思想"、"总体国家安全观"专题讲座，进一步巩固建设中国特色社会主义法治体系、建设社会主义法治国家的思想基础。组织机关各处室学习《习近平法治思想学习纲要》，切实把学习成效转化为全面促进乡村振兴的生动实践。二是落实责任与建章立制相结合。主要负责人专题听取法治政府建设实施纲要任务分解、农业法治工作年度要点、农村学法用法示范户培育等重点工作，督促办理法制工作机构力量薄弱的突出问题；落实党政主要负责人年终述法制度，把法治政府建设成效作为衡量市农业农村委机关处室及直属单位工作实绩的重要内容；强化"关键少数"监督，印发《重庆市农业农村委员会系统公职人员依法行政负面清单》、《重庆市农业农村委员会领导干部插手干预重大事项记录报告有关规定（试行）》、《重庆市农业农村委员会重大行政决策合法性审查和后评估管理办法》。三是加强力量与接受监督相结合。重庆市农业农村委员会法规处负责人固定列席市委农业农村工委会议以及主任办公会议，以集体名义发挥内部法律顾问的作用。培育公职律师8人，督促推动18个直属单位配备法律顾问26人，基本形成以内部法律顾问为主体、外聘法律顾问为补充的法律顾问队伍。2022年根据行政复议职能调整情况，向酉阳县、云阳县、石柱县移交行政复议案件3件，协助万州区办理行政复议案件1件次，未发生被农业农村部或者重庆市政府行政复

议纠错情况；重庆市农业农村委员会作为共同被告，与重庆市政府办理行政应诉案件4件次，胜诉率达到100%。

二、围绕国家战略及重点任务，做实农业农村法治保障服务

围绕乡村振兴战略实施、成渝地区双城经济圈建设等国家战略和重点任务，充分发挥法治对农业高质量发展的支撑作用、对农村改革的引领作用、对乡村治理的保障作用、对政府职能转变的促进作用。一是推进成渝地区双城经济圈建设。与四川省联合印发"川渝通办"事项服务指南，实现"农药登记初审"、"猎捕国家二级保护水生野生动物审批"的申请条件、申请材料、办理程序、办理时限"川渝统一"。打破行政区域界限，实现"兽药生产许可证"、"饲料生产许可证"等4个电子证照"川渝互认"。重庆市委优化农业农村领域营商环境做法，被中共重庆市委依法治市办《全面依法治市工作简报》（第24期）采用。二是强化乡村振兴配套制度建设。颁布实施《重庆市乡村振兴促进条例》，修订重庆市实施《中华人民共和国农民专业合作社法》办法，申报《重庆市农村集体资产条例（修订）》、《重庆市动物防疫条例（修订）》等7件地方性法规作为市人大常委会2023—2027年立法规划项目。三是优化农业领域营商环境。统一全市审核要点、办事指南、工作规程，建立农业农村部门2022年行政许可事项清单；创新优化营商环境试点，推动常用低风险植物和植物产品跨区域流通检疫申请流程改革，全市调入常用低风险植物和植物产品35批次、种苗344.5万株，跨区域调入较改革前平均节约1.5天。行政许可"网上办"与2021年相比，呈现"一减两升"的良好态势，即平均跑动从0.13次减少到0.11次，承诺办结时限压缩比从74.08%提升到74.22%，全程网办率从85.25%提升到88.14%。四是强化事中事后执法监管。按照谁审批、谁监管的原则，梳理全市农业农村系统三级（市、县、乡）监管事项目录主项清单69项，明确监管对象、检查比例、检查频次等内容。全市农业行政执法机构2022年立案2870起，罚没款1191.768万元，其中，种子案罚没款159万元，渔业罚没款276.8万元，分别占全市罚没款的13.3%、23.2%。重庆市农业综合行政执法总队立案94起，作出处罚决定77件，罚没款182.36万元，与2021年相比，分别增加了169%、175%、1018.8%，在全市充分发挥了打假护农的头雁作用。

三、严格规范行政执法，推动农业综合行政执法上档升级

深入贯彻《行政处罚法》、《农业行政处罚程序规定》等法律法规规定，扎实推进农业综合行政执法改革，不断提高农业综合行政执法效能。一是抓执法示范创建。2022年，重庆市农业综合行政执法总队、涪陵区农业综合行政执法支队被农业农村部命名为全国农业综合行政执法示范窗口，璧山区、江北区农业农村委员会被农业农村部命名为全国农业综合行政执法示范单位。二是抓执

法权责明晰。在部编制的《农业综合行政执法事项指导目录》基础上，经重庆市政府同意，梳理重庆市有效农业行政执法事项328项，完成制定《重庆市农业综合行政执法事项清单（2022年版）》，以事项化清单化形式明晰市、区县、乡镇农业行政执法权责。配合重庆市司法局梳理"对农村村民未经批准或者采取欺骗手段骗取批准，非法占用土地建住宅"、"对拖拉机、联合收割机违规载人"等行政执法事项28项，积极稳妥、因地制宜将基层治理迫切需要且能够有效承接的行政执法事项依法下放给乡镇（街道）。三是抓行政执法监督。梳理现行有效法律法规及规章规定，印发《重庆市农业行政处罚裁量权适用规则》、《重庆市农业行政处罚自由裁量基准》，对251项行政违法行为处罚自由裁量作出具体规定。围绕种子、长江禁渔、宅基地、农产品质量安全等重点执法领域，累计抽查农业行政处罚案卷3批次182卷，责成巫溪县、江北区结合案卷抽查情况，切实把好执法程序关、事实证据关、档案规范关。四是抓执法骨干培育。以督促学、以学促用、学用相长，组织18名法制工作机构及执法机构负责人，围绕"三定"规定、人员划转等6个方面，对26个区县农业行政执法工作开展交叉互评活动，督促指导潼南、永川等有关区县做好产业发展与监管能力工作统筹。按照个人自愿、区县推荐、市级认定的原则，建立《全市农业农村法治专业人才库》，29名农业法治工作业务骨干作为法治专业人才跟踪培养。

四、加强法治宣传教育，全面落实"谁执法谁普法"责任制

抓"关键少数"及农村学法用法示范户，教育引导农村干部群众办事依法、遇事找法、解决问题用法、化解矛盾靠法，为全面推进乡村振兴战略提供良好法治环境。一是建立普法责任清单。围绕乡村振兴、农村土地承包、农民专业合作社等基层干部群众关心的热点难点，把《中国共产党农村工作条例》、《中华人民共和国乡村振兴促进法》、《中华人民共和国农民专业合作社法》、《中华人民共和国农村土地承包法》、《中华人民共和国长江保护法》、《中华人民共和国动物防疫法》列入普法责任清单，纳入2022年全市法制理论考试的重要内容。二是培育学法用法示范户。印发《重庆市农业农村系统法治宣传教育第八个五年规划（2021—2025年）》，明确农业农村系统普法指导思想、工作要求、任务目标。把学法用法示范户培育作为乡村治理的重要内容，命名市级乡村法治教育培训基地8个，在全市38个涉农区县（9106个涉农村社）培育学法用法示范户9974户，完成每个涉农村社有1户学法用法示范户的年度任务。三是组织开展普法活动。运用农业农村部管理干部学院崇农云讲堂，组织全市农业农村部门干部职工集中学习《中华人民共和国种子法》、《中华人民共和国农民专业合作社法》等法律法规。把《重庆市乡村振兴促进条例》解读以及《农产品质量安全法》、《行政处罚法》贯彻实施，作为农业农村部门执法培训的重要内容，累计开展法治培训2期、150人受训。组织全委干部职工1959人参加重庆市2022

年度法治理论知识考试，参考率、合格率达到99.9%。面向农村农民群众，分季度组织开展"农业科技下乡暨冬春农民大培训"、"放心农资下乡"、"安全生产月"、"农民丰收节"、"宪法进农村"等送法下乡活动。其中，梁平区通过短信、短视频以及地方媒体等各种"云"手段，把"非接触式的普法"服务送进千家万户。开州区通过云MAS"三农"短信平台，向全区农业生产经营主体、乡镇、村社干部发送宪法宣传信息2万余条。

五、存在的问题及下步工作重点

下一步，把深入学习宣传贯彻党的二十大精神作为当前首要政治任务，认真谋划并扎实推动我市农业法治工作。一是加强法律制度配套建设。围绕重庆特色和制度创设性，开展《重庆市种子管理条例》、《重庆市农产品质量安全条例》立法调研，推动《重庆市动物防疫条例（修订）》、《重庆市农村集体资产管理条例（修订）》立改废。二是推进农业综合行政执法改革。建立健全农业法治工作评议机制，适时出台《重庆市农业综合行政执法人员管理办法》。建立重庆市农业综合行政执法办案指导小组，编印农业综合行政执法案例选集。通过执法案卷评查、典型案例发布、行政执法考核评议等方式，推动跨区域办案数量增长、执法办案力度加大。三是优化农业农村领域营商环境。更新农业综合行政执法事项清单，调整三级行政权力清单和公共服务清单。加强与农业农村部及四川省工作对接，推动高频政务服务事项"川渝通办"，打破行政区域界限，实现电子证照"川渝互认"。聘请政务服务社会监督员，对农业农村系统政务服务效能进行监督。四是加强乡村法治宣传教育。加快推进农村学法用法示范户培育认定力度，到2023年年底，每个村（涉农社区）有2户以上学法用法示范户。推动38个区县农业综合行政执法机构及执法人员包片包区，与农村学法用法示范户"结对子"。把学法用法示范户选拔培养，与乡村致富带头人培养统筹起来考虑，推动乡村普法教育、法治建设良性互动，多重效果。

四川省农业农村厅
法治政府建设情况2022年度报告

2022年，四川省农业农村厅深入学习贯彻党的二十大精神，坚持以习近平法治思想和习近平总书记关于"三农"工作的重要论述为指导，全面贯彻省第十二次党代会、省委十二届二次全会精神，按照省委、省政府依法治省和法治政府建设工作部署，着力构建依法治农依法兴农新格局，确保乡村振兴在法治轨道上有序推进、行稳致远，受到中央部委和省委省政府的表彰肯定。

一、坚持学深悟透习近平法治思想全面贯彻落实中央省委决策部署

（一）学习领悟习近平法治思想走深走实

厅党组把深入学习领悟习近平法治思想作为重大政治任务，党组中心组学习会专门安排学习习近平法治思想，以高度的政治自觉和行动自觉深入研究机关、系统贯彻落实举措。党的二十大召开，部署安排全省农业农村系统学习培训，持续推动全省上下自觉以习近平法治思想武装头脑、指导实践、推动工作。厅主要负责同志严格履行法治政府建设第一责任人职责，亲自带队赴省人大汇报法治工作，亲自解读宣讲法律法规，带头运用法治思维和法治方式深化改革、推动发展、化解矛盾、维护稳定，把各项工作纳入法治化轨道。

（二）认识把握农业农村法治全面完备

厅党组始终从讲政治的高度认识把握农业农村法治工作，坚持把法治作为农业农村改革、发展、稳定的重要制度支持，完善农业农村法规体系、高效的行政执法体系，以健全的依法行政工作机制和有效的法制宣传教育机制为重点，以维护农民的利益为根本遵循，积极调整农业农村法治建设领域范围、任务手段，为持续擦亮四川农业大省金字招牌提供有力法治保障。

（三）部署推进"三农"工作实践有力有效

统筹安排全年依法行政工作，将法治贯穿到本单位、本行业各项工作的全

过程各方面。落实国家乡村振兴促进法和四川省条例确定的重大原则、重大战略、重要制度，修订完善乡村振兴考评体系，有效调动了各地抓乡村振兴的积极性针对性。深入落实《四川省农村集体经济组织条例》和《四川省农业园区条例》要求，推动合并村集体经济融合发展试点、家庭农场和农民专业合作社带头人职业化试点，制定出台现代农业园区分类考核激励方案，农业农村改革持续深化，农业园区工作推进机制进一步完善，法治和业务工作深度融合、相互促进。

二、坚定不移推进农业农村依法治理体系和治理能力现代化

（一）农业农村法制体系不断夯实

一是把牢立法工作方向。以法制服务"国之大者"、"省之要事"，围绕打造新时代更高水平"天府粮仓"，建设农业强省，规划2023—2027年立法项目。二是加强重点领域立法。在全国率先以农业园区立法，把四川园区建设行之有效的政策措施以法规形式固定下来。组织广泛调研，形成《四川省畜禽屠宰管理条例（草案）》，出台《四川省长江流域禁捕水域休闲垂钓管理办法（试行）》，有力助推畜牧食品安全、民族地区产业发展，有效落实生态优先、绿色发展的战略定位。三是扎实提高立法质量。争取将农业园区条例纳入省人大自主立法，在加快立法工作进度同时保障立法工作质量。省委全面依法治省委员会支持省农业农村厅开展高质量立法示范试点，协调政法部门、高校专家、专业律师等提供智力支持。坚持上下同步，加强对市（州）涉农立法项目的指导，形成共同发力依法护航农业农村高质量发展的工作格局。

（二）农业执法监管能力持续提升

一是强化制度规范。全省农业执法队伍实现统一着装，印发重大农业违法违规案件督办工作规定等5个农业综合执法标准化制度。收集行政执法重点领域突出问题32个，向社会公开承诺整改。二是强化长江禁渔。建立部门、区域协作联动机制，加强与公安、市场、交通等部门联动执法协作，推进与检察、公安刑事司法衔接，安排专项资金9662万元全面加强"人防+技防"能力建设，全年查办违法案件2242件、司法移送人员484人，禁捕工作有力有效。三是强化执法实战。聚焦农业投入品，加大执法力度，护航粮食等重要农产品生产。先后组织开展"护奥运保春耕"、"川渝农业联合执法"等系列执法行动。全年全省累计办理渔政、种植业、畜牧、动物防疫、农产品质量安全、农机等领域案件4202件，罚没金额2142万元，助力产业更安全，农村更和谐，农民更满意。

（三）农业农村普法新模式全面开启

一是搭建平台讲好普法故事。组织21个市（州）深入开展"宪法进农村"活动，在丰收节期间向全国同步开展"乡村振兴、法治先行"直播普法，会同省级相关部门开展主题宣传，积极回应群众法治需求和普遍关注的热点问题，推动涉农法律法规贯彻落实到农业农村工作各方面和全过程。省农业农村厅被省委、省政府表彰为普法先进单位。二是拓展阵地发出普法声音。坚持开展厅务会会前学法。开展习近平法治思想和涉农法律法规知识竞赛，增强干部学法用法尊法守法的自觉性主动性。组织国家工作人员学法用法考试，全厅通过率达100%，机关依法行政、依法执法、依法用权意识进一步增强。三是架好桥梁营造普法氛围。聚焦农村普法"最后一公里"问题，持续加强学法用法示范户培育，目前示范户已覆盖全省50%的行政村，评选117个农村法治教育基地，示范户已逐步在生产发展、乡村治理、乡风文明上发挥重要作用。省农业农村厅被中宣部等表彰为全国依法治理创建活动先进单位。

三、始终运用法治思维和法治方式推进依法行政

（一）科学民主依法决策扎实推进

严格执行"三重一大"制度，出台重大决策社会稳定风险评估实施办法，组建社会稳定风险评估专家库，发挥法律顾问专业作用，全方位推进行政决策科学化民主化法治化。严格合法性审查，斗硬公平竞争审查，切实维护红头文件严肃性，全年完成合法性审查19件，公平竞争审查149件。

（二）权力监督制约体系持续强化

依法接受省人大监督，自觉接受省政协民主监督，主动接受社会和舆论监督，强化审计监督，切实把各项工作纳入法治轨道。省人大常委会先后对长江保护法、省农村集体经济组织条例开展执法检查，审议川菜、川鱼、乡村振兴等专项工作。全年共办理人大代表建议72件、政协提案67件、主动公开重要信息5495条。

（三）深化放管服改革营商环境更加优化

严格落实政务服务事项"应进必进"工作要求，全厅所有政务服务事项全部入驻。持续推进一体化政务服务平台建设，优化完善监管事项录清单和检查实施清单，实现两个清单完备率100%。积极开展助企纾困服务，开展延时服务、主动上门服务，全年行政审批4003件，现场办结率、群众满意率均为100%。

四、坚持不懈把打造更高水平"天府粮仓"加快建设农业强省纳入法治化轨道

2023年，省农业农村厅将坚持以习近平新时代中国特色社会主义思想为指导，全面学习贯彻党的二十大精神，落实省委全面建设社会主义现代化四川"总牵引、总抓手、总思路"重要部署，以更大决心、更强力度加快农业农村法治建设，为打造更高水平"天府粮仓"，加快建设农业强省提供有力法治保障。

（一）健全依法行政制度体系

统筹产业高质量发展和生产经营体系等重大问题，修订《四川省〈中华人民共和国农民专业合作社法〉实施办法》，制定《四川省农田建设条例》，从制度层面完善"长牙齿"的举措，依法守牢管好"天府粮仓"。

（二）强化执法队伍体系建设

健全建强机构队伍，加大农业综合执法力度。聚焦中心工作，开展执法能力提升、服务种业振兴、打击生猪屠宰违法行为、打击长江流域非法捕捞四个专项行动。

（三）持续促进政府职能转变

持续深化行政审批和"放管服"改革，提高"一网通办"能力，注重事中、事后监管，打造更优营商环境，利企便民。

（四）切实提升普法实效

机关学法和农村普法双向发力。以培育农村学法用法示范户为抓手，组织开展"双创双联"活动，全面提高普法针对性和实效性，让尊法学法守法用法蔚然成风。

（五）积极预防和化解社会矛盾

落实重大决策社会稳定风险评估相关要求，把维护社会稳定的关口前移。切实做好行政复议、行政诉讼工作，依法化解矛盾纠纷。

第二节
地方农业农村立法经验做法

NONGYE NONGCUN FAZHI FAZHAN BAOGAO 2022 NIANDU

安徽省立法保护生长期粮食作物

2022年7月29日，安徽省十三届人大常委会第三十五次会议审议通过了《安徽省粮食作物生长期保护规定》，于2022年8月10日起施行。这是全国第一部粮食作物生长期保护的专门立法，为粮食安全构建了更为完善的保障体系。

一、起草背景

党的十八大以来，习近平总书记多次强调，粮食安全是国之大者，是党治国理政的头等大事。安徽省委、省政府高度重视粮食安全，就稳定粮食播种面积和产量出台了系列政策措施，实现了粮食生产稳产增效。但受需求、效益、自然等因素的影响，一些地方割青毁粮、工程铲苗等问题仍时有发生，给粮食安全带来威胁。国家有关法律、行政法规对保障粮食安全作出了原则性规定，但对粮食作物生长期间割青毁粮、工程铲苗等问题的处理仍缺乏相应法律依据。

二、起草原则

在规定起草过程中，主要坚持以下原则。一是坚持问题导向。聚焦粮食作物生长期间可能发生的工程开工、青贮饲料以及开沟、挖塘、造林等人为毁粮现象，坚持监管与处罚并重，明确保护职责，界定违法行为，制定处罚措施，为粮食生长期保护提供法治支撑。二是坚持有效管用。落实习近平总书记关于地方立法要有地方特色，需要几条就定几条，能用三五条解决问题就不要搞"鸿篇巨制"的立法工作要求，立足粮食作物生长期保护这个"小切口"，补齐粮食安全监管的盲区。三是坚持过罚相当。根据毁粮违法行为的主观恶性及危害程度，参照森林法对毁坏林木的处罚，设定责令改正、没收违法所得、罚款等行政处罚。

三、拟解决的问题

在立法调研中，基层干部和农业生产经营主体反映较多、意见比较集中的问题主要有4个。一是需立法保护的粮食作物品种。多数人认为应聚焦与粮食安全密切相关的水稻、小麦、玉米、大豆4种主要粮食作物，建议绿豆、薯类等杂粮作物不列入本规定范围内。二是落实大食物观。养殖企业反映应把毁粮割青与正常的青贮饲料区分开来，希望统筹好粮经饲种植，既要保障粮食安全，也要促进养殖业健康发展。**三是正确处理粮食生产与国家重大工程建设的关系。**建议把项目建设毁粮的违法行为界定在毁坏批准农用地转用前、土地依法征收之前已经种植的粮食作物，在保障粮食安全的同时，不影响重大工程建设进度。**四是违法行为界定。**焦点是对农民割青毁粮的违法行为界定和处罚，农村土地承包法明确农业生产经营者享有经营自主权，禁止农民收割青苗作为饲料并予以处罚，与土地承包法相抵触。

四、解决方案

一是合理确定适用范围。根据安徽省水稻、小麦、玉米和大豆4种粮食作物播种面积占98%左右、产量占99%左右的实际情况，明确将本省行政区域内农民、农业生产经营组织在耕地上种植的水稻、小麦、玉米和大豆4种粮食作物纳入立法保护，既有效保障粮食安全，又兼顾管理成本和执法工作实际。

二是保障口粮与饲料粮两个安全。畜牧业有青贮饲料的传统需求，不能将粮食安全与畜牧业发展对立起来。为此，明确青贮饲料应当以秋玉米等秋季作物为主，确需青贮下一年春夏季大麦、燕麦、黑麦、密植小麦等其他春夏季作物的，应当在当年10月底前向所在地的县级人民政府农业农村主管部门备案，在确保粮食安全的前提下，保障畜牧业平稳健康发展。

三是科学界定违法行为。在非自然因素损毁生长期粮食作物的行为中，违规青贮、开工毁粮、违规在耕地上进行开沟、挖塘、造林等比较突出，将这些行为界定为违法行为。对收贮生长期水稻、小麦，割青毁粮的行为，设定了法律责任，明确了执法主体，避免与土地承包法相冲突。对污染土壤和灌溉用水、故意施药损害、纵火焚烧粮食作物等其他毁粮行为，土壤污染防治法、水污染防治法、治安管理处罚法等已有相应处罚，不再重复规定。

四是建立健全责任体系。割青铲苗等问题的发生，是多重因素造成的，仅靠罚的措施是不够的。为此，明确各级政府职责，细化了农业农村、发展改革、财政、自然资源、生态环境等各相关部门的具体职责。为了充分发挥好基层一线"哨兵"和"探头"作用，对违法行为早发现早识别早报告，明确了村（居）民委员会、农村集体经济组织的保护职责，构建了省、市、县、乡、村五级粮食安全保障责任体系。

山西省立法促进小杂粮产业发展

　　山西省针对小杂粮种质资源保护和全产业链发展，明确政府责任，强化扶持政策，在全国率先出台促进小杂粮产业发展的地方性法规，以法治方式推进农业"特"、"优"战略，擦亮山西"小杂粮王国"金字招牌。《山西省小杂粮保护促进条例》已于2022年10月1日起施行。

一、牢记嘱托发展特优产业

　　2017年6月，习近平总书记视察山西时指出，山西是著名的"小杂粮王国"，要立足优势，扬长避短，突出"特"字，发展现代特色农业。2020年5月，习近平总书记再次视察山西时强调，山西山多地少、地貌多元、气候多样，这种独特的资源禀赋决定了山西农业的出路在于"特"和"优"。总书记的殷殷嘱托，为山西特优农业发展指明了方向，为全省抓好小杂粮产业发展提供了根本遵循。为贯彻落实好总书记指示精神，做大做强山西省小杂粮产业，山西省人民政府先后出台了《山西（忻州）杂粮出口平台建设规划》、《关于加快杂粮全产业链开发的实施意见》、《加快山西杂粮优质种业基地建设方案》等系列文件，高标准、精定位，推动小杂粮产业沿着"特"、"优"之路快速发展。

二、立足实际解决发展难题

　　山西地处黄土高原，南北横跨6个纬度，中南部温和湿润，北部寒冷干燥，境内山涧、河川、盆地交错，形成了适宜各种小杂粮不同生长需求的独特气候，是优质小杂粮的黄金产区。全省农业资源丰富，小杂粮作物有谷类、豆类、薯类等20余种，种类之多居全国之首。小杂粮种质资源近4万份，位列全国首位。省内小杂粮从南到北都有种植，常年种植面积稳定在1350万亩，占全国小杂粮面积的1/10。其中，谷子种植面积全国第二，糜黍、燕麦、荞麦、高粱、绿豆、红芸豆等种植面积均在全国前10位，但依然存在种质不优、适度规模经营不充分、机械化水平低、品牌建设滞后、产品质优价不优等问题，制约了全省小杂粮产业发展。制定《山西省小杂粮保护促进条例》，对锻长补短推动小杂粮产业提质增效、打好山西小杂粮特色优势牌、推进小杂粮产业高质量发展意义重大。

三、法治引领保障促进发展

《山西省小杂粮保护促进条例》是一部立足山西特色的地方性法规，不设章节，共34条，主要规定了以下内容。一是确定范围和原则。小杂粮是指除玉米、小麦、水稻外，生育期短、地域性强、种植方法独特的粮食作物。具体目录由省人民政府制定。小杂粮产业发展坚持政府引导、市场主导、创新驱动、品牌引领、融合发展的原则。二是强调地方政府责任。县级以上人民政府应当加强领导，将小杂粮产业发展纳入国民经济和社会发展规划，建立联席会议制度，研究解决小杂粮保护促进中的重大问题，对小杂粮科学文化知识进行宣传，开展表彰和奖励等。三是明确主管部门职责。县级以上农业农村主管部门负责小杂粮保护促进的统筹协调、支持引导和监督管理等工作。省农业农村厅制定小杂粮产业发展规划，小杂粮主产区市、县农业农村主管部门制定本地区专项规划并组织实施。四是规范全产业链发展。种业方面，开展小杂粮种质资源普查，保护珍稀、濒危、名优、特异小杂粮种质资源；建设小杂粮育种创新平台，开展良种联合攻关；加强小杂粮良种繁育基地建设，建立小杂粮种子储备制度，保障小杂粮良种供应。种植方面，坚持小杂粮有机旱作生产和绿色循环发展；制定小杂粮种植加工地方标准，明确生产规范；鼓励小杂粮规模化种植和农业生产托管服务。加工方面，加强粮食仓储设施建设，提高小杂粮收储能力；研发小杂粮新产品、加工新工艺，建立质量追溯体系。品牌方面，建立区域公用品牌管理制度；支持和鼓励小杂粮生产经营主体开展企业品牌、产品品牌和产地市场建设；加强小杂粮出口平台建设，打造全国小杂粮出口交易中心、产品集散中心和价格形成中心。五是细化促进扶持措施。对参加小杂粮种植保险的投保人给予财政补贴。向小杂粮生产、加工、经营企业提供贷款贴息项目。鼓励金融机构开发适合小杂粮产业发展的金融产品和服务，给予小杂粮产业项目融资支持。对农民和农业生产经营组织购买的小杂粮生产、加工、仓储等农业机械给予财政补贴。从事小杂粮烘干、储藏、脱壳、去杂、磨制、包装等初加工的，按照国家规定执行农业生产用水、用电价格。

广东省统筹立改废释促进农业农村发展

广东省农业农村厅积极履职尽责，切实加强本省农业农村立法工作，不断强化全面推进乡村振兴法治支撑，在法治轨道上加快建设农业强省。

一、制定《广东省乡村振兴促进条例》

《广东省乡村振兴促进条例》全面衔接乡村振兴促进法，发挥地方立法的执行性、补充性、试验性作用，将各级地方政府全面落实粮食安全责任写入地方性法规，并针对产业发展、农村人居环境提升和巩固拓展脱贫成果等突出问题进行规范，对撂荒地复耕复种作出制度性安排，具有浓郁的"广东特色"。

二、制定《广东省农村宅基地和农村村民住宅建设管理暂行规定》

《广东省农村宅基地和农村村民住宅建设管理暂行规定》（简称《规定》）确立了"先规划、后许可、再建设"的基本要求，细化了"一户一宅"的认定原则，明确了可以申请宅基地的各项条件和不予批准宅基地的负面清单，规范了农户申请、村级核查、乡镇审批的农村宅基地审批程序，强化了对农户建房的全过程监管，规范了农村宅基地的流转退出与盘活利用，并明确了法律责任。《规定》已经省政府常务会议审议通过，这是广东省首部全面规范农村宅基地审批和农村住宅建设的规章，将有效解决长期以来农村建房审批无法可依的状况。

三、修订《广东省动物防疫条例》

《广东省动物防疫条例》主要修改了以下三方面内容。一是**加强动物防疫力量建设**。明确地方人民政府应当采取有效措施稳定基层机构队伍，允许聘用兽医专业技术人员补充动物防疫工作力量。二是**理顺县、镇两级动物检疫职能**。明确动物卫生监督机构可以委托镇街开展动物检疫工作，满足资格条件的镇街动物防疫工作人员可以任命为官方兽医，以解决镇街开展动物产地检疫合法性的问题。三是**强化从业主体责任落实**。规定规模饲养场所、屠宰企业应当取得动物防疫条件合格证，自行开展动物疫病检测，并落实动物防疫条件年度报告制度，定期向主管部门、有关机构报告疫病检测和动物防疫制度执行情况。

四、修订《广东省渔业捕捞许可管理办法》

《广东省渔业捕捞许可管理办法》进一步下放了审批权，完善了船网工具指标管理和捕捞许可证核发制度，完善了内陆渔船管理制度，规范了休闲渔船管理，强化了法律责任，为保障渔民合法权益，促进渔业高质量可持续发展提供了有力依据。

此外，广东省农业农村厅还认真开展法规规章清理，废止了《广东省农民负担管理条例》，推动修改《广东省禁止电炸毒鱼规定》，并指导有关设区市制定《汕尾市农村建房条例》，起草《汕头经济特区乡村振兴实施办法（草案)》、《清远市耕地利用促进条例（草案)》、《潮州市古茶树保护条例（草案)》等。

江苏省泰州市加强垛田保护立法保护农耕文化

垛田是泰州市里下河地区特有的一种农田地貌，是悠久农耕文化的历史见证，获得多个国字号、世界级称号。受经济社会发展和城市化进程加快的影响，垛田受损被毁现象严重，面积急剧下降，最集中核心区域仅剩6万亩。为加强垛田保护，传承和弘扬垛田传统农业文化，在法治轨道上推动垛田永续利用，泰州市制定出台《泰州市垛田保护条例》（简称《条例》），以上位法为依据，以保护优先为第一原则，瞄准垛田保护中的"沉疴顽疾"，力求以"小切口"立法，破解垛田区域治理大问题。

一、细化各方法律职责，合力拧成"一股绳"

垛田保护涉及水、土、林、渔、文化、景观等诸多方面，《条例》突出市、县级市（区）、镇（街）以及村（居）上下联动，农业农村、自然资源和规划、水利、文化和旅游等部门携手共管，细化实化有关地方政府、部门和社会主体具体保护职责。

一是突出相关政府法定责任。《条例》对相关地方政府对垛田保护工作的领导和统筹协调职责作出规定。强化资金保障，明确泰州市和兴化市、海陵区、姜堰区政府应当将垛田保护相关资金纳入财政预算；加强考核评价，市政府将垛田保护工作纳入地方年度综合考核体系；突出重点区域，细化兴化市政府的保护职责，规定更为严格的保护举措。

二是明确部门职责保中间畅通。保护部门不明确、保护权责不清晰是制约垛田保护的重要因素。《条例》结合工作实际，确定农业农村主管部门负责垛田保护的组织、协调、指导和监督工作，自然资源和规划部门负责垛田保护区内耕地、林地、湿地等资源的监督管理，并对水利、文化和旅游等部门的保护职责进一步具体化，确保权责清晰、各司其职。

三是举社会之力抓基层保护。垛田是劳动人民的杰作，根基在基层，保护的关键也在基层。《条例》要求镇（街）、村（居）依法做好本区域内的垛田保护工作；鼓励将垛田保护纳入村规民约、居民公约、合作社章程；支持单位和个人通过志愿服务、捐赠等多种形式开展垛田保护，推动形成全社会共同参与的垛田保护格局。

二、强化规划引领，努力实现"一张图"

科学编制保护规划是做好垛田保护工作的"第一粒扣子"。《条例》以整体谋划、分级保护、突出重点为思路，努力绘就一张精准、细腻的垛田保护规划图。

一是实施全域规划。泰州90%以上的垛田在兴化市，但海陵和姜堰两区遗存的垛田同样底蕴深厚、别具特色。在立法时，打破区划限制，从市级层面编制垛田保护规划，立足里下河区域，与国民经济和社会发展规划、国土空间总体规划以及河道保护规划等衔接，避免垛田保护各自为战，无序重复。

二是进行区域分级。现存垛田用途不同、风貌各异、价值有别，在确定兴化市四个镇（街）、海陵区华港镇三个村和姜堰区溱溪镇两个村的垛田区域为垛田保护区的基础上，设计分级保护制度，将垛田保护区分为一般保护区和重点保护区，确保后续管理能因地制宜、有的放矢。

三是突出重点地域。规定政府确定垛田一般保护区和重点保护区划设标准与具体范围同时，明确被认定为文物保护单位的垛田区域、兴化千垛景区、李中水上森林景区应当划入重点保护区，在保护规划中明确重点保护区修复目标、具体举措、时限等内容，保证核心垛田得到最精心的呵护。

三、优化保护管理，着力编就"一张网"

垛田保护是一个系统工程，需要坚持系统观念。《条例》对照垛田保护的短板，从源头上、整体上配制治理"药方"，将保护网编织得更大，修补得更牢。

一是细化管护措施。《条例》构建起垛田四级管护体系，泰州市政府建立健全垛田资源数据库，定期组织三市（区）开展垛田资源调查和保护状况评估，以摸清底数，掌握实情；农业农村、自然资源和规划部门组织开展垛田保护日常巡查，水利部门对垛田水域淤积和水土保持情况进行检测，不断前移、下沉部门管理端口；镇（街）、村（居）进行清淤疏浚、漂浮物清理以及协助开展垛田资源调查等工作，扛起属地责任，做实"最后一公里"；强化垛田土地的承包经营人保护主体意识，做好垛田日常养护，鼓励采用罱泥、扒苲、布水草等传统垛田耕种、养护方式，保持垛田高度和形状。

二是明确建设要求。针对垛田被占用破坏的情况，《条例》对在垛田保护区内进行建设开发活动加以规范，规定工程建设和旅游开发等活动应当符合垛田保护规划和相关法律法规，并要求保持垛田水系畅通，不得破坏垛田风貌。对于交通、能源、水利等建设项目，《条例》既从严要求，又紧贴实际，明确项目选址应当避让垛田重点保护区，对确实难以避让的项目，要求选择最有利于保护垛田的建设方案和施工工艺，努力在垛田保护和经济发展之间取得平衡。

三是补充禁止行为。垛田形态独特，是农田又非一般农田，属湿地又有别于普通湿地，尽管土地管理和湿地保护等法律法规明确了相关禁止行为，但面对特殊的垛田地貌，保护仍显乏力。《条例》针对垛田保护个性难题，进行定制化制度设计。围绕保住垛，禁止擅自取土挖塘，倾倒、堆放固体废弃物；围绕护好水，禁止擅自平垛、填堵、围圈垛田水域，不得排放未经处理达标的污水以及其他有毒有害物质。此外，《条例》还进一步加大对垛田重点保护区的保护力度，规定不得在重点保护区内建设畜禽养殖场、养殖小区，不得进行投饵式水产养殖等活动。

四、深化传承利用，致力下好"一盘棋"

垛和水是垛田的形，养育一方百姓，孕育一地文化则是垛田的魂。《条例》不仅为垛田"塑形"，而且为垛田"铸魂"，激活垛田蛰伏的潜力，增强发展后劲努力让垛田活起来、强起来。

一是重视发展垛田农业。垛田土质肥沃，曾经创造了"垛田油菜、全国挂帅"的辉煌历史。为更好发展垛田农业，《条例》提出鼓励种植油菜、香葱、芋头等适宜农作物，通过土地流转，推进垛田适度规模经营；要求农业农村部门会同相关部门、机构制定推广垛田种植技术规范，开展垛田农产品品牌化建设，用科技和品牌助推垛田农业发展。

二是突出壮大垛田旅游。随着垛田旅游有声有色、千垛油菜花、水上森林等声名远播，加大垛田品牌培育力度，开发具有垛田特色的旅游线路和产品。从全市角度提出促进垛田旅游联动发展，推动垛田旅游串点成线，拓线成面，支持利用垛田相关资源从事旅游或者农产品销售、餐饮、民宿、民俗展示等活动，增加农民收入。

三是强化垛田文化传承。传承和弘扬垛田传统农业文化是《条例》制定的重要目的，也是垛田保护的应有之义。面对垛田传统农业文化传承后继乏人的隐患，一方面政府采取措施组织开展垛田相关历史文化遗产的收集、整理、挖掘和研究；另一方面加强宣传教育，特别加强对青少年这一"关键群体"开展与垛田相关的教学和劳动实践活动，确保垛田传统农业文化的"基因"世代传承。

四川省眉山市加强农村人居
环境治理立法建设美丽宜居乡村

党的十九大提出乡村振兴战略，要求"稳步开展农村人居环境整治"。四川省眉山市贯彻落实党中央和四川省委关于加强农村人居环境整治要求，在立法工作中积极探索、先行先试，制定出台《眉山市农村人居环境治理条例》（简称《条例》），实现了人居环境治理有法可依。

一、背景情况

农村人居环境治理是个"老大难"问题，"屋外脏乱差，垃圾靠风刮，污水靠蒸发"成为农村生活环境的写照。随着农村生活水平的不断提高，人们对农村人居环境治理有了更高的要求。眉山市将群众期盼与立法有机结合，充分利用《中华人民共和国立法法》赋予设区的市在"城乡建设与管理、环境保护、历史文化保护"等方面的立法权，开展了政策法治化的有益实践。《条例》颁布实施以来，改变了以前缺乏执法依据的被动局面，为全市农村人居环境治理提供了重要的法治保障，成为全省农村人居环境治理工作的样本。

二、主要做法

（一）坚持问题导向

眉山经过多年的幸福美丽新村建设，农村人居环境有了很大变化，但与美丽宜居乡村的要求仍然存在很大差距，破坏农村人居环境的行为和现象时有发生。《条例》坚持问题导向，立足眉山实际，重点从规划与建设管理、村容村貌治理、生活垃圾治理、厕所改造、生活污水治理、农业废弃物治理、文明乡风建设、法律责任等多方面，规范了农村人居环境的治理手段、覆盖范围、推进办法和处罚措施等，符合干部依法治理农村人居环境的需要，符合群众向往美好生活的需求，有效化解干群矛盾，增进干群和谐。

（二）注重立法质量

《条例》严格落实党中央关于农村人居环境治理重要政策规定，遵循中共中央办公厅、国务院办公厅《农村人居环境整治三年行动方案》确定的基本框架和主要内容。立法过程中，注重把握"不得抵触"原则，坚持群策群力，科学立法、民主立法，提高立法工作的参与面、外向度和实效性。组织部门和基层干部、人大代表、法律工作者进行研讨、论证、听证，座谈会会商10余次，收集意见建议30余条，发挥法律专家智囊作用，发挥人大代表在地方立法中的主体作用，确保条例制定具有乡土味。市人大常委会开展审议3次，先后开展调研、论证、听证等，进行了19次大幅修改完善。

（三）完善配套措施

《条例》出台后，眉山市陆续印发《关于大力实施农村人居环境整治建设美丽宜居乡村的意见》、《农村人居环境整治"六大行动"方案》、《关于加强全市农村人居环境长效管护工作的通知》、《建立农村无害化卫生厕所长效运行管护机制的指导意见》等制度文件，指导各地有序推进农村人居环境整治工作。各区县也结合实际，制定出台相关意见方案，从而充实完善《条例》，增加指导性、实用性和可操作性，促进全市人居环境工作取得显著效果。截至2021年，全市累计建成"美丽四川·宜居乡村"达标村336个、占比47%，农村户用卫生厕所普及率达92%，生活污水得到有效治理的行政村达84%，农村生活垃圾得到有效处理的行政村保持100%。

（四）推广实施典型

眉山充分利用广播电视、报纸乡村喇叭、海报横幅等传统方式和"两微一端"等现代化手段，广泛开展《条例》宣传，推广实施典型案例，让《条例》深入人心、更好落地。青神县利用"押金制"约束农药使用端，利用"积分制"管好农药销售端，利用"有偿制"巩固农药包装废弃物回收端，"十二分制"回收农药包装废弃物，实现农药包装废弃物回收处置全覆盖。丹棱县因地制宜建设农村生活垃圾收运设施，分类收集实现农村生活垃圾减量化、资源化、无害化，村民自治每人每月交纳1元钱发挥主体作用，市场运作竞标确定保洁承包人的"龙鹄模式"，有效解决农村生活垃圾投入难、减量难、监督难、常态保持难。

三、经验启示

（一）地方立法需顺势作为

地方立法作为国家法律的补充，就是要体现地方需求，突出地方特色，以立法回应人民群众呼声和社会关切，满足人民群众的期盼，围绕人民群众关注关心的热点、难点和民生问题进行立法，拓展人民群众广泛参与立法途径，切实让人民群众有更多获得感，才能立出高质量的法，增进法规的社会认同感和拥护度。

（二）条例落地需与各级政策有机结合

农村人居环境治理不能只靠《条例》就能解决全部问题，还需要在实施过程中配套相应的政策文件。眉山市印发的相关制度文件，以及各区县结合实际，制定出台的相关意见方案，对充实完善《条例》，增加指导性、实用性和可操作性，促进全市人居环境工作取得显著效果起到了重大作用。

（三）条例实施需全方位宣传贯彻

贯彻落实《条例》重在广大群众家喻户晓并切实遵守。眉山一方面充分利用广播电视、报纸乡村喇叭、海报横幅等传统方式和"两微一端"等现代化手段广泛开展《条例》宣传，另一方面积极探索农村人居环境治理典型案例在全国、全省交流推广，让《条例》深入人心，推进《条例》真正落地落实。

第三节
地方农业行政执法经验做法

NONGYE NONGCUN FAZHI FAZHAN BAOGAO 2022 NIANDU

湖北省打好执法组合拳　助力种业翻身仗

近年来，湖北省各级农业农村部门不断加大种业执法监管力度，扎实服务种业振兴，取得了显著成效。

一、加强队伍建设，保障种业执法

认真贯彻落实中共中央、国务院关于农业综合行政执法改革的工作部署，积极争取省委、省政府重视和支持，以整合执法队伍、理顺层级职责、健全制度机制、加强执法保障、提升执法能力为目标，稳步推进全省农业综合行政执法改革。2021年8月30日，湖北省农业综合行政执法局正式挂牌，核定行政执法编制40人。目前，全省17个市（州）和73个县（市、区）农业综合行政执法机构实现应建尽建，核定编制5487人，初步建成权责清晰、上下贯通、指挥顺畅的农业综合行政执法体系。同时，明确各级农业综合行政执法机构承担查办侵犯植物新品种权、生产销售假劣种子违法案件职能。2021年以来，湖北省农业农村厅先后印发《湖北省2021年种业监管执法年活动方案》、《做好2021年农作物种业监管工作的通知》、《湖北省农业综合行政执法服务种子和耕地两个要害实施意见》，全域开展种业执法监管。

二、加强市场整治，护航种业发展

以开展种业监管执法年活动为契机，聚焦种业重点环节、重点品种、重点区域，坚持集中整治和日常执法有效结合，重拳整治、精准打击，有效净化了种业市场。查办大案要案。充分发挥12316举报平台作用，在全省实行"一地发现、全省联打"。2021年全省立案查处种子违法案件350起，没收违法种子近19万千克，没收违法所得26.58万元，罚款391万元。其中1起大豆种子案罚没款合计40万余元。加强行刑衔接。进一步加强与市场监管、公安等部门的协作配合，建立完善联合执法协作和行刑衔接机制。与公安部门联手捣毁转基因水稻种子地下产业链，查处"黄华占"水稻品种等种子侵权案件；十堰破获"609"特大制售伪劣农资案，犯罪分子被判有期徒刑9年，处罚金56万余元，得到农业农村部和公安部的表扬。全域整顿市场。全省出动执法人员2.3万人次，开展种子市场检查1000余次，全面摸排244家种子企业、9016家种子经营门店，坚持执法"零容忍"，做到发现一起查处一起，保持种业监管的高压态势。

三、加强宣传引导，优化种业环境。通报典型案例

2021年以来，公布5起农资打假典型案例，联合省广播电视台拍摄种业执法典型案例，在省卫视频道滚动播放，起到较强的警示作用。加强普法宣传。在"3·15"消费者权益保护日、"4·26"世界知识产权日等重要时间节点，通过宣讲、培训、旁听庭审等方式，大力宣传《中华人民共和国种子法》、《中华人民共和国行政处罚法》等法律；湖北省累计开展种业知识产权保护进企业、进市场、进农村活动5000余次，最大限度调动群众参与种业监管执法的积极性主动性。开展现场演练。先后在武汉、宜昌、荆州、黄冈等片区，开展农业执法现场演练、执法实操实训等系列活动，邀请200余名种业市场主体观摩，既提升执法人员办案水平，又加强种业从业人员法治教育。

四川省打造"四有"执法体系助推种业振兴

近年来，四川省认真落实党中央关于打好种业翻身仗的决策部署，加大执法力度，查办侵犯植物新品种案件2件，种子制假售假等其他案件268件，问题处置率达100%，全省种业生产经营主体品种权保护意识明显增强，种业违法行为得到有效遏制。

一、以机构建设为基础，确保种业执法"有人干"

以建立省、市、县三级贯通的执法队伍体系为契机，整合优化种业执法队伍，夯实执法力量。四川省农业农村厅2020年成立综合执法监督局，编制人数34人；全省21个市（州）和175个县（市、区）农业综合行政执法机构实现应建尽建实际到岗执法人员3665名，有力保障了农作物种子、种畜禽、水产苗种三大种业领域执法力量"只增不减"、"只强不弱"。

二、以专项行动为突破，确保种业执法"有抓手"

根据部里统一安排，及时细化出台《四川省农业综合行政执法服务种子和耕地两个要害的实施方案》，深入开展种业监管执法年活动，聚焦制种基地、粮食生产大县等重点区域开展全产业链执法，保障"大春小春"安全生产。组建种业执法办案指导小组，吸纳16名基层办案能人，指导各地办理重大复杂的种业案件。2021年，全省已检查种业生产经营主体2.7万家（次），抽检水稻、玉米等种子样品5000余个。

三、以大案要案为重点，确保种业执法"有震慑"

2021年2月，经核查，四川省台沃种业有限责任公司（简称台沃公司）在四川、湖南、重庆、贵州4省份120个县共销售染疫水稻种子超4.2万千克，在部法规司部署指导下，四川省会同3省份农业农村部门立即组织对染疫种子进行排查处置，同步对种子生产、加工、调运、经营环节的违法行为开展立案调查，追回处置了全部染疫种子，查办违法案件上百件，并将台沃公司涉嫌犯罪行为移送公安机关处理，挽回直接经济损失近7千万元，该案被部里列为农业行政执法典型案例。四川省举一反三，开展种子市场检疫检查300余次，在绵阳、德阳等水稻、玉米国家级制繁种基地实施联合产地检疫,重点打击主要农作物种子应检未检、违规调运等违法行为,全力保障国家粮食安全。

四、以制度建设为保障,确保种业执法"有质效"

将制度建设贯穿于种业执法全过程,提升执法队伍规范化水平。印发《四川省农业综合行政执法事项指导目录(2021年版)》,梳理法律、行政法规,部门规章、地方立法中涉及种业执法事项50项。出台《关于加强农业行业管理与综合执法工作有效衔接提升行政管理效能的通知》,明确种业管理机构、执法机构、技术支撑机构的职能职责。建立案件督办机制,省级监督指导各地办理上级交办、外省移交、群众举报等种业问题线索40件,对大要案实行"周调度"。

甘肃省服务大局强化执法　有效助推种业发展

甘肃是全国最大玉米、马铃薯制（繁）种基地和全国重要的瓜菜花卉制种基地。在推进种业发展工作中，甘肃省聚焦打造全国最优、最安全的种子生产基地，始终坚持把加强种业执法、服务种业发展作为重中之重，夯实执法责任、规范种业秩序、严惩违法行为，为农业用种安全提供有力保障。

一、着力完善种业执法体系，夯实执法责任

扎实推进农业综合行政执法改革，在省厅内设农业综合执法局，12 个市州单独组建农业综合行政执法机构，74 个县（市、区）成立"局队合一"的农业综合行政执法队，目前在编在岗农业综合行政执法人员达到 1940 人。初步建成权责明晰、上下贯通、指挥顺畅、运行高效的农业综合行政执法体系。建立农业综合行政执法机构与行业管理机构分工协作机制，印发《关于省级农业行政执法职能划分的意见》，明确由业务主管处（局）承担行政许可、行业监管职责，农业综合行政执法局承担执法办案职责。加强种子行业协会建设与指导，充分发挥协会的协调、服务、维权、自律作用，通过开展企业信用等级评价规范企业行为。初步构建起"属地为主、部门协同、区域联动、社会参与"的监管执法格局，形成了"行业管理+综合行政执法+行业协会"三位一体的种业监管执法体系。

二、着力加强种业市场执法，规范种业秩序

开展种业监管执法年活动，坚持生产源头治理和流通全程管理两手抓。在生产环节，突出种子基地，2021 年 6—7 月组织开展了全省玉米制种基地专项检查，出动执法人员 1800 多人次，对张掖、酒泉、武威等 7 个市的玉米制种基地开展拉网式检查，涉及乡镇、基地及农林场等 156 个，检查企业 165 家，品种组合 2068 个。在流通环节，突出重点季节、重点区域、重点品种，2021 年 3—4 月和 9—10 月分别组织开展了全省春季、秋季农作物种子市场专项检查，出动执法人员 4200 多人（次），抽查种子企业和经营门店 3091 家，检查种子生产经营备案 4017 个，检查玉米、向日葵、瓜菜等农作物种子包装标签 3647 个，检查种子经营档案 421 个。对检查中发现的违法违规问题依法从严查处，持续优化制种基

地及种业市场环境。

三、着力强化涉种违法案件查处，严惩违法行为

2021年以来，全省各级农业综合行政执法机构共立案查处涉种违法案件139件；没收侵权玉米种子2800多千克，销毁涉嫌侵权生产辣椒种子100多千克；支持品种权人向人民法院提起诉讼9起。建立农业、市场监管、公安等部门协同配合工作机制，开展多部门联合执法，2021年向公安机关移送种子违法案件19件，有效震慑了种子违法行为，营造了诚实守信、公平竞争的市场环境，促进了制种产业持续健康发展。

山西省全面提升农业
综合行政执法队伍装备建设水平

山西省农业农村厅决定自2022年起投入6000万元支持全省105个市、县农业综合行政执法机构配备执法装备，力争3年实现全覆盖。目前，2022年建设资金2000万元已到位，将投向11个市级农业综合行政执法机构、14个获得全国农业综合行政执法示范窗口或示范单位命名的县级农业综合行政执法机构。在资金分配使用上，坚持"一个原则"用好"一个标准"，做到"三个考量"，确保将"真金白银"转化为武装农业综合行政执法队伍的"真刀真枪"。

"一个原则"：按照"缺啥补啥、填平补齐、不重复购置"的原则，配强市级、补齐县级。着力提升11个市级机构实力，充分发挥市级承上启下的纽带作用。补齐94个县级农业综合行政执法机构基础短板，逐步破解县级手段落后难题。

"一个标准"：根据《全国农业综合行政执法基本装备配备指导标准》，全面加强农业综合行政执法机构的执法基础装备、取证设备和应急设备建设。

"三个考量"：一是考量机构体量，合理资金分配。根据人员编制数量，科学测算每个机构基础资金量，不搞平均分配，确保资金有效利用。二是考量荣誉称号，增强示范带动。给予已命名的全国农业综合行政执法示范窗口、示范单位额外奖励，激发市县参与示范创建的积极性，进一步发挥示范引领带动作用。三是考量工作表现，鼓励争先创优。对省委农办《情况通报》中全年执法工作排名前5的市级农业综合行政执法队给予额外奖励，鼓励先进，激励后进，切实推动全省农业综合行政执法能力水平全面提档升级。

福建省启动农业
综合行政执法基本装备配备标准化项目

福建省农业农村厅党组高度重视农业综合行政执法工作，于2021年7月将"农业综合行政执法能力提升行动"列入福建省"十四五"特色现代农业发展专项规划，规划设立了"农业综合行政执法能力提升行动计划"专栏，明确要求启动"农业综合行政执法基本装备配备标准化项目"，对全省75个农业综合行政执法机构配置基本的执法基础装备、取证设备和应急设施。规划印发后，福建省农业农村厅想方设法落实资金，加快推进农业综合行政执法农业综合行政执法装备的标准化和规范化，并在《福建省农产品安全与监管专项资金管理办法》和《2021年农产品安全监管专项项目任务清单》中予以明确。2021年度省级1500万元资金已下达使用。

为充分发挥项目资金使用效能，福建省农业农村厅组织召开两次座谈会，深入了解市县农业综合执法装备现状和存在问题，把好资金使用方向。**在资金分配上**，与全国农业综合行政执法示范创建活动紧密结合，从 22个被命名为全国农业综合行政执法示范窗口、示范单位中选取15个率先进行农业综合行政执法基本装备标准化配备，以充分发挥示范创建单位的引领作用，鼓励各地以示范创建带动装备建设，积极争取执法资金，为下一步在更多执法机构中进行基本装备标准化配备奠定基础。**在资金使用上**，以《全国农业综合行政执法基本装备配备指导标准》为依据，从严把握装备配备对象、数量以及相关技术参数。福建省农业农村厅强化试点项目绩效考核，通过编制专项资金绩效目标、按期调度和监控项目运行情况等方式，积极推进项目实施，确保"农业综合行政执法能力提升行动"取得实效。

山东省青岛市着力锻造护航
乡村振兴的农业执法尖兵

　　近年来，青岛市深入实施农业综合行政执法能力提升行动，聚焦强技能、促提升、护发展，搭建实践教学、观摩交流、比武竞赛3个平台，用好加强纪律作风建设、开展模拟诉讼演训、持续畅通维权渠道、强化大案要案查处4个抓手，优化专项攻坚、交叉执法、部门联动、协同发力、溯源打击5个方法，全方位提升农业综合行政执法效能。2022年，全市农业综合行政执法机构共出动执法人员1.5万余人次，查处各类违法案件961起，调处涉农生产经营纠纷400余件，挽回经济损失800余万元，为全面推进乡村振兴、加快农业农村现代化提供了有力执法保障。

一、搭建"三个平台"提能力

　　一是实践教学平台。以新出台、新修订的法律、法规、规章为重点，将培训阵地移到田间地头、企业现场，领导干部每周带头学，法规处、执法支队负责同志和年轻执法骨干每月带头讲，全体执法人员围绕新知识、新理论每季闭卷测试，通过领着学、骨干讲、集中考，完成从"人人能执法"到"人人能授课"的提升。组建全市农业执法培训师资库，从全市农业执法业务骨干、法制审核人员等选拔优秀讲师18名首批入库，首次聘期2年，为全市农业执法培训提供"点单式"服务，助力执法队伍从"一人提升"到"全员提高"。

　　二是观摩交流平台。开展全市农业综合行政执法区市交互调研，举办2次大要案现场观摩会，200余人现场参与案源发现、证据收集固定、询问当事人等案件办理全过程，系统性、有针对性地学习执法办案技能，实现交流切磋、互促提升。建立典型案例通报制度，逐月调度、通报全市案件办理情况，选取影响较大、具有典型示范意义的案例，纳入以案释法典型案例库。2020年以来，全市共发布典型案例28个，1起案例获评全国农业行政执法指导性案例。

　　三是比武竞赛平台。按照全国农业综合行政执法大比武活动的部署要求，将执法技能竞赛作为执法人才培养、执法能力提升的有力抓手，与日常工作、岗位培训和技术练兵紧密结合，在全市掀起大学习、大比武热潮。会同人社、总工会等部门开展农业行政执法职业技能大赛，将理论测试、场景模拟、文书制作、知识抢答纳入竞赛单元，多维度考察执法人员的综合素质，并通过网络全程直播。2022年进一步升级比武赛事，设置种业、农药肥料、防疫屠宰、饲料兽药、农机5个分项赛，随机抽取部分区市、农业生产经营单位作为竞赛区域，将现场勘验、调查取证、文书制作等执法实操环节纳入技能大赛，真正实现"实战比武"。2020—2022年共选树全国农业技术能手、省五一劳动奖章、青岛市五一劳动奖章、农业办案能手等80余人。

二、用好"四个抓手"强素质

一是加强纪律作风建设。在全市农业执法系统开展"作风纪律提升三年行动"，刀刃向内，聚焦基层执法不作为、乱作为、推诿扯皮、本领恐慌等6大问题，通过自查问题、集中整改、学习提升、交叉互查等8项措施，切实加强农业执法系统作风建设。举办集培训、实战、对抗赛、军事化管理于一体的执法练兵活动，将大练兵与日常执法、专项行动紧密结合，通过现场能力测试、机动式执法检查、典型案例剖析等方式，逐一攻克执法办案中的"老大难"问题，集中力量啃下"硬骨头"，着力打造一支"政治坚定、素质过硬、规范执法、群众满意"的农业执法护航尖兵。

二是开展模拟诉讼演训。与法院系统联合开展农业行政诉讼模拟法庭庭审活动2次，从全市查办的执法案件中选取具有代表性的典型案例，"全真模拟"行政应诉各环节，由法官和律师充当原告，农业行政机关负责人当被告并围绕案件争议焦点逐一进行答辩。全市各级农业行政执法机构负责人及业务骨干共86人参加，通过现场答辩，进一步树牢证据意识、程序意识和依法行政意识，达到以诉促学、以诉代练的演训效果。

三是持续畅通维权渠道。联合青岛市法律援助中心、青大泽汇律师事务所，成立"青岛市农业行政执法诉前调解工作室"，在平度市4个帮扶村设立工作点，打通执法服务"最后一公里"。青岛市农业农村局出台农业执法机构优化营商环境15条措施，深入开展助企维权行动，走访企业1530余家，在全市推广"惩教并举、审慎包容、轻微免罚、重违严惩"的服务型农业执法新模式，让农业执法既有力度又有温度。近年来，协调处理农药要害投诉、种子侵权违法举报等各类纠纷800余件，挽回经济损失3000余万元。

四是强化大案要案查处。聚焦打击假冒伪劣、保障农业生产和农产品质量安全，不断加大违法行为查处力度，查办了一批具有代表性的大案要案，示范效果好、震慑效应强，有效维护了农业生产经营秩序和农民合法权益。其中，查办某公司经营假大葱种子案，罚没740万元；某公司销售含禁用农药成分的肥料导致小麦死苗减产案，罚没82.13万元，并依法移送公安追究刑事责任；某公司经营限用农药案，罚没75.14万元。

三、优化"五个方法"保安全

一是专项攻坚。针对农业包装废弃物、禁限用药使用、药残超标等重点问题，开展农药、兽药、饲料等10项专项执法攻坚行动。会同公安、交通运输、市场监管、城市管理等部门，在重要农时和关键时节开展动物违法调运等专项整治活动，2020年以来共联合查办违法案件500余起、罚没300余万元，有效防范非洲猪瘟传播、有力保障了百姓"舌尖上的安全"。

二是交叉执法。定期抽调全市7个涉农区市执法力量，组成17个执法小组，开展异地交叉执法。每次异地交叉执法为期两天，以抽签方式随机确定执法区域和检查对象，有效破解执法过程中的"人情案"、"关系案"。2022年组织3次异地交叉执法活动，全市共出动执法人员780人次、执法车辆269台次，覆盖91个乡镇、163家生产经营单位，立案67起，全面提升了执法效能。

三是部门联动。与市中级人民法院、市人民检察院、市公安局联合签署《保护涉农知识产权 打击假冒伪劣联动合作协议》，通过"数据互享、信息互换、线索互通、执法互助"，对套牌侵权、制售假冒伪劣农资等进行全链条、全流程监管和联合打击。2022年4部门组织联合执法行动26次，出动执法车辆1440余台次，排查风险隐患210余个，移交公安案件7起，蹚出了"大融合、大联动、大治理"的农业执法新路径。

四是协同发力。针对长期困扰执法的"药瓶子"、"肥袋子"、"旧地膜"等农业废弃物问题，立法执法协同发力，推动出台青岛市农业废弃物管理暂行办法，将农药包装废弃物、废旧农用薄膜、畜禽粪污、蔬菜尾菜等7类农业废弃物一并规范管理，将农业废弃物治理纳入法治轨道，并及时查办农业包装废弃物案件37起。

五是溯源打击。适应全国种业"大市场、大流通"的特点，在摸排种子经销商违法线索时，对生产、销售、使用全链条进行追踪，深挖案件源头。利用DNA分子技术等技术手段让仿冒种子"原形毕露"，破解了种子侵权违法案件隐蔽性强、难以发现和固定证据的难题，有效查处经营假种子案20余起，帮助农民挽回经济损失1000余万元。

江苏省盐城市实施"五个一"执法练兵模式有力提升执法队伍素质

为迅速提高执法人员素质，盐城市农业综合行政执法监督局推出日学、周练、月讲、月训、季评的"五个一"执法练兵模式，有效解决"执法人员出去不知道检查什么，回来不知道怎么办案"的问题。

一、每日一法条解读，聚焦通用法规

每日对新修订《中华人民共和国行政处罚法》的一个法条进行解读，内容紧扣《农业行政处罚程序规定》和具体的农业法律规范，结合农业执法实践中常见的问题和难题，以具体的案件案例引导、深入浅出、注重引领，帮助新从事执法及转岗人员加深理解、悟透法条。2022年以来，通过内部QQ群、微信群等载体发布128条，广泛覆盖本市全体执法人员，外省、市兄弟单位围观学习5800多人次。

二、每周一集中研讨，聚焦行业规章

每周固定时间，开展专业性问题探讨。一是围绕行业法规，就行业法规、执法事项等业务进行集中学习、研讨，对新修订的行业法律法规和行业规范化文件展开学习；二是围绕在办案件，进行集体讨论，通过研究具体案件的事实认定、证据证明、自由裁量等问题，一条条对照法条进行讨论，通过案件带动新执法人员对具体法条的理解和学习，避免空学法律条文的枯燥；三是围绕重点难点，由具体科室收集行业执法难点或者疑难案件，与相关业务科室横向交流，共同研究，提出解决思路，统一处理方案，规范行业执法。

三、每月一案例讲评，聚焦案例学法

每月20日组织一次典型案例讲评活动，采用"你讲我评"的形式，由各个业务科室案件主办人员通过制作PPT介绍案件基本案情及办理过程、遇到问题和困难、解决方法和途径、办案心得和经验，由办案专家点评案件亮点以及存在问题和不足，作为同类案件办案指引，推进类型化执法模式，提高执法效能。

同时，促进各条线执法人员充分了解跨行业法律法规，借鉴办案经验，共同提高。活动开展以来累计组织此类活动8次，每期100余人参学，讲评活动深受欢迎，还吸引盐都、亭湖两区执法人员主动参加。

四、每月一专题培训，聚焦实践悟法

每月梳理全市案卷制作及执法检查中存在的普遍性问题，结合农业执法相关的法律法规及规范性文件的最新修改、修订情况，对全局农业综合行政执法相关法规以及执法实践中亟待解决的问题进行专题培训，围绕法律思维、程序规定、"三项制度"、执法准备、调查取证、抽样流程、文书制作等内容以及新《行政处罚法》确立的"一事不二罚"、三种"不予处罚"情形、"没收违法所得"普遍授权等新规定、新原则，帮助执法办案人员深刻领悟法理，迅速构建法规知识体系，掌握应知应会技能，进一步提高执法水平和办案能力。2021年共组织定期性专题培训8场，针对性执法专题培训3场。

五、每季一案卷评查，聚焦执法规范化

每个季度汇总全局办结案件，组织办案人员、法律专家与技术骨干，对照农业农村部法规司制定的案卷评查标准，开展自我评价、交叉互评和集中点评。通过自我评价，让主办人重温一遍案卷制作要求，找差距、查不足，以自我检视推进自我提升；通过交叉互评，学习到其他科室案件涉及的法律法规以及特定的专业性要求，为将来开展全能型执法逐步储备知识；通过集中点评，让所有队员真正学习如何办案、如何办好案，切实提升执法能力。评查结束后，全局对评查结果和存在问题进行通报，确保同一错误不出现第二次，以达到通过评查知不足、求真实、促整改的目的。

第四节
地方"放管服"改革经验做法

NONGYE NONGCUN FAZHI FAZHAN BAOGAO 2022 NIANDU

江苏省立足一部门一系统高标准
推动农业农村领域政务服务"一网通办"

数字政府建设一小步，便民利企一大步。2021年以来，江苏省农业农村厅紧扣一体化和高质量两个关键，积极创新政务服务模式和运行机制，以优化建设省农业农村厅行政权力透明运行系统（简称厅行权系统）为抓手，立足打造全省农业农村系统一张网，高标准推动农业农村领域政务服务"一网通办"，加速推进业务数字化、运行智能化、服务高效化。

一、坚持系统思维，打造一体高效政务服务"主平台"

"一网通办"，首先要"通"。省农业农村厅坚持系统化思维，强化顶层设计，以权力清单为基础，以数据共享为重点，以省一体化政务服务平台为支撑，全省"一盘棋"，融合政务大厅、移动端等线上线下全渠道，一体化推进"一网通办"，做到全时在线可办好办，推动政务服务从"群众跑腿"向"数据跑路"转变。具体体现在三个"一"上。

（一）整合一个申报入口

农业农村部门审批事项多，网上申报入口多，涵盖种业、渔业、畜牧业、农机、农产品质量检测等多个领域，申请人往往难以在江苏政务服务网上快速精准查找办理事项。经对江苏农业农村政务服务旗舰店进行升级，新版综务服务旗舰店于2022年8月底在江苏政务服务网正式上线运行。一方面统一了事项办理入口，省、市、县三级农业农村部门所有事项均可通过综合服务旗舰店实现一键进入、快速查找、在线申报，另一方面按办理事项所属行业类别、行政区划类别和权力事项类别划分为三个服务专区，办事路径直观清晰，方便了企业群众"网上办"。

（二）打通一条办理通道

2022年省农业农村厅作为省政务办加快"苏服办"总门户集成、推进政务服务条块统合工作试点单位之一，抓住试点契机，完成厅行权系统与省政务服务统一受理平台、设区市政务服务平台对接，实现省、市、县部门办件数据与政务服务平台双向对接应用。目前省级首批18个高频许可事项，以及全省地级市所有事项共204个事项均可在"一网通办"专区办理，打破了层级、地域限制，无论哪个层级的事项，均可在全省异地代收代办，真正做到线上好办、易办，线下异地办、就近办，全省已通过"一网通办"专区办件16070件。打通政务服务"一网通办"通道可以说为农业农村部门建设全省一张网奠定了外部基础。下一步，将结合一张网建设，将省、市、县所有事项均纳入政务服务"一网通办"专区，以此实现"一网通办"率达到100%的目标。

（三）建设一个垂管系统

在实现厅行权系统与各级政务服务平台联通的基础上，坚持双管齐下，在全省推广应用厅行权系统，将厅行权系统建成全省一张垂管网，实现涉农政务服务事项申请、受理、流转、审批、发证等全程在线办理，全省办件数据、公示信息、评价信息、电子证照统一归集。目前全省13个设区市及县区已全部上线试运行，实现了厅行权系统在全省农业农村部门推广应用全覆盖目标，做到"一入口、好办事、管全程"。

二、坚持协同共建，有力支撑政务服务事项集成化办理

省农业农村厅在推动"一网通办"过程中，充分运用新思维、新技术、新手段，优化业务协同，推进系统融合、业务融合和服务融合，积极探索将互联互通难、数据共享难、业务协同难"三难"变为网络通、数据通、业务通"三通"。

（一）实现功能集成

厅行权系统及其移动客户端均与省一体化政务服务平台、"好差评"平台、大数据中心办件库、电子印章、信用监管等平台系统对接。通过省政务服务平台统一公共支撑，实现了统一受理审批、统一身份认证、办件进展消息提醒、及时生成评价等功能；通过"信用江苏"平台支撑，实现了法人信息全量查询功能；通过与省信用办、省市场监管局两个信用监管平台协同，实现了全省行政许可公示信息一键同步推送。有效避免市县窗口人员二次以上重复录入，提高审批服务效率。

（二）推动系统集成

目前就农业农村行政许可事项办理而言，就有4个省自建系统、10个国垂系统，部各业务司局的许可事项都有各自独立的审批系统，并未与全国一体化政务服务平台对接。省农业农村厅抓住高标准推进"一网通办"的契机，对自

建系统按照"应对应对"原则，启动农机等政务服务系统与厅行权系统对接；对国垂系统按照"能对尽对"原则，协调部相关司局开展执业兽医资格考试、渔业捕捞许可等垂管系统与行权系统对接。按照信息资料一次生成、材料复用、一库统管、共享互认的目标，打造"一个入口、一个系统、一部手机"的政务服务新模式。

（三）创新运用集成

厅行权系统与大数据中心电子证照库对接，在建设全省垂管系统的同时，实行电子证照与实体证照同步签发模式，做到电子证照"应归尽归"，同步建成全省农业农村领域电子证照库。目前已完成农药生产许可证等21个省级电子证照对接，并推进各市县已有电子证照数据归集，夯实电子证照互认应用基础支撑。梳理"苏服码"应用场景，通过"苏服码"关联23个电子证照，实现省级事项在窗口"不带证"、"免证办"。下一步还将进一步探索"苏服码"服务应用场景，提高农业执法、质量安全监管、农产品产供对接等管理服务效能。

三、坚持标准引领，持续优化利企便民数字化服务

数字政府建设与深化"放管服"改革、简化流程、优化服务密不可分，省农业农村厅注重下好"先手棋"，将"一网通办"建设与政务服务标准化规范化便利化同步推进、与政务服务事项清单编制工作同步推进、与"一网统管"建设同步推进，全面提升"一网通办"前提下的政务服务水平，以"一网通办"小切口，大纵深推进农业农村领域"放管服"改革。

（一）重塑审批流程

将"一网通办"建设作为自我检视、发现整改问题、进行流程再造、规则重塑的契机，按照标准化规范化要求，对省、市、县三级农业农村部门审批流程、办理环节进行全面梳理，对发现的流程设置不合理、以申请表方式擅自增加办理环节或提交材料等情况进行整改，完善岗位设置、修改指南表格，以系统固化审批流程，形成办理、监督闭环。在此基础上，进一步做减法，优化政务服务流程，推动"减时间、减材料、减环节、减跑动"，共依据法律法规规章以及"证照分离"改革要求减少许可事项申请材料128份，为全面实现"一网通办"打下基础。

（二）统一办理标准

全面实行政务服务事项清单管理是做好"一网通办"工作的基础，按照当前编制新版行政许可事项清单的总体安排，提前部署谋划，建立完善"一网通办"工作机制，由省级层面统一组织对省、市、县三级运行的许可事项，按最

小颗粒度确定子项、办理项，统一编制实施规范，统一规范许可条件、申请材料、程序环节等基本要素，市县仅需维护办理地址及承诺时限，实现同一许可事项在省内无差别受理、同标准办理。强化协同办理，通过"全程网办"、"异地代收"、"全省通办"等多种方式，更好地满足企业群众办事需求。

（三）拓展网上服务

在推进"一网通办"建设中始终坚持以人民为中心，以群众满意不满意为出发点和落脚点，着力破解企业和群众反映强烈的办事难、办事慢、办事繁问题。推进依申请六类权力事项和公共服务事项全部通过厅行权系统上线运行，在提升公共服务服力上彰显新成效。针对群众多元需求，探索打通系统，推进开办农药农资经营店、农村宅基地审批、农产品质量检测机构认定等"一件事"改革，实现"一件事一次办"，为企业群众提供更规范、更高效、更便捷的政务服务，切实增强企业群众的获得感和满意度，全面营造优化营商环境的良好氛围。

浙江省推广"渔小二"渔船业务综合管理系统优化提升渔业生产环境

　　根据国务院和农业农村部推进"一网通办"和推广"电子证照"有关要求，浙江省农业农村厅在温州市洞头区"渔小二"渔船业务综合管理系统（简称"渔小二"系统）建设应用试点基础上，立足行业管理实际需求，从渔船全生命周期、渔船"事前"审批和"事中事后"监管服务角度出发，围绕管出水平、管出公平、服出便利、服出实惠，以"一件事"理念推进渔船审批服务集成改革，统筹推进"一网通办"、"全省通办"、"电子证照"，全面提升渔船审批监管标准化、规范化、便利化水平。

一、深化审批制度改革

　　一是取消证明、共享附件，大量减少申请材料。 按照"减证便民、优化服务"的部署要求，最大限度取消现行部门规章和规范性文件要求提供的各类证明材料；充分利用共享数据，凡通过现有系统能调取的材料，渔民一律无需提供；凡是"一件事"联办过程中产生的材料，均自动流转、重复使用，有效解决了原先需要登录多个系统、多次录入以及反复提交材料的问题。申请材料数从68个减少到23个，材料精简率达66.2%。

　　二是减并程序、实行联办，极度压缩审批环节。 以渔民办事"少跑腿"和提高审批效率为目标，逐项梳理每项渔船业务办理所需的各个流程环节，合并或取消非必要的审批环节。对于涉及"跨地域"、"跨部门"、"跨层级"办理的渔船审批业务，通过"互联网+"技术应用，完善管理部门间的业务衔接，提高审批运转效率，实现"一处受理、多处联办"。如办理渔业捕捞许可证年审业务，改革前需要渔民在非税征管部门和农业农村部门依次办理渔业资源费缴纳和证书审验工作，改革后渔民只需在终端设备上完成年审自助申报即可。

　　三是精简业务、强化效能，大幅缩短办件时长。 健全机制、全面管控，逐项梳理每项渔船审批业务的法定办理时限、当前承诺办理时限，结合减材料、减环节等已经采取的改革措施，逐项提出压缩承诺办理时限的具体目标；建立行政审批负面行为管控机制，对审批行为按流程管控预警、跟进监督，实现再提速。通过以上做法，渔民平均办证时间从改革前的20天，缩短为改革后的3天，提升效率达85%以上，且有部分渔船审批业务（如证书换发、补发等）办理时限从20天转变为"即办件"。

二、创新优化审批机制

一是模块管理，事项全接入。将渔船登记、渔业船网工具指标申请、捕捞许可证年审、渔船交易、渔船船舶证书注销等17个事项全部纳入，并相应设置渔船报废拆解、渔船沉没（失踪）、渔船过户（买卖）、渔业船网工具指标申请、渔船船名申请、渔船所有权/国籍登记、渔业捕捞许可证（办理/注销）、捕捞许可证年审等8大业务模块，确保涉及渔船的所有事项都能在"渔小二"系统办理。

二是系统融通，业务全协同。将涉渔船行政审批相关机构和人员全部集中在"渔小二"系统上，包括渔民、金融机构、渔业组织、乡镇街道、各级农业农村部门、非税征管部门等，为渔船审批业务协同办理提供"群组"环境；"渔小二"系统融合了中国渔政管理指挥系统、浙江省政务服务网、浙江省共享数据库、浙江省电子签章系统、浙江省财政非税系统和浙江省户籍系统等六大系统，有效解决了"跨系统"、"跨层级"、"跨部门"、"跨地域"间的数据交互问题，为渔船审批业务协同办理提供"大数据"环境。

三是平台整合，终端全覆盖。因渔民群体居住环境复杂、生活习惯不一、文化水平参差不齐，"渔小二"系统集约化支撑平台按照"一窗一网一掌一终端"的方式建设，实现业务受理终端形式全覆盖。通过审批窗口线下办、港口渔村终端自助办，将"渔小二"系统链接到浙江政务服务网、"浙里办"App，实现"网上办"、"掌上办"，让渔船业务受理和审批不受时间、空间限制。

三、强化事中事后监管

一是建立健全电子档案库，实施精细化分类管理。按照"一船一档"和"一人一档"的原则，为每一艘渔船和每一位渔民建立电子档案；根据事中事后监管需要，在电子档案库基础上，按照精细化分类管理的原则进一步建设了"重点渔船库"、"退渔渔民"、"渔船分类库"、"政策资金申请"、"疑问渔船库"、"船证不符渔船"、"渔业船员库"、"内陆渔船自助办证"和"渔业保险查询"等电子档案子库，以提升渔船精密智控水平。

二是发放渔船电子身份识别卡，实现海上渔船电子证照实体化应用。按照渔船电子证照国家标准，研发渔船电子证照试点应用程序，并打通"浙里办App"，将渔船电子证照集成到"浙里办App"中，方便渔民"陆上"亮证；成功探索将渔船"电子证照"实体化在一张芯片卡中，并在海上执法检查中可以读卡取"证"，解决海上因网络不通无法通过"浙里办App"亮"证"和渔民携带多本纸质证书出海作业的问题。

　　三是研发渔船自动感知设备，创新海上渔船无接触执法新模式。基于渔船电子档案、电子证照、实时位置、违法违规记录、生产作业等多源数据进行大数据融合算法分析，结合移动互联网、海洋宽带通信和插卡式 AIS 技术，研发"船基"和"港基"渔船自动感知平台和设备。可通过船位信息触发一系列的自动感知、违法研判和分级预警，实现近远海无接触执法检查。通过创新海上渔船监管新技术、新模式，弥补了监管短板、提升了监管效能。

湖北省"一事联办"提效率
优化环境促发展

2021年年底，湖北省农业农村厅向省政务办申报"畜禽养殖场开办（不含野生动物）"和"水产养殖企业开办"一件事"一事联办"改革作为2022年度优化营商环境试点示范项目。所谓"一事联办"，就是将农业农村、市场监督管理等部门负责的审批和备案事项，通过流程再造、程序优化、材料核减等方式，进一步压减办事时间，提高办事效率，方便市场主体，优化营商环境。其中，"畜禽养殖场开办（不含野生动物）"一件事主要涉及农业农村部门的"动物防疫条件合格证核发"、"畜禽养殖场（小区）备案"事项以及市场监管部门的"企业设立登记"事项；"水产养殖企业开办"主要涉及农业农村部门的"水域滩涂养殖证核发"和市场监管部门的"企业设立登记"事项。

一、坚持需求导向，群众需要就是改革的方向

2021年，省农业农村厅在全省开展了农业农村领域优化营商环境需求调查，通过实地走访、召开座谈会、发放调查问卷等多种方式，收集了大量市场主体对农业农村领域优化营商环境的需求信息。其中，农资经营门店、畜禽养殖场、宠物医院、水产养殖场开办便利化等需求位居前列。由于开办农资经营门店和宠物医院已经纳入2021年全省"一业一证"改革范围，遂决定将"畜禽养殖场开办"和"水产养殖企业开办"作为2022年度优化营商环境改革项目。

2021年，孝感市孝昌县开展了"我要开畜禽养殖场（不含野生动物）"、"一事联办"创新改革试点。将原农业农村、市场监督管理、生态环境等多个部门负责的营业执照、动物防疫条件合格证核发、环评审批、备案等事项，通过流程再造、程序优化、材料核减等方式，进一步压减办事时间、提高办事效率、方便市场主体。改革试点于2021年5月底启动，8月27日完成上线运行和联调测试，9月2日在湖北政务服务网正式上线运行。改革前，在孝昌县申办畜禽养殖场（不含野生动物）共需44份材料，表单填写230项，最多需要跑动8次，办理时间最多需要28个工作日。改革后，最多需6份材料，一张表单（50项数据），办理时限最多3个工作日。2021年9月2日上线运行后，9月15日即受理并办结

了孝昌县周巷镇燎原村"湖北鸿方农业开发有限公司"开办养牛场，孝昌县邹岗镇牛迹村亚洋养猪厂开办养猪场等2件，9月20日受理并办结了孝昌县小河镇红河村周军林养殖场开办养猪场，孝昌县小河镇仙人石村"孝昌县展望种养专业合作社"开办养猪场等2件。经过对线上、线下运行状况的办件测试，基本能够达到预期效果，群众对高效率办件表示非常满意。

从市场主体反馈来看，孝昌县的改革试点较好地契合了人民群众的办事需求，因此，我厅决定以孝昌县改革试点为基础，经调整完善后在全省推广。

二、坚持问题导向，"堵点"、"难点"就是优化的目标

从孝昌县试点和市场调研来看，无论是"畜禽养殖场开办（不含野生动物）"还是"水产养殖企业开办"，审批部门多，审批材料复杂且需要反复提交等都是企业开办的"堵点"和"难点"。省农业农村厅坚持问题导向，将"堵点"、"难点"作为优化的目标。2022年5月13日，省农业农村厅组织召开了由省政务办、省生态环境厅、省市场监管局以及孝感市全域、恩施土家族苗族自治州恩施市、建始县、天门市等试点县市参加的主题事项定标会，对标准规范进行了讨论。2022年8月，省农业农村厅印发了《"畜禽养殖场开办（不含野生动物）"、"水产养殖企业开办"一件事业务流程再造优化方案和标准规范》。其中，"畜禽养殖场（不含野生动物）开办一件事"办理时间由法定40个工作日压减至承诺6个工作日，跑动次数由7次压减至1次，申请材料由20件压减至8件，申请表单实现一件事一张表（14项信息）。"水产养殖企业开办一件事"办理时间由法定时间28个工作日压减至承诺办理时间6个工作日，跑动次数由6次压减至1次，申请材料由12件压减至4件，申请表单实现一件事一张表（19项信息）。通过"一件事一次办"较好地解决了市场主体办事时间长，提交材料多且需要反复提交材料等"堵点"、"难点"问题，进一步优化了农业农村营商环境。

三、坚持效果导向，市场反馈是对改革成效的最好检验

2022年9月，"畜禽养殖场（不含野生动物）开办"和"水产养殖企业开办"一件事正式在湖北省政务服务网上线运行，截至2023年3月31日，共办结725件，其中"畜禽养殖场（不含野生动物）开办"651件，"水产养殖企业开办"74件。

据统计，2022年湖北省生猪生产继续保持稳定增长势头，全年生猪出栏4300万头，同比增长4.5%；能繁母猪存栏量250万头。2022年净调出活猪201.1万头，同比下降26.4%，净调出猪肉9.0万吨，同比增长1.72倍。2022年，全省水产养殖面积790万亩，水产品总产量500.42万吨，同比增3.56%，有望连续27年居全国淡水水产品产量第一位，占全国淡水产品总量的14%。全省淡水渔业产值1584.34亿元，渔业经济总产值3342亿元，均创历史新高。

从市场反馈来看，通过调整优化流程，有效激发了市场活力，企业、群众等市场主体办事更加方便，营商环境极大改善，改革成效显著。

黑龙江省桦南县稳步推进农村宅基地
制度改革试点为乡村振兴打好"地"基

桦南县在深化农业农村领域"放管服"改革、持续优化营商环境过程中，聚焦宅基地改革这个农村土地制度改革中最难"啃"的"硬骨头"，完善宅基地取得方式，探索宅基地有偿使用制度，完善宅基地审批管理程序，进一步实现好、维护好、发展好农民权益。

一、精心组织，统筹部署

一是完善机构。成立了县党政主要领导为组长的改革试点工作领导小组，设立工作专班和4个推进小组，34个部门直接参与，乡镇和村集体经济组织成立专门改革推进机构，在农业农村局设立宅基地改革试点工作办公室，形成县乡村联动改革推进机制。

二是健全制度。制定了《桦南县农村宅基地制度改革试点工作督查制度》、《桦南县农村宅基地制度改革试点工作信息报送制度》、《桦南县农村宅基地制度改革试点工作调度机制》等，加强规范管理，促进宅改工作科学化、规范化、制度化，确保各项工作落到实处。

三是广泛发动。按照先干部、再理事、后群众的顺序，通过传统媒体、手机App、标语等方式，多渠道、多形式开展宣传发动，举办各类线上线下培训126场（次），培训2200余人（次），发布专题改革信息90余条（次），发放宣传单25000余份、政策问答1800余份，营造人人知晓改革、人人支持改革、人人参与改革的浓厚氛围。

二、打牢基础，稳慎实施

一是广泛学习借鉴。通过密切工作联系，加强信息交流，及时了解和掌握中央、省市农村宅基地重要制度改革信息，收集、整理、筛选其他省（份）农村宅基地制度改革试点工作的重要信息资料，编制出《农村宅基地改革制度汇编》、《制度机制汇编》等资料，为相关制度的制定提供了政策依据和经验借鉴。

二是**摸清底数实情**。完善农村宅基地统计调查制度，扎实开展农村宅基地统计调查，制定了《关于开展农村宅基地摸底调查工作方案》，建立《集体经济组织成员户宅基地名册》、《非集体经济组织成员户宅基地名册》等"两名册、七台账、一表格"。成立摸底调查工作小组，逐户走访进行基础信息登记、房屋数据测量，并将相关信息在村公示，做到"数据入库、名单上网、动态管理"，初步摸清全县65508宗、5656万平方米宅基地的规模、布局、利用状况等信息。

三是**科学规划布局**。在摸清底数的基础上，以自然村为单位，结合农村房地一体调查权籍图，综合考虑村庄人口分布、区位条件、产业特点、资源状况以及村庄近期发展计划，找准定位，累计完成村庄规划33个村，为村民建房和宅基地盘活利用提供了保障依据。

三、先行先试，重点推进

一是**实现重点突破**。桦南县围绕宅基地制度改革的重点事项和关键环节，按照"五探索一完善一健全"的总体思路，聚焦改革中的热点难点问题。起草下发了《桦南县农村宅基地资格权认定办法》、《桦南县农村宅基地自愿有偿退出管理暂行办法》等8个方面的改革制度，为深化农村宅基地制度改革提供政策依据。

二是**完善监管机制**。按照"农户申请、村级审查、部门审核、乡镇审批"的法定程序，健全农民宅基地建房建设用地规划，12个乡镇建立了联审联办办公室，实行"一个窗口对外受理，多部门内部联动"的宅基地审批模式，全面落实宅基地审批"三到场"。制定了《桦南县宅基地申请审批流程》，印发了《乡村建设许可证》、《农村宅基地审批书》，完善乡镇对宅基地的审批管理职责。同时，以192个村党支部书记作为村级宅基地协管员，发挥村级组织和农民自我监督、自我管理的作用。

三是**完善信息平台**。聘请第三方技术公司，建立农村宅基地管理信息系统，完善数据管理、业务办理、信息服务和资源共享功能，整合多源宅基地相关数据，实现农村土地地类数据、村庄规划数据、农村宅基地地块单元的空间信息、权属信息上图入库，建立农村宅基地基础数据"一张图"，实现宅基地申请、审批、流转、退出等业务全流程管理的一体化、数字化。

福建省厦门市多措并举
实现拖拉机和联合收割机驾驶持证率稳步提升

为提高全市农机化水平，助推率先实现农业机械现代化，厦门市农业农村局深入推进农机领域"放管服"改革，始终坚持"以人民为中心"，着力通过优质服务提升人民群众办事体验感，在拖拉机和联合收割机驾驶培训考试和驾照管理上打好"暖心服务、主动服务、靠前服务"的组合拳，为农机手申请驾考服务开辟"直通车"，实现全市机手持证率逐年攀升，培训、考试、拿证、换证"一站式"服务模式获得广大人民群众的热烈好评。

一、暖心服务，培训省钱又省心

农机驾驶培训费用对农民来说是一笔不小的支出，客观上影响了农机手主动参加培训考试的积极性。厦门市在深化"放管服"改革过程中，坚持用"暖心"换"真心"，出台《厦门市拖拉机驾驶人员培训补贴试点实施方案》，按照"农民自愿、政府扶持、方便高效、促进培训"的原则，对全市有机无证农机手实行培训费用全额补贴，既减轻了农民的经济负担，也从源头上减少了无证驾驶的现象。

农机监理部门与培训机构签订委托培训协议，对教材费、课时费和考试费实行团体优惠价，补贴标准按照轮式拖拉机驾驶员1400元/人，手扶拖拉机驾驶员600元/人；补贴对象向农机专业合作社社员、失地失海农（渔）民和新购机农民倾斜；报名程序按照"网上申请先预审、现场培训再确认"的流程办理，监理机构和培训机构实行学员信息内部共享，实现驾考培训报名"一趟不要跑"；经费结算采取考试合格全额兑付、政企内部直接结算的方式，在整个补贴兑现过程中，学员"不填一张表、不花一分钱、不上一次门"，即可享受免费培训的政策福利，极大提高了农机手报名培训的主动性和积极性。

"你只管好好培训，剩下的事交给我们"，这是厦门市深化农机驾考培训"放管服"改革的公开承诺，用贴心的服务把好的政策用活用好。驾驶学员普遍反映，培训过程省心省钱又省事，培训精力更专注，技能掌握更牢靠。截至2023年2月，厦门市累计补贴拖拉机培训476人，兑付补贴资金61.06万元，驾驶考试一次性通过率达97.5%，补考通过率100%。

二、主动服务，学员想考就能考

"农机手吹哨，监理员报到"，在农机驾驶培训考试中，厦门市注重深度调研找卡口、问题导向解民忧，摸准农民群众的真实需求，及时回应群众呼声，用暖心服务解难题、办实事。

施行拖拉机培训补贴政策后，报名人数骤增，农机手反映培训周期变长，培训质量下降。农机监理部门积极协调培训机构调整培训规模，增加教练车和教练员，用好早晚和周末弹性时间，在保证培训质量的前提下，尽快帮学员完成学时、参加考试，做到"想考就考、能考尽考"。

早年厦门种植品种以茄果类为主，水稻、小麦等主粮种植面积较小，机械化率不高。随着近年国家粮食种植补贴政策出台，农民水稻种植积极性大幅提高，联合收割机保有量也逐年增多。但由于历史原因，联合收割机驾驶考试面临无考试场地、无考试员的尴尬境地。厦门市不等不靠，以"响应群众需求"为第一要务，"没有考官就请、没有考场就建、没有车辆就租"，创造条件组织联合收割机驾驶考试，一方面协调友邻地市，聘请考试员来厦组织考试，另一方面学习《拖拉机和联合收割机驾驶证业务工作规范》，对照标准自设考场，向农机专业合作社租赁培训考试用车，同时安排监理人员跟学跟训，积极培养本土考试员。2022年第一次组织联合收割机驾驶考试，报名的21人全部一次性通过，确保"双抢"前全市联合收割机驾驶员均持证作业，从源头解决了"无证驾驶"的安全隐患，机手轻装上阵、作业无忧。

三、靠前服务，驾照不留空窗期

学员通过驾驶考试后，制证、发证需要一段时间，对农忙时节的农机手来说，田间作业争分夺秒，延迟发证就意味着耽误农时。厦门市着力优化服务流程，靠前业务指导，靠前网上速办，实行"网上流程先行、制证发证后办"，实现"当天考试通过、次日驾照生效"、"考试通过先作业、驾证后续送上门"，驾考和持证无缝衔接，不留空窗期，为农机投入农业生产争取了宝贵时间，也为农机手安全作业解除了后顾之忧。研究开发移动执法终端，连通农机安全监理系统，野外执法检查时在线查验驾驶人持证情况，推行"网上证照"与"实体证照"等效，适当放宽执法查证的标准，切实做到为民、便民、高效。

全市拖拉机和联合收割机驾驶证业务实行"一网通办"，下一步农机手变更准驾机型或驾照即将到期，都将收到农机监理部门"一次通知"、"两次提醒"，即一次寄发的书面正式通知，一次系统自发的短信提醒，一次监理人员的电话提醒，以及前置服务换领驾照的"管家式"服务，保持驾照时刻都在"有效期"，信息保鲜又保真，增强了农机手的持证体验，确保作业安心、安全、高效。

山东省东营市垦利区"四个一"创新集成助力乡村振兴

东营市垦利区不断深化涉农领域"放管服"改革，通过一次性告知单一次告知、一套极简模板一企一策、一流帮办代办综合预审、一次现场勘验一步到位，持续优化涉农事务审批流程、提高审批效率，有效助力乡村振兴战略实施。

一、一次性告知单，"要素集成"为企业"出谋划策"

一是多事项集成，提供全领域服务。东营市垦利区在充分调研基础上，将畜禽养殖场投建过程中有可能涉及的手续，集成为"养殖场'一件事'"涉及事项一次性告知单。包含企业开办、项目立项、动物防疫条件许可、生鲜乳收购许可、生鲜乳准运许可等20余个项目建设及准入准营事项，让企业对审批手续有整体了解。

二是多要素梳理，呈现全链条设计。根据不同企业规模和发展需求，有针对性地勾选出该企业所需要办理的手续以及明确的办理时间节点，做到办理事项明确、办理时间清楚，让企业对手续办理一目了然，无需再为手续办理"到处跑"、"四处问"。

三是多领域宣传，实现全方位优化。深化"春风"行动，主动到社区、企业，为企业群众进行政策宣传。通过梳理"极简版"、"图例版"服务指南，视频版服务场景，实现办理方式的不断优化；在公众号公布"垦事通"、"白话版"服务指南，采用一问一答的形式，从群众视角出发解疑答惑。

二、一套极简模板，"一企一策"为企业"量体裁衣"

一是问需于企，提供精准服务。以"一企一策"为服务手段，针对不同企业的不同需求，在其勾选办理事项的基础上，设计个性化服务专属极简模板。以山东淳熙牧业有限责任公司为例，在工作人员指导下，公司按照需求勾选了企业开办、动物防疫条件许可等6项行政许可事项。东营市垦利区行政审批局按照勾选内容为该公司制作了极简模板，集成后手续办理时限由原来的82个工作日减少到11个工作日，办理时限压缩了86.6%；办理材料由原来的23份减少到

15份，办理材料简化了34.87%。

二是分类施策，实施高效审批。以"黄河口大闸蟹之乡"永安镇为试点镇街，将水域滩涂养殖证、水产苗种生产审批等事项集成办理，制定印发了《大闸蟹产业"一件事"实施方案》，分解细化大闸蟹产业"一件事"审批服务的方法、步骤，逐步实现线上线下同步、部门审批同步、受理监督同步、服务优化同步，进一步提高"一事联办"效率。

三是"一企一册"，拓展服务深度。建立重点企业"一企一册"，包含企业营业执照、经营许可证照复印件、企业反映问题清单等内容。企业办理其中某个事项时，如果涉及其他许可变更，可随时调取企业档案，通过"联想式"办理，实现对企业群众办事需求的主动告知，让企业群众在"无感"办理中体验政府办事的"有感"服务。

三、一流帮办代办，"综合预审"让企业"全程无忧"

一是建立队伍，实施专业帮办。创新设立"垦立办"办公室，集中攻坚导办帮办代办、"一站式"集中办理和服务等改革创新工作。打造"垦立办·综合帮办"专区、"空乘式"帮办代办专职服务队，通过点对点指引导办、一对一指导帮办、跨区域协同联办和对特殊群体精准式全程代办的方式为企业群众精准提供高水准"全领域"暖心帮办代办，2022年累计帮办代办导办43000余次。

二是"综合预审"，优化服务模式。在政务服务大厅规划设置"综合预审"专区，通过"号前预审"的方式开展业务统一咨询、办事指导、材料初审等业务受理前的预审服务，避免申请人因材料准备不规范而往返奔波，有效缩短了办事等候时间。

三是强化培训，提升服务水平。开展"垦立办·垦Xin谈"政务服务大讲堂。对动物防疫条件许可、种畜禽生产经营许可、农药经营许可等涉农事项进行详细讲解，让每个工作人员都成为业务办理的行家里手，截至目前共开展培训22期，培训人员1100余人次。

四、一次现场勘验，"四维协同"让企业"一步到位"

一是横向协同，变"多窗跑"为"一窗办"。打破部门界限，强化部门横向协同，将原先分散在农业、林业、畜牧、海洋渔业等各农口部门的审批手续有效整合、同步受理，由各自独立勘验变为联合现场勘验，由原来"多窗跑"变为现在"一窗办"，改变了以往审管分离脱节、审批用时过长等问题，实现同步受理、同步核查、并联审批、证照联发。

二是纵向协同，变"群众跑"为"政府办"。打破"市县乡"三级审批壁垒，探索建立纵向层级协同机制，充分发挥联动协调作用，让政府代替群众跑腿，做好层级之间的事项下放、下沉工作，让企业群众能够就近办事。

　　三是信息协同，变"反复跑"为"流畅办"。 系统梳理"高频率、低风险"承诺审批"免勘验"事项，申请人承诺现场情况符合条件、标准符合行业主管部门监管要求后，通过政务服务平台推送部门办理业务信息，及时将承诺审批"免勘验"项目推送到监管部门进行事后检查核验，实现了信息协同事项全流程全链条共享和审批监管环节的高效衔接，健全了承诺审批闭环管理。

　　四是数据协同，变"线下跑"为"云上办"。 集成打造"身份认证＋视频通话＋电子签名＋远程定位"等技术，建立"云勘验"平台，通过勘验工作人员与勘验对象的"空间对接"，突破时间、空间的限制，由"只跑一次"变成"一次也不跑"。东营市垦利牧原农牧有限公司四场在申请办理动物防疫条件合格证时，鉴于当时场内新引进了3000头仔猪，基于生猪防疫的要求，东营市垦利区行政审批局主动采取"云勘验"对该场防疫条件进行了核查，不到半小时就完成了动物防疫条件许可的远程勘验。这种行政审批方式，变"面对面"勘验为"不接触"审批，既解决了手续办理问题，又避免了防疫风险，极大地方便了企业办事。

　　东营市垦利区以"垦定办好·利企便民"为服务理念，坚持"企业吹哨、部门报到"、"企业点餐、部门买单"，不断强化服务、利企惠企，实施企业全生命周期跟踪式服务，实现农业企业手续"一次办好"，彻底解决了准入不准营的问题，让企业静下心来专心做好生产经营，进一步优化了营商环境、释放了市场主体活力，为农业企业发展全过程赋能。

河南省郑州市优化行政审批制度
提升政务服务效能

近年来，河南省郑州市农委根据上级相关文件要求，结合实际认真落实"放管服"改革，创新农业行政审批改革，规范行政审批办理程序，简化办理手续，增加透明度，提高办事水平和办事效率，打造"法治型、服务型、效能型、诚信型、责任型"行政服务形象。

第一，**规范行政审批事项，进一步便民利民**。以审批事项标准化建设为依托，确保行政审批行为规范、运作协调、公正透明、廉洁高效。现有行政审批共42项，行政许可37项，行政确认1项，其他职权4项，全部录入河南政务服务统一工作平台，实现"一网通办、一次办成"，保持各事项基本要素四级统一，压缩办结时限。

第二，**加强事中事后监管，动态调整"互联网＋监管"系统**。在放宽行政审批门槛同时，进一步加强事中事后监管。通过全面梳理形成监管事项目录清单，对各类监管业务信息系统和数据加强整合归集，建立监管数据推送反馈机制和跨地区跨部门跨层级监管工作协同联动机制，实现"一处发现、多方联动、协同监管"。目前，本部门实施的监管事项清单31项，行政检查实施清单41项，及时录入相关监管信息23条，提升监管信息覆盖率。

第三，**加强"双公示"工作**。制定《2021年社会信用体系建设工作要点》（郑农〔2021〕49号）持续推进社会信用信息体系建设，2022年，将11个行政违法主体纳入重点管理，加大涉农企业失信成本，依法依规实施失信惩戒。

第四，**推动政务改革，丰富办事情景**。动态调整4个一件"事"清单，梳理3个跨部门、跨层级、跨领域的联办事项和6个"掌上办"涉企便民事项。

第五，**全面推行"清单制＋告知承诺制"**。根据《郑州市全面推行证明事项和涉企经营许可事项告知承诺制实施方案》，梳理汇总市农委《证明事项告知承诺制清单》，为企业提供便利。

各县（市、区）农业农村部门也在郑州市农业农村部门指导下，形成了值得借鉴的一些经验。

中牟县通过"接"、"放"、"管"、"简"、"严"、"比"6字工作法推动行政审批改革工作。"**接**"是指做好上级下放权力的承接工作，并做好相关配套措施，做到接得住、管得了；"**放**"是指研究下放一批行政审批事项，方便基层管理，优化市场管理；"**管**"是指加强行政审批监管工作，改变审批事项由"严审批轻监管"向"宽审批重监管"转变，切实做好审批事项的事中事后监管；"**简**"是指简化审批程序，压缩审批流程，提高审批效率，方便群众办事；"**严**"是指严格落实行政审批制度改革的各项规章制度，建立健全行政审批改革工作机制和日常管理长效机制，促进工作健康有序开展；"**比**"是指横比其他县区行政审批制度改革工作，从中学习借鉴、寻找差距，纵比不同阶段的审改工作情况和成效，总结经验教训，推动审改工作顺利开展。在下放行政审批事项方面，凡是直接面向基层、量大面广、由地方管理更方便有效的审批事项，一律下放基层管理。如：兽药经营许可证交由乡镇一级政府进行审核管理。在改革中，中牟县农委组织有关专家联合法制部门进行评估，评估哪些权利可以下放，县法制办提出来哪些权限下放报上级批准。全程做到公开透明、公正合法。避免"肥的留下"、"瘦的下放"现象的发生。

登封市全面推行"五个零"服务模式，不断提升政务服务效能。一是服务方式"零距离"，进一步改进工作作风。大力推行"一线工作法"，按照"思路创新在一线、工作落实在一线、树立形象在一线、干事创业在一线、经验总结在一线"的原则，搭建"零距离"的服务平台，推行"一站式服务"、"五心服务"，实现服务群众"零距离"。二是服务事项"零积压"，进一步提高工作效率。按照"当日事、当日做、当日结"的原则，通过实施"首问责任制"、精简工作流程等措施，最大限度提高工作效率，确保"文在案头不过夜"，实现服务群众"零积压"。三是服务质量"零差错"，进一步提升业务水平。大力推行规范化服务标准，严格按照岗位职责、工作流程和内控制度，加强工作人员学习和培训，要求工作人员坚持文明、有序、规范、高效工作，做到热情、周到、全面，确保服务群众"零差错"。四是服务事项"零推诿"，进一步树立工作形象。在业务办理过程中，对涉及来人、来电、来访等一切工作事项，切实落实"首问责任"，确保及时准确办理；对于手续不全或不符合相关规定的，落实"一次性告知责任"，一次性清楚告知其办理事项的办理程序、有关手续、所需资料，不以任何理由推诿、拒绝、搪塞办事群众；对没有权限处理的事项，及时向领导请示汇报，并把处理结果通过电话或书面形式向办事群众及时答复，确保服务群众"零推诿"。五是服务对象"零投诉"，进一步转变工作态度。完善健全相关规章制度，公开办事程序和服务承诺，杜绝"门难进、脸难看、话难听、事难办"的现象，对办事群众做到"三标准"，即"服务态度标准、工作方式标准、礼貌用语标准"，确保服务群众"零投诉"。

新郑市多措并举创新行政审批改革，提升服务水平。一是强化当场办结，提高即办件比例。新郑市农委全面推动审批减环节、减材料、减时限、减跑动，将63项行政许可中只需进行要件形式审查的46项全部列入即办件处理，即办比例达73%，让企业和群众即办即走。二是实行容缺受理。经营不分装种子备案，实行容缺受理。在种子备案中，尤其是针对经营不分装种子这一事项所需的发票，需要等到销售完全结束才能提供种子进货发票这一问题，新郑市农委专门建立了种子备案事项承诺容缺办理机制，当种子企业、门店申请种子备案时，在其他资料齐全情况下，先予以容缺受理办结，允许种子企业、门店承诺种子销售结束后，补齐发票。三是"就近办"覆盖乡村。为推动政务服务窗口受理和事项办理向基层"双延伸"，共梳理出耕地地力保护补贴、农业机械购置补贴、乡村兽医登记备案、养蜂证等6项便民服务事项，实现了群众办理事项不出村（社区）、不出乡（镇）。四是开展"农机服务送上门"活动。由于大型拖拉机和联合收割机无法进入市区，为方便群众办理农机业务，提高办事效率，新郑市农委坚持"一个电话打进来，一组人马走出去"的工作方针，申请人只需要把申请材料递交至窗口，工作人员开展上门服务，上门为机手提供车辆挂牌、车辆年检审验等相关服务，实行现场办公，切实提升了服务质量。

巩义市依托"小马待办帮办"实现群众少跑路。"小马代办帮办"是巩义市政务服务中心推出的政务服务特色品牌，立足于为企业和群众提供"一对一"保姆式贴心免费代办帮办服务，实行"集中受理、联审联办、统一送达、事后评价"的运行机制，变"企业群众跑腿"为"政府代办帮办"，最大限度减少企业和群众跑腿次数。巩义市农委依托市政务服务中心"小马待办帮办"，推出了邮寄环节，真正实现让群众少跑路。农业审批事项办结后，城区内业务由窗口人员送证上门，乡镇业务由EMS快递送达。

中原区为办事企业提供双休日不间断政务服务。为全面落实工程建设项目审批制度改革，优化政务服务质量，提高行政审批的办事效率，助力全区营商环境健康发展，中原区农委大力推行"双休日不间断政务服务"措施。

高新区强化咨询辅导，提升服务能力。一是编制咨询辅导手册为辅导人员提供工作帮助，能够准确、可靠地答复申请人的咨询，尽可能在辅导阶段完成申请材料的补正、修改、完善，提高审批通过率。二是建立咨询辅导台账。对每个咨询事项做好详细记录和相关资料的整理归档工作。三是拓宽咨询辅导途径，通过窗口咨询、电话咨询和网络咨询等方式，能够当场回复的当场回复，对于暂时不能答复的，给出答复时限并在时限内及时答复；对于咨询事宜较多或不适宜口头答复的，列出清单一次性全面告知。

金水区农委重点推进"一网通办、一次办成"。"一网通办、一次办成"是当前金水区政务服务改革的重点工作，金水区农委在上级部门推行2个"一件事"事项的基础上，新增加了7个"一件事"事项，积极整理事项数据，规范办事标准、优化办事流程，彻底解决"办不完的手续、盖不完的章、跑不完的路"的麻烦，逐步做到一网受理、一次办成。

第三章
农业农村普法机制探索创新

03

按照《农业农村系统法治宣传教育第八个五年规划（2021—2025年）》关于"发布'三农'法治案例"的部署要求，农业农村部2022年推介了10个农业农村普法典型案例。案例聚焦落实普法责任制、畅通普法进村入户"最后一公里"、开展专项普法活动等内容，为各地提升干部群众法治意识和法治能力、营造尊法学法守法用法的良好氛围提供有益借鉴。

加强法治文化建设　推动普法工作创新发展

江苏省农业农村厅

　　为深入学习宣传习近平法治思想和习近平总书记关于文化自信的重要论述，江苏省农业农村厅坚持把法治文化作为农业农村法治建设的重要内容，切实加强法治文化阵地建设，积极创作传播法治文化创新成果，举办农业法治文化节、以案释法宣讲、讲学法用法故事和法治文化巡演等活动，增强干部群众对社会主义法治的情感认同、价值认同和行为认同，为全面推进乡村振兴、加快农业农村现代化奠定良好的法治基础、创造良好的法治环境。

一、背景情况

习近平总书记指出："文化兴国运兴，文化强民族强。"2021年4月，中共中央办公厅、国务院办公厅印发《关于加强社会主义法治文化建设的意见》，明确了社会主义法治文化建设的总体要求、基本原则和主要任务。为深入学习贯彻习近平总书记关于文化自信的重要论述，认真贯彻落实党中央、国务院决策部署，江苏省农业农村厅扎实推进农业农村法治文化建设，充分发挥法治文化在农业农村法治建设中的引领示范和滋养熏陶作用，加大法治文化产品供给和服务，努力构建具有时代特征、江苏特色的知识普及、观念引导、能力培养"三位一体"农业农村法治文化体系。

二、主要做法

（一）建立法治文化工作机制

把农业农村法治文化机制建设摆上重要位置，作为法治政府建设和落实普法规划的重要内容。建立健全党组统一领导、法治机构牵头组织、责任处室分工负责、各方力量共同参与的法治文化建设工作机制。主要负责人切实履行推进法治建设第一责任人职责，带头抓好法治文化建设，带头参加法治文化活动。保障法治文化建设经费，加大法治文化建设政府购买服务力度。引导和支持社会力量参与法治文化建设，加强普法志愿服务，成立青年普法志愿者服务队，充分发挥新时代青年在农业农村普法中的先锋作用。

（二）繁荣法治文化作品创作

依托农业农村系统文艺骨干和各地文化基地，大力推进法治文化作品创作繁荣行动，培育、挖掘一批思想性、艺术性和观赏性相统一、农民群众喜闻乐见的法治文化作品，充实省级法治文化文艺作品资源库。2020年，全省首届"农业法治文化节"征集法治文化文艺作品682件，评选优秀书画作品42件、摄影作品176幅、文艺节目12个、微视频16部。2021年，评选发布全省农业农村普法典型案例和优秀视频35个、优秀法治文艺节目20部。江苏省农业机械安全监理所组织摄制"以案说法 遵章守规"系列宣教片。江苏省高宝邵伯湖渔管办创作的法治微视频《快乐的鱼》获司法部"全国法治动漫微电影"三等奖。苏州市农业农村局组织推出农业农村普法品牌《安说农法》和"小安"微课堂系列短视频，组织创作《出路》、《长江十年禁渔 保护种质资源》、《培育农村学法用法示范户 畅通普法进村入户"最后一公里"》等一批短视频。

（三）开展法治文化惠农活动

深入推进宪法法律、法治文化进村入户，为乡村播下法治种子、为农民群众撑起法治大树。充分利用"宪法日"、"农民丰收节"等重大节庆日、法律法规实施日等时间节点，因地制宜组织开展法治文艺巡演乡村行、以案释法、学法用法故事宣讲、法律知识竞赛、法治书画展览等群众性法治文化活动和优秀法治文艺展演，让农民群众在潜移默化中得到教育、受到熏陶。2017年起，江苏省农业农村厅连续5年举办"情暖'三农'送法下乡"普法宣传活动，已打造成兼具现代法治要素和地方文化特色的江苏农业农村普法品牌。江苏渔港监督局组织创作以"落实安全责任 推进安全发展"为主题的法治文艺节目16个，深入渔港渔村巡回演出。

（四）推进法治文化阵地建设

农村法治宣传教育基地建设中，有机融入法治文化元素，丰富内涵形式，重点在提质扩面、增强效能上下功夫。充分发挥已建成的各类法治文化阵地的综合效能，促进法治文化进机关、进乡村、进渔港。开设"三农"法治大讲堂、机关法治文化建设专栏、楼宇电子显示屏等宣传阵地，不断提升法治文化建设集聚效应。江苏省高宝邵伯湖渔管办投入30万元，打造渔业法治文化阵地，高宝邵伯湖渔业法治文化广场获评第八批"省级法治文化建设示范点"。江苏省洪泽湖渔管办建设"大湖家园展览馆"，不定期宣传发布宪法和涉农法律法规知识、社会主义核心价值观、法治格言警句、法治故事、法治漫画等法治阅读题材，有效覆盖群众30多万人次。

三、经验启示

（一）坚持扎根人民、广泛参与

坚持普法为了人民，紧紧围绕人民群众对民主、法治、公平、正义、安全等方面的新要求新期待，推出多层次、多领域的农业农村法治文化作品。坚持普法依靠人民，发动群众力量、激发群众智慧，充分调动农村干群参与法治文化建设的积极性主动性、提高参与度。

（二）坚持实践养成、普治并举

把法治文化融入法治乡村建设，以群众视角和语言开展农民群众喜闻乐见、易于接受的法治文化活动，教育引导干部群众体验法律、学习法律，信赖法治、践行法治。通过法治文化建设，把宪法法律融入群众日常生活，大力推动法治信仰培育与文化启迪、道德升华的有效融合，注重法治习惯的实践养成，促进干部群众广泛参与法治，让依法工作、生活真正成为一种习惯。

（三）坚持守正创新、典型引路

鼓励和支持各地充分发挥法治文化的思想教化、行为塑造、风尚引领功能，根据实际情况开展差异化探索，加强法治题材的挖掘整理、创作孵化，推动农业农村法治文化建设实践创新。加强法治文化建设成果宣传和典型推广，通过点上提升、面上推广，充分发挥示范效应，用法治文化浸润心田、滋养乡村。

构建"立体化"普法格局打造
乡村振兴法治高地

福建省农业农村厅

　　在福建省委、省政府推动下，全省各级农业农村部门运用党委（党组）理论中心组学习、党支部"三会一课"组织开展《中华人民共和国乡村振兴促进法》（简称《乡村振兴促进法》）学习宣讲培训。通过农民丰收节、乡村水果采摘节、文艺下乡等重要时间节点，组织开展法律宣传进展馆、进街头、进田间、进手机活动。运用新媒体新技术，开展扫码答题、以考促学、有奖竞答等形式，在全省营造学习宣传《乡村振兴促进法》浓厚氛围。

一、背景情况

　　福建省高度重视《乡村振兴促进法》学习宣传贯彻工作，要求把学习《乡村振兴促进法》作为重要政治任务，深刻理解其重要性、政治性和政策性，扎实做好学习宣传贯彻，推进法律全面实施。《乡村振兴促进法》作为"三农"领域一部固根本、稳预期、利长远的基础性、综合性法律，以法律形式体现了党对"三农"工作的主张，将党强农富农惠农政策法治化、规范化，为做好新发展阶段"三农"工作提供了法治遵循，为全面推进乡村振兴提供了根本保障。深入学习宣传《乡村振兴促进法》的精神实质，全面准确把握内涵要义，才能把法律的精神、原则和要求原原本本贯彻落实到农业农村工作各方面全过程，确保乡村振兴战略各项部署落地见效。

二、主要做法

（一）学法知法，多层次开展学法教育活动

福建省坚持以学为先，注重加强干部群众的法治宣传教育。**一是高位部署推动**。《乡村振兴促进法》出台后，省委、省政府第一时间召开专题会议，部署安排学习宣传贯彻工作。福建省人大常委会召开了《乡村振兴促进法》贯彻实施座谈会，要求不断加强法律实施宣传力度，在全省营造共同推进乡村振兴的浓厚氛围。福建省委乡村振兴办印发了学习宣传贯彻工作的通知，对全省学习宣传贯彻《乡村振兴促进法》进行全面部署，制作"福建省宣传贯彻《乡村振兴促进法》"视频短片，营造尊法学法守法用法的良好氛围。**二是融入日常党组织学习**。各级农业农村部门将《乡村振兴促进法》列入党委（党组）理论中心组学习和党支部学习重点内容，福建省农业农村厅将《乡村振兴促进法》列入每周四党支部学习内容，不断增强党员干部运用法治思维和法治方式全面推进乡村振兴的能力。**三是强化宣讲培训**。福建省农业农村厅法规处结合下基层活动，在福州市连江县开展《乡村振兴促进法》专题宣讲，并对法律条文进行深入解读。漳州市、厦门市农业农村局举办了专题辅导讲座。福州市委乡村振兴办组织市、县两级乡村振兴办负责人召开专题学习交流会，龙岩市召开县镇村干部学习会，使农村基层干部深刻领会《乡村振兴促进法》核心要义和精神实质。

（二）宣传展示，多形式营造学法守法氛围

福建省各级农业农村部门牢牢把握普法宣传的正确导向，以生动直观的形式向社会公众展开普法宣传。**一是宣传进展馆**。厦门市翔安区内厝镇将《乡村振兴促进法》精神融入"时代乡村振兴黄厝展示馆"设计，使其成为开展《乡村振兴促进法》学习教育的重要载体和生动教材。**二是宣传进街头**。福州市结合"李梅文化节"、"我为家乡代言"、"媒体看福州乡村"等系列宣传活动，播放《乡村振兴、法治先行》宣传片，发放宣传手册、接受现场咨询。长汀县委乡村振兴办联合南山镇党委政府、长汀县南山信用社在红军长征出发地南山镇人口集中区开展《乡村振兴促进法》普法活动，现场讲解政策法律，吸引众多来此赶集的乡亲们驻足观看学习。**三是宣传进田间**。漳平市组织乡镇综合素质高、奉献精神好的老党员、退休老干部组成"义务宣传小分队"，到田间地头一对一发放宣传材料，讲解《乡村振兴促进法》。阳镇小分队在南洋茶乡庭院、田间地头宣讲，广受农民群众赞誉。福州市长乐区在文岭镇阜山村发放法治宣传画册，为村民们开展《乡村振兴促进法》等法律咨询服务，深受农民群众好评。**四是宣传进手机**。龙岩市向党员领导干部、公职人员及村"两委"干部发送加

强学习宣传贯彻《乡村振兴促进法》的公益短信，营造全员学法氛围。

（三）考学结合，立体式推动法律学深悟透

通过考试答题推动党员干部和农民群众深入理解法律核心要义和精神实质，准确把握法律的规定要求和各项措施。**一是扫码答题**。福建省农业农村厅在农民丰收节省级主会场福安市穆云乡虎头村举办的"乡村振兴、法治先行"《乡村振兴促进法》专题普法活动现场设置扫码答题展板，现场群众通过现场扫码参加《乡村振兴促进法》有奖知识问答，吸引农民群众踊跃参与，大大提高了农民群众普法参与度。**二是以考促学**。龙岩市将《乡村振兴促进法》有关法律法规知识列入干部职工"学法考试"题库，组织市、县两级重点干部职工开展《乡村振兴促进法》学法考试。长汀县委乡村振兴办组织全体干部开展《乡村振兴促进法》考试，未达标要进行补考。**三是有奖竞答**。龙岩市在"e龙岩"、龙岩市农业农村局、龙岩农业发展有限公司微信公众号组织开展"红古田"杯《乡村振兴促进法》有奖知识问答活动，答对赢随机红包，充分调动广大干部群众学习《乡村振兴促进法》的积极性和主动性，掀起学习《乡村振兴促进法》的热潮。

三、经验启示

（一）组织领导是关键

福建省委、省政府高度重视《乡村振兴促进法》学习宣传贯彻工作，召开专题会议安排部署。省委乡村振兴办要求各级各有关部门切实提高政治站位，全面开展《乡村振兴促进法》学习宣传贯彻活动。省农业农村厅把《乡村振兴促进法》宣传工作纳入对设区市、县（市、区）延伸绩效考核内容，构建省、市、县三级联动推进的宣传工作机制，确保《乡村振兴促进法》宣传工作扎实有效推进。

（二）形式多样广覆盖

将《乡村振兴促进法》纳入党委（党组）中心组学习内容，采取集中学和自学相结合的方式深刻理解《乡村振兴促进法》亮点举措、主要内容，切实发挥领导干部在学习贯彻《乡村振兴促进法》的"关键少数"作用。为使法律真正深入基层、深入群众、深入一线，提高全民参与乡村振兴热情，充分利用丰收节等重要时间节点开展法律进展馆、进街头、进田间、进手机等形式多样的宣传活动，形成全方位、渗透式普法宣传格局。

（三）手段创新促提升

创新应用新媒体新技术，创作短视频，开展扫码答题、以考促学、有奖竞答等，充分调动广大干部群众积极学习《乡村振兴促进法》的积极性和主动性，在全省营造学习宣传《乡村振兴促进法》的浓厚氛围。

培育农村学法用法示范户
畅通普法"最后一公里"

江西省农业农村厅

　　培育农村学法用法示范户是构建新发展时期农业农村法治宣传教育机制、畅通普法"最后一公里"的创新方式，也是提升普法精准性和有效性、增强乡村依法治理能力的重要途径。根据农业农村部、司法部印发的《培育农村学法用法示范户实施方案》，江西省农业农村厅不断加大工作力度，创新工作举措，凝聚工作合力，稳步推进全省农村学法用法示范户培育工作。

一、背景情况

　　推进乡村治理体系和治理能力现代化，法治是重要的引领和保障。相对于城市，农村法治基础、法治环境还比较薄弱，农民群众学法的积极性不高，运用法治思维和法治方法处理矛盾问题的能力不强，法治对乡村治理、乡村振兴的引领和保障作用还没有充分发挥出来。江西省在率先打造农村"法律明白人"培养工程的基础上，培育一批有引领带动作用的农村学法用法示范户，通过构建培育学法用法示范户、培养"法律明白人"协同工作机制，合力推进法治乡村建设，将法治理念、法律知识送到农村千家万户，再通过示范户带动更广大的农民群众学习法律，提升办事依法、遇事找法、解决问题用法、化解矛盾靠法的能力，为乡村振兴集聚法治力量、提供法治人才保障。

二、主要做法

（一）高位推动，不折不扣抓部署

一是高标准制定方案。江西省农业农村厅认真汲取江西农村"法律明白人"工程所取得的成果，探索江西省农村学法用法示范户培育措施，纳入高素质农民培训内容，纳入农业农村系统"八五"普法规划，并广泛充分征求意见，联合省司法厅制定印发《江西省培育农村学法用法示范户实施方案》，明确了工作目标、工作内容、责任分工以及农村学法用法示范户认定标准和遴选程序。同时将培育农村学法用法示范户作为健全乡村治理体系的重点工程，纳入全省乡村振兴实绩考核，以考核倒逼责任、政策、工作"三落实"。二是全方位宣传发动。2021年10月15日，江西省政府新闻办、省司法厅、省普法办联合召开《关于开展法治宣传教育的第八个五年规划（2021—2025年）》新闻发布会，由省农业农村厅负责人解读"江西省农村学法用法示范户培育工作"。2022年"中国农民丰收节"江西活动现场，示范户带来的"萍乡春锣带你学民法典"节目吸引省领导、现场嘉宾和广大群众驻足观看、打卡，切实增强了普法的感染力、渗透力。

（二）聚力统筹，健全机制抓落实

一是横向协同有力有效。《江西省培育农村学法用法示范户实施方案》出台后，省农业农村厅与省普法办将"法律明白人网校"作为示范户网上学习平台，由基层司法行政部门录入示范户，年度统计学习积分，并合力建设一支农村普法师资队伍；联合省妇联开展培育工作，组织发动妇女"法律明白人"家庭参与农村学法用法示范户培养，争取全省每个行政村均有骨干妇女"法律明白人"家庭成为农村学法用法示范户，各级妇联在开展以家庭为单位的评选示范活动时，优先推荐农村学法用法示范户家庭；联合团省委号召农村青年积极参与农村学法用法示范户创建。二是纵向联动合力推进。省、市、县三级联动配合，举办3期农村学法用法示范户省级培训班，由251家省派单位乡村振兴驻村帮扶工作队遴选农村学法用法示范户、49名农村"法律明白人"骨干、家庭农场主等农村新型经营主体共计300人参训。召开全省农村学法用法示范户培育现场会，研究部署农村学法用法示范户培育工作，交流培育经验，为全省各地示范户培育工作指明了方向。目前全省各地共举办示范户培训班200余场，培育了8600余户农村学法用法示范户，已覆盖全省50%的行政村。

（三）厚植优势，多措并举抓成效

一是创新线上线下学习平台。在日常的培育工作中，将学法用法示范户培育纳入高素质农民培育内容，组织编印江西省农民培育规划教材《农民轻松学法用法》6000余册，制作了有声读物。宜春市农业农村局还结合参训对象的特点，因材施教，注重实效，编印《宜春市培育农村学法用法示范户培训法律读本》。积极开设全省线上学法用法平台，充分发挥"报、网、端、微、屏"等作用，在江西农业频道、江西普法网、江西农业农村微信公众号等平台设置学法用法、以案说法、农业法律法规速递等多个板块，与省普法办共建"法律明白人网校"，形成了传统媒体、"互联网+"新平台、微信新媒体"三位一体"立体式学法平台，极大提升了学法的覆盖面、便捷度，有力增强了普法的感染力、渗透力。**二是创建"法治教育基地"服务举措。**发动农业综合行政执法机构开展与学法用法示范户"结对子"活动，提供有针对性的培育指导和跟踪服务，目前全省农业综合执法队伍建立"结队子"机制70余个，深入推进"谁执法谁普法"普法责任制在全省农业农村系统落实落地；着力打造农村法治宣传教育基地，动员各地多形式、多途径创建基地，充分利用农村文化礼堂、法治文化广场、文化长廊和道德讲堂、农家书屋、法治驿站等基层综合性文化服务中心，依托农业企业、农民专业合作社、家庭农场等，已建设3000余家农村法治教育基地，充分发挥法治文化在农民学法用法中的引领示范和滋养熏陶作用，提升法治文化惠农服务能力。

三、经验启示

（一）要始终坚持农村普法目标导向

习近平总书记指出，普法工作要在针对性和实效性上下功夫，不断提升全体公民法治意识和法治素养。培育农村学法用法示范户是提高农村普法针对性和实效性要求的重要举措，是构建新发展时期农业农村法治宣传教育机制的创新方式，是提升农民群众法治素养、增强乡村依法治理能力的重要途径，为乡村振兴培养一批农村法律人才，助力江西省打造新时代乡村振兴样板之地。

（二）要始终坚持农民主体地位

江西省将农村学法用法示范户培育纳入高素质农民培训内容，坚持面向农民、深入农村，根据乡村自然环境、风土人情等不同情况，因地制宜开展"订单式"普法、以案释法，让农民听得懂、学得进、记得住、用得上。通过示范户带动更广大的农民群众学法用法，推动农村形成办事依法、遇事找法、解决问题用法、化解矛盾靠法的浓厚氛围，切实增强农民群众的获得感、幸福感、安全感。

（三）要始终坚持探索创新

培育农村学法用法示范户是一项全新工作，江西省农业农村厅坚持边实践边探索，注重创新推动农村普法工作的机制和方法。一方面建立与司法行政部门、妇联、团委、乡村振兴局等多部门联动工作机制，充分发挥各部门各领域法治宣传优势，唱响农村普法"好声音"；另一方面，建立省、市、县三级农业农村部门普法联动机制，通过"江西农业大讲堂"下基层宣讲活动，组织93个宣讲团、1490多名农业农村干部和专家，深入1146个乡镇、7235个村开展政策法规宣传，印发法规资料6.5万册，引导示范户主动参与乡村治理，推进乡村振兴。

多维度开展普法宣传　全方位助推种业振兴

广东省农业农村厅

　　国以农为本，农以种为芯。党中央、国务院高度重视种业发展，先后出台了《中华人民共和国种子法》（简称《种子法》）、《中华人民共和国植物新品种保护条例》、《农业转基因生物安全管理条例》等多部法律法规规章。广东省农业农村厅以宣传贯彻新修订的《种子法》、《广东省种子条例》为契机，创新思路和方法手段，通过举办种业知识竞赛、科技创新大比武、运用全媒体平台广泛宣传种业法律制度，取得了良好的社会效果。"种业法律法规宣传普及"荣获2019—2020年广东省国家机关"谁执法谁普法"优秀普法项目。

一、背景情况

　　农为国本，种筑基石。党中央、国务院高度重视种业发展，习近平总书记多次作出重要指示批示，强调要下决心把民族种业搞上去，从源头上保障国家粮食安全。2021年《种子法》进行了修正，提出实行实质性派生品种制度，加大对植物新品种权的保护力度，鼓励种业的原始创新。广东省农业农村厅围绕种业振兴这项重点工作，积极开展种业法律法规的普法宣传，为种业振兴营造了良好的法治氛围。

二、主要做法

　　一是举办种业知识竞赛，创新普法宣传形式。2020年8月在广州通过直播方式举办2020广东种业法规知识竞赛，组织科研机构、种业管理、执法人员和种子生产经营者等22支队伍参加知识问答比赛。经过初赛和决赛的层层比拼，决出一等奖1名，二等奖2名，三等奖3名，达到以赛促学、以点带面的良好效果。竞赛全过程由《南方农村报》录制专题视频，通过"南方+"等媒体平台同步播放，当天直播点击量超过5万。同时，广东农业农村、农财宝典微信公众号，《南方农村报》等多个媒体对竞赛进行报道，业内反响热烈，效果显著。2021年《种子法》修正后，明确实行实质性派生品种制度，为种业原始创新注入了新的动力。广东省农业农村厅组织举办一系列"种业科技创新大比武"，通过比武实现广东种业科技创新成果大盘点、大展示、大总结和大交流，向社会宣传国家鼓励和支持种业原始创新的法律制度。

二是运用融媒矩阵，大力宣传种业法律法规。2020年2月，在《南方日报》以《广东省种子条例》即将施行，为加快广东省现代种业发展保驾护航"为题，由厅主要负责人对《广东省种子条例》的四大创新政策、制度亮点、出台背景意义等进行解读。报道内容同步在"南方+"刊发，取得了良好的社会效果。在《南方农村报》建立普法栏目，分6个专题，以整版和专栏的形式，对《广东省种子条例》进行宣传，解读热点难点问题。2020年2—3月，在农财网种业宝典、柑桔通、香蕉通等多个微信平台刊发报道5篇，在"南方+"客户端刊发《广东省种子条例》全文，制作《广东省种子条例》系列短视频3个。

三是举办多场培训班，提升种业管理人员的能力和水平。2021年11月以来，围绕种业振兴、资源保护利用、种业创新攻关、自主品种培育、种源供给保障、市场环境优化等重点内容，开展了系列8期种业法律法规与技术应用培训班，累计培训全省各级种业行政管理人员、企业负责人、科技研发和一线育种技术人员等800多人，取得了良好效果。2022年4月，广东省农业农村厅专门召开党组理论中心组学习会，专门学习《种子法》和《生物安全法》（全称《中华人民共和国生物安全法》）相关内容，统一生物育种制度的思想认识。

四是开展种业整治专项行动，把普法融入执法和日常工作。为贯彻新《种子法》关于鼓励种业原始创新的有关精神和要求，与省高级人民法院、人民检察院、科学技术厅、公安厅、司法厅等12个单位联合签署了《关于强化广东知识产权协同保护的备忘录》，建立了种业知识产权保护的定期会商、信息通报与共享、案件协办、诉调对接等机制。连续3年开展种业监管执法年活动，组织开展保护种业知识产权专项整治行动，开展种子基地、企业、市场检查，严厉打击侵权套牌、假冒伪劣等违法行为，切实保护种业育种者的核心利益，激励自主创新。在执法过程中普及种子相关法律制度，并做好群众服务解释工作，为种业振兴营造良好法治环境。近年种子质量抽查合格率均保持在98%以上。

三、经验启示

用普结合是推动普法宣传的重要抓手。普法应当以群众的需求为导向，广东通过竞赛、比武、许可、执法全方位推动有关种业法律法规普及，以满足群众的需求为目的实行精准普法，是贯彻"谁执法谁普法、谁服务谁普法"理念，把普法贯穿在执法管理服务全过程的一场生动实践。

　　与重点工作相结合开展普法，有利于聚集资源要素，凝聚工作合力，推动工作出成效，达到事半功倍的效果。广东结合种业振兴这项重点工作开展普法宣传，集中力量通过以赛促学、大比武等方式让种业管理的新制度新要求深入人心，推动种业振兴行动开好局。目前广东农业种质资源保护体系基本建立，保存各类种质资源33.9万份，大批珍稀特有种质资源得以保护。白羽肉鸡、南美白对虾育种等种源"卡脖子"关键技术取得重大进展，其中白羽肉鸡打破国外种源垄断，实现从0到1的实质性突破。

用文化搭台　让法律"赶集"

宁夏回族自治区农业农村厅

《乡村振兴促进法》颁布实施以来，宁夏回族自治区农业农村厅在全区农村广泛开展了普法宣传活动。2021年下半年以来，按照厅党组要求，厅法规处认真落实普法责任制，充分利用农村集贸市场，在全区农村组织开展了农村法治文化"赶集"活动。2021年9月29日，石嘴山市平罗县姚伏镇集市人头攒动，围绕"乡村振兴，法治先行"，厅法规处组织开展全区农村法治文化"赶集"活动启动仪式。首次以"法律'赶大集'"的方式在这里举行。这次活动以农民群众喜闻乐见的文化活动为载体，通过为现场群众讲法，开展文艺活动演法，发放宣传彩页普法，提供提供咨询服务说法，发放普法宣传纪念品促法等多种方式对群众进行普法宣传，收到了良好的效果，起到了示范引领作用。

一、背景情况

加强普法宣传是贯彻落实习近平法治思想的重要举措。为不断提高农业农村法治宣传工作的实效性，提高村民对法律法规的知晓率，宁夏回族自治区农业农村厅把创新普法宣传载体作为重要手段，针对当前村庄空心化、人口老龄化的实际，把目标"锁定"在农村人员流动大、群众相对集中的农村"集市"上，利用农村集市"147"、"258"、"369"等不同的"赶集日"，把农村普法宣传与广大农民群众文化活动结合起来，通过农村集市这个有效载体，将关乎群众切身利益的法律法规和"沾泥土、带露珠、冒热气"的法治大餐送到农民群众的家门口。这种让文化搭建平台，让法律法规"赶集"的普法宣传方式，既弥补了普法宣传工作中人员集中难、效果不明显的短板，又让群众在欣赏文化大餐的过程中了解了法律法规，打通了乡村普法的"直通车道"。更重要的是，实现了法治文化与民俗文化、乡土文化深度融合，受到了各县区的"热捧"。全区193个乡镇116个农村集市已普遍开展了农村法治文化"赶集"活动。

二、主要做法

（一）上下联动 共同普法

《乡村振兴促进法》、《民法典》、《农村土地承包法》等法律法规是农业农村"八五"普法宣传的重点内容，积极开展农业农村重大法律宣传。为确保普法责任制落到实处，区农业农村厅认真总结"七五"普法经验，针对农民群众人员集中难、时间安排难、内容理解难的"三难"问题，积极与县（市、区）沟通协调，由厅法规处（农业综合执法监督局）牵头，划定普法重点，联合市、县农业综合执法机构和属地乡镇人民政府，明确阶段性普法任务，开展联合普法。姚伏镇按照法治文化"赶集"活动安排，积极筹备主会场布置、文艺节目和乡村振兴成果展示工作，组织乡镇、驻村干部以及群众参与活动。姚伏镇新时代文明实践中心、乡村振兴服务中心、农业综合执法大队协助做好政策咨询和法律法规宣传，形成了区、市、县、乡、村五级抓普法的新局面。

（二）丰富形式 共同学法

只有贴近农村群众、贴近农民生活、贴近农业生产，才能让普法宣传活动得到群众的欢迎，取得实实在在的效果。为确保"赶集"活动取得实效，在集市内设置了法治文化演出区、农产品成果展示区和促进法咨询区，为专程前来观看文化节目的村民和赶集群众提供了多种形式的法治文化宣传"大餐"。在法治文化舞台演出区，姚伏镇新时代文明实践中心组织的文化活动最受群众喜爱，大合唱、快板、舞蹈、小品等文艺节目吸引了众多群众围观，法治文化宣传在小品、快板等作品中得到了生动体现。在农产品成果展示区，各村群众将种植的蔬菜、粮食、土特产品等进行集中展示，丰收的喜悦洋溢洒落在集市的每一个角落，让赶集的村民倍感亲切。在促进法宣传咨询区，平罗县农业农村局执法大队工作人员主动到群众身边，为赶集群众发放法律文本、政策解读、图解彩页等普法资料。普法人员还主动为前来现场咨询的群众发送赠品，并进行相关法律法规讲解。通过3个区域协同发力，集市当天为300多名赶集的群众送上法治文化宣传品。

（三）线上线下 共同发力

活动期间，厅法规处充分利用"两微一端"等新媒体平台加大宣传力度及时将有关情况在微信公众号等平台进行宣传，用接地气的方式营造良好法治氛围。"八五"普法期间，计划在全区范围内分期、分批次地利用乡村集市开展农村法治文化"赶集"活动，并通过线下活动与线上宣传相结合的方式，扩大宣传覆盖面，提高宣传知晓率。2022年，"赶集"活动主要同培育农村学法用法示范户结合，在全区上下形成富有地方特色的普法宣传氛围，让《乡村振兴促进法》等法律法规融入百姓的生产生活。

三、经验启示

（一）创新载体是关键

创新贴近群众的宣传方式是做好普法工作的关键。农村集市是农民群众生产生活的重要场所，也是开展普法宣传的重要平台。实践证明，充分利用农村"集市"开展农村法治文化宣传"赶集"活动，是农民群众易于接受的好办法。通过这个载体，可以让村民在赶集的同时，享受到乡村法治文化的"大餐"。乡镇干部普遍认为，这种把法治宣传和乡村文化结合起来的模式是农村普法宣传的好办法，使农民群众寓学于乐，增强了群众的法治观念和法治意识。

（二）营造氛围是保障

农民是农村普法的主体。这次农村法治文化"赶集"活动启动仪式正值农民丰收节期间，通过在集市设置法律政策咨询点，展示日常使用农药、种子等50余个，展示鲜食玉米、七彩辣椒等特色农产品30多个，提供普法宣传赠品500余份，发放宣传彩页1000多份，并在传统媒体和新媒体平台均进行及时宣传报道，让法律到农村集市"赶集"，把法律知识通过文化展演活动送到农民群众"心坎里"，受到了农民群众的广泛好评和欢迎，营造了良好的普法宣传氛围。

（三）突出实效是目标

农村普法重在实效。确保普法工作取得实实在在的效果，是落实普法责任制的基本要求和重要任务。近几年，受疫情影响，对农民群众开展普法宣传工作难度加大，需要主动积极应对。利用群众聚集场所开展普法是确保普法效果的重要手段，也是确保普法工作取得实效的关键。区农业农村厅加强统筹协调，抓住群众赶集的时机进行普法宣传，丰富了村民法治文化生活。实践证明，只有切实加强上下联动，把普法工作与基层治理有机结合起来，形成共同推动乡村法治建设合力，才能确保普法实效。

加强普法宣传 助力乡村振兴

辽宁省营口市农业综合行政执法队

辽宁省营口市农业综合行政执法队聚焦执法主责主业，严格落实普法责任制，构建普法大格局，不断加强执法普法宣传，全方位开展法治宣传教育，加强执法普法培训，严格执行持证上岗，着力提升执法人员法治意识，全方位开展执法普法宣传，助力营口乡村振兴，普法工作取得了积极成效。

一、背景情况

为贯彻落实中共中央、国务院及辽宁省有关深化农业综合行政执法改革的实施意见等文件精神，营口市坚持统筹规划整体推进，于2020年印发《营口市农业综合行政执法队主要职责、内设机构和人员编制规定》，并组建营口市农业综合行政执法队。为深入贯彻落实党的十九大和十九届历次全会精神，有效推进普法规划全面实施，执法队党委高度重视农业农村普法工作，以强化法治思维、推进依法行政为重点，强化执法能力，增强普法实效，严格落实"谁执法谁普法"普法责任制，加快推进农业农村法治高质量发展，有效发挥法治对农业高质量发展的支撑作用、对农村改革的引领作用、对乡村治理的保障作用、对政府职能转变的促进作用，为全面推进乡村振兴和加快农业农村现代化开好局、起好步提供有力的法治保障。

二、主要做法

（一）强化制度建设，构建普法格局

切实提高对普法工作重要性的认识，按照"谁主管谁普法"、"谁执法谁普

法"、"谁服务谁普法"要求，建立普法责任制。将普法工作作为执法队主责主业，实行普法责任清单制度，制定执法普法宣传年度计划安排，明确责任部门、时间节点、宣传内容、宣传方式和重点普法对象，将普法宣传与执法业务工作有机结合。强化普法队伍建设，持续加强执法人员涉农法律知识学习，不断提升业务能力，2021年共开展集中学习22次。

（二）体现农业特色，突出宣传重点

重点宣传好与农业农村发展密切相关的法律法规规章。结合中央一号文件和惠农政策宣讲，宣传乡村振兴法律法规；结合春耕备耕，开展"放心农资下乡进村宣传周"活动，宣传农资管理法律法规；结合"农业安全生产月"活动，宣传农业（渔业）安全生产法律法规与农机安全知识；结合"宪法进农村活动"，大力弘扬宪法精神，增强宪法意识，维护宪法权威。

（三）创新宣传形式，注重普法效果

一是重视常态化宣传，结合重点涉农法律实施纪念日等，积极开展宣传周、宣传日等现场宣传活动，2021年共制作宣传条幅360个，制作宣传展板16个，专题宣传活动12场，覆盖农户两万户。二是重视新媒体宣传，创建营口农业综合行政执法公众号，累计刊发信息470条，关注人数达两千人，点击量超万人次。依托全市35家益农信息社，通过电子屏循环播放《中华人民共和国农业法》、《中华人民共和国农村土地承包法》、《中华人民共和国种子法》、《中华人民共和国民法典》等视频宣传资料，累计播放量达70次。

（四）坚持多措并举，营造良好氛围

1. 开展专项普法，保障生产安全。着重开展渔业安全生产普法宣传，组织重点人群观看《生命重于泰山——学习习近平总书记关于安全生产重要论述》等电视专题片，开展渔业安全生产专题学习教育和技能培训。开展渔业领域"安全生产滨城行"活动，通过专题行、区域行、网上行等活动，加强问题隐患和反面典型曝光。定期开展送法入渔港、进渔村、上渔船等专题普法宣传活动，开展主题普法宣传活动20余次，举办普法专题讲座10余场，发放宣传材料300余份。

2. 开展阵地普法，夯实工作基础。一是建立集市普法宣传固定化、常态化机制，联合相关涉农单位定期组织人员到镇（街）庙会、集会、景点开展"法治赶集"宣传活动。二是网格宣传常态化。通过培育农村学法用法示范户，在镇、村建立普法学法基础网格，并通过网格进一步深化学法用法示范引领作用。三是基地宣传常态化。推进在全市镇（街）、村（居）创建法治文化广场、法治文化大院、法治文化一条街、法治宣传长廊等宣传阵地，使群众在潜移默化中

接受法治宣传教育。

3.**开展灵活普法，保障普法效果。**将普法与日常工作紧密结合、与强化服务紧密结合，灵活开展普法宣传活动。通过组织放心农资下乡宣传活动，介绍识别真假农资的常识，提高农民维权意识和自我保护的能力，在社会营造诚信销售农资、放心消费农资的良好氛围。结合农时，发放农产品生产记录300余册、张贴《禁限用农药名录》500余份、印制《非法转基因种子宣传单》等宣传资料近万份。采用普法专项培训班、现场讲座等形式，走进合作社、家庭农场、加工企业进行普法宣传，培训从业人员200余人，发放宣传材料100余份。在执法检查过程中，通过现场宣讲等方式，向广大农民、合作社以及企业进行广泛宣传。2021年累计出动执法人员348人次，共发放宣传资料11614份，接待咨询人数870余人，举办各类咨询讲座7次。

三、经验启示

（一）落实党委责任，推动普法治理

严格落实主要负责人推进法治建设第一责任人职责，将普法工作纳入执法队党委的重要议事日程，强化组织领导，建立健全"统一部署，分步实施；统一方案，分工负责；有统有分，形成合力"的工作机制。

（二）狠抓制度建设，强化责任考核

严格落实行政执法"六条禁令"和"三项制度"要求，不断建立健全农业执法普法相关配套制度，先后制定完善了执法队《普法工作制度》、《普法责任制考核办法》等普法制度，有效推动落实"谁执法谁普法"普法责任制。

（三）制定年度计划，落实普法任务

严格落实执法普法宣传计划，明确执法普法宣传责任部门、宣传时间、宣传方式、宣传对象等内容，切实加强日常普法宣传，把握重要时间节点，通过悬挂横幅、制作宣传栏、发放宣传资料等多种形式开展宣传活动，做到责任明确、任务明确、时间明确。

（四）多角度多渠道，力求普法实效

针对农业普法对象分布广泛、文化素质参差不齐、普法需求复杂多样等特点，要充分利用多种普法形式，在不放弃传统普法方式的基础上，探索新型普法方式，通过农村法治教育基地建设、学法用法示范户培育等，建立长效普法机制。

讲学法用法故事　践为民服务初心

上海市浦东新区农业农村委员会

　　上海市浦东新区农业农村委员会深入贯彻落实"谁执法谁普法"普法责任制，坚持从实际出发、注重实效，创新普法理念方式方法，推出"'三农'法治故事荟"系列普法活动，通过讲学法用法故事，将农民群众普遍关心的涉农法律法规带到村民身边，推动村民知法、学法、用法，为浦东新区乡村振兴提供法治保障。

一、背景情况

　　"十四五"时期，农业农村法治工作要立足新发展阶段，贯彻新发展理念，努力增强普法效果。"法律六进"活动开展至今，农民群众的法律意识、法治观念和维权意识都有所提升，但是还存在一些问题。一是普法吸引力不足，法律条文枯燥，村民文化水平不高，法条看不懂、记不住、理解难。二是普法形式较单一，传统形式内容相对单调，难以激发村民学法兴趣。三是普法覆盖面不够，村民居住相对分散，以镇为单位召集普法活动，很难达到全域覆盖。为突破当前农村普法工作瓶颈，上海市浦东新区农业农村委员会积极创新普法模式，于2021年推出了"'三农'法治故事荟"系列普法宣传主题活动，至2022年年底连续组织14期入村宣讲活动，取得良好效果。

二、主要做法

（一）组建青年法宣讲团

　　以浦东新区农业农村委执法大队与农村经营管理指导站政治立场坚定、法律功底扎实、宣讲能力优秀的10位青年执法队员为班底，组成"'三农'法治故事荟"宣讲团。发挥一线执法贴近基层群众的优势，做执法工作的有心人，收集村民们在法律领域的难点痛点和关心关切。充分发挥年轻人的开拓创新能力，每月围绕一个主题，充分收集法律基础资料，搭好故事框架，从讲好房前屋后的身边小故事入手，以通俗活泼的形式为村民阐明人情法理。

（二）精心选取宣讲主题

以渔政、种植业、动物卫生、农机安全监理、农村宅基地等监管执法工作为依托，选取长江口及内陆水域禁渔、非法捕捞水产品、农产品（种植业、畜禽、水产品）质量安全、农业投入品的购买和使用、动物疫病防控、农机安全事故分析、农村宅基地等与农民群众的生产生活息息相关的主题。同时，结合普法宣传形势要求，增加《中华人民共和国宪法》、《中华人民共和国民法典》、《中华人民共和国乡村振兴促进法》等热点内容，做到既与业务工作紧密结合又始终聚焦农民群众所想所需，既接地气又聚焦重点，既普法宣传又教学相长。

（三）创新普法宣传形式

宣讲团把枯燥的法律条文变成农民群众通俗易懂的语言，并将日常监管、执法中的案例编写成学法用法小故事，以案释法，通过一个个生动鲜活的案例激发农民群众的同理心，使其深刻体会到学法用法守法对日常生产生活的重要性。活动还专门增加了互动提问环节，制造平等、热烈的氛围，农民群众就自己关心的问题积极向宣讲人提问，由宣讲人现场答疑解惑，增加普法宣传活动的趣味性和针对性，让农民群众真正学有所获、学有所用。

（四）积极建设普法阵地

活动以村委会和家门口服务站为宣传阵地，在宣讲学法用法故事的同时，发放宣传海报，悬挂宣传横幅，丰富村委法治宣传栏内容，打造普法宣传前沿阵地，更好地发挥法治文化的规范引领作用，让群众在生活中学习、在学习中生活，全天候领略法治文化、感受法治精神，在潜移默化中接受法律规范的洗礼，培养良好的法治意识，形成自觉学法的良好氛围。

（五）培养学法用法带头人

法治故事宣讲是活动精华，日常普法才是水滴石穿、久久为功的重要基石。驻村指导员是上海市乡村振兴工作中的一支重要基层力量，活动联合驻村指导员共同参与，让驻村指导员主动学法，带动村委干部共同学法，培养他们成为学法用法示范户、乡村法律明白人，进而把普法工作推向日常、带向深入，把法治精神烙进乡村，把法治文化带入生活，把法治思维融入行动，带动更多农民群众学法、懂法、守法、用法。

三、经验启示

（一）扩大普法覆盖面

"'三农'法治故事荟"系列活动开展至今，已先后走进大团镇园艺村、宣桥镇陆桥村、万祥镇新路村、惠南镇南汇汽车站、书院镇外灶村、川沙新镇民义村、川沙新镇纯新村等村，突破了以往普法到镇的瓶颈，真正实现了送法到村民身边。

（二）提升群众参与度

活动受众以从事农产品种植、养殖产业和使用农用机械的群众为主，宣传主题与其生产生活关系密切，特别是对于动物防疫法、上海市农药管理规定等一批新修订、出台的法律法规的宣传，让村民及时掌握最新的法律动向，现场村民互动积极性很高，法治氛围浓厚。活动开展至今已吸引了约430人次村民参与，参与度较以往普法宣传活动明显增加，大大提高了村民群众的法律意识。

（三）提高学法积极性

以往普法宣传活动，多采取普法单位主动联系相关镇村定点开展宣讲活动的模式，普法宣传覆盖面和效果有限。"'三农'法治故事荟"系列普法宣传活动开展以来，通过"村村讲，户户传"，宣传活动成效辐射效果明显，宣讲团已收到了多个镇、村的邀请前去宣讲，乡村法治逐步从以往的被动普法向主动学法的转变，有力提升了普法宣传成效。

"'三农'法治故事荟"作为上海市浦东新区农业农村委员会推出的特色普法项目，形式新颖，群众接受度高。活动紧紧围绕"提升农业农村普法实效"的目标，坚持以新出台的法律法规以及与农民群众利益密切相关的法律法规为重点，讲好"三农"法治故事，打造农村普法新阵地，有效推进了法治乡村建设。

打破传统思维
开启农业农村普法"数字化"新模式

山东省青岛市农业农村局

　　山东省青岛市农业农村局深入贯彻落实农业农村系统"八五"普法规划，严格落实"谁执法谁普法"普法责任制，围绕农业农村普法任务，打破法律书籍、宣传单、培训讲座等传统普法模式，创新设计"一图十码"普法二维码、"乡村振兴、法治先行"特色节目，开展农业农村普法微视频、云直播普法等活动，拓展普法宣传渠道，为打造乡村振兴齐鲁样板先行区营造良好的法治环境。

一、背景情况

　　全面推进乡村振兴的新征程已经开启，乡村振兴离不开和谐稳定的社会环境，维护农村稳定，要提升乡村治理的能力和水平，关键在于法治宣传教育的有效开展。《农业农村系统法治宣传教育第八个五年规划（2021—2025年)》明确指出，要以提高普法针对性和实效性为根本，以构建农业农村普法工作长效机制为重点，着力推动法治理念、法治方法、法治服务进村入户。青岛市针对当前农业农村普法存在的形式单一、普内容固化、缺乏互动等问题，弥补法律读本、宣传册等传统普法资料在时间上和空间上的局限性，破解枯燥的法律法规原文、难以理解的法律内涵等普法难题，充分利用广大群众喜闻乐见的新兴艺术形式，以"数字化"为有效手段，因地制宜开展法治宣传教育，使各项普法工作更加贴近基层、贴近群众、贴近实际。

二、主要做法

（一）打破传统思维，开启"二维码"便捷普法

1. **"画报"普法**。结合农村地区、农民群众逐年增长的手机上网普及率，创新"互联网+"方式，将宪法、乡村振兴促进法、农业法等近200部法律法规规章，分习近平法治思想、宪法、乡村振兴类、种植业类、畜牧业类、农业机械类、动物防疫类、农产品质量安全类、农村集体资产、土地管理类和其他等10个类别，制作农业农村普法二维码，印制成画报，在全市各个乡镇、村庄、农业专业合作社等场所覆盖式张贴推广，并在《青岛日报》多次刊登，方便农业从业者、农民群众随时扫码、常态化学习。二维码数据链接于青岛市农业农村局网站"法律法规"板块，根据国家、省市法律法规规章制修订情况，可随时更新并发布最新的农业农村法律法规。

2. **"挂历"普法**。组织开展每年度全市"宪法进农村"普法宣传活动，将宪法、法律、农民学法用法课程等设计为二维码，以"大力弘扬宪法精神"为底色，与新年挂历有机结合，为农民群众生活息息相关的新年挂历赋予"宪法进农村"的普法元素，选取各区市农村大集、村居广场等为活动地点进行广泛分发，推动实现"一次普法、全年学习"的普法效果，让农业农村二维码普法形式成为一种品牌效应。

（二）突破常规载体，开启"新媒介"艺术普法

1. **视频短剧普法**。在全市农业农村系统开展农业行政执法普法微视频活动，充分利用广大群众喜闻乐见的微视频新兴艺术形式，坚持"工作实例、以案说法"为原则，将农药执法、农机安全驾驶、农资纠纷调解等农民关注热点问题制成微视频，通过诙谐、幽默的艺术元素，形象地讲述农业农村部门行政管理、行政执法过程中的小故事、小插曲，叙一事情、讲一法律、明一道理。首届微视频活动共评选出7部优秀作品，通过微信工作群、微信公众号等进行传播普法。

2. **特色节目普法**。结合中国农民丰收节举办全市"乡村振兴、法治先行"普法宣传活动，结合青岛市地方文化特色，组织创作了八角鼓《生态宜居新时代》、快板《乡村振兴、法治先行》、柳腔《乡村振兴》和舞蹈《丰收锣鼓》等具有特色鲜明的原创文艺节目，用法治元素饱满、艺术表现力强、群众贴近度高的文艺作品，把枯燥的法律知识、深奥的法律内涵用生动活泼的语言、富有感染力的表演进行讲述，实现传统艺术与新兴形式的有机结合。

（三）创新对接方式，开启"新渠道"互动普法

打造"云直播"线上普法平台，以农资真假辨别、农作物病虫害防治、生猪屠宰、农业生产安全等农药生产密切相关的法律法规知识为载体，选取农业农村法律专家和业务能手直播授课，部分直播活动延伸到了田间地头，推出直播数十期，用工作实例、直播答疑的方式，实现普法教育双向互动，提高农民群众参与度，受到新型农业经营主体、农业企业、高素质农民以及小农户的广泛关注，收看量累计超过 10 万人次。

三、经验启示

（一）提升"数字化"普法水平

统筹好新冠疫情防控与常态化普法、现场普法与新媒体普法的关系，因地制宜地开展"数字化"普法，充分发挥微信公众号、网络直播平台等渠道作用，利用好二维码等普法方式，提升普法的时效性、便捷性，满足农民群众日益增长的多层次、综合性普法需求。

（二）设计"实用型"普法内容

想群众之所想，充分调查了解农民群众迫切关注、农业生产密切相关的农业农村法律法规，分类别、有针对性的梳理出普法内容，通过视频短片、漫画解析、一问一答等简单有效的方式开展宣传。

（三）探索"趣味性"普法模式

要结合本地的历史和文化元素，通过执法微视频、快板、曲剧、歌曲等具有地方特色的艺术形式，再注入诙谐、幽默的艺术元素，提高普法内容的观赏性，让农民群众乐于参与其中，在寓教于乐中实现法治意识的潜移默化。

（四）营造"覆盖式"普法氛围

农业农村法治宣传教育要服务于全面推进乡村振兴和加快农业农村现代化，就要充分运用大数据系统和现代技术手段，实现"随处可学、随时可学"，构建以新媒体为主的多形式、多元化、广覆盖的普法体系。

在普法实效上发力　营造农业农村良好法治氛围

山西省运城市芮城县农业农村局

　　乡村振兴，普法先行。加强农业农村法治宣传教育是乡村振兴战略实施的重要内容，也是农民群众法治意识形成的重要途径，更是"三农"工作高质量发展的重要保障。山西省运城市芮城县农业农村局在普法工作中营造亲和力、吸引力和感染力，创新普法理念，搭建宣传普法阵地，多措并举营造农业农村良好法治氛围，为打造芮城黄河流域现代农业先行区夯实法治基础。

一、背景情况

　　为深入学习贯彻习近平法治思想和习近平总书记重要讲话精神，确保"八五"普法规划各项工作落地落实，山西省芮城县立足新发展阶段，贯彻新发展理念，构建新发展格局，全面推进农业农村法治建设，有效发挥法治宣传对农业高质量发展的支撑作用、对农村改革的引领作用、对乡村治理的保障作用、对政府职能转变的促进作用，为全面推进乡村振兴、加快农业农村现代化提供坚强有力法治保障。

二、主要做法

（一）加强组织领导，健全普法责任工作机制

　　1.健全组织领导体系。成立了由单位"一把手"任组长、班子成员任副组长，相关股（站）室负责人为成员的"谁执法、谁普法"工作领导小组，安排专人负责具体工作，为普法工作的顺利开展提供组织保障。

　　2.强化责任落实的政治、思想和行动自觉。单位"一把手"切实履行第一

责任人职责，把"谁执法谁普法"纳入全局重要议事日程，定期召开专项工作会议，安排部署阶段性普法工作。

3. 强化"谁执法谁普法"绩效考核。把深入推进"谁执法谁普法"工作作为绩效管理的重要内容，实行年初"建账"、年中"查账"、年末"对账"，严格评估考核，定期报告有关工作进展。

（二）立足工作实际，纵深推进普法宣传教育工作

1. 开展普法培训，拓宽农业普法覆盖面。一是推进法治宣传进机关，精选普法内容，利用周头晨会组织全局人员集中学习涉农法律法规，增强全体干部职工的法治意识；二是入企进村普法宣讲，在日常行政执法检查和开展技术服务工作时，农业行政执法人员和农技人员走进"地头"、坐上"炕头"、入企进村开展农业法律法规知识讲座，传播法治理念，满足农民群众的法律服务需求；三是针对重点人群加大普法培训教育力度，结合每年农资打假专项治理行动、高素质农民培训等工作，组织全县农资生产经营者、农产品生产加工企业从业者进行法律知识培训，引导大家自觉学法、知法、守法、用法。

2. 营造普法声势，增强农业普法影响力。深入开展"3·15国际消费者权益日"、"依法行政宣传月"、"放心农资下乡进村"、"农民丰收节"、"宪法日"等主题普法宣传活动。线下活动通过横幅悬挂、宣传板报展示、现场咨询，发放种子、农药、化肥、兽药、饲料、农机等农资辨假识假宣传资料等形式进行；线上活动利用电视、微信等宣传平台解读相关法律法规，提高农民群众自觉守法意识和依法维权能力。

3. 巧抓普法契机，突出农业普法针对性。坚持将执法办案与普法宣传有机融合，向执法对象宣讲有关法律条款，把普法宣传教育渗透到执法办案全过程。针对农业综合行政执法案件中，执法对象对法律法规认识上的不足，以"惩前毖后"的原则，抓住最具教育意义的有利契机，加深执法对象对法律法规的深刻认识。在常规执法工作中，通过"阳光执法、前置式执法、和谐式执法、服务式执法"四项文明执法活动促进深度普法。

4. 创新普法形式，提升农业普法认知度。一是以案释法，通过梳理典型案例，拍摄《咱们村的专家》、《病》等农业法治微电影，以群众喜闻乐见的形式普法说理，寓教于乐、教化于民；二是将农业法治宣传融入美丽乡村规划建设中，在每个美丽乡村设立农业综合执法"依法护农"板块，宣传农业农村法律法规和典型案例；三是探索与芮城融媒FM99.7合作方式，开设"乡村农业普法大喇叭"节目。结合农时进行农业普法宣传，重点宣传典型案例及群众普遍关心关注的涉农法律法规等。

（三）法治理念深入人心，普法宣传成效显著

1. 经营主体诚信化。在全县深入开展了"农资生产经营单位诚信经营星级评价"活动，按考核结果分类监管，累计认定农资诚信经营单位"五星级"8家，"四星级"30家，全县农资领域以诚信为荣、形成争做诚信典型的良好氛围。

2. 环境治理效能化。开展农业废弃包装物回收与处置工作，通过深入宣传《农药包装废弃物回收处理管理办法》，倡导全县上下共同关注和进行农药包装废弃物回收处理，全年共回收处置农药瓶、农药袋、地膜、反光膜等130余吨。

3. **依法维权常态化。**"七五"普法让法治力量深入人心，农民维权意识不断增强。综合行政执法改革以来，共受理农资、畜牧、渔政、农产品质量等各类矛盾纠纷案件110余件，农业生产经营者在生产经营过程中能够办事依法、遇事找法、解决问题用法、化解矛盾靠法的法治氛围逐步形成。

三、经验启示

（一）坚持把调动农民群众自觉普法积极性为主抓手

坚持依靠农民群众、发动农民群众、服务农民群众，引导农民群众积极参与到法治宣传的行动中来。发动网格员、高素质农民等参与专项普法行动中，发挥他们人熟、地熟、事熟的优势，采取以典型案例说法、以身边人说法的方式，深入浅出地讲解法律知识，让农民群众早知道、早了解、早行动，提高农民群众学法用法的积极性和主动性。

（二）坚持以增强群众法治观念为普法根本

以《中华人民共和国乡村振兴促进法》、《中华人民共和国动物防疫法》、《中华人民共和国农产品质量安全法》、《农药管理条例》、《农村宅基地管理办法》等涉及农民群众身边面广、环节复杂的法律法规为普法工作重中之重，让农民群众从思想上高度重视，在实际生产生活中能够自觉运用法治方式参与社会经济活动，依法维护合法权益。

（三）坚持以提升乡村治理法治化水平为根本目的

乡村治理是乡村振兴的根基，作为"三治融合"之一，法治是乡村治理强有力的保障。要持续加大农村普法力度，把普法工作贯穿于农业农村管理、执法、技术服务全过程，不断加大农村集体经济组织、农机、畜牧、渔业及农产品质量安全等关系农民群众切身利益的法律法规普及力度，增强农民群众法律意识，提高乡村法治治理水平，实现农业高质高效、乡村宜居宜业、农民富裕富足的美好生活。

创新开展"乡音说法"　深化法治乡村建设

四川省成都市蒲江县农业农村局

　　四川省成都市蒲江县着眼乡村全面振兴大局，充分发挥法治"固根本、稳预期、利长远"的基础保障作用，从满足群众法治需求出发，以解决农村群众在法律服务方面急难愁盼的问题为核心，不断创新法治宣传模式、优化公共法律服务供给，有效提升了群众的法律服务满意度和法治获得感。"七五"普法以来，蒲江县创新开展"乡音说法"普法模式，大力推进农村普法工作从法律宣传向依法治理转变，持续深化法治乡村建设，为实现乡村全面振兴提供了强有力的法律支撑。

一、背景情况

　　四川省成都市蒲江县创新开展"乡音说法"工作，整合基层普法力量、组织开展法治需求摸底、强化说法工作制度保障等，充分运用广播平台、拓展线上新媒体平台、融合开展普法培训讲座等，推动农村普法工作从法律宣传向依法治理进一步转变，法治乡村建设取得较好成效。蒲江县于2020年获得成都市公共法律服务满意度测评第2名，2021年获评全国民主法治示范村1个，四川省乡村治理示范村2个，初步建成农村法治教育示范基地3个。"七五"普法以来，全县乡音普法队伍累计深入93个村（社区）开展乡音普法活动480余场次，录制"乡音说法"微视频7部、音频10个。

二、主要做法

（一）贴近需求，提升"乡音说法"精准度

　　1. 整合普法力量建队伍。按照"谁执法谁普法"、"谁管理谁普法"责任制，

由县委依法治县办牵头，组建由农业农村局等县级部门业务骨干、律师、基层法律服务工作者构成的"乡音说法"全县讲师团；各镇（街道）建立由普法骨干、法律顾问、传统文化促进会、旅游协会等社团组织带头人组成"乡音说法"分队；每个村（社区）依托基层党组织的领导核心作用，把法治宣传、依法治理与村级公共服务有机结合，建立由村（社区）说事小组、"五老"调解队、村（社区）法律顾问、合作社和家庭农场带头人组成的"乡音说法"小分队。

2. **组织开展普法摸底抓需求。** "乡音说法"小分队员不定期深入田间地头、新型家庭农场、乡村创客、村（社区）院落、专业合作社（协会）等场所，以拉家常、摆龙门阵、农家说事等形式动态收集老百姓关心的热点、难点和焦点问题，及时倾听村民心声，当起了政府与老百姓的沟通"桥梁"。同时，定期开展普法问卷调查，发放普法需求问卷1.2万份，法律服务联系卡20余万张，收集梳理涉及土地经营权属、合同承包（租赁）、拆迁确权纠纷等15类法律服务需求。

3. **建立健全机制体制强保障。** 以县委依法治县办名义制定出台专项文件，明确全县"乡音说法"节目录制、宣传工作、经费保障、考核奖励等制度，明确"乡音说法"的宣传内容、形式及工作要求，把收集归类的群众普法需求数据进行研判分析，明确乡音普法微视频、音频的录制内容、要求、时限和播放时段等，确保农村群众的法治需求得到及时回应和关切。

（二）依托平台，拓宽"乡音说法"覆盖面

1. **充分运用广播平台。** 通过"村村响"、集中居住区广播室等不定期播放"乡音说法"音频，将鲜活的法律知识、法治案例送到群众耳边，让老百姓在田间劳作、娱乐休闲时，感受到既有尺度又有温度的乡村法治文化。自开播至今，全县"村村响"已播放普法音频1000余次，群众普遍反映听得懂、记得住、用的来。同时以信息化技术为支撑，在村（社区）开通乡音视频法律服务系统，群众可通过系统与法律服务专业人员进行"面对面"乡音法律在线实时咨询，提升法律服务的便捷性时效性。

2. **大力拓展线上新媒体平台。** 围绕农民群众普遍关注的《中华人民共和国民法典》、《中华人民共和国乡村振兴促进法》、《中华人民共和国长江保护法》中涉及居住权、乡村振兴建设、渔业资源保护等热难点问题用蒲江本土方言制作"乡音说法"微视频和音频节目，通过"绿色蒲江"、"法治蒲江"等微博、微信公众号等新媒体平台推送。广泛发动县级各部门、镇（街道）、村（社区）力量，推送到全县各村（社区）居民微信群、QQ群等平台，实现"乡音说法"的无缝全覆盖。

3. **融合运用培训讲座平台。** 以"法律进农村"、"法治大讲堂"、"两个替代"工程培训等为重要载体，结合蒲江柑橘、茶叶、猕猴桃三大农业主导产业和国家级农业产业现代化示范区建设，由县、镇（街道）、村（社区）"乡音说法"队成员按照职责分工分门别类针对群众提出的法治需求用老百姓听得懂的最通俗的乡音方言，以"乡音说法"形式在重要时间节点开展普法宣传、法治讲座、专项培训等，及时为农村群众排忧解难，解读群众身边关心关注的法律热点难点问题。

（三）注重结合，聚焦"乡音说法"实效性

1. **与提升群众法治获得感相结合**。法治宣传从群众民俗文化特色和生产生活习惯出发，改变传统的"灌输式"普法，采取问需于民的方式，将群众关心的热点难点问题梳理出来，使用本土语言创新开展"乡音说法"、"乡音云普法"等一系列活动，让宪法法律能进村能落户，能进百姓家，能落到老百姓的心坎上，真正提高农村群众参与的积极性、关注度与获得感。

2. **与推进法治乡村建设相结合**。把"乡音说法"工作开展作为农村专业合作社、家庭农场、行业协会、示范基地等级评定的重要指标之一，同时与农村学法用法示范户、最美奋斗者、身边好人、道德模范等评比相结合，在全县范围内开展评选优秀奖励先进，充分发挥模范和先进典型在法治宣传教育、化解社会矛盾、推进村民自治中的标杆带头作用，营造全民尊法学法守法用法，遇事找法、化解矛盾靠法的良好法治氛围，建设人和、业兴、村美的美好家园、美丽乡村。

3. **与农村学法用法示范户培育相结合**。2021年，蒲江评选出首批农村学法用法示范户28户，这些由每个村（社区）推选，经县农业农村局和司法行政部门培育的学法用法示范户，扎根在农村，服务于基层，就在老百姓身边，把各类涉农法律法规送到群众家中。农村学法用法示范户的培育，在开展农村法治宣传教育、化解社会矛盾、推进村（居）民自治中起到了好的引领作用。

三、经验启示

（一）法治宣传内容须贴近群众需求

法治宣传教育必须提高针对性和实效性，内容上贴合实际需求，反映实现乡村全面振兴的时代变化特征，才能让群众产生共鸣，提高老百姓的关注度。蒲江的"乡音说法"宣传从组织开展问需摸底调查出发，宣传的案例和问题都从农民中来，有的放矢开展宣传，就获得到了当地群众的欢迎和关注。因此，普法要充分了解农村现状百姓需求，有针对性的部署宣传工作，把农村群众由普法被动变为主动，把单向灌输变为双向互动。

（二）法治宣传载体和形式须接地气

不同的载体适合不同的对象，法治宣传教育载体必须要根据对象来选择。在农村地区，就要从全面推进乡村振兴的基本方略出发，以加强农村基层民主法治建设为载体，推进农村基层的依法治理，把农村法治宣传教育与农民的生产生活有机结合起来。蒲江开展的"乡音说法"把县、乡、村三级普法力量整合起来，报、端、微、屏、课等线上线下相结合，多形式多角度多维度宣传"乡音说法"音视频，比较好的结合了当地农村生产生活实际。

（三）法治宣传制度创新须下功夫

法治宣传不能总是重复过去的经验和做法，"一招鲜吃遍天"已经跟不上新时代农村法治宣传要求，探索制度创新尤为可贵。蒲江开展的"乡音说法"一系列制度建设，包括以县级名义制定出台专项文件，明确"乡音说法"节目录制、宣传工作、经费保障、考核奖励等制度，基本形成了可追溯可考核、能落地能推广的经验和做法，是推动农村法治宣传制度创新、深化法治乡村建设的有效实践和探索。

第四章
农业农村法治研究和调研报告

04

第一节
专题研究报告

强化法治思维
提升农业农村部门依法治理水平

王乐君　　杨东霞　　王玉娜

　　法治是治国理政的基本方式。习近平总书记指出，法治是国家治理体系和治理能力的重要依托。坚持全面依法治国，是我国国家制度和国家治理体系的一大显著优势。新时代新征程上必须坚持科学执政、民主执政、依法执政，在法治轨道上推进国家治理体系和治理能力现代化。领导干部作为推动法治政府、法治社会建设的"关键少数"，提高其法治素养，培养其法治思维，既是一个法治问题，更是一个政治问题。农业农村系统领导干部是农业农村工作的组织者、推动者、实践者，是否具备法治思维，能否善于运用法治方式，直接决定农业农村部门依法治理能力，对于依法推动乡村全面振兴、加快农业农村现代化具有重要意义。

一、深入学习贯彻习近平总书记关于法治思维的重要论述

　　习近平总书记在2012年首都各界纪念现行宪法公布施行30周年大会上，指出"各级领导干部要提高运用法治思维和法治方式深化改革、推动发展、化解矛盾、维护稳定能力，努力推动形成办事依法、遇事找法、解决问题用法、化解矛盾靠法的良好法治环境，在法治轨道上推动各项工作"。

（一）法治思维是执政党增强政治领导本领的基本要求

　　2014年1月7日，习近平总书记在中央政法工作会议上提出，"党既领导人民制定宪法法律，也领导人民执行宪法法律，做到党领导立法、保证执法、带头守法。党委政法委要明确职能定位，善于运用法治思维和法治方式领导政法工作，在推进国家治理体系和治理能力现代化中发挥重要作用"。2017年，党的十九大报告中明确提出，为了提高党的执政能力，要"增强政治领导本领，坚持战略思维、创新思维、辩证思维、法治思维、底线思维"。2021年1月，习近平总书记就政法工作作出重要指示，强调"2021年是'十四五'开局之年，各

级政法机关要认真贯彻党的十九届五中全会和中央全面依法治国工作会议精神，更加注重系统观念、法治思维、强基导向，切实推动政法工作高质量发展"。

（二）法治思维是领导干部履职履责的必备素质

2015年2月，习近平总书记在省部级主要领导干部学习贯彻十八届四中全会精神全面推进依法治国专题研讨班开班式上强调，"各级领导干部的信念、决心、行动，对全面推进依法治国具有十分重要的意义"，并要求领导干部牢记法律红线不可逾越、法律底线不可触碰，带头遵守法律、执行法律，带头营造办事依法、遇事找法、解决问题用法、化解矛盾靠法的法治环境。谋划工作要运用法治思维，处理问题要运用法治方式，说话做事要先考虑一下是不是合法。领导干部要把对法治的尊崇、对法律的敬畏转化成思维方式和行为方式，做到在法治之下、而不是法治之外、更不是法治之上想问题、作决策、办事情。党纪国法不能成为"橡皮泥"、"稻草人"，违纪违法都要受到追究。2018年8月，习近平总书记在中央全面依法治国委员会第一次会议上，将"坚持抓住领导干部这个'关键少数'"作为全面依法治国新理念新思想新战略的一个重要方面，指出"领导干部具体行使党的执政权和国家立法权、行政权、监察权、司法权，是全面依法治国的关键。领导干部必须带头尊崇法治、敬畏法律，了解法律、掌握法律，遵纪守法、捍卫法治，厉行法治、依法办事，不断提高运用法治思维和法治方式深化改革、推动发展、化解矛盾、维护稳定的能力"。2020年2月，习近平总书记在中央全面依法治国委员会第三次会议上的讲话中强调，各级领导干部必须强化法治意识，带头尊法学法守法用法，做制度执行的表率。2020年11月，习近平总书记在中央全面依法治国工作会议上强调，各级领导干部要坚决贯彻落实党中央关于全面依法治国的重大决策部署，带头尊崇法治、敬畏法律，了解法律、掌握法律，不断提高运用法治思维和法治方式深化改革、推动发展、化解矛盾、维护稳定、应对风险的能力，做尊法学法守法用法的模范。要力戒形式主义、官僚主义，确保全面依法治国各项任务真正落到实处。

（三）法治思维是凝聚共识和推进改革的利器

2013年2月23日，习近平总书记在主持中共中央政治局全面推进依法治国第四次集体学习时指出："各级领导机关和领导干部要提高运用法治思维和法治方式的能力，努力以法治凝聚改革共识、规范发展行为、促进矛盾化解、保障社会和谐。"2013年11月，习近平总书记在十八届三中全会上指出："这次全会提出的许多改革措施涉及现行法律规定，凡属重大改革要于法有据，需要修改法律的可以先修改法律，先立后破、有序进行。有的重要改革举措需要得到法律授权的，要按法律程序进行。"2014年2月28日，习近平总书记在中央全面深化改革领导小组第二次会议讲话明确要求："凡属重大改革都要于法有据。在整个改革过程中，都要高度重视运用法治思维和法治方式，发挥法治的引领和推动作用，加强对相关立法工作的协调，确保在法治轨道上推进改革。"

（四）法治思维是促进矛盾纠纷化解的有效方式

2013 年10月，在坚持和发展"枫桥经验"的有关指示中，习近平总书记指出："要善于运用法治思维和法治方式解决涉及群众切身利益的矛盾和问题。"2014年4月25日，习近平总书记在中央政治局第十四次集体学习会上提出，对各类社会矛盾，要引导群众通过法律程序、运用法律手段解决，推动形成办事依法、遇事找法、解决问题用法、化解矛盾靠法的良好环境。

（五）法治思维是深化依法治理的有效方式

2014年12月，习近平总书记在庆祝澳门回归祖国15周年大会暨澳门特别行政区第四届政府就职典礼上的讲话指出："人类社会发展的事实证明，依法治理是最可靠、最稳定的治理。要善于运用法治思维和法治方式进行治理，要强化法治意识，特别是要完善与澳门特别行政区基本法实施相配套的制度和法律体系，夯实依法治澳的制度基础。要努力打造勤政、廉洁、高效、公正的法治政府，做到依法决策、依法施政，使特别行政区发展始终沿着法治轨道展开。要加强公职人员队伍建设和管理，提高依法履职能力。要在全社会弘扬法治精神，共同维护法治秩序，培养造就一大批熟悉澳门特别行政区基本法、具备深厚专业素养的法治人才，为依法治澳提供坚强人才保障。"2016年，习近平总书记在十二届全国人大四次会议强调："要提高领导干部运用法治思维和法治方式开展工作、解决问题、推动发展的能力，引导广大群众自觉守法、遇事找法、解决问题靠法，深化基层依法治理，让依法办事蔚然成风。"

（六）法治思维是防范和应对社会风险的重要保障

新冠肺炎疫情防控对法治是一次大考，对法治建设也是一次重大契机。法治不仅对常态下国家和社会治理具有重要意义，对包括疫情防控在内的紧急情况下应对重大公共安全事件同样具有重大价值。习近平总书记多次强调要依法防控、科学防控，在中央全面依法治国委员会第三次会议上强调，疫情防控越是到最吃劲的时候，越要坚持依法防控，在法治轨道上统筹推进各项防控工作。

二、法治思维的内涵、特征和基本要求

（一）法治思维的内涵

法治思维简单来说，可以理解是基于法治的一种思维方式。"法治"这一

概念有各种不同的表达方式，在我国有"法治主义"、"依法治国"、"法治天下"等。在西文中有"rule of law"（法的统治），"rule by law"（以法统治），"government by law"（依法治理），"government through law"（通过法律的治理）等。而法治思维则是以法治价值理念和法治规范来指导行动、推进工作的一种思维方式，是提升治理能力的思维方式。有专家将法治思维界定为"基于法治的固有特性和对法治的信念，认识事物、判断是非、解决问题的思维方式"，分为三个层次：认知判断层次，普通社会公众应具备的法治思维；逻辑推理层次，对应法律职业人员应具备的法治思维；综合决策与制度构建层次，对应领导干部应具备的法治思维。有专家从概念出发，认为法治思维对应非法律思维（如政治思维、经济思维、道德思维等）、人治思维和法制思维。也有专家从内涵、性质来分析，认为法治思维是一种底线思维（一种基本的要求和判断标准）、规则思维（法治的本意，基于法律规则而治）、权利思维（法治的终极目标是保护公民的基本权利）和契约思维（市场经济背景下的法治要培养契约精神，做到诚实守信，坚持公平公正）。

通过与其他相关概念的比较分析，有利于加深对法治思维的理解。

1. 法治与人治。[1]自国家产生以来，在以何种方式治理国家问题上，始终存在着法治与人治的激烈争论，法治与人治之争贯穿于整个人类思想发展史。古希腊有人治论同法治论之争，分别以柏拉图和亚里士多德为代表。在我国春秋战国时期，有儒家的人治论与法家的法治论之争。儒家主张"有治人，无治法"，强调以德治国，认为君子、贤人的道德教化在国家治理中作用尤重。"为政在人"、"其人存，则其政举；其人亡，则其政息"。而法家则主张"法治"，强调法治在国家治理中的作用，"以法为本"、"以法治国"、"任法而治国"、"治民无常，唯治为法"等是法家学者治国理政的核心理念。但法家的法治建立在君主专制基础上，是人治之上的法治。进入现代社会，普遍认为，法治与人治的区别有以下几方面：第一，法治强调依法治理，更重视法和制度的作用，人治提倡选贤举能；第二，法治强调对事不对人，提倡一般性规则，人治主张因人而异，更注重对人的道德教化；第三，强调权力制约，是法治概念具有的鲜明的体制特征。[2]法治排除专断、崇尚法律至上、权力制衡，人治则强调个人权威，理想中的治理者是集智慧、理性和高尚品德于一身的"贤君"；第四，法治具有可预期性，而人治的评判标准具有不确定性。

2. 法治与法制。"法治"与"法制"，二者虽然仅有一字之差，但涵义有很大不同。"法制"更多是指静态的规则，是"法律制度"的简称，侧重指向法律的完备性层面，[3]其产生与发展并不必然与民主政治、共和政体相关联。"法

1　谢晖. 法治思维中的情理和法理[J]. 重庆理工大学学报（社会科学），2015，29（9）：10-15.

2　舒国滢. 法理学导论（第二版）[M]. 北京：北京大学出版社，2012.

3　孙首娟. 关系论视角下的法治辨析——兼论法治与人治、法制、德治的关系[J]. 山东社会科学，2006（12）：41-46，49.

治"则强调法律至上的国家治理模式，具体包括动态的立法、司法、执法和守法等活动，其蕴含着一种价值追求，以实现社会公平正义为目标，限制权力，保障权利。"法治与法制"，不像"法治与人治"泾渭分明与截然对立，具有相融性，一方面，法制所要求的国家各个层面的法律制度的完备性，这种静态的、制度层面的要求，构成了法治这一动态的治理体系的制度基础与物质保证；另一方面，法治建设的目标，则是国家建立法制体系的原有初衷与最终归宿。

3. **法治思维和法律思维。**两者虽然都是根据法律的思考，但是法律思维与法治思维有明显的区别。[1]法律思维，是受到法律意识、法律思想和法律文化影响的认识与实践法律的一种职业化、技术化的思维方式，一般来说为法律职业者所掌握。法治思维则是运用已有法律精神、原则、规范对各种问题和现象进行逻辑分析、判断和推理[2]的思维方式，是为执政者或者公权力的执掌者掌握运用的思维方式。法治思维蕴含着价值意义的判断，贯穿公平、正义等价值标准；其本质上区别于人治思维和权力思维；其重心在于合法与非法的预判，即把合法当作思考问题的前提；其特点是重规则、讲程序；其核心是对公平、正义、权利的追求和认同，而不只是停留在依法办事。

4. **"法理"与"情理"。**法治思维作为一种规范性思维，并非人们生活中常说的"法不容情"的割裂性思维定式，恰恰相反，割裂法治思维中的"法理"和"情理"会使法治丧失生存土壤，从而背离基本生活而被摒弃。法治的根本目的是保障人权，这就是法治思维"情理"的基础。立法是对情理的规范化和逻辑化处理，就是把情理法理化的过程。文明执法、审慎执法、包容执法，以及合理使用自由裁量权等，都是情理执法的反映。[3]法理与情理具有共同的价值观，法律与道德都是国家治理的基本手段，社会治理中既要依法有效规制个体行为，又要通过精神引导凝聚个体思想情感。中国古代在国家治理中就非常重视"德法共治"，体现为"情理法综合为治"的原则。当今农村社会治理既要依法依规，也要合情合理，特别是农村经济社会发展千差万别，既要坚守法律底线，又要因地制宜实事求是。因此，在法治思维中，情理和法理两者是互为表里、相辅相成的。

（二）法治思维的主要特征

1. **法治思维是规则思维。**法治思维是一种规则意识，这种规则意识主要是指对既有法律的遵守和执行。法律意识、法治观念都是法治思维的思想基础，而在法律意识、法治观念中，规则意识是最重要的归结点，强化和提高全社会

1　陈金钊.用"法治之理"塑造中国法理学[J].河南财经政法大学学报，2015，30（3）：1-12.
2　孙首娟.关系论视角下的法治辨析——兼论法治与人治、法制、德治的关系[J].山东社会科学，2006（12）：41-46，49.
3　谢晖.法治思维中的情理和法理[J].重庆理工大学学报（社会科学），2015，29（9）：10-15.

的规则意识，成为法律实施乃至建设法治国家的关键性因素。坚持法治思维要求我们把对法治的尊崇转化为一种思维方式、行为习惯，内化于心，要在法律的框架之内思考问题、分析问题、解决问题，不能超越法律。

2.法治思维是约束性思维。 法治思维是受法律规范和程序约束的思维方式。[1]领导干部要运用法治的概念原理判断法律事实；运用法治原则和规范分析判断推理法律问题；综合衡量各方利益关系，做出符合法治要求的决策；在行政权力制约和监督机制下执法。权力约束的目的是实现社会公平正义，国家机关的权力配置和运行必须受到法律的规制和约束，才能防止越权行政、权力滥用，才能保障公民权利的实现。

3.法治思维是实践思维。 法治思维从本质上说是一种实践思维。党的十八大报告指出，要提高领导干部运用法治思维和法治方式深化改革、推动发展、化解矛盾、维护稳定的能力，决不允许以言代法、以权压法、徇私枉法。这就要求领导干部在行使权力的过程中，应当首先从法律的视角去思考问题，包括严格依照法律的价值、法律的内容以及法律的程序进行判断；其次要求领导干部在具体工作中践行公平正义等法治精神与规则，领导干部在决策和执行过程中充分遵守法律的基本原则，真正做到依法决策、依法行政、依法办事。

4.法治思维是评价性思维。 法律的意义还在于规定某种行为的规范评价。法律的作用是调整、规制、指引、评价人的行为。[2]法治的一个重要使命就是反映人类社会的价值观、价值倾向和价值意义，寻求法律中"公正"、"正义"的价值导向至关重要。法治思维将法律作为判断是非和处理事务的准绳，要求社会生活主体按照法治的要求去认识、分析和解决问题。因此，法治思维并不只是让法律成为一种工具，而是要践行和体现法律的价值、理念。

（三）法治思维的基本要求

1.法律至上。 法治思维的核心要义是要求领导干部尊崇和遵守宪法法律，做到在法治之下、而不是法治之外、更不是法治之上想问题、做决策、办事情，避免以言代法、以权压法。[3]要突出职权法定思维，坚持法定职责必须为，法无授权不可为，牢固确立法律红线不能触碰、法律底线不能逾越的观念。要把权力关进制度的笼子里，确保权力在法治轨道上运行，不管什么人、什么岗位，首先要做到按制度、照章办事，不能把自己的想法强加于人，甚至发号施令，置法律于不顾。这就要求依法办事，不能"领导说了算"。

2.以人为本。 法治的根本目的是维护人民的权益。法治的历史告诉我们，

1　姜明安.再论法治、法治思维与法律手段[J].湖南社会科学，2012（4）：75-82.
2　陈金钊.法律方法论对中国法治的意义[J].江海学刊，2022（4）：161-170.
3　张文显.新视野 新思维 新概念[M].吉林大学出版社，2001.

正是由于保护人权和权利的需要，才催生了法治，并且推动了法治的演进。社会主义法治更是把尊重和保障人权作为其根本价值和宗旨，习近平总书记在中央全面依法治国委员会第一次会议上强调，要努力让人民群众在每一项法律制度、每一个执法决定、每一宗司法案件中都感受到公平正义。法治思维代表了从权力主导到权利本位的观念转变，蕴含了"以人民为中心"的法治理念。因此，法治思维中的以人为本，体现为领导干部以人民利益为根本宗旨，将体现人民意志、满足人民愿望、维护人民权益贯穿于整个依法治国的链条中。

3. **公平正义**。公正是法治的核心价值追求，是法治的生命线所在。善用法治思维，就是要坚持公平正义的法治理念，秉持公平正义原则来平衡各方利益、协调化解各方矛盾。起点公平、过程公平、机会公平，平等观念，非歧视、区别对待，是法治的核心要义，也是新时期人们对美好生活的新期待，习近平总书记在十九大报告阐述新时代我国社会主要矛盾时强调，人民对美好生活的向往，不仅对物质文化生活提出了更高要求，而且在民主、法治、公平、正义、安全、环境等方面的要求日益增长。

4. **程序正当**。程序是法治和恣意而治的分水岭。正当程序不仅表现出了对公民主体地位的尊重，能引导公民有序参与，还能够限制权力的专断使用，保证结果的理性化，减少决策失误。树立法治思维就是要增强程序意识，严格依照正当程序办事，包括专家论证、征求意见，听取社会意见，甚至听证。实施行政处罚时要亮明身份、调查取证、允许申辩、告知权利、检验检测、专家意见。[1]权力要在阳光下公开、公平、公正地行使。

5. **权责相当**。通常我们说权利义务要平衡，权力责任要对等，但就领导干部而言，权力意味着责任，领导干部的法治思维具有鲜明的责任性。领导干部行使公权力的特性决定了权力就是责任，手握权力，就要承担责任，法治思维就体现为"权责相当思维"，有权必有责，用权受监督，违法必被追责。村级小官大贪，村主任一人说了算，又缺乏监督，必然出问题。特别是在主体多元、价值多元的社会，权力与责任、权利与义务的一致，是法治的本质要求，在处理问题上，法治思维更多关注的是责任，关注行使权力的合法性和后果，而非法治思维则表现为权力任性、权力滥用，喜欢凌驾于他人之上。

6. **接受监督**。权力在法治轨道上行使可以造福人民，超出法律范围之外的行权则会给国家的利益造成损失，给人民的权益造成损害。坚持依法行政，就是要自觉在法律所赋予的权限范围内、按照法律规定的程序来行使权力。这反过来也要求，领导干部要有自觉接受监督的意识，主动将自己置身于党组织和广大人民群众的有效监督之下。自觉接受监督的意识也是法治思维的重要因素，体现了"法律至上"和"以人民为中心"的法治理念。

1　陈金钊.对"法治思维和法治方式"的诠释[J].国家检察官学院学报，2013，21（2）：77-96.

三、法治思维的发展历程

（一）法治思维的演变

在我国古代法律思想史上，早在先秦时期，《管子·明法》中就有关于"以法治国"的表述，"威不两措，政不二门，以法治国，则举措而已。"其春秋战国百家争鸣时期，法家学派主张"任法而治"的同时，强调"以君为主、法术势相辅"，由此可见，是将法作为维护其统治的重要手段，其主体思想在于统治者主宰律法。

西方的法治思想可以上溯到亚里士多德的"良法之治"，其在《政治学》中提出了法治的两个条件，其一，普遍服从；其二，良好的法律。

古代法治思想历经后世多次演变，形成了以权力制约为主要特征，排除专断、法律至上为基本原则的近现代法治理论。

（二）从"法制"到"法治"的飞跃

中国共产党成立以来，注重运用法律手段实现并保障广大农民群众的利益，获得了广大农民的支持，取得了革命胜利。新中国成立后，1954年我国制定了宪法，这是新中国成立以来第一部宪法，奠定了新中国法治根基。十一届三中全会提出"加强社会主义民主，健全社会主义法制"的要求。1997年，党的十五次全国代表大会明确了"依法治国，建设社会主义法治国家"的治国方略，这一治国方略的确立，标志着我国治国理念的飞跃。党的十六大报告提出："依法治国是社会主义民主政治的基本要求。"党的十七大报告提出："全面落实依法治国基本方略，加快建设社会主义法治国家。依法治国是社会主义民主政治的基本要求。"

2010年10月国务院印发《关于加强法治政府建设的意见》提出：行政机关工作人员特别是领导干部要"切实提高运用法治思维和法律手段解决经济社会发展中突出矛盾和问题的能力"。党的十八大报告在提出"法治是治国理政的基本方式"的命题基础上，要求"提高领导干部运用法治思维和法治方式深化改革、推动法治、化解矛盾、维护稳定能力"。

党的十八届四中全会报告《中共中央关于全面推进依法治国若干重大问题的决定》，专门就全面推进依法治国重大问题作出部署，提出了依法治国的总目标和基本原则，明确了推进依法治国的重大任务。2018年十三届全国人大一次会议表决通过的《中华人民共和国宪法修正案》，将宪法序言中"健全社会主义法制"修改为"健全社会主义法治"，从"制"到"治"，一字之变，体现出我们党依法治国理念和方式的新飞跃，进一步丰富了法治思维的内容。党的二十大进一步强调，在法治轨道上全面建设社会主义现代化国家。

四、强化农业农村领导干部法治思维的紧迫性

当前,"三农"工作重心已历史性转向全面推进乡村振兴,牢牢守住保障国家粮食安全和不发生规模性返贫两条底线,积极应对各种风险挑战,推进乡村发展、乡村建设、乡村治理的任务艰巨繁重,对广大农业农村系统领导干部治理能力提出了新的更高要求。总体上看,近年来农业农村系统干部法治意识不断增强,法治思维能力水平不断提升,但在严格依法行政方面仍存在一些问题,主要体现在以下几个方面。

(一)越权行政,违背职权法定原则

一些单位不按照法律规定的职责范围行使权力,超越职权、滥用职权。例如,有的单位擅自下放审批权限,有的单位以内部便函方式印发了一些本应正式公开发文的文件,有的单位随意变更许可程序或增加许可条件、申请材料,有的单位擅自增加相对人义务或减损其权益,有的单位随意解释法律适用问题,在工作中引发了矛盾纠纷。

(二)规则缺失,法定条件和程序不规范

有的单位制定的行政许可事项技术审查规则过于原则,评审环节未设计必要的回避程序,对评审专家后续研发行为缺乏限制性规定,容易影响审批结果的公正性,在实践中引发纠纷。例如,某行业登记评审委员会对产品进行评审时,由秘书处根据专家投票表决结果出具技术审查结论,专家未在评审结论上签字确认,也未载明不通过的理由,评审程序存在瑕疵。

(三)法律适用错误,行政权力规范性不足

部分干部不能准确理解和把握《政府信息公开条例》等规定,公开的时限、内容、方式不符合法律规定或者申请人的要求,存在应当公开不公开、答复超出法定期限、答复遗漏申请人、答复内容与申请不对应、答复程序不规范、错误适用法律依据等问题,由此引发投诉举报、复议和诉讼。

(四)违法事实认识不清,违法行为查处不当

有的单位对投诉举报事项性质认识不清,错将违法案件当信访件处理,并在信访答复中直接作出不符合立案条件的结论,导致该投诉事项在省、市、县之间来回"踢皮球"。有的单位对重大违法线索查处不及时不到位,接到权利人投诉后,未及时立案和采取查封扣押措施,导致非法繁殖的材料被侵权人抢收转移,给后续办案造成不利影响。

（五）程序意识淡薄，重实体轻程序、重结果轻过程

有的干部对于法律规定的程序要求不能准确理解，执法实践中不能规范适用。比如，有的单位作出直接涉及当事人权益的行政执法决定前，不依法履行事先告知程序，未保障当事人陈述申辩和依法申请听证等程序救济权利；有的单位在行政审批过程中随意改变法定程序和时限；有的单位作出重大行政处罚决定前，未依法进行法制审核和报请行政机关负责人集体讨论；有的甚至以系统内通报发文形式，明显违反规定作出吊销许可证件的行政处罚决定。

（六）怠于履行法定职责，规范化解行政争议意识不足

部分单位对复议应诉工作的严肃性和重要性认识不足、重视不够。行政复议方面，一些单位在答复举证、配合案件审理等方面消极应付，提交答复书和证据材料不及时、不全面、不准确，有的甚至拖延履行行政复议决定。行政应诉方面，有的不能按照法庭要求及时提交证据材料，有的存在"畏讼"情绪，把应诉工作推给律师或不熟悉情况的一般工作人员；有的甚至明明有理有据却为了规避诉讼对当事人妥协让步，既放纵了违法，又损害了农业农村部门形象。

分析上述问题存在的原因，主要可以归纳为以下几个方面：

一是依法办事能力不够强。一些干部囿于传统管理思维，错误认为法律是用来约束相对人的，不是约束行政机关的；有的平时不学法不懂法，当了被告才"临时抱佛脚"，想起找法用法；有的只熟悉与行业管理有关的专业法律法规，对行政许可、行政处罚、信息公开、复议诉讼等公共法律知识不了解、不掌握，不能适应新时期农业农村法治建设的要求。实践中，一些农民群众对法律法规的熟悉程度甚至超过了农业农村部门干部。

二是传统人治思维根深蒂固。一些干部仍然固守传统的管理思维、权力思维、人治思维等思维格局，没有与时俱进，按照党和国家对新时代领导干部的要求，养成服务意识、权利意识和制度意识。此外，我国农村地区属于典型的熟人社会，农业农村系统干部绝大多数生活在农民群众中，有时过于顾虑各种人情世故，妨碍了法治思维的养成。

三是学习教育培训不到位。首先，一些干部学习法律的动力不强，或者忙于日常工作，对法律知识疏于系统学习，或者有畏难心理，认为法律知识繁多、法律体系复杂，学习难度大或者重视程度不够，认为农村社会有特殊性，用行政手段和个人权威来解决问题效率更高等，从而影响了学法用法积极性。其次，法律教育培训内容较为泛泛缺乏针对性，培训形式较为单一，晦涩的理论知识较多，实践运用教学较少，无法充分吸收内化。

四是制度建设存在薄弱环节。一些法律法规的规定比较原则，后续的配套立法跟进不及时，导致无对应的法律条文可用。一些制度内容过于宽泛，例如

存在不少"原则上"、"一般情况下"等模糊表述，在具体操作上自由裁量权过大，存在不少变通空间。程序性制度缺位，难以保障实体制度有效实施。

五是违法行为缺乏监督。法律的权威在于实施，法律的权威也在于监督惩戒。如果违法行为不能受到应有的惩罚，那么法律的权威将荡然无存，法治思维的树立也就丧失了基本的土壤。目前，对农业农村系统干部的监督体系不全面，缺少法律制约，事后监督不到位，事前监督不及时。此外，针对干部违法行为的惩戒力度不够，违法成本较低也影响了法治思维的树立。

五、强化法治思维的思路对策

"奉法者强，则国强，奉法者弱，则国弱。"对于农业农村系统领导干部而言，必须始终坚持以习近平法治思想为根本遵循，在想问题、作决策、办事情时，时刻牢记职权法定，严格遵循法律制度和法律程序，切实保护行政相对人的合法权益，自觉接受法律的监督。

（一）培养法治意识，推动法治理念内化于心

一要牢固树立法治信仰。习近平总书记强调，只有铭刻在人民心中的法治，才是真正牢不可破的法治。因此，要培养法治思维，就需要从内心深处提升对法治的认知，并在此基础上形成对于法律权威的服从。领导干部要深入学习与理解公平、正义等深藏于宪法和法律背后的精神实质与价值内涵，更加深刻地掌握承载这些价值理念的条文规范，把宪法规定、粮食安全的法律责任、土地制度的贯彻落实、农民权益的保护、生态环境的保护要求以及相应的法律程序等转化为开展工作的基本规则和底线要求，更加积极自主地投身于三农法治建设。要树立以人民为中心的法治理念，应充分认识到，手中的权力来自人民赋予，必须取之于民、用之于民，坚定地贯彻以人民为中心的法律立场。注重深入基层调查研究，广泛听取人民的意见，及时解决回应"三农"领域人民群众反映强烈的突出问题，让人民群众参与到法治建设过程中，充分尊重人民意愿、调动人民力量，不断增强人民群众法治的获得感和满意度。

二要带头学习法律知识。习近平总书记指出："我们的党政领导干部都应该成为复合型干部，不管在什么岗位工作都要具备基本的知识体系，法律就是其中的基本组成部分。"法治思维是在后天的学习、教育、实践中逐步形成的一种思维方式，法律知识的学习是培养法治思维的前提和基础，法律知识是滋养法治思维的源动力，对法律知识的主动学习应当成为领导干部的自觉要求。农业农村领导干部要带头学法，要将习近平法治思想融入学习实践全过程，系统学习履行职责所需的法律知识，切实增强法治意识和依法履职、依法办事能力。

三要加强法治教育培训。要根据工作的具体内容，科学化合理化设计培训课程，既要注重学习的深度广度，也要注重学习的实效性。既要积极组织学习

《宪法》、《民法典》等基本法律，又要立足所在岗位系统学习《乡村振兴促进法》、《农业法》等涉农专门性法律。要营造学法用法良好氛围，通过各种媒介大力宣传通过法治思维解决矛盾的典型事迹，提升农业农村干部对法治思维的价值认同。

（二）践行法治精神，推动法治思维外化于行

法治思维不只是法律知识的积累，它是要通过日常化的实践来彰显其价值，在法治实践活动中强化法治思维、提高法律素养。农业农村系统领导干部要以身作则、以上率下，把对法治的尊崇、对法律的敬畏转化为一种思维方式、行为习惯，内化于心，要在法律的框架之内思考问题、分析问题、解决问题，不能超越法律。

一是合法合理运用权力。对于公权力来说"法无授权即禁止"，合理合法运用权力原则要求领导干部在行使权力的时候要严格遵守法律规定，只能在法律规定的范围之内行使权力，不能超出法律规定的范围行使权力，更不能违反法律规定行使权力。在处理农业农村部门和公民的关系时，应当最大限度降低对公民的非必要干预。当法律赋予行政自由裁量权时，也应当遵循合理性原则，出于合理动机，遵循正当程序，作出合法适当的行政行为。

二是尊重并遵守程序。程序的作用在于有效制约权力行使的随意性。首先，领导干部要强化程序意识。要将公众参与、专家论证、风险评估、合法性审查、集体讨论等程序要求落到实处，尤其是对于关系农民群众切身利益的重大事项，决策前要多沟通，实施前多征询各方意见，实现程序公开公正。其次，要自觉遵守程序规定，时限要求，切实维护程序的严肃性，不能违背程序要求、破坏程序公正。最后，要通过程序正义切实保障人民群众的合法权益，通过准确适用程序，让人民群众从公开的程序适用过程中看到公正的实现过程，让结果正义以看得见的方式实现。

三是在遵守法律规范时发挥模范带头作用。习近平总书记强调"各级领导干部要带头依法办事，带头遵守法律，牢固确立法律红线不能触碰、法律底线不能逾越的观念，不能以言代法、以权压法、徇私枉法"。领导干部肩负领导和推进农业农村工作的重要职责，自然应以身作则，率先垂范。领导干部具有法治思维，可以引导和带动其他人员养成法治思维；反之，如果领导干部处处不尊法，不懂法，那么整个部门也无法养成良好的法治氛围。

（三）健全制度机制，确保重大行政决策依法作出

一是健全农业农村重大行政决策程序。要把党的领导贯穿于重大行政决策全过程和各方面，把公众参与、专家论证、风险评估、合法性审查、集体讨论决定五大程序作为重大行政决策出台的必经程序。

二是建立健全重大决策事前、事后评估机制。重大政策出台前，要按重大行政决策程序充分论证政策的可行性、合法性和合理性；政策实施过程中，要密切关注实施效果，适时调整完善相关政策措施，确保政策务实管用；要健全落实重大决策事后评估机制，在政策执行完成后，要将政策设定的目标和实际效果进行对照分析，总结经验和不足，并将评价结果作为今后制定相关政策的重要依据和参考。

三是要严肃追究重大行政决策失误责任。进一步健全重大决策终身责任追究制度及责任倒查机制，明确责任主体，健全监督机制，真正做到授权有据、行权有规、用权有督、滥权问责。建立健全重大行政决策容错纠错机制，切实保护干部干事创业的积极性，为担当者担当，为负责者负责。

（四）加强监督考核，约束规范行政权力行使

一是建立考核评价体系。十八届四中全会通过的《中共中央关于全面推进依法治国若干重大问题的决定》提出，"把法治建设成效作为衡量各级领导班子和领导干部工作实绩重要内容、纳入政绩考核指标体系，把能不能遵守法律、依法办事作为考察干部重要内容。"对干部在日常工作中依法履职情况进行考评，可采用量化计分制，将计分结果作为晋升、晋级、评优的重要依据。通过建立考评制度推动党员干部增强法律意识、强化法治思维，提升运用法治思维解决法律问题的水平。

二是健全权力监督机制。最好的法治思维催化剂就是监督，而且必须是长牙齿的监督，是有严格保障措施的监督。要综合运用党内监督、立法监督、司法监督、行政机关、检察监督、监察监督、审计监督以及社会舆论监督，将各种监督力量整合起来，督促各级干部提升法治思维。

法治兴则国兴，法治强则国强。在全面推进乡村振兴、加快农业农村现代化的新征程上，只有农业农村领导干部重视法治、厉行法治，才能在思想行动上坚持法治的引领、推动、规范和保障，不断把制度优势转化为治理效能，从而更好发挥法治固根本、稳预期、利长远的重要作用。

作者单位：农业农村部法规司
农业农村部管理干部学院农业农村法治研究中心

深入学习贯彻党的二十大精神
为农业强国建设夯实法治根基

王乐君

党的二十大报告首次单独把法治建设作为专章论述，强调"在法治轨道上全面建设社会主义现代化国家"、"全面推进国家各方面工作法治化"，凸显了法治建设事关根本的战略地位、服务保障大局的战略任务。习近平总书记指出，法治兴则国兴，法治强则国强。农业强国建设面临诸多新的法律关系和不同利益诉求，迫切需要靠法治来破难题、开新局、聚合力，推进法治高质量发展，加快提升治理能力，实现良法善治。

一、十年农业农村法治建设的重要进展

党的十八大以来，农业农村部门深入学习贯彻习近平法治思想和习近平总书记关于"三农"工作的重要论述，认真落实党中央、国务院决策部署，农业农村法治建设取得全面重要突破性进展，为"三农"工作稳中向好提供了有力支撑。

一是健全了农业农村法律规范体系，"三农"重要领域和主要行业实现了有法可依。十年来，新制修订农业农村法律20件、行政法规20件、部门规章83件、农业农村部行政规范性文件126件。2021年6月1日颁布实施的《中华人民共和国乡村振兴促进法》，是"三农"领域的一部基础性、综合性法律，与党中央一号文件、乡村振兴战略规划、《中国共产党农村工作条例》，构建了实施乡村振兴战略的"四梁八柱"。目前，农业农村领域现行有效的法律24件、行政法规28件、部门规章146件、地方性法规规章600多件，农业领域90%的工作都有法可依。

二是组建了一支10万人的农业综合执法队伍，成为基层农业农村部门抓"三农"工作的重要力量。农业执法行业多、任务重，但过去执法分散、多头执法、执法效果差的问题多年没有很好解决。党的十九届三中全会专门对农业等五大系统的综合执法改革作出部署，经过不懈努力，终于在农业农村系统组建

起一支覆盖农业各行业、20多项领域、涉及250多项执法任务的综合执法队伍，编制总人数超过10万人，并实现统一执法着装。各地执法机构加强练兵比武和办案能力建设，聚焦种业知识产权保护、农资质量、农产品质量安全、动植物检疫、长江禁渔等重点领域，加大执法力度，及时调处农民纠纷，年均查办案件10万余件，挽回经济损失4亿多元，为守护粮食安全底线，推进"三农"重大任务提供有力法治保障。

三是创新了农村普法的路径抓手，尊法学法守法用法的乡村法治氛围逐步形成。深入贯彻实施五年普法规划，全面落实"谁执法谁普法"责任制，推动普法工作与立法执法相结合、与依法治理相结合，不断增强干部群众法治思维和法治意识。着眼畅通农村普法"最后一公里"，从构建普法长效机制、搭建普法平台抓手入手，培育农村学法用法示范户23.1万多户，建设各类农村法治教育基地4.9万个。打造"宪法进农村"、农民丰收节普法等品牌活动，举办法治讲堂、田间课堂，开展送法下乡、直播带"法"等，推动法律走进农村千家万户。

四是推进了农业管理方式的法治化转型，农业农村领域依法治理能力水平明显提升。大力实施部门权责清单、负面清单、行政许可清单、执法事项指导目录等清单式管理方式，权力行使边界逐步清晰。加大规范性文件合法性审查力度，推进重大决策社会稳定风险评估，从源头上防止违法行为发生，行政复议纠错率保持在10%以下且呈逐年下降趋势。深化"放管服"改革，部本级精简许可事项超过一半，中介服务事项由50项压减到10项，80%的证明事项实行告知承诺制，省一级平均精简许可事项近40%、压缩审批时限超过60%，大大优化提升了政府审批服务。

二、农业强国建设的法治保障

农业强，法治必须强，建设农业强国，必然要实现农业农村良法善治。农业农村法治建设，既是农业强国建设的重要内容，又要为农业强国建设提供良好的法律制度支持和有效的法治保障。

一是为加快建设农业强国提供法律制度支持。建设农业强国要实现供给保障强、科技装备强、经营体系强、产业韧性强、竞争能力强，这些方面都离不开法治的有力保障。农业农村发展既要靠科技、靠投入，也要靠政策法规。习近平总书记指出，我国社会主义法治凝聚着我们党治国理政的理论成果和实践经验，是制度之治最基本最稳定最可靠的保障。通过完善立法，进一步稳定巩固农村土地承包经营制度，加快构建土地、投入、科技等要素保障机制，确立农业新型经营主体法律地位，这都是农业强国建设过程不可替代的法治优势。党的二十大强调要全方位夯实粮食安全根基，全方位也包括发挥法治的作用，通过健全"地、技、利、义"法律制度措施，筑牢管控种植用途、守住耕地底线、强化种业监管的法治基石。加强法治也是世界农业强国建设的普遍做法，美国、日本、法国、德国等农业强国都非常重视农业立法，形成了数量庞大、系统完备、覆盖全面的农业法律法规体系，支持保护力度大，法律措施具体，执行操作性强，这些国家农业基本法每5年修改一次，成为建设农业强国坚实的法治基础。

二是为加快建设农业强国构建科技创新法治引擎。 习近平总书记在中央农村工作会议上强调，要依靠科技和改革双轮驱动加快建设农业强国。科技与法治正在深度融合，科技发展为法治发展注入动力，法治建设促进科技创新。法治在激发创新活力、完善科技体制机制、保护创新成果等方面都承担着重要作用。《中华人民共和国种子法》、《中华人民共和国畜牧法》、《中华人民共和国科技成果转化法》、《中华人民共和国农业技术推广法》、《中华人民共和国农业机械化促进法》等，为种质资源保护、种业科技创新、成果转化应用、知识产权保护、农机装备现代化提供了充分的法律支持。专家和种业企业普遍认为，法律制度是种业科研攻关和企业做大做强的根本。2000年出台的《中华人民共和国种子法》建立政企、事企分开制度和育繁推一体化机制后，涌现出一批敢投入的科研企业。2015年和2021年修改《中华人民共和国种子法》时加大了植物新品种保护力度，建立实质性派生品种制度，进一步保护和激励种业创新。

三是为加快建设农业强国激活要素改革法律权能。 改革是党领导"三农"工作的重要法宝。过去，农村改革主要靠"摸着石头过河"的办法，先行先试，成熟后再上升为法律，法治的作用主要是确认和固化改革成果。但随着改革不断深化，涉及利益关系更加复杂，影响因素更加多样，改革的难度和风险也在增大，这就要通过法治平衡利益、调节关系的功能，发挥法治引领改革、推进改革的作用，实现改革决策与立法决策相衔接。随着农村改革进入深水区，要坚决守住法律的底线，农村改革无论怎么改，都不能把农村集体土地所有制改垮了，把耕地改少了，把粮食生产能力改弱了，把农民利益损害了。新征程深化农村改革，要夯实激活资源要素、保障和实现农民集体成员权利的法律制度基础，在法治轨道上细化搞活农村土地承包经营权权能，搞好农村集体资源资产的权利分置，确保广大农民群众分享更多改革成果。

四是为加快建设农业强国打造高标准法治营商环境。 法治是最好的营商环境，稳投资、增活力，必须发挥法治稳预期、固根本、利长远的作用。市场经济是不同主体依据价值规律、供求规律按照一定的竞争规则对各种要素、各类资源进行优化配置，追求效率和效益最大化的行为，需要法律划底线，建立预期，有效保护投资；倡导的、允许的、禁止的，都需要法律规定得清清楚楚，才能建立起公平竞争的规则。无论是吸引工商资本投向农业，培育新型经营主体，还是调动农业农业生产积极性，都需要在法治框架下处理好农民与土地的关系，平衡好工商资本与农民收益。政府的权力边界就是法律法规，深化"放管服"改革就是为市场主体"改良土壤"，近年来不断深化"放管服"改革，进一步厘清政府和市场、政府和社会的关系，不断健全公平竞争和公正监管规则，大大激发了各类市场主体活力。近年来农业系统大力推进"放管服"改革，加快了农业农村部门管理方式的转变，在更好发挥市场在配置资源的决定性作用与更好发挥政府作用方面取得明显成效，必将为激发农村市场主体活力，畅通城乡经济循环，加快构建农业新发展格局贡献法治力量。

五是为加快建设农业强国培育乡村和美法治风尚。 建设农业强国离不开和谐稳定的农村社会环境。宜居宜业、乡风文明、塑形与铸魂协同，是乡村"和美"的集中体现，有赖于法治的引领和保障，这也是农业强国的应有之义。乡村"和美"是农村法治的价值追求，农耕文化是中华法治文化的重要渊源，农耕文明是农村法治的重要内容。法律是成文的道德，道德是内心的法律，村规民约等法治方式已成为农民生产生活不可或缺的内容，推进农村法治，引导农民办事依法、遇事找法、解决问题用法、化解矛盾靠法，营造良好法治风尚，既为"和美"乡村建设铸魂，又为乡风文明建设凝聚力量。另一方面，建设宜居宜业和美乡村，要不断提升乡村治理能力，而法治不仅是构建和维护乡村社会秩序的基本手段，也是提升基层治理能力的支撑力量。传统乡村治理模式中的自治章程、乡规民约与现代社会治理模式中的法治理念相辅相成，因此，在乡村治理中要善于运用法治思维和法治方式，提高规范化、制度化、法治化水平，在农村广泛开展法治宣传教育，使尊法学法守法用法在乡村蔚然成风，让法治信仰在群众中落地生根，推动乡村治理走上法治轨道。

三、农业强国建设的法治举措

党的二十大对全面建成社会主义现代化强国两步走战略安排和未来5年的战略任务举措做了部署，到2035年要基本实现农业现代化，农村基本具备现代生活条件，到21世纪中叶建成农业强国。法与时转则治，推进农业农村法治建设，要把握好习近平新时代中国特色社会主义思想的世界观、方法论和贯穿其中的立场观点方法，适应农业强国建设不同阶段的发展要求，坚持统筹谋划好法治规划计划，同时又要不断创新法治思路方法，推进农业农村法治建设不断取得新进展。

（一）强化系统观念，统筹谋划农业强国建设法治体系

贯彻落实法治建设"一规划两纲要"和我部实施意见，实施好立法规划和年度计划、普法规划、执法能力提升行动和重要领域执法监管年活动，加快构建完备的"三农"法律规范体系、高效的法律实施体系、严密的法治监督体系、有力的法治保障体系，推动立法向管用好用转变、执法向强能力转变、普法向重农民用法转变、行政审批向优服务转变。在法治工作推进路径上，要坚持长短结合，既做好法治体系建设的顶层设计，又要细化实化年度法治重点任务，

明确进度安排；要坚持上下结合，加强队伍建设，形成全国一盘棋格局；要坚持立改结合，做好立改废释工作，促进良法善治；要坚持守创结合，牢牢守住法律底线，同时又因地制宜创新执法手段方式，提升依法治理水平。

（二）坚持人民至上，牢牢把握农业强国建设的法治方向

坚持立法为民、执法护民、普法惠民、审批利民，及时回应社会发展形势变化，积极反映群众诉求期待。推进科学立法、民主立法、依法立法，充分征求和反映农民群众和新型农业经营主体意见，推动农业农村法律"长牙齿"，不断增强法律的针对性、有效性、协同性，让每项立法都实用、管用、好用。做到执法有据、执法有序、执法有度、执法有情，严厉打击坑农害农行为，及时调处化解涉农矛盾纠纷，有效维护农民群众利益，让农民群众在每一项法律制度、每一个执法决定、每一宗案件办理中都感受到公平正义，不断增进农民群众的法治获得感。

（三）突出问题导向，抓紧抓实法治建设工作重点

一是**强化重点立法**。加快制定《中华人民共和国粮食安全保障法》、《中华人民共和国耕地保护法》、《中华人民共和国农村集体经济组织法》，补齐粮食安全保障的短板、耕地质量保护的弱项和主体立法的空白，推动修改农业法，加快完善转基因产业化应用法规制度，完善相关配套法规规章。二是**加快提升执法能力**。深入实施培训考试大纲，培养选拔一批办案能手，建立重要执法领域法律专家顾问和办案专家组制度；强化队伍管理，推进执法装备保障和信息化建设；强化作用发挥，紧盯"三农"重点领域、重大专项、重要时点，加大执法力度。三是**推动普法向农村延伸**。落实普法责任制，打造好宪法进农村、农民丰收节普法等品牌活动。健全审批事项清单动态管理制度，深化"三减一优"改革，推进行政审批标准化规范化便利化。

（四）健全抓手机制，推进农业农村法治高质量发展

一是**构建立法交流机制**。建立基层立法联系点，运用好区域协同立法、授权立法、试验区立法等方式，指导地方开展"小切口"特色立法，"小快灵"解决急难问题。二是**创新执法机制**。深化执法示范窗口创建，常态化开展练兵比武、交叉互评、案例发布，建立执法合作机制和区域协调指挥中心，完善举报奖励制度。三是**畅通农村普法"最后一公里"**。加快农村学法用法示范户培育和农村法治教育基地建设，健全基层执法人员与示范户"结对子"机制，实现示范户"十四五"末行政村全覆盖。

作者单位：农业农村部法规司

关于完善耕地保护法律制度
保障国家粮食安全的研究报告

冯汉坤　韩文博　衡爱珠

　　耕地是保障国家粮食安全和重要农产品有效供给最为重要的物质基础，是我国实现第二个百年奋斗目标和永续健康发展的有力支撑。党的十八大以来，习近平总书记多次就耕地保护做出重要论述，指出"耕地是我国最宝贵的资源"、"像保护大熊猫一样保护耕地"、"18亿亩耕地必须实至名归，不能画饼充饥"。党的二十大报告指出：全方位夯实粮食安全根基，牢牢守住十八亿亩耕地红线，确保中国人的饭碗牢牢端在自己手中。强化耕地保护、确保国家粮食安全，必须充分发挥法治固根本、稳预期、利长远的重要作用，完善法律制度，落实"长牙齿"的硬措施，守护好耕地这个粮食生产的命根子。

一、我国耕地保护的现状

　　党和国家高度重视耕地保护。党的十八大以来，在党中央、国务院坚强领导下，各级党委政府和相关部门严格落实耕地保护制度，推出了一系列着力提升节约集约用地水平、遏制耕地数量质量下滑的制度措施。第三次全国国土调查的结果表明，我国实现了2020年耕地保有量18.65亿亩的目标，耕地保护工作取得了积极成效，为保障粮食安全提供了重要基础。我国粮食产量连续7年保持在6.5亿吨以上，粮食生产喜获十八连丰。但也要看到，进入新时代新征程，目前耕地保护的形势依然严峻。**耕地数量不容乐观**。从规模上看，我国耕地数量呈持续下降趋势，1996—2008年，年均净减少超过1000万亩；2009—2019年，年均净减少超过1100万亩，10年间减少耕地1.13亿亩。截至2019年年底，中国耕地总面积约19.18亿亩，人均耕地面积只有1.36亩，不足世界平均水平的40%。**耕地质量总体不高**。我国耕地资源空间分布不均衡，46%的耕地分布在山地、丘陵地区，地块零散、破碎、贫瘠，平原地区的耕地开发利用强度高，局部退化严重。2019年全国耕地质量公报显示，在耕地质量由高到低划分的1～10等中，平均等级4.76等，中低等级占比接近七成。近年来东北黑土地退化、南方耕地酸化、北方耕地盐碱化等问题日益突出。**耕地后备资源不足。** 20世纪90年代以来，我国经济快速发展带来了城镇快速扩张，占用大量耕地资源，同时农业比较收益低，调整农业结构造成耕地"非粮化"、"非农化"问题日益突出，且主要占用的是生产力高的优质耕地，导致耕地资源流失，后续占优补优难以实现。受制于生态保护，全国可垦后备耕地资源仅3700多万亩，数量严重不足，且分布不均，主要集中在中西部地区，开发利用成本较高，现存25度以上坡耕地以及分布在河道、湖区高水位线下等不稳定利用耕地还需要逐步退出。

耕地是我国最为宝贵的资源。当前极端灾害风险与国内经济下行压力碰头，农产品需求刚性增长与资源环境矛盾加剧，全面推进乡村振兴由谋篇布局进入具体施工阶段，保障国家粮食安全、保护好耕地资源的极端重要性进一步凸显。**这是确保国家粮食安全的需要。** 一方面，我国粮食紧平衡的格局短期难以改变。我国人多地少，耕地资源稀缺。据近十年统计，我国粮食消费需求每年还在以3.8%的速度增长，每年粮食增长对土地面积和粮食播种面积需求压力很大。另一方面，结构性矛盾不断凸显。我国大豆、食用植物油和蛋白饲料的短缺，实质上是耕地短缺，如果拿出5亿～8亿亩耕地种大豆，虽然可以解决油料和饲料短缺问题，但会严重影响口粮安全。因此，18亿亩的耕地红线决不能突破，17.6亿亩的粮食播种面积不能再减少，必须加强耕地保护，筑牢粮食安全的底线，以国内稳产保供的确定性应对外部环境的不确定性。**这是人民对美好生活向往的需要。** 民以食为天，随着经济社会发展，人民美好生活需要日益广泛，对物质文化生活提出了更高要求，不仅要吃得饱，更要吃得好、吃得安心、吃得丰富。根据2019年发布的《中国的粮食安全白皮书》，我国居民膳食品种丰富多样，油料、猪牛羊肉、水产品、牛奶、蔬菜和水果的人均占有量大幅提高，2018年比1996年分别增长了35.7%、55%、72.5%、333.3%、104.2%和176.5%。因此，需要扩大粮食、蔬菜和油料播种面积，同样需要增加耕地供给，提升耕地质量，提高耕地产出。**这是农民增收、实现共同富裕的需要。** 耕地特别是承包地，既是重要的农业生产资料，又是农民重要的生活保障条件，在保障农业生产发展、生产经营主体就业和生活保障、抵御自然风险和市场风险等方面发挥了重要作用。在相当长的时间内，依托耕地的农民家庭经营收入依然是农民增收和农村共同富裕的重要来源，保护耕地资源就是促进和保护农民增收，就是支撑农民农村共同富裕。

二、耕地保护法律制度现状及存在的不足

十分珍惜、合理利用土地和切实保护耕地是我国的基本国策。2004年来连续多个中央一号文件都对耕地保护和质量提升、节约用地、农田水利建设等事项作出安排。特别是党的十八大以来，习近平总书记对保护耕地多次作出重要指示批示，党中央、国务院就保护耕地红线、改进占补平衡、建设高标准农田、

稳定粮食生产提出新举措新要求。2021年、2022年中央一号文件对落实"长牙齿"的耕地保护硬措施作出部署要求。围绕耕地非农化、非粮化、大棚房等问题，国务院先后印发《关于坚决制止耕地"非农化"行为的通知》、《关于防止耕地"非粮化"稳定粮食生产的意见》、《关于严格耕地用途管制有关问题的通知》，有关部门密集出台政策、制定应对措施。

在法律制度方面，20世纪80年代以来，党和国家围绕土地管理、农村土地承包经营、基本农田保护、耕地占用税征收等出台了一系列法律制度，严格保护耕地是贯穿其中的一条主线。特别是党的十八大以来，耕地保护立法进入"快车道"，以新修订的土地管理法及实施条例、黑土地保护法为标志，落实中共中央、国务院关于加强耕地保护、改进占补平衡、制止耕地"非农化"、防止耕地"非粮化"等决策部署的法律制度体系逐步构建。

一是永久基本农田保护和耕地用途管制制度。明确国家对耕地实行特殊保护，严格耕地保护红线。规定相关规划要划定落实永久基本农田、生态保护红线和城镇开发边界，列举了应当划为永久基本农田的耕地类型。明确耕地利用优先序，严格控制耕地转为林地、草地、园地等其他农用地。

二是耕地占补平衡制度。明确了占补平衡责任，主体是县级人民政府、农村集体经济组织和建设单位，基本要求是数量和质量相当。明确耕地验收及信息管理制度，占用耕地补充情况应当向社会公布。按照相关规划统筹布局生态、农业、城镇等功能空间，制定土地整理方案，促进耕地保护和土地集约节约利用。

三是耕地质量提升和保护制度。土地管理法及实施条例明确了改造中低产田、建设高标准农田、防止破坏耕地耕作层、确保耕地质量不降低等要求，乡村振兴促进法、黑土地保护法等进一步就严格农用地分类管理，实行耕地养护、修复、休耕制度，严禁违法占用耕地建房，实行黑土地特别保护等作出规定。

四是耕地保护激励约束制度。规定建立耕地保护补偿制度，按照"谁保护、谁受益"的原则，加强对耕地保护责任主体的补偿激励；规定土地整理新增耕地，可以用作建设占用耕地的补充。规定国务院对省级人民政府耕地保护责任目标落实情况进行考核。明确了对违法占用永久基本农田发展林果业和挖塘养鱼等的法律责任。

与此同时，与新时代加强耕地保护、全方位夯实粮食安全根基的要求相比，耕地法律制度建设仍有一定差距，在法治轨道上提升耕地治理体系和治理能力现代化水平任重道远。首先，目前耕地保护方面的立法多散见于不同层级、不同领域的法律法规中，体系性不强，缺少一部专门的耕地保护法。特别是近两年，中共中央、国务院有关耕地保护和粮食安全的新要求新举措，亟需上升到立法层面，提升依法治理的水平。其次，部分法律规定较为原则，缺少具体明确的硬性指标和落实不力的法律后果，存在失之于宽、失之于软的问题。相关部门在耕地保护监管方面的职责划分还不够明确，导致地方在监管执法时缺乏适用标准和具体依据，存在推诿扯皮，影响监管执法效果。最后，耕地保护责任承担方面刚性不足、约束不强，该重的不重，该严的不严，该硬的不硬，缺少对地方党委、政府、有关部门耕地保护监管不力的问责具体措施，及经营主体不履行耕地保护义务的处罚措施。对近年来工商资本下乡大规模流转耕地改变农业用途、种植非粮作物、擅自撂荒、破坏耕地等违法违规行为缺乏有力度的惩戒措施。

三、思考和建议

良法是善治的前提。贯彻党的二十大报告中"全方位夯实粮食安全根基，牢牢守住十八亿亩耕地红线"的要求，落实好"藏粮于地"战略，要坚持问题导向，既立足当前，运用法治思维和法治方式解决耕地保护面临的深层次问题，又着眼长远，筑法治之基、行法治之力、积法治之势，为耕地保护提供长期法律制度保障。要进一步加快耕地保护立法步伐，提升法律制度的针对性、有效性与整体性、协同性，以严密的制度、严格的标准、严厉的责任，落实"长牙齿"的硬措施，把农地农用、良田粮用落到实处，确保把中国人的饭碗牢牢端在自己手上。

一是在法律中明确耕地保护和粮食安全党政同责。牢牢守住耕地红线、确保国家粮食安全是政治责任。习近平总书记强调，"要压实各级地方党委和政府耕地保护责任，实行党政同责"。各级地方党委和政府必须从对历史和人民负责任的高度，扛牢耕地保护重任，做到守土有责、守土负责、守土尽责。粮食安全是"国之大者"，要在粮食安全责任制考核法律规定中，健全完善耕地保护责任目标考核制度，对本地区耕地保有量、永久基本农田保护面积目标任务完成情况实行刚性指标考核、一票否决、终身追责制度。要健全约谈通报制度，对履行耕地保护职责不到位、群众反映强烈的地方，上级政府和部门可以对地方人民政府及有关部门主要负责人进行约谈，要采取果断措施并及时整改。对破坏耕地的典型案例及时公开通报、严肃查处，做到发现一起、查处一起、警示一片。

二是完善耕地种植用途管控法律制度。习近平总书记多次强调，"农田就是农田，而且必须是良田"、"农田就是农田，只能用来发展种植业特别是粮食生产，要落实最严格的耕地保护制度，加强用途管制"。实施耕地种植用途管控，在保护土地承包自主经营权和农民合法权益的同时，将生产经营主体的具体种植和经营行为纳入监管，有利于遏制耕地"非粮化"、"非农化"，保障国家粮食安全。要严格落实耕地利用优先序，分类明确耕地种植用途，耕地应当主要用于粮食和棉花、油料、糖料、蔬菜等农产品和饲草饲料生产，永久基本农田重点用于粮食生产，高标准农田原则上应当用于粮食生产。对依法确定的特殊地区的高标准农田可以部分用于种植棉花、糖料蔗。大中城市郊区的高标准农田可以部分用于蔬菜生产和发展设施农业。要落实耕地"占补平衡"，严格控制耕地转为建设用地，确保补充可长期稳定利用的耕地，坚决防止占多补少、占优补劣的现象。要落实耕地"进出平衡"，强化耕地转为林地、草地、园地等其他农用地及农业设施用地的用途管制。

三是推动耕地保护田长制上升为法律规定。近年来，一些地方为加强耕地保护，借鉴河湖长制经验，结合本地实际探索建立田长制，实行全覆盖的耕地保护网格化监管，极大地增强了各级领导干部和广大群众保护耕地的责任意识，这是保护耕地的一项制度创新。要深入总结基层这些经验做法，条件成熟后以法律法规的形式固定下来，在全国范围内复制推广，强化田长在耕地保护和遏制非粮化中的责任，构建省、市、区、镇（乡）、村五级田长制责任体系，进一步健全田长制工作机制，完善耕地保护基层治理体系，实现主体完整，责任下沉。

四是用法治压实生产经营者的主体责任。没有无义务的权利，农业生产经营主体在享受附着于土地上的具体权利时，同样要承受对权利的限制，承担起保护耕地的社会义务。要划定生产经营活动的"禁区"和"红线"，按照违法行为严重程度设定相应法律责任，优化粮食补贴制度，健全补贴发放调整机制，对弃耕抛荒一定年限的耕地和改变用途的耕地，不再发放补贴。要强化合同约束，严格按照承包经营合同和流转合同约定的用途从事农业生产经营，不得用于非农建设，不得擅自改变土地农业用途，不得弃耕抛荒，与合同约定不一致的，发包方和承包方有权及时解除合同。要建立严格的工商企业等社会资本通过流转取得土地经营权的资格审查、项目审核和风险防范制度，对于不符合要求的，不得租赁耕地，涉嫌"非粮化"、"非农化"的，综合运用建立信用档案、纳入黑名单、行政拘留、从业禁止等方式加强约束惩戒。

五是强化法律协同配套确保制度落实落地。法律的生命力在于实施。要明确农村集体经济组织和村委会的监管报告义务，对生产经营主体破坏耕地、违反种植用途管控的行为及时制止并向有关部门报告。各地农业农村部门要建立分片巡查、包干负责的耕地保护巡查机制，建立耕地保护巡查摸排记录，分门别类处置。明确自然资源、农业农村部门在遏制耕地"非粮化"、"非农化"方面的职责，严处重处违法违规占用耕地、破坏种植条件的行为，以直接立案、联合立案、挂牌督办等方式查处问题，提高震慑力，加强行政执法与刑事司法的衔接，对涉嫌构成犯罪的耕地违法案件及时移送公安机关依法从严从重打击。要加快推进配套规章和地方立法工作，及时制定或修改完善管理办法、规划标准等配套规定，地方要重点结合本地实际细化制定配套法规规章，完善耕地保护法律制度框架，严格执行好法律制定后的各项规定，助力法律实施。加强对法律法规的宣传解读，引导农民群众增强法律意识，自觉学法守法，成为耕地保护的参与者、支持者和受益者。

作者单位：农业农村部法规司

农业综合行政执法改革研究：沿革、问题及对策

刘威　王娜　张国桥　刘天宇

1996年《中华人民共和国行政处罚法》颁布实施后，原农业部开始探索推进农业综合行政执法改革，到2018年党的十九届三中全会专门部署综合行政执法改革、明确要求组建农业等5支综合行政执法队伍，农业综合行政执法改革已经探索推进了22年。站在新的历史起点上，回顾农业综合行政执法改革发展历程，深感中共中央、国务院关于农业综合行政执法改革决策部署的历史必然性；分析农业综合行政执法改革历程以及现在甚至未来可能遭遇的困境，更加坚定了坚持农业综合行政执法改革方向的决心和信心。

一、农业综合行政执法改革的制度演进

农业综合行政执法改革并不是新生事物，其伴随着相对集中行政处罚权改革而生，随社会变迁不断发展，在不同的历史时期，面对不同的历史任务，有其特定的改革目标和举措。只有全面了解改革的制度沿革，才能更好把握当下问题，谋划前进方向。

农业综合行政执法机构改革是综合行政执法体制改革的重要内容。从发展进程来看，我国综合行政执法体制改革经历了从"相对集中行政处罚权"到"综合执法"再到"全面探索综合行政执法"3个阶段。从国务院开展试点到党的十九届三中全会全面部署，一系列变化表明综合执法已被党中央、国务院确定为行政执法体制改革的方向。农业农村领域被中央确定为推进综合执法的重点领域，充分说明农业综合执法改革得到了中央肯定，必须坚定不移推进下去，绝不能"走回头路"。在综合行政执法体制改革浪潮的引领下，农业综合行政执法改革始终遵循分领域综合执法改革原则，立足现实需要，不断整合执法队伍、培育执法力量、规范执法行为，在制度变迁上显示其行业特色，大体可以分为4个阶段。

（一）地方探索阶段（1997—1998年）

1997年，浙江省农业厅为落实省人大常委会对农业执法工作提出的整改要

求，在全国范围内率先进行农业行政执法体制改革，推行农业综合执法。一些县市先后组建了农业综合执法机构，统一行使行政处罚等执法职能。虽然浙江省改革集中的职责范围还仅限于种植业行政处罚权，但是在浙江省的带动下，江苏、湖北、湖南、福建等地农业部门也相继开展了综合执法试点工作，取得了较好的示范效应。1998年11月全国人大农业与农村委员会主任委员高德占等领导在浙江省进行农业综合执法专题调研，对这项工作给予了充分肯定，明确指出建立农业综合执法队伍，是农业执法体制上一项比较重大的改革，方向是正确的，效果是明显的，应该进一步坚持、完善和提高，建议农业部认真总结并有步骤地推广浙江省的经验和做法。

（二）全国试点阶段（1999—2006年）

浙江省开展农业行政综合执法试点工作后，全国1/3的省级农业行政部门也纷纷开启农业行政执法体制改革探索。为了进一步提升农业综合执法改革成效，原农业部从1999—2007年在全国范围内陆续开展了3次试点工作，由点到面，稳步推动农业综合执法改革进程。

第一次试点：1999年1月12日，原农业部印发《关于进一步开展农业行政综合执法试点工作的意见》，在现有试点基础上确定5省、5地市和10个县[1]为试点单位，于全国范围内启动了农业综合执法试点工作，并提出"力争用一年左右的时间，在试点地区初步建立起机构设置合理、运行有效便捷、行为规范公正的农业行政执法体系，造就一支政治合格、业务精通、作风过硬、高效廉洁的专职执法队伍，使农业行政执法工作跃上一个新台阶"。**试点内容主要包括：第一，组织建设上，**部级成立农业行政综合执法试点工作领导小组，统筹综合执法改革事宜，时任部长陈耀邦任组长，副部长万宝瑞任副组长，部有关司局领导为成员。**第二，综合范围上，**县级以上农业行政部门以管理职能为限，相对集中行使有关法律、法规、规章赋予农业行政部门的执法职能，法律、行政法规明确授权的执法职能和执法中所涉及的试验、检测、鉴定等技术性工作仍分别由被授权主体和各专业机构具体承担。**第三，机构形式上，**综合执法职能原则上由法制工作机构承担，但鉴于机构和人员编制现状，也可以采取其他形式。比如以农业行政部门内设的法制工作机构为依托，成立执法大队（支队、总队），实行两块牌子、一套人马，人员由农业行政部门内部调剂，也可以从现有专业机构符合条件的人员中选用。或者以现有某一专业机构为基础，充实执法职能，组建综合执法机构。

1　省级：浙江省农业厅、江苏省农林厅、黑龙江省农牧渔业厅、福建省农业厅、安徽省农业厅；地市级：江苏盐城市农业局、河北邯郸市农业局、四川成都市农业局、河南新乡市农业局、广西贵港市农业局；县级：湖南浏阳市农业局、湖北仙桃市农业局、江西永修县农业局、河北赵县农业局、山西运城市农业局、浙江定海区农林局、陕西礼泉县农业局、黑龙江呼兰县农业局、安徽广德县农业局、云南盈江县农业局。

第二次试点：2002年4月2日，原农业部印发《关于开展农业行政综合执法试点的工作方案》，此次试点时间为两年。相较于第一次试点，此次试点的特点是：**第一，试点范围更加广泛。**按照不同区域、不同类型，选择80个县市纳入试点范围。**第二，综合范围更加清晰。**明确农业综合执法在本级农业部门的业务范围内进行，不实行跨部门综合。**第三，综合职能更加聚焦。**综合的职能主要是有关法律、法规、规章赋予农业部门的行政处罚权，其他职能是否集中，由试点单位根据当地情况决定。此外，与第一次试点不同，规定法律法规授权有关机构承担的执法职能，仍由原机构承担，而不局限于法律、行政法规的授权。

第三次试点：为进一步贯彻《中华人民共和国农业法》、党的十六届三中、四中全会和国务院《全面推进依法行政实施纲要》精神，深入推动农业综合执法改革，2004年10月10日，原农业部印发《关于继续推进农业综合执法试点工作的意见》。相对于前两次试点，第三次试点的特点是：**第一，改革规划更加系统。**提出争取3～5年内基本建立统一、规范、高效的农业行政执法体系，形成一支素质过硬、廉洁公正、作风优良、反应快速的专职农业执法队伍。制定农业综合执法试点五年规划，明确试点目标、试点内容、试点要求和保障措施。**第二，试点范围再次扩展。**在总结前期工作基础上，决定再选择100个有一定工作基础的县，继续开展农业综合执法试点。

自1999年原农业部在全国开展农业综合执法试点工作以来，农业综合行政执法改革在整合执法力量，提高执法水平，维护农民权益，保障农业和农村经济发展等方面取得了显著成效。农业执法队伍由分散逐渐走向综合，农业部门执法地位和形象初步确立。截至2006年年底，全国30个省、175个市地、1662个县市开展了农业综合行政执法工作，农业综合执法体系框架初步形成。

（三）规范建设阶段（2007—2012年）

经过3次试点，农业综合行政执法改革从"拉队伍"发展到"建队伍"的新阶段。2007年，原农业部印发《农业综合执法规范化建设示范工作方案》，提出要开展综合执法规范化建设示范工作，从规范机构和队伍建设、执法行为、执法监督、能力建设等方面进行示范单位认定。2008年12月25日，原农业部印发《农业部关于全面加强农业执法扎实推进综合执法的意见》（农政发〔2008〕2号，简称《意见》），提出要力争三年内，在全国农业县（市、区）全部实行综合执法，实现行政处罚职能统一行使，执法人员统一管理，执法力量统一调度，执法文书统一规范，为农业执法工作的顺利开展提供有力的组织保障。为了更好地落实《意见》要求，2009年2月23日，原农业部办公厅下发《关于贯彻落实〈农业部关于全面加强农业执法扎实推进综合执法的意见〉的通知》（农办政〔2009〕6号）。经过各地农业部门的努力，到2011年年底，全国99%农业县

（市、区）开展了农业综合执法，三年目标如期完成。

（四）整合统一阶段（2013年以来）

党的十八届三中全会、四中全会和十九届三中全会的召开将综合执法改革推向了一个新的高度。既突破了相对集中行政处罚权的桎梏，同时又明确了分类综合行政执法改革的基本原则。2018年11月，中共中央办公厅、国务院办公厅印发《关于深化农业综合行政执法改革的指导意见》，部署启动新时期农业综合行政执法改革。指导意见明确了农业综合行政执法队伍建设的总体目标，即通过深化改革组建一支政治信念坚定、业务技能娴熟、执法行为规范、人民群众满意的农业综合行政执法队伍，实现农业执法机构规范设置、执法职能集中行使、执法人员严格管理、执法条件充分保障；明确了农业综合执法行政执法队伍的组建方式，即按照一个部门原则上一支执法队伍的要求，将原分散在农业农村部门内设机构和所属单位的行政执法职能剥离，按照编随事走、人随编走原则有序整合农业综合行政执法队伍，由其集中行使，以农业农村部门名义对外执法；明确了农业综合行政执法机构的职责定位，即集中承担行政处罚以及与行政处罚有关的行政强制、行政检查职能（通常所说的违法案件查处职责）；明确了农业综合执法队伍与行业管理机构的关系，即将原农业农村部门内设行业处（科、股）及所属种子站、土肥站、农技中心、畜牧兽医站、农机站、动监所、渔政站、植保站等各个行业站所承担的违法案件查处职能全部剥离，集中交由农业综合执法机构行使，不影响上述行业机构（站所）依法或受农业农村部门委托继续承担技术推广、行政许可、行业管理等工作。为进一步推动农业综合行政执法改革，提升执法能力，规范执法行为，农业农村部先后印发了《全国农业综合行政执法基本装备配备指导标准》、《关于开展全国农业综合行政执法示范创建活动的意见》等文件。

总体来看，从2013年开始，随着改革的推进，在各地实践中，农业综合执法的领域已由最初的种子、农药、肥料等农资监管领域逐步延伸到农产品质量安全、农业知识产权保护、农业资源环境保护等领域，综合的职能也从行政处罚拓展至与行政处罚相关的行政检查、行政强制等。深化农业综合行政执法改革、组建农业综合行政执法队伍，由过去农业系统内部的试点探索，变成党中央、国务院的重大决策部署，农业综合行政执法队伍成为党的十九届三中全会直接部署的五大综合行政执法队伍之一。农业综合行政执法队伍的地位、定位和作用更加明晰，权责明晰、上下贯通、指挥顺畅、保障有力的农业综合行政执法体系正在形成。但受主客观因素影响，一些地方对改革和执法队伍建设重视不够，一些地方执法人员到位率较低，执法队伍条件保障和能力素质亟待提高。

二、农业综合行政执法改革的必然性

推进农业综合行政执法改革不仅是落实党中央、国务院决策部署，同时也是推进政府治理体系和治理能力现代化的重要举措，具有历史必然性。

（一）弥补传统分散赋权执法体制不足

党的十一届三中全会召开以来，我国法治建设工作全面恢复并迅速发展，制定了大量法律、行政法规和规章。然而，行政执法体制落后直接影响了法治建设成效的发挥。一是专门行政执法主体缺失，兼职执法甚至执法空白现象泛滥；二是执法力量弱小，缺乏专业执法机构，执法保障不够；三是执法规范化建设不足，执法程序混乱，执法方式落后，突击检查、运动式执法成为主流。为解决这一问题，政府和社会各界开始认识到组建专门执法机构、配备职业执法人员、规范日常执法活动的必要性和紧迫性，逐渐形成了"出台一部法律、设立一支队伍、建立一套系统"的分散赋权执法模式。这种矫枉过正式的执法改革虽然在一定程度上强化了执法力量，但是其先天缺陷却为执法活动带来了新的困扰。**在执法权配置上**，纵向过于向上级机构集中，横向过于在平行机构中分散，导致执法分散、交叉、重叠、重复等问题日益突出。**此外**，行政机关往往集行政管理的决策、执行、监督等职权于一身，"自己做自己的法官"，造成实践中暴力执法、利益执法、随意执法、选择性执法等现象屡禁不止。在这种大背景下，农业部门也存在执法队伍设置分散、执法职权配置不均衡、执法力量薄弱、执法兼职化等问题，不敢执法、不会执法的现象较为普遍。农业综合行政执法改革蕴含着制度体系的重构、治理方式的更新以及价值观念的表达，是对传统分散赋权执法模式的反思和补救，适应新时代农业农村领域发展的新要求。

（二）提高行政执法效能的根本要求

落实依法行政原则要求行政机关开展行政管理活动要积极履行法定职责，提高办事效率，提供优质服务。党的十八届四中全会明确提出，应该在深化行政执法体制改革中遵循"减少层次、整合队伍、提高效率的原则"，从而实现合理配置执法权的目的。执法效率是衡量行政执法改革成效的重要标准。随着大部制改革完成和乡村振兴战略的实施，"三农"工作重心已历史性转向全面推进乡村振兴。执法内容也从种子、农药、化肥等技术性、常规性、部门性执法拓展为包含长江禁渔、转基因监管、品种权保护等在内的专业性、系统性、协作性执法。

在新时期，农业行政执法涉及领域广、链条长、对象多，法律规范量大面广。为了更好地履职尽责，必须建立一套高效的执法体制，提高执法效率。农业综合行政执法改革顺应了这一时代要求。改革减少了执法队伍和执法层级，避免了多头执法、多层执法、执法推诿、执法争抢、执法扰民等现象。建立了权责明确、行为规范、监督有效、保障有力的行政执法体制，形成了"大职能、宽领域、少机构"的新型执法模式。这对于提高执法效率，保障执法效能具有积极意义。

（三）遵循执法权运行客观规律

根据基本公法原理，国家权力通常划分为立法权、执法权、司法权等类型。执法权是独立存在的重要权力类型之一，这是因为执法权运行有其自身的独特规律。一是独立性。分权制衡是防止权力滥用的有效手段。而执法权是实现行政机关行政管理目的的重要权力，对个人和组织的权利义务会产生直接影响。要防止执法权滥用，除了做好外部分权，还要做好内部分权。执法权的实施必须和决策权、监督权的实施适当相分离，以避免陷入自我监督的逻辑悖论。二是专门性。执法权实施是将抽象的法律规定运用到具体事实的过程，是法律性和专业性的结合。这要求执法者既要熟悉法律，还要了解具体事件所在领域的专业背景。因此，执法权的实施必须要由一支熟悉法律和专业知识的专门队伍来完成。三是统一性。执法权是一种具有处分性、强制性和扩张性的国家权力，执法权的实施必须统一，否则就会出现多头执法、重复执法、执法扰民的现象，给社会带来负面影响。农业综合行政执法改革的实质是由专门的执法机构和人员，统一实施执法权，从而保障执法的规范性和公正性。总体来看，农业综合行政执法改革遵循了执法权实施客观规律的要求，实现了农业行政执法权独立、专门、统一的行使。

（四）顺应综合执法改革基本方向

随着综合执法改革的深入推进，分领域推行综合执法改革成为党中央、国务院重要的探索方向。2002年10月11日，中央编办《关于清理整顿行政执法队伍实行综合行政执法试点工作的意见》提出在城市管理、文化市场管理、资源环境管理、农业管理、交通运输管理以及其他适合综合行政执法的领域，合并组建综合行政执法机构。2014年11月，《中共中央关于全面推进依法治国若干重大问题的决定》从建设法治政府的高度明确要求推进综合执法，大幅减少市县两级政府执法队伍种类，重点在农林水利等领域内推行综合执法，进一步明确了分领域综合行政执法改革模式。2018年《深化党和国家机构改革方案》再次重申，要大幅减少执法队伍种类，推动整合同一领域或相近领域执法队伍，实行综合设置，并明确要求在市场监管、生态环境保护、文化市场、交通运输、农业五大领域分别整合组建综合执法队伍。该文件作为国家机构改革的纲领性文件，奠定了综合执法改革的原则性地位。农业综合行政执法改革正是践行党中央、国务院分领域综合执法改革方针的具体体现。

三、农业综合行政执法改革的四重困境

截至目前，省、市、县三级农业综合行政执法机构实现应建尽建。从调研掌握的情况看，各地执法机构的内部设置模式、人员力量、装备保障水平等存在地区间不平衡，个别地市的农业综合执法甚至被纳入地区跨部门跨领域综合执法。农业综合行政执法的职权集中模式、职权划转标准、职权集中限度等问题，实践中各地仍有不同的表现形式，有必要从理论上对综合行政执法改革的初衷和目标进行深刻剖析。

（一）组合还是整合——执法权集中困境

根据中共中央办公厅、国务院办公厅指导意见的要求，农业综合行政执法改革的重要内容是将分散在农业农村系统内不同机构的执法权集中起来，交由一个统一的执法机构来行使。然而在执法权集中过程中到底是选择组合还是整合模式，实践中出现了不同的做法。组合是由部分组织成整体；而整合则是通过整顿、协调进行重新组合的意思。前者凸显的是组织行为和结果，而后者则强调打破原有内部结构，重新组织产生新事物，二者在价值导向和结果追求上存在本质差异。

据了解，目前全国大多数区县都按照中共中央、国务院关于改革的部署文件要求，采取"局队合一"模式成立了农业综合行政执法大队。然而部分地区在大队内部又按照种植、畜牧、渔业、农机等管理事项内设了不同的执法中队，各中队按照各自职能分工继续履职。这种简单地按照职能进行组合的方式，导致综合执法改革异化为"套娃式"形式。在综合执法机构的掩饰下，各个执法中队依然各行其是，执法人员的综合能力素质无法得到有效锻炼，执法合力也无法得到充分发挥。

（二）分立还是分工——执法权划转困境

农业综合行政执法改革需要执法机构和行业管理部门打破你中有我、我中有你的混沌局面，形成明确的职责边界。这一过程客观上需要二者进行适当分离。然而这种分离的结果是执法机构和行业管理部门间的"分立"还是"分工"，在实践中出现了不同的理解。分立强调物理隔离和实质对抗，分工则关注外在隔离下的内部合作，隔离是为了明晰权责，合作则是为了提高效率，实现最终的治理目标。

在农业农村领域推行综合行政执法改革，一方面是为了实现执法权的独立高效运转，另一方面却又引发了执法机构和行业管理机构间新的关系难题。这一难题集中表现为执法权的划转困境，具体来看：**一是职能性质认识错误。**有

些地方认为执法就是监管，执法权和监管权具有一致性。既然成立了农业综合执法机构，就应该把所有监管执法的事情都管起来。因此在转移行政处罚权时随之转移监管职责，把部分或者全部行政管理转嫁给农业综合行政执法机构，导致在新成立的农业综合执法机构内部又形成了新的执法监管不分的现象。**二是职能划转不规范**。有些地方对于如何划分综合执法机构与职能部门的职责，并未经过严格论证，带有较大随意性。有的部门往往将那些执法难的棘手管理事项"甩包袱"给综合执法机构，增加了综合执法的难度。**三是职能行使错位**。有些地方认为执法权转移后，原部门已缺乏有力抓手，也不必再履行监管职能，以执法解决管理问题，以罚代管，造成管理弱化。**四是协作机制不完善**。有些地方没有建立执法机构和行业管理部门间的协作机制，割裂了监管和执法的内在联系，导致"看得见管不着，管得着看不见"。此外，由于行业监管部门拥有专业化的技术力量，综合行政执法机构在办案过程中只能向其"求助"，而行业监管部门却不愿意提供支持，从而影响了执法活动的顺利开展。

（三）领域内还是跨领域——执法权横向集中的边界困境

执法权到底应该在领域内集中还是跨领域跨部门集中，这是综合行政执法改革首先要解决的理论问题。党的十八届四中全会提出在分领域改革的基础上，有条件的领域可以推行跨部门综合执法。据此，执法权在横向上的集中形成了两种改革思路：一是分领域综合执法改革，即在大部制改革的基础上，按照政府部门职责分工，在特定系统内集中执法权。二是跨部门综合执法改革，即超越现有的政府职责部门划分，将行政执法权全部集中在一个政府部门行使。农业综合行政执法改革属于前者。

目前，分领域综合执法改革和跨部门综合执法改革处于并行状态，这种制度的差异化在实践中造成了一些问题。以农业综合行政执法为例。纵向上，跨部门综合执法"截断"了农业综合行政执法自上而下的层级组织体系，导致农业农村部无法实现全国农业综合行政执法工作的统筹监督指导。上级农业农村部门和下级跨部门综合执法机构之间也出现任务传达不顺、责任传导不畅、上下不联动的局面，上级转办督办的农业违法案件，因部门之间衔接不顺畅等原因，导致不能及时处理。地方农业综合行政执法工作呈现各自为政的趋势。横向上，由于农业综合行政执法机构在农业农村部门内设置，和其他地区同级跨部门大综合执法局之间并没有行政隶属关系，也不存在从上至下的系统协调力量，没有组织内权威可资利用，从而增加了跨地域执法协作的沟通成本。此外，在同一区域内也存在合作困境。据了解在山东，多数县农业行政执法被拆分成检查和处罚两部分，违法案件由农业农村部门调查取证并对违法性质作出认定，然后交由综合执法部门决定是否立案处罚。违法案件的处理在两个部门来回传递，既浪费时间，又降低执法效率，也不符合法律规定要求。同时，农产品具有鲜食性、储存时间短、上市时间集中等特点，由于这些县的农业农村部门没有行政强制权，经常遇到市场主体不配合的情况，难以固定保存违法证据，致使违法行为得不到及时有效查处。此外，这种"分段式"的执法监管模式，还会导致农业农村部门在执法过程中面临着执法人员身份不适格、违法证据固定难等现实问题。

从逻辑和实践经验上来看，执法专业化程度与综合执法范围扩大之间是成反比的，执法范围越扩大，执法专业化程度只会越低。综合执法的职能范围并不是越大越好，不可以建立一个巨无霸式的全能执法机构。因此，跨领域综合行政执法改革并不是唯一正确选项，综合行政执法改革要想持续健康发展，必须立足现实，妥善处理好领域内综合执法和跨领域综合执法间的关系。

（四）条条还是块块——执法权纵向集中的层级困境

基层综合行政执法改革的实质是将执法权下放，即将县级行政主管部门执法权交由乡镇级政府机关行使。《行政处罚法》（2021）第24条第1款规定："省、自治区、直辖市根据当地实际情况，可以决定将基层管理迫切需要的县级人民政府部门的行政处罚权交由能够有效承接的乡镇人民政府、街道办事处行使，并定期组织评估。决定应当公布。"这是推行基层综合行政执法改革的明确法律依据[1]。

政府作为社会公共事务的管理机构，是一个纵横交错的组织系统，在组织机构上表现出纵向层级化和横向部门化的特征。通过层级化把整个行政区域切成了"块块"，又通过各层级对应的部门化把"块块"切成"条条"，从而形成"条块结合"的体系。基层综合行政执法改革实质上是将执法权在块块上进行集中，而农业综合行政执法改革则是将执法权在农业农村系统内部条条上进行集中，二者间存在一定冲突和矛盾。

具体来看：一是**执法权配置冲突**。农业综合行政执法改革强调在农业农村领域内纵向集中行政执法权，而基层综合行政执法改革则要求将行政执法权在乡镇街道层级进行横向综合。这就出现了执法权在政府部门内和政府间的配置冲突。二是**组织关系模糊**。对于已经在基层集中的地区，县级主管部门和乡镇街道之间是业务指导和监督关系。然而这违背了我国行政组织法上"条块管辖"

1　此外，2014年11月《中共中央关于全面推进依法治国若干重大问题的决定》要求"根据不同层级政府的事权和职能，按照减少层次、整合队伍、提高效率的原则，合理配置执法力量"。中共中央办公厅、国务院办公厅印发的《关于推进基层整合审批服务执法力量的实施意见》要求："推进行政执法权限和力量向基层延伸和下沉，强化乡镇和街道的统一指挥和统筹协调职责。整合现有站所、分局执法力量和资源，组建统一的综合行政执法机构，按照有关法律规定相对集中行使行政处罚权，以乡镇和街道名义开展执法工作，并接受有关县级主管部门的业务指导和监督，逐步实现基层一支队伍管执法"。2018年1月2日中共中央、国务院印发《关于实施乡村振兴战略的意见》提出要深入推进综合行政执法改革向基层延伸。

的基本逻辑。业务指导一般发生在"条条"之间，业务监督发生在"条块"之间，而且是"块"监督"条"。这就给两种主体间组织关系的重构带来了法理上的困境，并且这种困境会深刻影响后续执法工作的开展。三是**权责不一致**。中国式治理框架一言以蔽之即"上头千条线，基层一根针"。这种"倒金字塔"型的治理模式导致基层治理压力极大。农业综合行政执法权限下放给基层政府以后，实际上并不能保证会被有效实施，"小马拉大车"的局面几乎无法避免。此外，实践中出现的"大撒把"、"甩包袱"现象，将县级主管部门不好办理、不愿办理的事项下放给基层执法部门，更是加剧了基层综合执法的困境。

四、对策分析

农业综合行政执法改革存在的四重困境实际上反映的是职能管辖和地域管辖、综合执法和行业监管、分领域综合执法和跨领域综合执法以及分领域综合执法和基层综合执法之间的关系问题，应该在明确每对关系核心问题的基础上，精准破题，寻求解决之道。

（一）树立整体政府理念，协同推进农业综合行政执法改革

农业综合行政执法改革的现实困境首先源于思想认识上的不统一，本位主义是造成这种不统一的最大原因。整体性治理理论着力于政府系统内部机构之间的功能性整合，将横向部门结构、纵向层级结构有机联结起来，在理论上构造出一个整体性治理框架。协调和整合是整体性治理的关键词，也是整体性治理要完成的两个不同阶段的任务。协调的目的是为了解决组织外部的认识问题，消除组织间的问题和矛盾；而整合则是要求政府内部各部门能够从全局考虑，以结果为导向达成行动上的一致。因此，引入整体性治理理论和模式是解决我国行政执法碎片化、部门化问题的现实需求，对我国政府治理、行政执法体制改革和服务型政府建设都具有重要指导意义和借鉴意义。

农业综合行政执法改革涉及机构、职权、人员、经费等各方面的问题，需要农业农村系统内部各子系统主动入位，互相配合。同时，农业综合行政执法改革不是哪一家的"门前雪"，作为政府职能转变的重要组成部分，还牵涉其他诸多部门和机构。这种系统内外的复杂联系，要求改革关联各方树立整体政府理念，统一思想认识，遵循优化协同高效原则，合力下好综合行政执法改革这盘大棋。

（二）建构立体管辖模式，促进地域管辖和职能管辖有效融合

在综合行政执法改革中，如果仅进行机械的职能组合，极易陷入分散执法的窠臼，执法重复、交叉、扰民等问题无法消除。为此，农业综合行政执法改革必须恪守属地管辖原则，辅之以职能管辖，构造农业综合行政执法立体管辖

体系。实践中存在两种思路：一是**全面整合模式**。将农业综合行政执法机构所承担的农业、畜牧、渔政、农机、农产品质量安全、农村宅基地等执法职能完全整合，按照区域划分执法队伍，每个执法机构承担一个区域的所有执法职责，定期轮岗。这种改革模式的优势在于可以最大限度地实现职能整合，将职能管辖和地域管辖进行完美融合，进而提高执法效能；劣势是对执法机构和执法人员要求极高，短期内可能出现改革阵痛。因此在条件成熟地区可以作为一种改革的最终模式进行选择。二是**条块结合模式**。据了解，目前湖北省内基本形成了"省、市以条为主，县（市、区）条块结合"的高效执法模式。日常工作中，强调片区大队的兜底责任，综合协调辖区内执法工作；行业大队负责专业指导，履行主管责任。条块结合模式下既有行业大队，又有片区大队，可以让执法工作的职能管理与属地管理高度统一，在确保执法资源、职责、力量下沉到中心城区，巩固市级执法队伍中心城区主阵地的同时，又能有效保证执法工作职能部门队伍的总体稳定，提升市级职能部门的执法水平。与此类似，北京市建立了"两级四层"（总队、专业支队，大队、区域中队）执法体制架构，实施全域专业执法与区域综合执法联动，确立"市级以条（系统专业执法）为主、区级以块（区域综合执法）为主，辅以条块结合"的工作机制。条块结合模式立足于改革初期的客观现实，不失为一种过渡方案，在改革成熟时应该向全面整合模式转换。

（三）完善分工合作机制，理顺农业综合执法与行业监管的关系

按照整体性政府治理理念和机构协同原则要求，农业综合行政执法改革需要理顺综合执法与行业监管的职责关系，建立权责明晰、协助配合、信息互通的运行机制，避免因行政权分割造成监管与执法边界不清、部门间融合度不够、职能运行不畅等问题。

综合执法和行业监管是行政管理链条上紧密联系的两个环节，综合执法部门和行业监管部门之间开展协作具有正当性。**第一，行为对象上具有一致性**。无论是行业监管还是综合执法，针对的都是农业农村领域的具体事项，对象的一致性在一定程度上弥合了二者组织分离产生的隔阂。**第二，组织上具有同源性**。行业监管部门和综合执法机构最终都是以所属农业农村部门的名义实施行为，二者只有分工上的不同，没有本质上的区别。**第三，职能上具有衔接性**。综合执法机构和行业管理部门在职能上具有差异性，综合执法机构主要承担查办案件、行政强制、行政检查等事中事后监管职责，行业监管主要承担行政审批、指导、监督抽查和检查等监管职责。正因为这种差异性，也使得行业监管和综合执法在治理层面形成了有序衔接、相辅相成的关系，综合执法是"三农"工作的一个平台、抓手，可以为行业监管贡献力量，而行业监管则可以为综合执法塑造良好的执法环境，同时也可以在个案查处中提供帮助。

　　综合执法部门和行业监管部门应该基于分工合作的基本思路，科学划转执法权限，完善协作机制，合力完成农业农村部门的治理任务，"让执法的归执法，监管的归监管"，同时做到分工不分家，协作完成治理任务。具体来看：一**是要明确执法事权**。事权是政府的事务权限，是指行政组织按照相关法律法规管理行政事务的权力，或者是指某一机构或部门在公共事务和服务中应当承担的任务和职责。深化事权划分改革，是实现综合行政执法和行业监管有序合作的关键环节。要通过"权责清单"制度，进一步明确行业监管与行政执法职责边界，并逐项明确重点事项的责任部门、牵头部门、配合部门以及职责争议处置程序。二**是完善行政协助机制**。行政处罚法明确规定，行政机关因实施行政处罚的需要，可以向有关机关提出协助请求。协助事项属于被请求机关职权范围内的，应当依法予以协助。由于综合行政执法改革涉及把行政处罚权集中交由综合行政执法机关行使，但行政处罚权作为一种制裁手段，不能独立于其他监管手段而单独存在，这就需要通过行政协助机制，来弥合综合行政执法中因"碎片化"而造成的执法困境。实践中可以通过"检打联动"、"联席会议"等工作机制的设置，畅通协作渠道。三**是要借助现代信息技术，实现信息共享，降低沟通成本**。农业农村部门要主动适应数字政府时代要求，对施政理念、方式、流程、手段、工具等进行全局性、系统性升级，通过数据共享促进业务协同，提升治理体系和治理能力现代化程度。加快公共数据平台建设，实现公共数据资源的开放共享，完善综合行政执法信息共享机制，打破公共数据孤岛。地方实践通过推行"智慧型"执法的创新方式来强化行业监管和综合执法的合作关系，即通过信息技术平台的应用，加快推动监管与执法数据库对接，实现一网操作案件办理，一网查询许可信息，一网填报执法数据，减轻工作强度，提高办案精度和效率。

（四）把握核心因素，明确农业综合执法与大综合执法的边界

　　就综合执法的范围与边界而言，首先应当考虑的是多大规模的综合执法能够最有效地避免权责交叉和碎片化问题，能够最有利于保护执法相对人的合法权益，能够最有效地维护社会秩序、市场环境和政府权威，从而最大限度提高执法效能。综合执法范围过大或过小都难以实现制度改革的目标，应该聚焦以下几个方面的因素，科学合理界定综合范围。

　　第一，专业性。对于专业性较强的执法权不应该进入大综合范围，而应该在领域内综合。具体来看包括两种情形：一**是属于专属管辖事项**。对于法律、法规明确规定由某个机构专属管辖的职能不应当集中。例如，《国务院办公厅转发中央编办关于清理整顿行政执法队伍实行综合行政执法试点工作意见的通知》（国办发〔2002〕56号）明确规定"中央垂直管理的海关、国税、金融监管、出入境检验检疫等部门和涉及国家安全与需要限制人身自由的行政执法工作不列

入试点范围"。**二是依赖行业技术支撑的事项**。对于那些带有极强的行业专业性的执法权应该在领域内集中，不应该进入大综合部门。进行事实判断是执法权实施的重要内容，一部分事实判断只需要依靠执法者自备的常识和知识就可以完成，而一些专业性的事实判断，则需要专业的知识储备和技术支撑。农业综合执法中的种子、肥料、饲料、兽药、渔政等执法工作都涉及农业专业技术问题，因而不适宜进入大综合范围。

第二，关联性。集中的执法权之间应当具有一定程度的关联性。如果将没有任何联系的执法权限集中在一起，由一个行政机关去实施，执法人员难以掌握，非但无助于提高行政效率，反而会增加行政管理的难度。只有将那些具有"相关性"或"相近性"的执法权集中在一起，才比较符合提高行政执法效率的要求。新时期，农业农村部门的职责围绕全面推进乡村振兴设置和运转，将种植业、畜牧业、农机、渔业等原来分散在农业农村不同行业领域的执法职责统一于一支队伍，就是因为彼此之间紧密相关。

第三，精简和效能性。相对集中执法权的目的是解决多头执法、重复执法、执法扰民等问题。因此，集中执法权时首先应当考虑该领域是否涉及多个部门，是否存在职权交叉、执法效率低等问题。如果并不存在这些问题，进行集中的必要性不大。比如，农林牧渔作为传统农业，一直以来都由农业部门管理，在农业农村系统内集中行使相关职权可以最大限度整合执法力量，降低执法成本，实现1+1大于2的协同治理效果。同时，农业综合执法权的实施和其他领域不存在较大面积交叉，因而不需要强行集中。而对于和市场监管、自然资源等部门在极个别具体工作上的职权交叉问题，可以通过部门协商、上级协调，甚至法律解释等方式处理。

客观而言，综合行政执法体制改革不应该只停留在政府部门之间的刚性整合，而应该强化政府部门间的协调沟通。分领域综合执法改革和跨部门综合执法改革之间并不是绝对封闭的并行关系，也不是非此即彼的排斥关系，而是应该在合理综合执法权限的前提下，建构一个协调统一、运转有序的沟通机制，将两种执法模式的优势都充分发挥，从而保障稳定、有效、持续地推进行政执法改革进程。

（五）坚持最密切联系原则，处理好农业综合执法与基层综合执法的关系

根据行政管理学原理，最靠近被管理者，管理最便捷、成本最低、效率最高。因此，推动执法重心下移是提高执法效率的需要，也是执法体制改革的重点。农业综合行政执法改革和基层综合行政执法改革之间面临着执法权下放层级的平衡问题。执法权下放是遵循最密切联系原则得出的必然结果，目的是提高执法效能。

但是执法权下放并不是简单地将执法权从行业主管部门下放至基层单位，

必须遵循一些基本原则和要求：**一是遵守法定程序**。根据行政处罚法的规定，执法权下放的决定只能由省、自治区、直辖市作出。下放的执法权必须是县级人民政府部门的行政处罚权。执法权下放后必须定期组织评估。执法权下放的决定应当公布。**二是遵循适当下放原则**。执法权下放不应该是"大撒把"，将所有的处罚权都下放；也不应该是"甩包袱"，只将不好执法的事项下放，而是应该考虑当地实际情况，看基层管理是否迫切需要，乡镇人民政府、街道办事处是否能够有效承接。**三是坚持内部下放优先原则**。如果说执法权下放是一个序列化进程，那么首先应该在系统内部下放，最优考虑的层级是县级。农业综合行政执法改革在试点阶段就明确提出，要把工作重点放在县级，强化基层执法力量。当县级执法机构不适宜行使某些执法权时，才考虑向基层政府下放。这种执法权下放的次第安排不仅符合最密切联系原则，同时也符合改革的成本效益原则。因为在系统内部下放执法权，其操作成本和改革风险都在更加可控的范围内，而将执法权下放至基层单位，则存在两个系统间的权力转移问题，其执行成本更高，改革风险更不可控。

五、结语

农业综合行政执法改革起步早、成效显著，历史和实践证明，在农业农村领域内推行综合行政执法具有必然性。面对改革中的困境，要树立整体政府理念、创新立体管辖模式、完善分工合作机制、明确综合职能范围、把握最密切联系原则，妥善处理内部矛盾，积极应对外部危机，在农业农村领域内将农业综合行政执法改革平稳地向前推进。

作者单位：农业农村部管理干部学院农业农村法治研究中心
农业农村部法规司

培育农村学法用法示范户
引领乡村法治建设新风尚

许海晨　王玉娜　付鑫羽　王栃淳

党的二十大提出，全面依法治国是国家治理的一场深刻革命，关系党执政兴国，关系人民幸福安康，关系党和国家长治久安。必须更好发挥法治固根本、稳预期、利长远的保障作用，在法治轨道上全面建设社会主义现代化国家。《法治社会建设实施纲要（2020—2025年）》指出，法治社会是构筑法治国家的基础，法治社会建设是实现国家治理体系和治理能力现代化的重要组成部分。在全面推进乡村振兴、加快建设农业强国新征程中，提高乡村治理法治化水平是基础性、长期性工作，其中的重点难点是提高农民群众的法治素养，让法治观念内化于心、外化于行，生成促进乡村良法善治的内生动力和不竭源泉。深入开展农村法治宣传教育是提高农民群众法治素养、提升乡村依法治理能力水平的必然要求，在农民群众中培育学法用法示范户，是当前加强农村法治宣传教育的重要工作。通过发挥示范户的带动引领作用，让法治观念和法治方式进村入户、落地生根，努力使尊法学法守法用法蔚然成风，为建设宜居宜业和美乡村提供坚实的法治保障。

一、积极发挥法治在全面推进乡村振兴中的引领保障作用，不断加强农村法治宣传教育

法治是治国理政的基本方式，是国家治理体系和治理能力的重要依托。乡村治理是最基层的社会治理，是乡村振兴的重要方面，没有乡村治理的现代化，就没有国家治理的现代化。乡村治理法治化水平直接影响着乡村治理现代化水平，也影响着社会主义法治国家建设。习近平总书记强调，要重视乡村法治建设，健全自治、法治、德治相结合的乡村治理体系，让农村社会既充满活力又和谐有序。中共中央办公厅、国务院办公厅印发的《关于加强和改进乡村治理的指导意见》提出，"到2035年，党组织领导的自治、法治、德治相结合的乡村治理体系更加完善，乡村社会治理有效、充满活力、和谐有序"。构建自治、法治、德治相结合的乡村治理体系，法治是前提、是基础。只有更好发挥法治的规范、引领、推动和保障作用，才能不断提升新时代乡村治理法治化水平，推进乡村治理体系和治理能力现代化。

（一）法治是全面推进乡村振兴的根本保障

党的二十大提出，要加快建设农业强国，扎实推动乡村产业、人才、文化、生态、组织振兴。在全面推进乡村振兴的全过程和各方面，法治的保障作用都十分重要，乡村各方面有效治理都需要法治进行规范化约束。经济建设需要通过法律制度的确立和实施来维护基本秩序；政治建设的前提是提高基层干部依法办事能力和水平，实现真正的民主法治，确保任何组织和个人不得有超越宪法和法律的特权；社会建设的法治化体现在构建制度体系、推动依法行政、夯实基层治理、培育法治精神等方面。法治治理有效，社会治安和道德风气良好，人与人之间关系和谐融洽；缺乏法治强有力的保障，良好的经济秩序和群众的合法权益无法得到有效维护。

（二）法治是有效化解农村社会矛盾纠纷的重要方式

随着现代化进程的推进，乡村正处在经济转型升级、社会结构深刻变动、利益格局深刻调整、农民思想观念深刻变化之中，需要充分发挥法律调整关系、平衡利益的功能和作用。法治是规则之治，要求在法律制度框架下想问题、做决策、定政策，在纷繁复杂的矛盾纠纷处理中具有强制力和定海神针的作用。当前，一些村民涉法涉诉问题逐渐增多，从邻里发生口角到宅基地纠纷，具有广泛性、复杂性、长期性等特点。这些问题如果处理不及时、化解不到位，就可能激化矛盾，影响农村和谐稳定。大多数矛盾纠纷主要依靠村规民约和村民自治解决，如果村规民约和自治方式超越法律约束，会造成矛盾激化、损害群众合法权益。做农村工作，办好农民的事，最根本的是依法依规、公平公正。在法治保障下，村规民约能够更加公平公正，自治能够发挥最大作用，保障村民享有真正的基层民主；在法治框架下，党领导农村工作的要求和政策等以法律法规形式确定下来，村民自治、权益保障、矛盾纠纷调处等制度机制才能得以完善。

（三）法治是让乡村治理更加精准有效的重要依托

法律具有明确性和强制性的特点，农业农村领域的法治化程度越精细，乡村治理才能更加精准有效。通过完善涉农领域立法，重点就维护农民权益、规范市场运行、加强农业支持保护、治理农村生态环境、化解农村社会矛盾等方面加强法律制度建设，充分发挥法律的引领、规范、保障和推动作用。通过规范农村基层行政执法工作，严格按照法定职责和权限执法，做到严格规范公正文明，让农民群众充分感受公平正义。通过加强法治宣传教育引导，培育农村社会自尊自信、理性平和、积极向上的心态，引导农民群众依法理性表达利益诉求、解决利益纠纷、维护合法权益。广大基层干部牢固树立法治思维，在法治框架内想问题、做决策、抓工作，用法律手段化解矛盾、破解难题，形成尊法学法守法用法的乡村社会氛围。

二、培育农村学法用法示范户是畅通农村普法"最后一公里"、推动乡村法治建设的重要举措

以习近平同志为核心的党中央高度重视全民普法工作，强调坚持把全民普法和守法作为全面依法治国的长期基础性工作；普法工作要在针对性和实效性上下功夫，不断提升全体公民法治意识和法治素养。党的二十大报告指出，加快建设法治社会，弘扬社会主义法治精神，传承中华优秀传统法律文化，引导全体人民做社会主义法治的忠实崇尚者、自觉遵守者、坚定捍卫者，努力使尊法学法守法用法在全社会蔚然成风。近年来，各级农业农村部门紧紧围绕农业农村经济社会发展目标任务，大力弘扬法治精神、传播法律知识，推动农业农村法治宣传教育取得了明显成效，有效提升了广大干部和农民群众的法律意识和法治素养，为健全自治、法治、德治相结合的乡村治理体系奠定了基础。让农民群众真正认同法治、信仰法治，养成良好的法治行为习惯，需要一个长期的过程。这就要求我们必须持之以恒、久久为功，在普法长效机制构建上想办法、下功夫。培育农村学法用法示范户正是构建新时代农业农村法治宣传教育机制的创新方式。

（一）培育学法用法示范户是畅通农村普法"最后一公里"的有效抓手

1985年11月，中共中央、国务院转发了中宣部、司法部《关于向全体公民基本普及法律常识的五年规划》，同年12月，全国人大常委会作出了《关于在公民中基本普及法律常识的决定》，第一个五年普法规划就此拉开帷幕，迄今已完整实施了七个五年普法规划，从2022年开始进入"八五"普法规划新阶段。从"一五"到"八五"，普法工作从形式层面的法律知识普及向法律施行过程中的治理手段延伸，更加关注法律制度的实施效果，更加强调营造人人尊法学法守法用法的法治环境。相对于城市，农村法治基础、法治环境还比较薄弱，农民群众学法积极性不高，运用法治思维和法治方法处理矛盾问题的能力不强。培育农村学法用法示范户就是着眼于解决这些问题应运而生的，通过构建机制、搭建平台、畅通渠道，在农民群众身边产生学法用法的示范带头家庭，带动更广大农民群众学习法律运用法律，从而将法治理念、法律知识送到农村千家万户，提升农民群众办事依法、遇事找法、解决问题用法的能力，为乡村全面振兴积聚力量、提供保障。

（二）培育学法用法示范户是提高农民群众参与乡村建设能力的有效方式

推动建设充满活力、和谐有序的宜居宜业和美乡村，必须充分调动广大农民的积极性和参与热情，发挥好农民群众的主体作用。中共中央办公厅、国务院办公厅印发的《乡村建设行动实施方案》明确提出，要完善农民参与乡村建设机制，引导农民全程参与乡村建设，保障农民的知情权、参与权、监督权。乡村建设是为农民而建，不论是基础设施建设，还是公共服务体系建设，均需要农民的广泛参与。据第三次全国农业普查公报显示，我国农业生产经营人员受教育程度构成中，小学和初中的人数分别占37%和48.4%。受到过良好教育、文化水平较高的农民大多常年奔波在外，农村留守人员参与乡村治理能力不足问题日益凸显。培育农村学法用法示范户的过程，就是提升农民群众依法自治能力的过程。通过凝聚整合各类培训资源为农民学法用法服务，建设一批农村法治教育基地，打造更多的农民学法用法平台，能够起到以点带面的作用，为依法治村注入新鲜活力，为乡村建设营造良好的法治环境。

（三）培育学法用法示范户是为乡村振兴培养实用型法律人才的有效途径

乡村要振兴，人才是关键。随着我国工业化和城镇化快速推进，不少地区的农村人口大量向城镇特别是大城市转移，农村常住人口持续减少，空心化、老龄化趋势明显。受市场、地域等因素影响，乡村法律服务资源依然匮乏，无法真正高效地解决农民群众的法律问题。稳步增加基层法律服务人员数量、引进法律服务专业人才是解决问题的一种方式，但更重要的是在农村社会内部培养实用型法律人才。农村学法用法示范户是农村内生的法治力量，能够发挥来自群众、服务群众的明显优势，积极融入乡村治理格局。在接受系统的法治教育培训后，能够成为公共法律服务体系与村民的有效衔接点，承担收集社情民意、宣传法律政策、调解矛盾纠纷等事务，引导村民依法理性表达利益诉求、维护合法权益，为维护农村社会和谐稳定发挥积极作用。

三、以培育农村学法用法示范户为抓手，推动农业农村普法工作走深走实

2021年7月，农业农村部会同司法部印发《培育农村学法用法示范户实施方案》，设计并发布了《农村学法用法示范户标志牌统一样式》，对示范户培育工作进行了系统部署。各地结合实际制定具体方案，逐级压实责任，稳步推进示范户认定、培育各项工作，取得了积极成效。

（一）扎实开展示范户认定工作

各地依照示范户认定标准，开展了自下而上的遴选认定工作。截至2023年

5月，全国已认定农村学法用法示范户30余万户。一些省份积极创新工作方法，部门协同联动开展示范户认定工作，如江西省农业农村厅联合省妇联积极引导妇女"法律明白人"带动其家庭成为学法用法示范户，与团省委联合印发通知，充分发挥农村青年在示范户培育中的骨干带头作用。一些省份分层次、按比例有序推进学法用法示范户认定工作，如山西省为乡村振兴先行示范、整体推进、重点帮扶三类县制定不同目标，逐步推进培育工作。山东省通过开展线上线下培训、推动与示范户"结对子"、建设法治教育基地、组织示范户现身说"法"等形式，扎实推进示范户认定工作，2022年8月底已率先完成50%行政村有示范户的目标。

（二）稳步推进示范户培训工作

农业农村部邀请权威法学专家以通俗易懂的形式讲解与农民生产生活密切相关的法律法规，先后录制30门农民学法用法课程并通过新媒体平台广泛发布；围绕基层干部应知应会的法律知识，以重点法条为核心、以典型案例为载体诠释法治精神、解读学法要点，编印学法用法知识要点及案例解析。各地将农村学法用法示范户培训纳入高素质农民培育，一些省份组织编写了示范户培训教材，运用法治讲堂、田间课堂等形式开展有针对性的法治培训。一些省份充分利用省内法律网络培训平台、官方微信公众号等开设在线学法用法课程供示范户培训使用。江西省组织编印了普法读物《农民轻松学法用法》，已开办3期学法用法示范户省级线下培训班，培训示范户8047户。吉林省将示范户培育与"信息进村入户平台"有机结合，在信息进村入户工程承载户中筛选示范户的同时，也将示范户纳入益农信息社管理，在"益农信息社"平台开设示范户模块，为开展线上法治培训打好基础。江苏省结合省情提出培训量化指标，每年组织2期省级示范户培训班，集中培训20学时以上，建立省级农业农村法治文化文艺精品库，逐步实现共建共享，方便示范户学习使用推广。据不完全统计，截至2022年9月，全国共开展线下示范户学法用法培训3.1万余次，创建线上普法平台1000余个。

（三）执法机构为示范户"结对"服务

各地积极构建农业综合行政执法机构与示范户的连接机制，推动执法机构与示范户"结对子"工作。执法机构以包村、包区、包片、包户等"网格式"管理方式，深入农村与示范户沟通交流，开展以案释法、以案说法，为示范户提供有针对性的培育指导和跟踪服务。据不完全统计，截至2022年9月，全国农业综合行政执法机构与学法用法示范户"结对子"开展法律服务4.5万余次。

（四）多种形式建设农村法治教育基地

各地积极建设公共法律服务平台、示范户学法用法平台，充分利用现有的农家书屋、农村文化广场、法治宣传基地等基层综合性法治文化服务设施和各类职业院校、具备普法功能的单位机构等建设农村法治教育基地，在具备条件的农业企业、农民合作社、家庭农场等建设农村法治教育联系点。据不完全统计，目前全国共建设各类农业法治教育基地6万余个。

当前，农村学法用法示范户培育工作在各地有序推进，取得初步成果，但也面临很多困难和挑战。从各地反映情况看，主要集中在以下几个方面：一是缺少专项资金支撑。很多省级农业农村部门未配置普法专项经费，财政缺口较大，示范户学法用法培训、标志牌制作因缺少经费而滞缓。二是缺少激励机制，群众参与积极性还有待提高，一些基层部门反映群众最关心的是有无物资奖励或经费补贴。三是基层法治力量薄弱，一些省份反映基层农业农村法治队伍不健全，没有专门的法规机构，"结对子"普遍存在"一对多"现象，影响实施效果。

四、准确把握培育农村学法用法示范户方向定位，为全面推进乡村振兴夯实法治根基

全面推进乡村振兴是一项长期任务、系统工程，当前已进入全面推开的阶段，涉及领域更宽广、利益诉求更多元、面临形势更复杂，党的二十大提出"建设宜居宜业和美乡村"，更需要发挥法治固根本、稳预期、利长远的作用。新时代新征程，农业农村普法要充分尊重农民群众的主体地位，更加贴近实际、贴近生活、贴近群众，积极创新工作理念、思路、机制和方法，通过培育农村学法用法示范户，带动更广大的农民群众自我学习、自我提高，营造自觉守法、遇事找法、解决问题靠法的乡村法治氛围。按照《培育农村学法用法示范户实施方案》的部署要求，到2025年年底实现每个行政村都有学法用法示范户，到2035年力争每个行政村的学法用法示范户数量和效果都符合当地法治工作要求。为实现既定目标，结合各地推进示范户培育工作的实际，提出以下对策建议。

（一）强化激励约束

把学法用法示范户培育工作情况纳入法治政府建设督察和"八五"普法考核评估中，有效发挥督察考核的"指挥棒"作用，进一步压紧压实工作责任。促使各地尽快适应农业农村普法的新形势新定位，切实把思想、行动统一到党中央决策部署上，将示范户培育工作作为提升普法针对性和实效性的重要抓手，多措并举推动工作落实落地。同时，探索提高农民群众学法用法积极性的激励机制，将学法用法示范户先进典型列入各级普法先进表彰中。加强动态监测和

定期通报，适时组织开展示范户培育实施情况阶段性评估和验收，强化评估结果的综合运用。

（二）抓好认定培训

健全完善全国农业农村系统普法联络机制，通过建立微信工作群、召开现场会、印发文件以及实地调研等方式督促各地组织好示范户的遴选、认定工作。建设"农村学法用法示范户信息备案平台"，通过平台定期调度示范户信息、参加培训情况、执法机构提供培育指导和跟踪服务情况等。推动全国农业农村系统培养农村学法用法培训师资力量，纳入各级农业农村部门高素质农民培训师资库，争取项目资金支持。针对农村社会普遍性突出问题，继续开发录制学法用法课程，编写发放实用性强的法律手册、典型案例集锦等，重点宣传法律对农民合法权益的有效保障，通过各类平台及时发布，让示范户更方便地带动村民学法用法。

（三）建设基地平台

研究制定农村法治教育基地建设指导标准，完善相关制度机制，积极争取政策支持。鼓励各地充分利用农村各类已有资源，如农村文化礼堂、法治文化长廊、农家书屋等基层综合性文化服务中心和职业院校等具备法治普及功能的单位机构，依托农业企业、农民专业合作社、家庭农场等新型农业经营主体，着力打造一批布局合理、功能完备、运作规范的农村法治教育基地。完善政府购买、社会投入、公益赞助等相结合的社会普法机制，开展多层次、广覆盖、效果好的示范户培育活动，在各地农业科教云平台、法律网络培训平台等探索建设"农村学法用法示范户园地"，讲好示范户学法用法故事，更好地服务农民群众学法用法。

（四）统筹多方资源

培育农村学法用法示范户是一项创新工作，需要各级农业农村部门会同司法行政、乡村振兴、民政等各部门积极探索实践，完善部门协同、上下对接、各环节联结的工作格局。将培育农村学法用法示范户工作与创建民主法治示范村、培养"法律明白人"等有机结合，形成工作合力。组织广大基层法律服务工作者、普法志愿者对示范户开展服务对接，推动普法志愿服务常态化、制度化。落实公益类单位和媒体普法责任，结合农业各行业领域的普法重点，发挥媒体的宣传优势，积极利用国家宪法日、宪法宣传周、中国农民丰收节等重要时间节点开展示范户广泛参与的普法活动，将培育示范户融入日常的法治宣传、管理服务工作中。

（五）注重典型引领

鼓励各地聚焦问题开展差异化探索，及时发现、总结、推广经验，推动示范户培育工作不断创新发展。适时召开全国农村学法用法示范户培育工作现场会，促进各地交流互鉴，针对困难问题提出对策建议。组织开展农村学法用法故事征集评选活动，利用线上线下平台及时发布有示范推广意义的培育工作案例。依托"宪法进农村"、"乡村振兴、法治先行"等品牌化活动，举办示范户专题宣传推广活动，不断扩大示范户培育工作的影响力，切实发挥其在全面推进乡村振兴、加快农业农村现代化各项事业中的重要作用。

作者单位：农业农村部法规司

"放管服"改革历史演进及展望

冯慧　于冰

一、我国"放管服"改革的总体历程

我国的"放管服"改革脱胎于行政审批制度改革。行政审批制度改革是在中国加入世界贸易组织的大背景下于2001年提出并开展的,其初衷是"适应加入WTO,履行我国政府对外承诺,切实转变政府职能",目的是努力破除影响经济社会发展的体制性障碍,激发全社会的活力和创造力,增强经济社会发展的内生动力。2013年,党的十八届二中全会和十二届全国人大一次会议审议通过了《国务院机构改革和职能转变方案》,2015年国务院印发了《2015年推进简政放权放管结合转变政府职能工作方案》提出了推进简政放权、放管结合和转变政府职能的工作目标。

我国"放管服"改革历时20年,经历了政府对改革规律的认识不断深化、改革内容不断拓展的渐进发展过程,由单一的简政放权到简政放权、放管结合,再到简政放权、放管结合、优化服务。第一阶段,行政审批制度改革从清理、减少和调整行政审批事项入手。经过一段时间的努力,减权、放权取得明显成效,但假冒伪劣、欺行霸市、坑蒙拐骗、侵犯知识产权等违法违规行为并未得到有效遏制,"劣币驱逐良币"现象大量存在,"管"的问题便提上了议事日程。第二阶段,改革重点转向放管结合,加强事中事后监管,积极推进政府监管体系转型。放管结合,加强监管之后,政府面临的一大难题是如何使出台的改革措施真正贯彻到位,使改革成果真正落到实处,让民众、企业和社会组织切实感受到改革带来的便利和实惠,增强民众的满意度和获得感。第三阶段,提出优化服务,提高服务质量,解决"最后一公里"问题。

"放管服"三者相互关联、相互影响、相互作用,是一个有机统一的整体。"放"是前提,"管"和"服"都必须建立在"放"的基础之上,只有放得开,大力减少行政审批事项,才能集中精力和财力把该监管的管住管好,该服务的提供到位,推动经济社会协调有序发展。"管"是关键,为"放"和"服"提供保障,只有管住管好,才能"放"得更开,减得更快,服务更优质高效,促进市场和社会释放更大的活力和创造力。"服"是价值体现，由管制转为服务，建设人民满意的服务型政府，为"放"和"管"提供行为准则和支撑，使"放"和"管"的成果真正落地，释放更多红利，为全社会分享，确保社会公平正义。只有"放管服"协同推进，三管齐下，互促并进，改革才能不断深化。

"放管服"改革是处理政府与市场关系的重要抓手，其实质是"政府的自我革命"，核心和主轴是正确处理政府与市场、社会的关系，更好发挥政府作用。在自由公平竞争下，市场是配置资源最有效的形式，一旦失去这一条件，市场运行效率便会降低，进而产生市场失灵。政府的作用就在于为市场在资源配置中发挥决定性作用创造条件，维护市场公平竞争秩序，弥补市场的不足，而非取代市场。"放管服"改革就是从简政放权出发，通过加强监管、优化服务，合理划定政府的职能边界，实现对政府权力的有效规范和制约。

二、牵头"放管服"改革的机构变化

2001年9月24日，成立国务院行政审批制度改革工作领导小组。领导小组办公室设在监察部，李岚清为组长。

2013年3月，国务院机构改革和职能转变方案对外发布，同时成立了国务院机构职能转变协调小组，主要任务之一是简政放权。2013年6月，国务院明确行政审批制度改革工作牵头单位由监察部调整为中央编办，国务院审改办设在中央编办。

2015年，国务院将国务院机构职能转变协调小组的名称改为国务院推进职能转变协调小组，作为国务院议事协调机构。综合组设在国务院办公厅，从国务院办公厅和有关部门抽调人员组成，实行集中办公，对外以"国务院推进职能转变协调小组办公室"名义开展工作，组长由国务院副总理张高丽担任。

2018年，国务院将国务院推进职能转变协调小组的名称改为国务院推进政府职能转变和"放管服"改革协调小组，作为国务院议事协调机构。协调小组办公室设在国务院办公厅。韩正副总理担任组长，下设精简行政审批组、优化营商环境组、激励创业创新组、深化商事制度改革组、改善社会服务组。

三、2013年以前我国审批制度改革工作开展情况

（一）出台文件

2001年10月18日，《国务院批转中华人民共和国监察部、中华人民共和国国务院法制办公室、中华人民共和国国家经济体制改革委员会、中央机构编制委员会办公室关于行政审批制度改革工作实施意见的通知》（国发〔2001〕33号）提出，行政审批制度改革的指导思想是：以充分发挥市场在资源配置中的基础性作用为基点，把制度创新摆在突出位置，努力突破影响生产力发展的体制性

障碍，加强和改善宏观调控，规范行政行为，提高行政效率，促进经济发展，推进政府机关的廉政勤政建设。总体要求是：不符合政企分开和政事分开原则、妨碍市场开放和公平竞争以及实际上难以发挥有效作用的行政审批，坚决予以取消；可以用市场机制代替的行政审批，通过市场机制运作。对于确需保留的行政审批，要建立健全监督制约机制，做到审批程序严密、审批环节减少、审批效率明显提高，行政审批责任追究制得到严格执行。改革原则是：合法、合理、效能、责任、监督。国务院各部门的行政审批制度改革工作步骤是：全面清理行政审批项目并提出处理意见；研究确定行政审批项目处理意见；公布行政审批项目处理决定；制定监督制约措施。

2003年8月，《中华人民共和国行政许可法》颁布并于2004年7月正式实施，行政审批正式纳入了规范化、法制化轨道，大大助力了行政审批制度改革。

2003年9月19日，《国务院办公厅转发国务院行政审批制度改革工作领导小组办公室关于进一步推进省级政府行政审批制度改革意见的通知》（国办发〔2003〕84号）要求地方正确把握有关政策和要求，进一步对现行行政审批项目作出处理；搞好工作衔接，确保国务院取消和调整行政审批项目决定的落实；加强已取消和改变管理方式的行政审批事项的后续监管；认真清理并依法妥善处理拟取消和改变管理方式的行政审批项目的设定依据；严格规范行政审批行为，促进依法行政；深入推动行政审批制度创新。

2008年10月17日，国务院办公厅转发监察部等部门《关于深入推进行政审批制度改革意见的通知》（国办发〔2008〕115号），提出目前行政审批方面仍存在一些亟待解决的问题，主要是：审批事项依然过多，已经取消或调整的审批事项未得到完全落实，审批与监管脱节，对审批权的制约监督机制还不完善，审批行为不够规范等。明确深入推进审批制度改革的指导思想是：以政府职能是转变为核心，充分发挥市场在资源配置中的基础性作用，认真实施行政许可法，继续减少和规范行政审批，加强对行政审批权的监督制约，着力推进政府管理方式创新，促进服务政府、责任政府、法治政府和廉洁政府建设，推动经济社会又好又快发展。总体目标是：行政审批事项进一步减少，审批行为实现公开透明、规范运作，行政审批相关制度和制约监督机制较为健全，利用审批权谋取私利、乱收费等现象得到有效遏制，人民群众的满意度有新的提高。主要任务是：继续取消和调整行政审批事项；落实已取消、调整和保留的行政审批事项；加强对行政审批事项的监督和管理；建立健全行政审批相关制度

（二）召开会议

2002年6月25日，召开国务院行政审批制度改革工作会议，时任国务院副总理的李岚清作为组长作重要讲话。2011年11月14日，召开国务院深入推进行政审批制度改革工作电视电话会议，国务院总理温家宝在会上作重要讲话，强

调要"坚定不移地继续推进行政审批制度改革",进一步清理、减少和调整行政审批事项,严格依法设定和实施审批事项,创新行政审批服务方式,强化对权力运行的监督制约。此外,2008—2012年,行政审批制度改革工作部际联席会议共召开6次。

(三)取消调整行政审批项目

2013年以前,国务院分6批共取消和调整了2497项行政审批项目,占原有总数的69.3%。第一批2002年11月,取消789项行政审批项目;第二批2003年2月,取消406项行政审批项目,改变82项行政审批项目的管理方式;第三批2004年5月,取消和调整495项行政审批项目;第四批2007年10月,取消和调整186项行政审批项目;第五批2010年7月,取消和下放行政审批项目184项;第六批2012年8月,取消和调整314项部门行政审批项目。

四、2013年后我国"放管服"改革工作开展情况

2013年,十八届二中全会《中共中央关于全面深化改革若干重大问题的决定》提出,"进一步简政放权,深化行政审批制度改革,市场机制能有效调节的经济活动,一律取消审批,对保留的行政审批事项要规范管理、提高效率。直接面向基层、量大面广、由地方管理更方便有效的经济社会事项,一律下放地方和基层管理。"

2015年5月,李克强总理在全国推进简政放权放管结合职能转变工作电视电话会议上首次提出了"放管服"概念,要求简政放权,放管结合,优化服务协调推进,逐步实现政府治理能力现代化。

2013—2022年,国务院连续10年召开10次放管服电视电话会议。2013年召开了国务院机构职能转变动员电视电话会议、地方政府职能转变和机构改革工作电视电话会议;2015年召开全国推进简政放权放管结合职能转变工作电视电话会议,要求从简政放权、职能转变的高度,在更宽的范围内协同推进行政审批制度改革;2016年、2017年召开全国推进简政放权放管结合优化服务改革电视电话会议;2018年召开全国深化"放管服"改革转变政府职能电视电话会议;2019年,《优化营商环境条例》出台,2019年、2020年召开了全国深化"放管服"改革优化营商环境电视电话会议;2021年召开全国深化"放管服"改革着力培育和激发市场主体活力电视电话会议;2022年召开全国深化"放管服"改革持续优化营商环境电视电话会议。改革从"放"、"管"、"服"三个方面推开。

"放":主要是简政放权,降低准入门槛。具体内容包括:取消和下放国务院部门行政审批事项;彻底终结非行政许可审批;清理规范国务院部门行政审批中介服务事项;压减工商登记前置审批事项(后期演变为证照分离改革);减少中央设立的行政事业性收费项目,减少政府性基金,大幅压缩政府定价的经

营服务性收费项目；削减部门设置的职业资格。

一是取消下放审批事项。 国务院多次强调"再取消和下放一批行政审批事项"、"继续取消含金量高的行政审批事项"，"对现有审批和许可事项要逐一深入论证，除关系国家安全和重大公共利益等的项目外，能取消的坚决取消，能下放的尽快下放，市场机制能有效调节的经济活动不再保留审批和许可。对一些以备案、登记、行政确认、征求意见等为名的变相审批和许可事项，要尽快加以整改"。

2013—2019年，国务院先后12批集中取消下放国务院部门实施的行政许可事项，分3批集中取消下放中央指定地方实施许可事项，法律、行政法规和国务院决定设定的行政许可事项从2013年初的2200余项，减至2019年年底的1300余项，其中国务院部门行使的行政审批事项减至520项左右。2020年9月，国务院又发文取消29项、下放4项许可事项。

二是终结非行政许可审批。 2014年，《国务院关于清理国务院部门非行政许可审批事项的通知（国发〔2014〕16号）》明确，将面向公民、法人或其他组织的非行政许可审批事项取消或依法调整为行政许可，将面向地方政府等方面的非行政许可审批事项取消或调整为政府内部审批事项，不再保留"非行政许可审批"这一审批类别。

三是全面实行行政许可事项清单管理。 2020年电视电话会议李克强总理提出，要对现有各层级的审批、各种具有审批性质的管理措施，进行系统梳理并形成清单，分类推进行政审批制度改革。

2022年《国务院关于全面实行行政许可事项清单管理的通知》（国办发〔2022〕2号）公布了《法律、行政法规、国务院决定设定的行政许可事项清单（2022年版）》，提出要将依法设定的行政许可事项全部纳入清单管理，"十四五"时期基本实现同一许可事项在不同地区和层级同要素管理、同标准办理；要求地方人民政府和国务院各部委依法编制行政许可事项清单、严格依照清单实施行政许可、加强事前事中事后全链条全领域监管、做好清单实施保障；明确"在行政许可事项清单之外、有关行政机关和其他具有管理公共事物职能的组织以备案、证明、目录、计划、规划、制定、认证、年检等名义，要求行政相对人经申请获批后方可从事特定活动的，应当认定为变相许可"，要通过停止实施、调整实施方式、完善设定依据等予以纠正。

四是开展证照分离改革。 "证"是指具有行政许可性质的生产经营许可证，"照"指的是工商营业执照。审批制度改革开始一段时间之后，开办企业拿营业执照的时间已经大大缩短，但是实际上企业拿到营业执照后还要办很多证，才能真正开始营业，即"准入不准营"。推行"证照分离"改革就是要解决"办照易办证难"、"准入不准营"等问题。2014年1月至2019年，国务院经过4次分批审议，将全部226项工商登记前置审批事项中的87%改为后置或取消。从2015

年到2017年，企业工商营业执照从"三证合一、一照一码"，推进到"五证合一、一照一码"，再是"多证合一"，多的地区，营业执照上整合了税务登记证、组织机构代码证、社保登记证、统计证等几十个证，少的地区也整合了9个证，企业注册需要的证件从几十个，压缩到"一证走天下"。

2014年，国务院提出在全国实施工商登记制度改革，落实认缴登记制，由先证后照改为先照后证，由企业年检制度改为年报公示制度。同年，李克强总理主持召开国务院常务会议，提出要继续清理和压缩现有前置审批事项，将其中的大多数改为后置审批，由先证后照改为先照后证，并实行目录化管理制度，向社会公开，接受监督。

2015年，《国务院关于落实《政府工作报告》重点工作部门分工的意见》（国发〔2015〕14号）提出要深化商事制度改革，进一步简化注册资本登记，逐步实现"三证合一"（工商营业执照、组织机构代码证、税务登记证）。《国务院关于印发2015年推进简政放权放管结合转变政府职能工作方案的通知》（国发〔2015〕29号）明确推进"三证合一"，年内出台推进"三证合一"登记制度改革的意见，实现"一照一码"。《国务院办公厅关于加快推进"三证合一"登记制度改革的意见》（国办发〔2015〕50号）明确"三证合一"登记制度是指将企业登记时依次申请，分别由工商行政管理部门核发工商营业执照、质量技术监督部门核发组织机构代码证、税务部门核发税务登记证，改为一次申请、由工商行政管理部门核发一个营业执照的登记制度。《国务院关于"先照后证"改革后加强事中事后监管的意见》（国发〔2015〕62号）明确，工商总局负责公布工商登记前置审批事项目录；除法律、行政法规和国务院决定外，一律不得设定工商登记前置审批事项，也不得通过备案等方式实施变相前置审批。同年，国务院决定在上海浦东新区开始试点对部分涉企经营事项开展"证照分离"改革，对所有涉企经营许可事项实行全覆盖清单管理，按照直接取消审批、审批改为备案、实行告知承诺、优化审批服务等4种方式分类推进改革。

2017年，《国务院办公厅关于印发全国深化简政放权放管结合优化服务改革电视电话会议重点任务分工方案的通知》（国办发〔2017〕57号）提出，在更大范围推进"证照分离"改革试点，除涉及国家安全、公共安全、生态安全和公众健康等重大公共利益之外，把能分离的许可类的"证"都分离出去，分别予以取消或改为备案、告知承诺等管理方式。《国务院关于在更大范围推进"证照分离"改革试点工作的意见》（国发〔2017〕45号）明确，在深入总结上海市浦东新区"证照分离"改革试点经验基础上，在天津、辽宁、浙江、福建、河南、湖北、广东、重庆、四川、陕西10个自贸试验区，复制推广上海市改革试点成熟做法。按照能整合的尽量整合、能简化的尽量简化、该减掉的坚决减掉的原则，全面梳理、分类处理各类涉企证照事项。将"证照分离"改革后属于信息采集、记载公示和管理备查类的各种证照进一步整合到营业执照上，实行"多证合一、一照一码"。对市场机制能够有效调节、企业能够自主管理的事项以及通过事中事后监管可以达到原设定涉企证照事项目的的，要逐步取消或改为备案管理。

2018年，《国务院办公厅关于印发全国深化"放管服"改革转变政府职能电视电话会议重点任务分工方案的通知》（国办发〔2018〕79号）提出，2018年要在全国推开"证照分离"改革，重点是"照后减证"，能取消审批的予以取消，有些可改为备案、告知承诺；对暂时不具备条件取消的，要通过"多证合一"等方式优化服务。《国务院关于在全国推开"证照分离"改革的通知》（国发〔2018〕35号）明确，2018年11月10日起，在全国范围内对第一批106项涉企行政审批事项分别按照直接取消审批、审批改为备案、实行告知承诺、优化准入服务等四种方式实施"证照分离"改革，探索推进中央事权与地方事权的涉企行政审批事项改革，逐步减少涉企行政审批事项，对所有涉及市场准入的行政审批事项按照"证照分离"改革模式进行分类管理，实现全覆盖。

2019年，《国务院办公厅关于印发全国深化"放管服"改革优化营商环境电视电话会议重点任务分工方案的通知》（国办发〔2019〕39号）提出，2019年年底前在自由贸易试验区启动"证照分离"改革全覆盖试点工作，将中央层面和地方层面设定的涉企经营许可事项全部纳入改革范围，通过直接取消审批、审批改为备案、实行告知承诺、优化审批服务等四种方式分类推进改革，2020年下半年在全国推开。2019年12月，国务院在国内18个自贸试验区全面推行"证照分离"改革，所有涉企经营许可事项实行全覆盖清单管理。

2020年，《国务院办公厅关于印发全国深化"放管服"改革优化营商环境电视电话会议重点任务分工方案的通知》（国办发〔2020〕43号）提出，着力推进"照后减证"和简化审批，2021年年底前在全国实现"证照分离"改革全覆盖，对所有涉企经营许可事项实行分类改革，其中，取消审批、改为备案或实行告知承诺的事项力争达到100项以上，自由贸易试验区力争达到150项。

2021年6月3日，国务院印发《关于深化"证照分离"改革进一步激发市场主体发展活力的通知》，明确7月1日起在全国范围内实施涉企经营许可事项全覆盖清单管理，按照直接取消审批、审批改为备案、实行告知承诺、优化审批服务等四种方式分类推进审批制度改革，同时在自由贸易试验区进一步加大改革试点力度，力争2022年年底前建立简约高效、公正透明、宽进严管的行业准营规则，大幅提高市场主体办事的便利度和可预期性。

管："管"就是加强监管，变重前置审批为重后置监管，创新监管模式，健全监管机制，强化监管手段，严格监管执法。国务院2014年提出要建立横向到边、纵向到底的监管网络和科学有效的监管机制；2015年提出要形成政府监管、企业自治、行业自律、社会监督的新格局；2017年提出明规矩于前，画出红线、底线；寓严管于中，把更多力量放到市场、放到监管一线；施重惩于后，对严重违法违规、影响恶劣的市场主体要坚决清除出市场；2018年进一步提出智慧监管，要求建立以"双随机、一公开"监管为基本手段、以重点监管为补充、以信用监管为基础的新型监管机制；2019年要求分领域制订全国统一、简明易行的监管规则和标准，把更多行政资源从事前审批转到加强事中事后监管上来，落实监管责任，健全监管规则，创新监管方式，加快构建权责明确、公平公正、公开透明、简约高效的事中事后监管体系，形成市场自律、政府监管、社会监督互为支撑的协同监管格局，切实管出公平、管出效率、管出活力，提出包容审慎监管；2021年提出要健全监管规则，创新监管方式，完善事中事后监管，深入推进"双随机、一公开"监管、跨部门综合监管、"互联网＋监管"和信用风险分类监管，提高监管的精准性和有效性；2022年提出依托行政许可事项清单明确监管重点、逐项明确监管主体，结合清单完善监管规则标准。

监管原则。"谁审批、谁监管，谁主管、谁监管"，是《国务院关于"先照后证"改革后加强事中事后监管的意见》（国发〔2015〕62号）明确提出的监管基本原则，是职责法定原则的核心内容，要杜绝"只批不管"、"只管已批"、"以批代管"、"不批不管"4种错误认识。直接取消审批、审批改为备案的许可事项，由原审批部门依法承担监管职责；实行告知承诺、优化审批服务的许可事项，由审批部门负责依法监管；实行相对集中行政许可权改革或者综合行政执法改革的地区，按照省级人民政府制定的改革方案确定监管职责、健全审管衔接机制。

2019年，《国务院关于加强和规范事中事后监管的指导意见》（国发〔2019〕18号）提出，除法律法规另有规定外，各部门对负责审批或指导实施的行政许可事项，负责事中事后监管；实行相对集中行政许可权改革的，要加强审管衔接，把监管责任落到实处，确保事有人管、责有人负；对已经取消审批但仍需政府监管的事项，主管部门负责事中事后监管；对下放审批权的事项，要同时调整监管层级，确保审批监管权责统一；对审批改为备案的事项，主管部门要加强核查，对未经备案从事相关经营活动的市场主体依法予以查处；对没有专门执法力量的行业和领域，审批或主管部门可通过委托执法、联合执法等方式，会同相关综合执法部门查处违法违规行为，相关综合执法部门要积极予以支持。

包容审慎监管。对新技术、新产业、新业态、新模式，要按照鼓励创新原则，留足发展空间，同时坚守质量和安全底线，严禁简单封杀或放任不管。加强对新生事物发展规律研究，分类量身定制监管规则和标准。对看得准、有发展前景的，要引导其健康规范发展；对一时看不准的，设置一定的"观察期"，对出现的问题及时引导或处置；对潜在风险大、可能造成严重不良后果的，严格监管；对非法经营的，坚决依法予以查处。

2020年电视电话会议李克强总理强调，政府部门特别是基层政府要把主要精力用在事中事后监管上，对取消下放的审批事项要及时跟进监管措施，推动从"严进宽管"向"宽进严管"转变。要继续创新包容审慎监管，促进新兴产业更大发展。有的领域要多一些柔性监管，有的领域要发挥智慧监管优势，对一些看不准、可能存在风险的，可以划定可控范围，探索试点经验再推广。

信用监管。作为新型监管手段，是加强事中事后监管的制度创新，是政府对市场的监管从以行政审批、行政处罚为主的强干预向注重信息公示、信用承诺、信用约束等柔性管理转变的基础性、长效性制度。2017年12月，全国企业信用信息公示系统全面建成。国家市场监管总局先后与几十个部门会签《政府部门涉企信息统一归集公示工作实施方案》，打造企业信用信息公示"全国一张网"。现在，这张网已经成为查询企业信息的主要平台，数十个部门的联合惩戒对不法经营者、违规经营者构成巨大压力。

服："服"就是优化服务，简化服务手续，优化服务流程，改进服务方式，提高服务效率。2015年，《国务院办公厅关于简化优化公共服务流程方便基层群众办事创业的通知》（国办发〔2015〕86号）提出，为群众提供优质高效便捷的公共服务，是加快转变政府职能，推进简政放权、放管结合、优化服务改革的重要内容，务求在简环节、优流程、转作风、提效能、强服务方面取得突破性进展，不断提升公共服务水平和群众满意度；主要目标是服务便民利民、办事依法依规、信息公开透明、数据开放共享。2022年，国务院《关于加快推进政务服务标准化规范化便利化的指导意见》（国发〔2022〕5号）提出，持续优化政务服务是便利企业和群众生产经营与办事创业、畅通国民经济循环、加快构建新发展格局的重要支撑，要解决政务服务标准不统一、线上线下服务不协同、数据共享不充分等问题；要推进政务服务标准化，包括事项标准化、实施清单标准化，健全政务服务标准体系；要推进政务服务规范化，包括规范审批服务、政务服务场所办事服务、网上办事服务、线上线下融合发展、开展评估评价；要推进政务服务便利化，包括推进政务服务事项集成化办理、推广免证办、就近办、网上办、掌上办、推行告知承诺、容缺受理，提升智慧化精准化个性化服务水平；全面提升全活一体化政务服务平台服务能力。

好差评制度。2019年，国务院办公厅《关于建立政务服务"好差评"制度提高政务服务水平的意见》（国办发〔2019〕51号）提出，2020年年底前全面建成政务服务绩效由企业和群众评判的"好差评"制度体系，要求各级政务服务机构、各类政务服务平台全部开展"好差评"，实现评价、反馈、整改、监督全流程衔接。

互联网＋政务服务。2016年，国务院《关于落实〈政府工作报告〉重点工作部门分工的意见》（国发〔2016〕20号）提出，大力推行"互联网＋政务服务"，实现部门间数据共享，让居民和企业少跑腿、好办事、不添堵。《国务院办公厅关于转发国家发展改革委等部门推进"互联网＋政务服务"开展信息惠民试点实施方案的通知》（国办发〔2016〕23号）提出，推进"互联网＋政务服务"，促进部门间信息共享，是深化简政放权、放管结合、优化服务改革的重要内容；要进一步推动部门间政务服务相互衔接，协同联动，打破信息孤岛，变"群众跑腿"为"信息跑路"，变"群众来回跑"为"部门协同办"，变被动服务为主动服务；运用互联网、大数据等手段，推进"互联网＋政务服务"，增强政务服务的主动性、精准性、便捷性，提高群众办事的满意度；加强政务信息资源跨部门、跨层级互通和协同共享，发挥信息共享支撑多部门协同服务的作用，简化优化群众办事流程，最大程度利企便民。

2018年，国务院办公厅《关于印发全国深化"放管服"改革转变政府职能电视电话会议重点任务分工方案的通知》（国办发〔2018〕79号）要求，大力发展"互联网＋政务服务"，除法律法规另有规定或涉密等外，要按照应上尽上的原则，五年内政务服务事项全面实现"一网通办"。打造全国一体化政务服务平台，坚持"联网是原则、孤网是例外"，做好地方平台、部门专网、独立信息系统的整合接入工作，推进审查事项、办事流程、数据交换等方面的标准化建设。推动各地区、各部门网上政务服务平台标准化建设和互联互通，实现政务服务同一事项、同一标准、同一编码。大力推动跨地区、跨部门、跨层级信息数据开放共享，三年内实现国务院部门数据共享、满足地方普遍性政务需求。

2019年，国务院办公厅《关于印发全国深化"放管服"改革优化营商环境电视电话会议重点任务分工方案的通知》（国办发〔2019〕39号）提出，依托全国一体化在线政务服务平台，加快打造全国政务服务"一张网"，实现更大范围"一网通办"、异地可办、"掌上可办"，确需到现场办的再到政务服务大厅办理。在办理政务服务事项过程中要注意保护商业秘密和个人隐私。更大力度推动央地数据共享，建立权威高效的数据共享协调机制。

2020年，国务院办公厅《关于印发全国深化"放管服"改革优化营商环境电视电话会议重点任务分工方案的通知》（国办发〔2020〕43号）提出，进一步拓展"互联网＋政务服务"，提供"24小时不打烊"的在线政务服务。兼顾好老年人、视障听障残疾人等群众的需求，采取必要的线下补充手段，有针对性地提供人工指导和服务，绝不能出现歧视现象。

2021年，《党政机关电子政务建设和管理"十四五"规划》提出，以信息化推进国家治理体系和治理能力现代化；建立安全高效、赋能显著的政务数据资源共享服务体系，实现跨地域、部门、层级、系统、业务的党政机关数据资源共享交换利用；深化电子证照在政务服务等领域的有序有效应用，促进电子文件与业务工作深度融合。

2022年，中央全面深化改革委员会审议通过了《关于加强数字政府建设的指导意见》，提出要以数字化改革助力政府职能转变，下一步要着力于理念、制度、技术创新，政务流程再造、业务模式优化、履职能力提升，构建数字化智能化政府运行新形态。

电子证照。2020年，《全国一体化在线政务服务平台电子证照管理办法（试行）》明确，国务院有关部门应当在各自职责范围内编制、管理电子证照及目录，及时将目录信息汇聚至国家平台，确保数据的准确性和时效性，按照一体化在线平台电子证照标准改造电子证照系统，按照应上尽上原则对有效期内存量纸质证照数据逐步实行电子化。

2022年，国务院办公厅《关于加快推进电子证照扩大应用领域和全国互通互认的意见》（国办发〔2022〕3号）提出，我国电子证照存在的问题是标准规范不健全、互通互认机制不完善、共享服务体系不完备、应用场景不丰富；目标是2022年年底前，全国一体化政务服务平台电子证照共享服务体系基本建立，电子证照制发机制建立健全，企业和群众常用证照基本实现电子化，与实体证照同步制发和应用，在全国范围内标准统一、互通互认，电子证照在政务服务领域广泛应用，社会化应用取得积极进展，减证便民取得明显成效，到2025年，电子证照应用制度规则更加健全，应用领域更加广泛，支撑政务服务标准化、规范化、便利化取得显著成效；要求政府部门能够通过电子证照共享方式关联相关信息进行查询、核验的，不再要求个人提交实体证照或纸质复印件，推进办事所需相关信息免填写；政府部门能够通过电子证照共享方式查询、核验企业办事所需信息的，不再要求企业提供实体证照或纸质材料，切实为企业降成本、增便利。

一件事一次办。一件事一次办是指在深入推进政务服务"一网、一门、一次"改革、"互联网＋政务服务"的基础上，将多个部门相关联的"单项事"整合为企业和群众视角的"一件事"，推行集成化办理，大幅减少办事环节、申请材料、办理时间和跑动次数。2022年，国务院办公厅印发《国务院办公厅关于加快推进"一件事一次办"打造政务服务升级版的指导意见》（国办发〔2022〕32号），对加快推进"一件事一次办"、打造政务服务升级版提出了总体要求和重点任务，要求优化"一件事一次办"模式，加强支撑能力建设，实现2022年年底前各地区建立部门协同、整体联动的工作机制，完成企业和个人政务服务"一件事一次办"事项基础清单中的任务，2025年年底前各地区"一件事一次办"事项范围进一步扩大，服务领域进一步拓展，企业和个人全生命周期重要阶段涉及的更多政务服务事项实现"一件事一次办"。

五、下一步"放管服"改革工作的重点难点

纵观我国"放管服"改革工作历程，可以看出是认识上不断深入、战略上不断成熟、实践上不断丰富的过程。推进改革必须坚持走自己的路，必须顺应世界大势，必须代表最广大人民根本利益。改革进程中，指导思想不变，初心不变，即代表最广大人民根本利益；改革方向始终明确，即建设更加开放的经济、更有活力的市场，从大刀阔斧砍许可到提升服务和监管水平；改革方式方

法不断调整优化，措施越来越有针对性、可操作性，坚持走自己的路，结合我国实际；改革成果有目共睹，在世界银行的2020营商环境评估报告中，中国在190个经济体中排名31，实现了大幅度跃升。但是，当前简政放权的空间收窄，余下大都是难啃的"硬骨头"，涉及深层次权力、利益格局的改变。政府唯有"割肉"削权，舍弃部分既有利益，才能推动行政审批制度改革向纵深发展。

首先，"放"的方面。 虽然行政审批制度改革在这方面已下了很大功夫，但事实上政府仍然管了许多不该管的事情，且这方面的改革力度有所减弱，"含金量"高的审批事项取消不力。在减少审批事项的同时，还要全面清理政府部门办理的备案、登记、注册、认证、年检、审定等变相审批事项，削减行业协会等中介审批或变相审批，尽量拆除"旋转门"、"玻璃门"。

其次，"管"的方面。 监管是行政审批制度改革的关键，也是难点，是对政府管理能力和水平的巨大挑战。在行政审批制度改革过程中，不少地方成立了行政审批局，集中行使行政审批权，实现了审批权与监管权相对的相互分离与制约。然而，虽然国务院明确提出了"谁主管、谁监管，谁审批、谁负责"和"宽审严管"的原则，但审批和监管的关系实际并未理顺。一方面，宽严尺度难以把握，审批过宽会增加监管的压力，导致审批部门与主管部门相互推诿、扯皮，审批过严企业不满意；另一方面，行政审批权的集中在一定程度上削弱了主管部门的权力，一些主管部门有可能通过实施"严管"找回权力，或者相反，消极怠工放弃监管。

最后，"服"的方面。 "最多跑一次"、"一次也不用跑"、"一枚印章管审批"、"不见面审批"、"好差评"制度等创新实践大量涌现，受到了全社会广泛的好评。然而，近年来，各地在优化服务方面呈现相互竞争的态势，个别地方以形式替代内容，在服务方式、手段上不断翻新花样，提供过度服务，增加了服务成本，导致改革可能出现"内卷化"效应。提供服务也是行使权力，必须要有法度，否则将降低其效益和效率。**一要合理提供服务**，服务应围绕维护社会公正这一核心，从民众的实际需要出发提供，以"不扰民、不烦民"为边界，切忌过度服务。过度服务，如与企业结对子，提供上门服务等，既给服务对象增添了额外负担，又加大了政府服务的成本，还有可能因提供服务人员职位、经验、学识的不同而带来服务的差异，导致新的不公平。**二要公平提供服务**，凡符合同等法定条件的对象都可以获得同等服务，得到服务所提供的同等利益，享受同等待遇，不得因个体因素而受到区别对待。在"互联网+政务服务"、"一网通办"大力推广和应用的境况下，需要特别关注信息技术使用能力不足的群体，为他们提供必要的技术支持和必要的线下服务，以使他们能享受应享受的服务，不因此受到差别待遇和歧视，维护社会公正。**三要高效提供服务**，服务的提供是需要成本的，政府的财力是有限的，任何服务的提供都需要进行成本收益的核算，不能因其具有公共性和公益性而不加控制。要在确保社会效益的前提下，依据规模效益原则，合理设定服务范围，科学选择服务方式，不盲目地追求时效、速度，也不一味地提倡"横向到边、纵向到底"，兼顾社会效益和经济效益，确保服务公平、可持续地提供。

六、农业农村部门"放管服"改革工作现状及问题

深化"放管服"改革是转变农业农村部门职能的迫切需要，是推进农业农村部门治理能力现代化的重要抓手，也是助推乡村振兴战略全面实施的有效举措。农业农村部在推进"放管服"改革方面成效显著。

在规范化建设方面，2003年，在国务院部门中率先实行行政审批"一个窗口对外"，设立了第一家部级行政审批综合办公大厅，创设了"统一受理、统一回复、接办分离、限时办结"的审批方式。先后建立了行政审批综合办公、行政许可电子监察和投诉举报、行政审批服务第三方监督、政务服务"好差评"等制度机制，出台了《深化农业行政审批制度改革的意见》、《农业农村部行政许可实施管理办法》、《政务服务大厅审批服务规范》等多部文件、规章，废止与行政审批制度改革不相适应的规章规范性文件85部、修订89部。

在简政放权方面，2013年以来，部级实施的行政许可事项由58项压减到31项，指定地方实施事项取消调整33项、保留76项，中介服务事项由50项压减到10项，停止18家部属单位、社团、企业的中介服务，取消原来指定的中介服务机构29家。深化"证照分离"改革，将全部48项涉企经营许可事项列入全国版改革清单，其中10项同时在自贸试验区实行告知承诺改革，逐项提出具体改革举措。

在加强监管方面，针对取消下放事项，及时制定事中事后监管措施，通过新闻发布会、部网站和行业网站广泛宣传、深入解读，同时组织开展全口径有针对性的综合培训以及分行业分领域的专题培训。推行"双随机、一公开"，制定随机抽查事项清单和检查方案，建立审批和处罚信用信息系统，推动国家和省级农产品质量安全县率先建立农资和农产品生产经营主体信用档案。分行业制定监管方案，实行例行监测、重点抽查、专项抽查相结合。

在优化服务方面，2019年起，持续开展"三减一优"便民服务活动，通过减材料、减环节、减时限、优化审批服务，共推动减少申请材料87项，优化减并审批环节7项，15项许可事项平均压减行政办理时间6个工作日、技术审查时间41个工作日。对农业农村部办理的全部许可涉及的118项证明事项逐项研究梳理，最终确定的实行告知承诺制许可事项清单共涉及30个许可事项的97项证明事项，实现除特殊事项外，直接面向企业和群众、依申请办理行政事项要求提供的证明材料均实行告知承诺制。2019年，启动"兽药产品批准文号"全程电子化审批试点，到2021年年底，已有50%的许可事项全部或部分实现了全程电子化审批，每年为申请人节省差旅、印刷、邮寄等各项直接费用800万元以

上。推动发布"动物检疫证明"等11项高频电子证照标准。

尽管农业农村部行政审批制度改革工作取得了一定成效，但与国务院"放管服"改革的精神、农业农村高质量发展的要求以及企业群众的更高期盼相比，还存在一定差距。主要表现在以下四方面。一是依然存在部分多层级实施的审批以及变相审批，需要在研究论证的基础上清理整合、取消下放，此外，个别审批项目和环节设置不合理，一些申请材料和申请环节还可进一步压减优化。二是农业行业生产经营链条长、分布散，市场主体数量多、规模小，在监管手段单一、技术支撑较差的情况下，监管覆盖难度大，问责风险高，地方不同程度有"不愿管"、"不敢管"、"不会管"现象，"重审批、轻监管"的倾向仍然存在，在监管和执法的关系方面还没有统一认识。三是部分地方探索实施相对集中行政许可权改革，将分散在不同职能部门的行政许可权集中在一个部门行使，促进了行政效率和服务水平的提升，但在职能部门和审批部门的衔接与配合方面还存在问题，综合审批部门的业务水平也需要进一步提高。**四是审批服务的数字化智能化水平还不高，由于电子印章、电子证照等新型电子政务手段还未开始应用，政务数据共享也存在限制，导致真正实现全程电子化的许可项目寥寥无几。**

七、农业农村部门"放管服"改革前景展望

深入推进农业农村领域"放管服"改革，需要牢固树立以人民为中心的发展思想、始终立足市场化的改革方向、不断创新行政管理方式方法、正确处理"放管服"三者关系、大力加强改革的法治保障。具体做好四方面的工作。

（一）以清单化管理促农业营商环境优化

行政许可事项清单既是政府行权的规尺，也是企业和群众有效监督的依据、便捷办事的助力。国务院2022年公布的许可事项清单，一是解决了行政许可权力边界不清的问题，摸清了许可事项底数；二是解决了许可事项要素不统一的问题，为企业群众提供了公平、高效、可预期的审批服务环境；三是解决了清单管理缺乏系统的制度规范问题，有利于确保清单的严肃性。要按照许可清单管理的要求，将农业农村领域的全部行政许可事项纳入清单，实现同一事项在不同地区和层级同要素管理、同标准办理，真正做到为企业松绑，充分激发农业农村领域市场主体的活力和创造力。

（二）以规范化运行促依法行政水平提升

持续一体推进"放管服"改革，要始终树立法无授权不可为、法定职责必须为、法定程序须严守的意识。一方面，要依法依规实施行政许可，不得随意增加许可条件、申请材料、审批环节，严肃清查整治变相许可；另一方面，要

围绕落实监管责任、完善监管制度、创新监管方式、加强监管统筹等持续发力，重规则、重机制，建立健全科学的抽查机制、责任追溯制度，规范自由裁量权，防止缺位失位或选择性监管。

（三）以信息化升级促审批监管效能提高

农业农村部多年来许可事项按时办结率保持100%，好评率保持100%，得到了各方面的高度肯定。要保持、扩大政务服务方面的优势，信息化升级是重要突破口。要进一步完善一体化政务服务平台功能，提升在线政务服务水平，推动更多许可事项网上办、掌上办，更好满足企业和群众的办事需求。监管执法方面，在大力推进农业综合行政执法改革、全面推行"双随机、一公开"监管的基础上，结合农业行业特点完善监管方法，运用大数据、人工智能等信息手段实施智慧监管，提高监管的精准性和有效性。

（四）以标准化建设促政务服务理念创新

增强农业农村领域市场主体的获得感、幸福感，需要不断创新审批服务方式、提升审批服务水平，提供公平、高效、可预期的审批服务。下一步，要继续推进政务服务事项实施清单标准化，建立健全事项管理、大厅建设、服务实施、评估评价等标准，同时针对应用范围广、使用频率高的许可证照继续推动电子证照标准制定工作，尽快实现电子证照的跨地区共享和全国范围互信互认。

作者单位：农业农村部法规司

第二节
地方调研报告

立法执法普法同推进
全面推进农业农村法治建设

姚继广　阴埝埝　乔羽　张建浩　孔翠翠　李牧原

农业农村法治建设是全面依法治国的重要内容，是"三农"工作的重要任务。本文在对全省11个市117个县（市、区）农业农村法治建设现状进行全面深入调研的基础上，系统回顾了山西省农业农村法治建设取得的成效，深入剖析了当前农业农村法治建设存在的主要问题，并提出了针对性的对策建议。

一、农业农村法治建设取得的成效

长期以来，山西省农业农村部门认真学习贯彻习近平法治思想，按照新时代加强农业农村法治建设的总体思路，着力强化农业农村立法、执法、普法、行政审批等工作，农业农村法治建设取得显著成效。

（一）农业农村法律规范体系更加健全完善

1. 农业农村法规规章体系逐步建立。一是涉农法律规范数量持续增长。山西涉农立法大致可以分为3个阶段。①创立阶段。从1987年制定第一部农业地方性法规《山西省农作物种子管理条例》，到2000年14年间，山西地方涉农立法保持不间断，每年制定1～2件法规或规章，与国家法律法规相配套，基本实现了农业农村各领域有法可依。②增质阶段。2001—2016年，主要对已出台的法规规章进行修订完善，先后进行了2次全面清理、6次专项清理。③提速阶段。从2017年开始，地方立法步伐逐步加快，2017—2022年，全省共制定省级法规4件、市级法规43件。修订（正）省级法规4件、省政府规章1件、市级法规4件，废止省级地方性法规2件、省政府规章1件。

截至目前，全省现行有效的涉农地方性法规共92件，其中省级39件、市级53件；现行有效的涉农政府规章共6件，其中省级5件、市级1件。

二是法律规范所涵盖的领域趋于合理。全省现行有效的涉农地方性法规规章涵盖了农业基本法、农村基本经营制度、农业生产资料管理、农业资源环境保护、农业生产发展、农业支持保护、农业产业和生产安全、农产品质量安全等主要内容，为依法治农、依法护农、依法兴农提供了强有力支撑和保障（图1）。

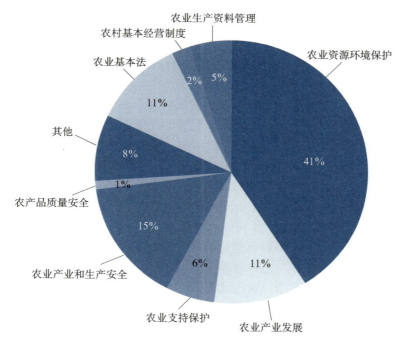

图1　山西省地方性法规主要类别

三是注重符合地方实情突出山西特色。近年来，山西坚持以良法善治为目标，以高质量高标准为抓手，以"特色"为重点，加快推进涉农地方立法。

省级层面，2019年制定出台了《山西省促进雁门关农牧交错带发展条例》，在我国北方农牧交错带立法领域具有首创意义。2021年制定出台了全国首部农业生产托管地方性法规《山西省农业生产托管服务条例》，为全国农业生产托管立法探索提供山西路径。坚持"小切口、有特色"立法要求，制定出台《山西省传统村落保护条例》，为山西传统村落资源的有效保护、合理利用提供了法治保障。2022年，立足山西"小杂粮王国"优势，聚焦现代特色农业发展，制定出台了全国第一部小杂粮产业方面的地方性法规《山西省小杂粮保护促进条例》，用法治方式保障和推动全省农业"特"、"优"战略，擦亮"小杂粮王国"金字招牌，走好"有机旱作"之路。

市级层面，各地根据市情和实际需要，积极推进地方特色立法。2019年，晋城市制定《晋城市村庄规划建设条例》，着眼规范村庄规划建设，提升农村人居环境质量，促进城乡融合发展。2020年，临汾市制定出台了《临汾市农村环境卫生综合治理促进条例》，对农村环境卫生基础设施建设、垃圾治理、污水治理、农业面源污染治理、村容村貌的优化保持及其监督管理等作出规定。2022年，吕梁市制定出台了《吕梁市禁牧休牧条例》，促进传统畜牧业向规模化、集约化的现代化畜牧业转型。

2. 法规规章清理常态化经常化。始终坚持"立改废并举"，加大对不适应新时代农业农村工作新形势新要求的法律规范的清理力度，使立法决策与发展改革决策相统一、相衔接。据统计，省级法规规章修订（正）达29件次，市级7件次；先后废止了《山西省农民承担费用和劳务监督管理条例》、《山西省农业综合开发条例》、《山西省农业环境保护条例》、《山西省农药管理办法》、《太原市牛奶生产经营管理办法》、《大同市畜禽屠宰管理办法》等12件地方性法规规章，更好地规范和推动了立法工作。2019年，省农业农村厅集中对1979年以来制发的所有"红头文件"进行了一次大体检、大筛查，宣布失效和废止了116件行政规范性文件，保留54件；2022年省农业农村厅再次进行集中清理，宣布继续有效49件、废止和失效23件，清除了制度冲突"打架"现象，全省农业农村法律规范体系更加科学完备。

3. 规范性文件合法性审核机制显成效。省级层面，制定了《山西省农业农村厅行政规范性文件制定与监督管理办法》，绘制行政规范性文件制发流程图，提高审核工作效率和备案率；建立法律顾问参与机制，印发《山西省农业农村厅法律顾问管理办法》，发挥法律顾问服务决策作用。2020年以来，共审核各类文件251件、经济合同425份，依法将有关行政规范性文件报省司法厅审核、备案，并在省政府公报公布。市级层面，各市在加强合法性审查方面均采取了有效措施。如阳泉市制定《阳泉市农业农村局规范性文件管理办法》；临汾市制定《临汾市农业农村局行政规范性文件合法性审核实施方案》，推进审核工作规范化；晋中市采取法律顾问和法制机构"双把关"模式，明确规定对未经合法性审核或者经审核不合法的文件，不得上会研究决定。全省农业农村规范性文件审核机制逐步建立，从源头上杜绝了违反法法律法规文件的出台，确保了规范性文件合法合规。

（二）农业农村行政执法更加规范公正

1. **农业综合执法机构队伍得到不断强化。** 2018年11月23日，中共中央办公厅、国务院办公厅印发了《关于深化农业综合行政执法改革的指导意见》，针对我国农业发展转型的关键时期，对加快推进农业综合行政执法改革，完善农业综合行政体系和执法队伍建设提出了明确要求。山西积极推动执法体制改革建设，执法队伍得到逐步强化，综合执法能力和执法办案水平得到迅速提升。

（1）**农业综合执法机构设置情况。** 改革之后，全省农业执法机构由原来的439个精简至104个，定编制2322人，实际在岗1787人，实现了农业农村系统执法队伍的优化重组。省级在法规处加挂执法监督处牌子，为正处级内设机构，实际在岗人数4人；市级成立11个农业综合行政执法队，均为副处级事业单位，实际在岗人数520人；县级成立92个农业综合行政执法队，实行"局队合一"体制，由农业农村局局长兼任队长，均为科级公益一类事业单位，实际在岗1263人。

（2）**农业综合执法人员配备情况**。全省农业综合执法人员学历构成：研究生以上学历人数为89人，占比4.98％；大学本科学历人数为928人，占比51.93％；大学本科以下学历770人，占比43.09％。全省农业综合执法人员专业情况：法学专业人数为100人，占在岗人数比为5.60％。全省农业综合执法人员年龄情况：执法人员40岁以下（含40岁）执法人员人数为646人，占比36.15％；40 ～ 50岁人数（含50岁）为774人，43.31％占比；50岁以上人数为367人，占比20.54％。

（3）**农业综合执法保障情况**。第一，**执法经费保障情况**。各级农业综合行政执法机构积极申请将执法运行经费、执法装备建设经费、罚没有毒有害物品处置经费等纳入同级财政预算。据统计，2019年以来，省、市、县三级综合执法机构纳入同级财政预算的执法运行经费近7000万元、专项执法经费近9000万元。

第二，**执法装备配备情况**。全省各级农业农村部门高度重视农业综合执法队伍建设，省级计划投入6000万元实施"综合执法能力提升行动"，2022、2023两年已安排资金4000万元支持11个市和66个县配备执法装备，各市县在综合执法队伍建设方面也拿出了切实有效的举措。截至2023年3月，全省共配备有执法车97辆、渔政船艇5艘、执法记录仪794台、无人机24台，分别比改革前增加76.3％、25％、305％、230％。

第三，**执法办公场所情况**。农业综合行政执法改革前，农业、畜牧、农机、渔业执法分散在不同部门，办公场所分散；新机构成立后，各市、县农业综合行政执法机构积极争取办公用房，满足执法人员增多和集中办公需求，24个全国农业综合行政执法示范单位（窗口）全部拥有相对独立的办公场所和集中办公区域。

第四，**执法信息化建设情况**。全省执法人员主要借助全国农业综合执法信息共享平台和"全国农业执法通"App开展执法信息化工作。部分农业综合执法机构通过购买第三方开发的App对全国农业执法通进行补充，泽州县购置了农业综合执法网上办案系统，通过平台开展案卷制作、产品抽检、现场检查等执法业务，实现投入品、农产品、包装废弃物等监管数据汇总、数据分析，对基层执法信息化建设进行了探索实践。

第五，**执法人员职业保障**。山西省改革方案明确将农业有毒有害、动物卫生两项津贴纳入职业保障，且鼓励探索通过购买人身意外伤害保险提高职业伤害保障水平。目前，16个市、县申请到农业有毒有害和动物卫生津贴，个别县为执法人员落实了工伤保险、人身意外伤害保险。

2. 探索建立了有效的综合执法工作机制。省级层面，2021年，省农业农村厅出台了《山西省农业农村厅调用市县农业综合行政执法人员管理办法（试行）》，成立省级执法办案指导小组，强化省级统筹协调和监督指导。调用机制的建立，有效解决了全省农业农村领域大案要案人员缺乏的弊端，形成省、市、县协同执法的格局。

市级层面，在执法权属划分方面，各地因地制宜建立了各具特色的执法格局。一是市级统管城区农业执法，除大同云冈区、新荣区、云州区，朔州平鲁区，阳泉郊区，晋中太谷区6个农业比重较大的市辖区单独成立了农业综合行政执法队外，运城、临汾、晋城、吕梁、阳泉、忻州等市辖区较少的市执法人员全部上划到市，执法职能直接由市级农业综合执法队行使。二是城区设立派出机构。太原市市辖6城区和长治市上党、潞城、屯留3个区下设派出机构，分别负责的所在区农业执法工作，人员实行双重管理。

县级层面，均实行"局队合一"体制，即由局长或分管领导兼任执法队长。各县区独立设置农业综合执法队，属于主流农业执法权配置模式，河曲县、浮山县、左云县、石楼县、娄烦县等5个小县实行跨部门综合行政执法。

3. 通过规范执法提升了执法办案能力。山西坚持把执法队伍执法能力建设摆在重要位置，省农业农村厅制定《农业综合行政执法事项指导目录》、《农业行政处罚自由裁量权基准》，实现全系统执法一个标准规范；编印了《农业农村法律法规规章汇编》、《农业农村部法律法规解释答复汇编》，为执法人员提供执法工具书。印发《全省农业综合行政执法能力提升行动实施方案》、《全省农业综合行政执法人员培训方案（2021—2023年）》，在全省组织开展行政执法能力提升、执法大练兵、大比武活动等系列执法活动，打造执法排头兵，夺得全国农业综合行政执法大比武总决赛团体二等奖、获得优秀组织奖；举办全省农业综合行政执法队伍统一着装仪式，全面提升我省农业综合执法队伍良好形象；与科教、种业、畜牧等行业处室联合举办4期培训班，探索综合执法、行业监管跨领域融合教育机制；按照"一县一卷、一市一卷"的原则，严格案卷审查、提升执法水平、培养技术能手，先后获得全国农业行政处罚优秀案卷27卷；1人荣获全国行政执法先进个人，展现了山西省执法人员素质和办案水平。以示范引领方向，共创建全国农业综合行政执法示范窗口15个、示范单位9个，总量位居全国前列。改革以来，全省执法力度迅速提高到一个新的水平，案件查办数量质量大幅提升，对不法分子形成强力震慑。

（三）农业农村法治氛围更加浓厚

1. 全方位开展重点普法宣传活动。连续3年开展"宪法进农村"主题活动，推动全国"宪法进农村"主场活动首次走出北京、落地山西并成功举办。以"美好生活·民法典相伴"为主题，推动民法典有效实施。以"乡村振兴 法治先行"为抓手，举办专题辅导、专题讲座、主题宣传、法治论坛，多层次宣传乡村振兴促进法。2021年，举办乡村振兴（太谷）论坛，陈锡文等多位权威专家对乡村振兴促进法的深度解读成为亮点。组织开展"防控疫情、法治同行"专项法治宣传活动，广泛宣传动物防疫法、野生动物保护法、水生野生动物保护实施条例、农产品质量安全法等与疫情防控有关的涉农法律法规，发布"回乡农民工防疫歌"、"致广大农民朋友的一封信"等倡议书，让依法防控疫情成为农民群众的自觉行动。

2. **全面落实"谁执法谁普法"普法责任制。**围绕"三农"工作重心，全省农业农村部门严格落实"谁执法谁普法"、"谁主管谁普法"、"谁服务谁普法"，实行普法责任清单制，细化年度任务，责任分解到处（科）室。每年从春到冬，"放心农资下乡进村"、"农产品质量安全宣传周"、"春风万里 绿食有你"绿色食品宣传月等10余场专题活动贯穿全年，各类普法节目精彩纷呈，老百姓听得明白、看得欢乐、记得清楚。

3. **全面启动培育农村学法用法示范户。**省农业农村厅与省司法厅联合印发《关于在全省培育农村学法用法示范户的实施方案》，力争到2025年年底，实现农村学法用法示范户覆盖到全省每个行政村。各级农业农村部门积极动员、广泛发动，优先在村"两委"干部、村民小组长、人民调解员、网格员、致富带头人中选拔示范户。2022年省农业农村厅开设"农村学法用法大讲堂"线上培训，共开办专题培训9期。截至2022年年底，全省共培育农村学法用法示范户12025户，发放标志牌10000个。

4. **普法形式灵活多样丰富多彩。**"七五"普法以来，山西不断创新普法形式。一是在机关通过报刊、法治宣传专栏、走廊文化、电子显示屏等载体，开展普法宣传。二是利用纪念日、宣传月等关键时间节点，广泛开展现场宣传活动，全系统共举办2527场次。三是充分利现代媒体等手段。利用12316"三农"信息发布平台和各级农业农村部门门户网站、微信公众号发布普法资料，通过农视网、今日头条、微博、抖音、快手、新华社现场云等网络平台开展宣传教育活动。制作推出了《山西省促进雁门关农牧交错带发展条例》、《乡村振兴促进法》宣传片，《农药风波》、《种子风波》等普法微电影，将农业法律法规融入百姓生活；30集《阳光农安 共建共享》专题片，陆续在山西卫视及腾讯视频等新媒体平台播放，形成了共治共享良好氛围。

5. **农村依法治理的观念不断强化。**在调研中了解到，山西农村"四议两公开"、村务公开、村务监督制度等已普遍建立，村规民约也成为推进农村治理的"小宪法"。农村干部法治观念普遍增强，村民守法意识和契约意识在近几年也得到了不断强化。无论是县级农业农村局、乡政府、村集体与村民个人、还是村民个人之间，无论是产权交易过户，还是土地承包流转或矛盾纠纷调处，最终确认的结果都是签字画押为凭，防止"口说无凭"，这种契约方式有力地提高了多方主体学法用法的水平。据2017年山西省统计局社情民意调查中心对全省农村法治建设满意度百分制调查结果，受访群众满意度最高的是村级管理制度和村规民约遵守情况，为82.03分，满意度最低的是农村"两委"办事公道情况，为78.54分。

（四）农业行政审批服务模式不断优化

山西按照市场化、法治化、国际化、便利化的要求，以数字政府建设为牵引，持续深化"放管服"改革，加快推进职能转变，着力优化营商环境，有效激发了农业农村经营主体活力和社会创造力，为助力乡村振兴注入了新的动力。

1. 简政放权依法到位。2013年以来，取消、下放省级行政许可类事项82项，仅2021年一年就依法依规取消下放调整行政职权事项12项。全面推行市场准入负面清单制度，推动清单之外"非禁即入"，企业办证实现"零成本"；深化"证照分离"，推动"照后减证"，有效解决了企业"准入不准营"问题；拓展"多证合一"，将农作物种子分支机构设立与营业执照整合；推行"简易注销"，极大地释放了社会资源；持续开展"减证便民"，省级审批事项前置申请材料平均精简46%，审批事项办理时间平均压减51%，主动公开行政许可、行政确认、注销、公告等信息1万多条，按时公开率达100%；初步建立了以"互联网＋监管"为核心、信用监管为基础、"双随机、一公开"监管为基本手段、重点监管为补充、包容审慎监管为辅助的新型综合监管机制，积极强化对监管的"再监管"。

2. **法治保障跟进有力**。坚持改革与立法"同频共振"、相统一、相促进，出台首部《山西省相对集中行政许可权办法》（省政府第269号令）政府规章，明确规定了事项划转与承接、事中事后监管、部门协同联动等内容，为保障改革顺利推进提供了坚强保障；建立首个联动机制，印发《关于建立省、市、县审批服务协同联动机制的通知》（晋政办发〔2020〕99号），率先建立了覆盖省、市、县三级的"多对一、一对一、一对多"审批服务协同联动机制，形成了渠道顺畅、高效运转、纵向统筹协调、横向密切配合的政务服务新模式；全国首创地方立法《山西省一枚印章管审批条例》出台实施，确立了一枚行政审批专用印章的法律效力，为深化"一枚印章管审批"改革提供了坚实的法治保障。

3. **审批模式便捷高效**。强化"整体政府"理念，协同审批监管。省级按照"两集中、两到位"模式运行，具体审批服务职能仍由省直相关部门行使；市县两级全面实施"一枚印章管审批"，具体行使授权划转的行政审批及关联服务职能，按照"谁审批谁负责"、"谁主管谁监管"的原则，现审批部门负责审批，原审批部门负责监管。深度整合职能资源，优化便捷服务。2016年省厅单独设置行政审批管理处，集中行使省级行政许可权，打破以往处室设置审批事项及流程做法，重新设计安排相关业务流程间逻辑关系，进一步明确规范受理、办理和办结整个过程标准，整体性系统性高效性再造审批业务流程，推动集中审批服务向"一件事"集成服务迭代升级。省级许可事项实现100%"全程网办，市县平均超过85%，省市县三级共同打造集成服务套餐10余项，实现了省、市、县三级电子证照在线制发。

二、农业农村法治建设存在的主要问题

农业农村法治建设是实现乡村振兴战略的重要保障，也是依法治国方略真正落实的重点和难点。虽然全省各地农业农村法治建设取得了一些成绩，但从调研情况看，还存在许多深层次问题制约着农业农村法治建设的进程。

（一）农业农村法律体系尚不完整

从涉农法律法规来看，农业农村法律体系已基本形成，但大多涉及范围不够全面立体，特别是农村领域立法需要进一步加强。如农村集体经济组织及其治理结构、农村集体资产管理、农业金融、乡村治理、生态环境、农业产业升级和融合等。

（二）执法失位错位现象仍有发生

一是执法人员素养不高。非法律专业出身一定程度上制约了执法能力，在执法中极易出现"人治"思维代替"法治"思维等现象。二是执法人员数量不足、在岗率较低。

（三）农村缺乏法律服务人才

调研中了解，农村专业型法律人才缺乏，村"两委"干部学历较低。虽然村里有大学生村官，但法律知识不足、阅历较少、经验不足，话语权较轻，缺乏外部支撑机制、流动性较大，在复杂特殊的农村环境中很难开展工作。

（四）政务信息化工作有待加强

部、省政务数据壁垒仍然存在，信息化建设进度仍需加快。个别司局自建许可业务信息系统未实现与国家一体化平台对接，办事企业和群众存在"二次登录"的情况，审批人员存在大量重复录入的情况，对涉及审批的行业政策、相关规划和调控措施等相关信息直达审批处（局）不全面、不及时。

三、推进农业农村法治建设的建议

农业农村稳定是国家稳定的基石，法治是实现农业农村稳定的重要保障。

在乡村振兴背景下，推进农业农村法治建设是实现农业农村跨越式发展的内在要求，也是实现全面依法治国方略的关键所在。根据调研情况，提出如下建议。

（一）结合农业农村特点，逐步完善涉农立法

一是立法要融合农村特征。农村历史悠久、乡土村气息浓厚，以人情礼法为内核一直是农民信奉的生存逻辑和行为准则，也是维持农村稳定和法治秩序的重要组成部分。在立法时，要吸纳乡规民约中的精华，剔除与现代法治文明相悖的糟粕，去粗取精，加快融合，以便于农民接受并转变为法治观念。二是立法要满足农业需求。虽然我国农业农村法律体系已经建立，但部分涉农法律由于制定时间过早，规范方式及规范内容都偏于陈旧，不能满足现代农业发展需求，更不符合未来农业发展，需要加快立改废步伐。三是立法要突出可操作性。在涉农立法中，原则性、宣示性和倡导性内容较多，具体性和明确性较少，直接导致法律规范难以发挥真正功效。提高涉农立法的可操作性和精细化，要充分发挥具有实施引导性的地方性立法优势，因地制宜、因时而立。同时，立法要坚持走群众路线，坚持农民主体地位，尊重农民首创精神，把维护农民权益作为立法价值取向，充分听取和吸收基层干部群众意见，让涉农法律真正获得生命力。

（二）规范执法行为，完善农业农村执法监督

农业农村行政执法是调整农民权利义务关系、保障农业经济健康发展、保证农业安全、维护农村稳定的重要手段，而农业农村执法水平高低直接关系到农业农村法治建设的质量。一是持续深化农业综合行政执法改革。要加大财政供给力度，保障执法经费充裕，提高执法人员待遇；探索多部门联系执法机制，加强与编办、人社、司法、财政等部门沟通协调，解决农业执法人员编制不足问题，明确各自部门的权责边界，制定执法正负清单，避免执法权交叉；建立健全农业执法管理、重大案件上报备案、执法过错问责等制度，加快农业农村执法体系建设。二是提升执法人员法治素养。提高执法人员准入门槛，优先选择专业法律背景人员；严格落实执法人员持证上岗和资格管理制度，坚持无证不上岗、不执法；加强法治系统培训，制定个性化培训计划，避免"年年培训、年年换人"的"大水漫灌式"培训。三是完善执法监督机制。"监督是权力的防腐剂"。执法监督是执法水平的必要保障，防止权力肆意泛滥。要突出农民监督作用，加强行政诉讼程序教育宣传，增强农民对行政复议及诉讼的了解，使农民认识到公权力也有严格的法律边界，越界违法；要加强行政机关内部监督作用，建立完善的监督评估机制。

（三）综合施策，提高基层干部群众法治思维能力

一是突出党组织作用。坚决树立政府及所属机构是干部群众法治观念培育的实施主体。借助党的组织力量，统一部署、系统构建、整体推进，整合利用各种资源，打通推进法治观念培育堵点，形成全方位法治培育格局。二是提高基层农业干部依法办事能力。要在农业农村建设中培养锻造干部依法处理问题的能力，在实战中学习法律、运用法律，如在征地拆迁补偿、农村土地承包流转、生态环境保护等问题的处理上。要注意法律规范引导及结果运用，让干部切实感受到法律的力量和依法办事的优势，提升法治认同感。三是着力培养农民依法维权的法治意识。要以现有法律赋权来增加农民财产性收益，如加快农村土地承包经营权流转保护，盘活宅基地使用权有偿使用等工作，让农民从获得的经济利益中提升法治意识；将农村纠纷解决机制纳入法治框架，引导农民养成遇事找法的观念，借助纠纷解决实践，逐步提升维护权利意识。

（四）完善法律服务制度，提升农村公共法律服务质量

农村公共法律服务质量对保护农民的基本权益诉求、促进农业农村法治建设具有重要的作用。一是丰富公共法律服务供给。随着农村经济发展，农民更多关注土地、婚姻、遗产、劳动纠纷等领域的法律问题，合理配置有限的法律服务资源，及时提供法律意见书等法律文书解决农民现实问题。二是加强法律服务队伍建设。要突出基层政府在法律服务队建设中的主导作用，整合政府与社会资源，建立起由基层法律工作者、高校教师、律师、乡村"能人"、退休官员等相关涉法专业人士在内的法律服务团队。根据不同地域、不同情况，有效配置法律服务人员，通过各种现代媒体手段，为农民及时提供法律服务。三是落实外聘法律顾问制度。各级农业农村部门要加大外聘法律顾问经费保障力度，积极探索市场化购买公共法律服务产品，并建立相关机制给予符合条件农民或农业经营主体相关补贴。

（五）明确普法重点，切实提高农业农村法治宣传效果

一是发挥"关键少数"头雁效应。认真落实党政主要负责人履行推进法治建设第一责任人职责规定，不断建立和完善领导干部学法用法制度，列明年度学法清单，严格落实考核办法，培养领导干部守法自觉。二是抓住农村精英群体。农民专业合作社理事长、农业公司经理、农业大户是农村"能人"，也是农业农村法治宣传、农村学法用法示范户的重点群体。他们眼界宽、经验丰富，与外界交流多，有一定"发言权"，影响力辐射较广，其处事方式具有引导作用，有针对性开展系统培训，提升其依法处理问题能力，较易形成学法榜样作用。三是以农业农村需求作为普法导向。结合农村地区差异、农业发展水平和

农民实际需求，实施"精准"普法，提高普法的针对性，提高农民学法、守法、用法的主动性；注重程序法的普及，避免农民关注习惯于"法律如何规定"，忽略"自身应当如何使用法律武器维护权益"。

作者单位：山西省农业农村厅

奋进新时代　展现新作为
推动农业农村法治建设迈上新台阶

江苏省农业农村厅法规处　行政审批处　农业综合行政执法监督局

　　农业农村法治建设，是全面推进乡村振兴、加快农业农村现代化的重要保障，是推进法治政府建设、依法全面履职的现实要求，也是满足人民群众日益增长的法治需求、维护农民权益的有效途径。本文系统梳理了江苏省农业农村法治建设实践经验，深入剖析了农业农村法治工作面临的形势任务，检视短板和问题，并提出相应对策建议。

一、主动担当作为，全省农业农村法治工作在服务"三农"中心工作上取得新成效

　　近年来，江苏省农业农村系统坚持以习近平新时代中国特色社会主义思想为指导，全面贯彻习近平法治思想，认真落实省委提出的"使法治成为江苏高质量发展和现代化建设的显著优势和核心竞争力"的要求，始终把法治建设作为全局性、基础性、保障性工作来抓，与农业农村的中心工作和重点任务同部署同落实同考核，做到同向发力、同频共振，法治固根本、稳预期、利长远的作用得到充分彰显。

（一）农业农村法规制度体系不断健全

　　坚持问题导向，围绕全面推进乡村振兴、加快农业农村现代化，及时总结实践经验和改革成果，推动农业农村重点领域立法，制定和修改了一批涉农法规规章。一是坚持科学立法。适应江苏省农业农村改革发展需要，在充分调研的基础上，突出乡村振兴重点领域和新兴领域立法，建立全省农业农村立法项目储备库，编制"十四五"时期农业农村立法计划。积极推进法规规章的立改废工作，近五年提请省人大和省政府审议通过法规规章制定修改项目12个，具有江苏特色的农业农村地方性法规体系不断完善。二是围绕中心立法。围绕全面实施乡村振兴战略，推进农业强省建设，加快农业农村现代化，制定了《江

苏省乡村振兴促进条例》。围绕打好种业翻身仗，修订《江苏省种子条例》、《江苏省蚕种管理办法》、《江苏省水产种苗管理规定》。围绕巩固完善农村基本经营制度、体现江苏创新实践，修订《江苏省农民专业合作社条例》、《江苏省农村土地承包经营权保护条例》。围绕贯彻国家战略部署和长江流域禁捕退捕，修订《江苏省渔业管理条例》，在全国首次将长江禁渔写入地方性法规，禁止在长江干流禁渔期内垂钓。由长三角三省一市人大共同商定、协同出台的《关于促进和保障长江流域禁捕工作若干问题的决定》统一于2021年4月1日起正式实施。围绕集体振兴、规范引领农村集体产权制度改革，制定《江苏省农村集体资产管理条例》。**三是探索地方特色立法。**各设区市从实际出发，相继出台了《连云港市乡村清洁条例》、《盐城市畜禽养殖污染防治条例》、《泰州市垛田保护条例》、《扬州市渔业资源保护管理办法》等一批具有地方特色的涉农法规规章。**四是加强规范性文件制定管理和评估清理。**完善规范性文件制定程序，印发年度制定计划，全面落实合法性审核和公平竞争审查机制，严格把关监督，确保文件合法有效。开展法规规章立法前评估、立法后评估和实施情况报告制度。2022年对35件省政府行政规范性文件和59件厅行政规范性文件进行清理并重新发布。

（二）"放管服"改革持续深化

认真落实国家和省"放管服"改革的部署要求，优化行政审批流程，创新创优服务管理，不断优化营商环境。**一是做实"一窗受理"。**以"只进一扇门"为目标，推进依申请权力事项全部进驻各级政务服务大厅办理。省级52项（85个子项）行政许可事项、143项公共服务事项，均融入省政务服务平台，做深做实线下"一窗受理"、线上"一网通办"。2022年，驻省政务服务中心窗口共受理办件2675件，按时办结率100%，办件好评率100%。**二是实现"证照分离"。**对全省范围内40项涉企经营许可事项实行分类改革，兽药经营许可证核发（非生物制品类）等4项实行告知承诺，对生鲜乳收购站许可等30项分别采取优化审批流程、延长许可证有效期等措施提高审批效率。对农药经营许可等10个行政许可的16项证明事项实行告知承诺制。推进自贸区"证照分离"改革全覆盖试点和省级赋权。**三是推进"一网通办"。**在全省推广应用厅行权系统，建成全省一张垂管网，实现省、市、县部门办件数据与政务服务平台双向对接应用。目前省级两批28个高频许可事项，以及全省地级市所有事项共204个事项均可在"一网通办"专区办理，打破了层级、地域限制，推动涉农政务服务事项申请、受理、流转、审批、发证等全程在线办理，全省办件数据、公示信息、评价信息、电子证照统一归集。**四是优化"一件事一次办"。**建立农产品质量安全检测机构考核和资质认定协调机制，通过"一套材料、一次受理、一场评审"的"一件事"联办，将分散在农业农村、市场监管部门的两次评审改为1次。制定《"一件事"工作指引》，推进开办农药农资店、兽药经营店、畜禽养殖企业、动物诊疗机构等审批改革。**五是落实"互联网＋"监管。**建立监管事项目录清单动态调整机制，强化重点领域监管数据汇集，提升智能化监管水平。探索农产品质量安全信用分级分类管理，构建以信用为基础的新型监管机制。

（三）严格规范公正文明执法

坚持正确改革方向，大力推进农业综合执法改革任务落实，加大违法行为打击力度，确保农业生产安全和农产品质量安全。**一是农业综合执法体制改革任务全面完成。**13个设区市设立农业综合行政执法机构，负责全市执法监督和主城区、功能区的农业执法工作。98个县（市、区）中，76个县（区）明确设置农业综合行政执法机构；5个县（区）实行跨领域跨部门综合执法；17个主城区明确由设区市农业综合执法机构执法。指导各地以"配置统筹化、管理决策科学化、执法程序专业化、执法责任法治化"为基本思路，结合区域范围、产业规模、执法任务、执法资源配置便捷程度等情况，科学设置综合执法队伍的内设机构。6个单位成功创建第四批全国农业综合执法示范窗口或示范单位。按照农业农村部统一部署，完成全省农业综合行政执法机构制式服装和标志首次配发工作，各项工作正在积极推进。**二是违法行为得到有效查处。**2022年，组织开展农资打假、农产品质量和种子、渔业、农机等涉农执法专项行动，对农资批发市场和集散地、农机作业场所等开展全覆盖检查，强化对种养生产基地、菜篮子产品主产区检查，全省共出动执法人员15万余人次，检查门店及生产企业5万余个次。持续保障农产品质量安全，查处农产品质量安全案件409起。长江流域禁捕执法有力推进，加快构建渔政、公安等部门联合禁渔执法长效机制和人防、技防、群防、预防的"一机四防"工作体系。**三是行政执法"三项制度"全面推行。**认真落实行政执法公示、执法全过程记录和重大执法决定法制审核制度，推动执法信息及时准确公示、执法全过程留痕和可回溯管理、重大执法决定法制审核全覆盖。**四是农业行政执法能力不断加强。**分级分层开展执法人员培训，组建全省农业执法办案专家库，举办"以案释法"大讲堂，开展执法比武大练兵活动，公布14个农资和农产品质量安全执法典型案例。

（四）法治宣传教育扎实开展

认真落实普法责任制，丰富普法形式，突出普法效果，普法工作取得明显成效。**一是全面落实普法责任制。**编制实施农业农村系统"八五"普法规划，成立法治宣传教育领导小组，将普法作为法治工作的主要内容纳入综合考核指标体系。制定并动态调整普法责任清单、普法联动事项清单，实行年初"建账"、年中"查账"、年末"对账"，推动普法责任制落地见效。加强普法队伍建设，组建青年普法志愿者服务队。**二是多举措联动融合普法。**聚焦乡村振兴、稳产保供、绿色发展、长江禁捕、安全生产、乡村治理等重点任务，制定普法联动事项责任清单，深入开展上下联动、横向互动的普法活动，做到月月有主题、月月有活动、月月有报道，推进普法制度化常态化。**三是打造法治文化新亮点**。制定《关于加强农业农村法治文化建设的通知》，举办农业农村"法治文化节"，组织"讲学法用法故事暨法治文化巡演基层行"，制作"以案说法 遵章守规"农机法治宣教片，创作渔业渔港安全生产法治文艺巡演。**四是加快推进示范户培育**。做好农村学法用法示范户培育，实行省级抓总、市级负责、县级落实的责任制和分级负责、部门协调的推进机制，对学法用法培训、与示范户结对子、农村法治文化建设等提出量化指标。认定示范户1.7万户，认定农村法治教育基地4000多个。

（五）落实法治建设责任

不断强化全面依法治农的政治、思想和行动自觉，以高水平法治赋能高质量发展。**一是健全法治建设推进机制**。将法治建设纳入"三农"发展总体规划和年度工作计划。领导干部带头尊法学法守法用法，坚持法治思维、程序思维，健全工作制度，明确职责边界、办事程序和工作规范，确保各项工作在法治轨道上运行。**二是严格落实法治建设责任**。制定实施法治建设任务分解方案，明确任务分工。将依法依规履职纳入先进单位年度综合考核内容，将依法行政能力纳入工作人员考核内容。加强任务执行的督促、执行，与农业农村业务工作同推进、同检查、同考核。**三是坚持科学民主依法决策**。制定公布年度重大行政决策事项目录，执行重大行政决策法定程序，增强公众参与实效，提高专家论证质量，发挥风险评估功能，严格履行合法性审查和集体讨论决定程序。注重听取法律顾问、公职律师的意见。推进决策实施，提高决策实施效果。**四是法治思维和依法行政能力不断提高**。加强领导干部和工作人员学法用法工作，举办法治专题讲座，编印干部学法用法读本，制定《法律事务处理规定》和重大行政决策、规范性文件、经济合同和行政协议、公平竞争审查等工作指引，为推进农业农村工作在法治轨道上运行提供制度保障。

二、把握形势任务，有效发挥农业农村法治的重要作用

法治工作在服务保障"三农"事业长远发展中肩负重大使命、承担重大责任。江苏农业农村工作要做好"走在前、挑大梁、多作贡献"，必须筑法治之基、行法治之力、积法治之势，努力以高水平法治保障高质量发展。

一是坚持服务大局，提高法治保障贡献度。紧跟"三农"中心工作，做到中心工作进展到哪里，法治保障就跟进到哪里，作用就发挥到哪里。围绕推动农业农村高质量发展，全面实施市场准入负面清单制度，平等保护各类市场主体，落实公平竞争审查制度，加快打造法治化营商环境。围绕确保粮食等重要

农产品有效供给，严守耕地红线，保障国家粮食安全这一"国之大者"，充分运用法律和政策手段，加强耕地保护、高标准农田建设和保护，依法依职能严肃查处破坏耕地等违法行为。加快突破种业"卡脖子"问题，依法全面保护品种权等知识产权，着力解决侵权成本低、维权成本高等问题。

二是强化组织协调，提高法治工作机构统筹力。法治工作机构是全面依法治农的组织者、推动者、协调者。随着农业农村职能的新变化，法治工作涉及领域越来越广，承担的统筹协调事项越来越多、越来越具体，复杂程度越来越高，对很多大事、难事、急事肩负着牵头的职责、兜底的任务。全省农业农村部门法治工作机构要强化系统思维、强化底线思维、强化"最后一道关"意识，发挥好法治参谋助手作用，做到参之有据、谋之有方、助之有效、抓之有力；发挥实质性把关作用，把好程序关、把好法律关，确保各项工作紧贴工作重心、契合发展要求、保持法治方向。发挥统筹协调作用，加强对具体法治工作中的指导、沟通衔接，加强督办落实，确保依法履职各项任务落细落实。

三是聚焦主责主业，提高农业综合执法效能度。农业综合行政执法队伍是农业农村部门专司行政执法职能的重要力量。执法办案始终是农业综合行政执法机构的主责主业，将执法办案情况作为衡量农业综合行政执法改革成效和执法工作的基本标准。农业行政综合执法机构全面履行执法职责，重点抓好农资、农产品质量安全、长江禁渔、农村宅基地等领域的执法，既对潜在风险较大领域的日常执法工作常抓常管，也对问题突出领域、突发情况开展集中专项整治和联合执法行动。

三、正视存在不足，着力破解农业农村法治建设面临的突出问题

近年来，江苏省农业农村法治建设取得了明显成效，但是在工作中也还存在着一些问题和不足。

（一）农业农村法治建设仍需持续深入加力

一是运用法治思维和法治方式的政治自觉有待强化。少数地方的农业农村部门没有从全局的高度认识和把握，对法治工作的重要性、紧迫性认识不足，推进依法行政的方法和措施不够有力，运用法治手段推进发展、解决矛盾的能力还需提升。二是立法制规质量需要进一步提升。一些地方在起草文件、制定政策过程中，公众参与代表性、覆盖面和吸收意见的程度以及充分发挥政府法律顾问和公职律师作用等方面，仍有提升空间。立法制规的上下联动性不够，左右协调性不强。三是法治工作机构建设亟待加强。市、县两级法治条线人少事多的矛盾突出，一些地方的农业农村部门对农业农村法治建设的统筹协调能力不强，法治建设目标任务的落实在时差、温差和效果差上存在不平衡。

（二）农业综合执法能力亟需增强

一是综合执法职能与行业监管关系尚未严格厘清。一些地方农业农村部门对农业综合行政执法机构的职能定位存在偏差，职能尚未厘清。二是**执法力量不强、人员专业素养不高**。目前全省在岗的3295名农业综合执法人员中，50岁以上的人数占比超过35%，40岁以上人员占比接近70%，有法律专业学习背景的仅占11%，少数地方存在畏惧执法、不敢执法的现象。三是**乡镇综合执法工作仍需加强**。一些乡镇综合执法机构承担任务重、人员力量不足，执法人员专业素质能力不够，存在赋权后承接困难的现象。

（三）农业农村普法的针对性实效性有待增强

一是普法机制需要进一步健全。普法中系统性谋划和整体性协调不充分，没有充分形成上下贯通、左右协调的工作格局。有的地方普法责任制落实还不够有力。二是**创新普法方式不够**。"大呼隆"普法较多，分众化普法不够，针对性和实效性有待提高。三是示范户培育需要提高质量。在有效培育示范户、充分发挥示范户作用等方面还要进一步加强。

（四）农业行政审批改革仍需持续深化推进

一是简政放权仍需持续深入推进。"证照分离"改革力度还不够，证明事项和涉企经营许可事项告知承诺制还没有全面推进；一些申请材料和办理环节还可进一步压减优化。二是放管结合"管"仍需加强。一些地方监管力量不足、技术支撑不够，仍有不同程度的"不愿管"、"不敢管"、"不会管"现象。三是**优化服务急需创新**。农业农村数据的归集、共享、应用还跟不上数字法治政府建设步伐。

四、聚焦服务大局，奋力推进农业农村法治建设迈上新台阶

认真贯彻《法治政府建设实施纲要（2021—2025年）》，积极落实农业农村部《关于全面推进农业农村法治建设的意见》，以更高的站位、更严的标准、更实的举措，纵深推进农业农村法治建设。

（一）持续推进依法高效履职

一是深化"放管服"改革。动态调整农业农村部门行政权力清单。组织开展赋权乡镇执法事项执行情况评估、自贸试验区赋权事项评估，全面评估省级赋权事项的承接和落实情况，保障依法赋权、有效承接。持续推进"减证便民"，加大涉企经营许可"告知承诺制"使用力度。推进宅基地"并联审批一件事"等改革。二是**优化创新监管方式**。持续深化"双随机、一公开"监管，积

极开展跨部门综合监管。建立农业行业信用分级分类监管制度，根据市场主体生产经营活动风险程度和企业信用等级实施差异化监管。充分利用互联网、大数据、视频监控等技术手段，推进"互联网＋监管"系统建设。**三是提升政务服务效能。**加大"省内通办"力度，推动实现高频"省内通办"事项异地受理、全流程线上办理。进一步强化"一部门一系统"整合，推动实现全省"一张网"。**四是优化改善营商环境。**加快涉农领域营商环境政策框架体系建设，在制定修改地方性法规、政府规章和行政规范性文件过程中，充分听取企业和行业协会商会意见。贯彻落实公平竞争审查制度要求，强化公平竞争审查制度刚性约束。

（二）提高立法制规质量

一是协调推进地方立法。坚持服务改革、突出重点、补齐短板，聚焦"特色"、"精细"发力，出台一批乡村振兴急需、人民群众期盼的地方性法规和政府规章，以良法促进发展、保障善治。配合省人大做好《江苏省农产品质量安全条例》、《江苏省家庭农场发展促进办法》立法准备，积极推进相关法规规章修订工作。**二是严格规范行政决策程序。**严格贯彻落实重大行政决策程序规定，提高决策质量和效率，确保重大行政决策事项决策不越权、程序不缺失、内容不违法，筑牢"防火墙"。严格履行合法性审查和集体讨论决定程序，使各项决策真正符合中央要求、契合省情实际、贴合群众期盼。加强行政决策执行，跟踪执行效果。**三是加强规范性文件监督管理。**依法制定行政规范性文件，严禁越权发文，严格制发程序。严格合法性审核把关。健全行政规范性文件动态清理工作机制。探索开展规范性文件后评估、第三方评价、专家点评活动，跟踪实施效果，提高实施质效。

（三）严格规范公正文明执法

一是深化农业综合执法体制改革。坚持问题导向，聚焦弱项攻坚，紧扣关键环节，采取有效措施，深入推进农业综合执法规范化建设，以更高标准、更严要求，推进农业综合执法规范化建设取得突破性进展、实质性效果。进一步厘清农业综合执法与行政许可、行业管理、技术支撑等部门之间的职责。组织参与全国农业综合行政执法示范窗口（单位）创建。动态调整《江苏省农业综合行政执法事项指导目录》。严格执行农业行政执法装备配备标准，扎实提高执法保障水平。规范执法制式服装和标志配备及管理，严肃执法风纪，提升执法形象。**二是加大农业执法监管力度。**继续加大事关农业生产和农产品质量安全、农业生态环境保护和农民切身利益的重点领域执法力度。组织开展农资打假专项治理行动，加强对重点市场、重点时段、重点对象的执法检查，强化追根溯源，提升执法实效。实施种子执法专项行动，突出打击制售假劣、套牌侵权。

继续开展食用农产品"治违禁、控药残、促提升"三年行动，重点查处危害农产品质量安全的违法行为。组织跨区域、跨部门联动执法。**三是推进农业执法规范化建设**。贯彻实施《中华人民共和国行政处罚法》，依法实施免罚轻罚，营建更加宽容的法治环境。持续推行行政执法"三项制度"，实现执法信息透明、执法全过程留痕、执法程序规范。不断改进行政执法方式，推广柔性执法，做到宽严相济、法理相融。开展多层次多途径多形式执法培训，加强执法监督。组织执法案卷评查活动，公布执法指导案例，总结推广优秀办案经验，提升农业执法办案水平。

（四）完善法治建设推进机制

一是加强法治建设组织领导。深入学习贯彻习近平法治思想，主要负责人切实履行推进法治政府建设第一责任人职责，落实年终述职并"述法"。将法治建设成效作为衡量工作实绩的重要内容。加强法治工作机构建设，优化专业人才配置。全面推行法律顾问、公职律师制度。**二是提升依法行政意识和能力**。健全完善党委（党组）理论学习中心组学法制度，每年集中学法不少于2次。举办市县农业农村局长法治培训班。编制农业农村系统干部学法用法清单，健全常态化学法制度，培养运用法治思维和法治方式能力水平。**三是健全法治建设推进机制**。探索建立重点任务提示单制度，将法治政府建设工作融入日常、抓在经常。通过外部监督、负面反馈、逆向追查等方式，提升法治监督效能。**四是持续深入开展法治宣传教育**。深入实施"八五"普法规划，创新普法理念，创新普法方式，努力营造尊法学法守法用法的良好氛围。加大以案释法力度，让鲜活案例成为法治公开课，让社会的守法意识更强、矛盾纠纷更少。坚持文化培力，持续加强农业农村法治文化建设，创作农业法治文化作品，建设法治文艺精品库。扎实推进农村学法用法示范户培育工作，抓好培育工作的成果运用。组织开展"宪法进农村"、"情暖'三农'·送法下乡"等特色普法活动。

五、全面推进农业农村法治建设对策建议

（一）农业农村法治工作方面

一是加强立法制规联动协同。通过构建上下联动机制，让地方更多参与国家层面立法制规工作，及时了解掌握国家层面立法进程和相关精神，推动、带动地方立法制规工作；搭建地方立法协同平台，促进各省之间的交流，相互学习借鉴，提升农业农村制度建设的质量和效率。**二是加大相关工作指导力度**。加强法治工作人员培训，提高法治工作能力水平，确保更好依法依规履职。**三是加强普法资料的统一编写**。组织编写出版权威规范的普法资料、制作新媒体普法资源，特别是农村学法用法示范户培育配套工作教材资料，为基层提供更

多的普法资源。

（二）农业综合行政执法方面

一是进一步明确农业综合行政执法改革的相应规范要求。进一步梳理研究农业综合行政执法改革中普遍性问题，形成统一的解决方案。二是分层次多途径更精准开展执法培训。针对执法水平参差不齐的情况，基础性、普及性的培训由市、县承担，专题性、提升性由部、省承担。建议组织编写案例分析、疑难解答等方式更加精准指导办案。三是梳理研究农业法律规范存在的问题并与实务操作衔接。组织农业综合执法机构参与涉农立法工作，以便从执法的视角发现情况和问题，有利于法律规范的执行与落实。四是完善农业综合执法信息管理系统，构建跨省执法协作机制。完善全国农业综合执法信息管理系统，建立起全国范围内更加迅捷高效的指挥协调体系，推动农业综合行政执法更好地发挥作用。

（三）行政审批工作方面

一是加快推进简政放权。加大涉企经营许可事项实行告知承诺制力度；在实现"电子证照"跨层级、跨地域、跨部门共享互认互信的基础上，探索开展政务服务事项"跨省通办"。二是加快各条线审批系统整合。加快建立一体化政务平台对接，实现数据共享。三是统一各类证照格式。建议统一涉农领域有关种子、种畜禽、农药、饲料、肥料、兽药、渔业等证照样式，推动电子证照制作、归集、共享。

加强农业农村法治建设　保障乡村振兴战略实施

徐慧萍

党的二十大对坚持以习近平法治思想为指引，深入推进法治中国建设作出重大决策部署，为新时代推进全面依法治国、建设社会主义法治国家指明了前进方向，也为我们农业农村法治建设指明了方向、确立了目标。近年来，甘肃省农业农村系统坚持以习近平新时代中国特色社会主义思想为指导，深入学习贯彻习近平法治思想和习近平总书记关于法治政府建设及"三农"工作的重要指示精神，全面贯彻中央依法治国方略，认真落实《法治政府建设实施纲要（2015—2020年）》和省委、省政府全面依法治省决策部署，扎实推进农业农村法治建设各项工作，有效发挥法治对农业高质量发展的支撑作用、对农村改革的引领作用、对乡村治理的保障作用、对政府职能转变的促进作用，为全面实施乡村振兴战略、促进乡村治理体系和治理能力现代化提供了有力的法治保障。

一、农业农村法治建设基本情况及取得的成效

（一）围绕农业高质量发展，有序开展涉农地方立法

党的二十大报告明确提出，推进科学立法、民主立法、依法立法，统筹立改废释纂，增强立法系统性、整体性、协同性、时效性。近年来，省农业农村厅注重把涉农地方立法工作放在全省经济社会发展大局上来谋划推进。积极主动落实省人大、省政府立法规划和年度计划，有效填补涉农立法空白，全面推动"立改废"工作，有效改善和优化了农业法治环境。**围绕促进乡村振兴**，及时启动《甘肃省乡村振兴促进条例》立法调研，完成条例草案起草工作，已由省人大常委会审议通过后发布，自2023年1月1日起施行；**围绕推动绿色转型**，报请省人大常委会完成了《甘肃省农产品质量安全条例》、《甘肃省农作物种子条例》、《甘肃省废旧农膜回收利用条例》、《甘肃省动物防疫条例》、《甘肃省实施〈中华人民共和国渔业法〉办法》、《甘肃省农村能源条例》、《甘肃省农民教育培训条例》、《甘肃省农业机械管理条例》8部地方性法规的修订工作；**围绕**

保障法制统一，对制定较早、上位法已有完善制度规定、实践中已无继续保留或修订必要性的《甘肃省农民承担费用和劳务监督管理办法》、《甘肃省农业综合开发条例》、《甘肃省农业技术推广条例》3部地方性法规和《甘肃省农药管理办法》、《甘肃省农机驾驶操作人员违章处罚规定》、《甘肃省农机事故处理规定》3部政府规章分别报请省人大常委会、省政府予以废止。2019年全省机构改革完成后，将《甘肃省草原条例》、《甘肃省草原防火办法》、《甘肃省草畜平衡管理办法》、《甘肃省草原禁牧办法》等法规规章划转林草部门负责实施。目前，甘肃省农业领域现行有效地方性法规11部，政府规章8部，与国家相关法律、行政法规、部门规章一起，共同构成了多层次的农业农村法律制度框架体系。

（二）全面落实普法责任，扎实推进依法治理

党的二十大报告对加快建设法治社会，弘扬社会主义法治精神，传承中华优秀传统法律文化提出明确要求。近年来，全省各级农业农村部门坚持把普法工作与"三农"工作实际、农民群众的法治需求相结合。**着力落实"谁执法谁普法"、"谁服务谁普法"、"谁主管谁普法"**。认真贯彻《甘肃省农业系统落实"谁执法谁普法"普法责任制实施意见》、甘肃省农业农村系统"七五"、"八五"普法规划、《甘肃省培育农村学法用法示范户实施方案》和普法责任清单，变"软任务"为"硬约束"，把普法融入行政管理、执法监督和公共服务的各环节、全过程。"七五"普法工作成效明显，"八五"普法工作有序推进。**着力落实重点法规、关键领域**。突出习近平法治思想、宪法、民法典、"三农"领域相关法律法规以及疫情防控法律法规的学习宣传。针对《乡村振兴促进法》和修订后的《甘肃省农作物种子条例》、《甘肃省废旧农膜回收利用条例》等涉农法律法规制定了宣传贯彻方案，采取多种方式，有效结合业务工作开展，把宣传贯彻活动引向深入，为全面普法、严格执法奠定理论基础，为贯彻实施营造良好社会环境。**着力落实"关键少数、大众多数"**。各级农业农村部门领导干部带头学法、模范用法，带头提升运用法治思维和法治方式解决问题的能力。抓实农业干部法治培训，将法治教育纳入教育培训规划。通过培训学习，广大执法人员法治意识普遍增强，依法行政和服务"三农"的能力不断提升。同时坚持农民主角、农业主线、农村主场，将普法工作和工作职能相结合、日常宣传和集中宣传相结合，深入基层持续开展"乡村振兴、法治先行"、"中国农民丰收节"、"12·4宪法宣传周"、农产品质量安全宣传周、"放心农资下乡进村宣传周"等普法活动，积极培育农村学法用法示范户，培养了一批"看得懂法律、讲得出政策、用得通法律"的农民学法用法典型，推动法治理念、法治方法、法治服务进村入户，夯实甘肃省乡村全面振兴的群众基础、社会基础和法治基础。截至2022年年底，全省实现在8228个行政村有学法用法示范户，覆盖率达到51.2%。

（三）着力推进综合执法改革，持续加强行政执法

十九届三中全会审议通过的《深化党和国家机构改革方案》明确提出，整合组建5支综合执法队伍，农业综合执法队伍就是其中一支。深化农业综合行政执法改革，是以习近平同志为核心的党中央作出的重要决策，是深化党和国家机构改革的重要组成部分，也是建设法治政府、推进乡村治理体系和治理能力现代化的必然要求。"十三五"以来，特别自2019年起加快推进农业综合行政执法改革以来，全省农业综合行政执法能力建设稳步推进，执法体系不断健全，执法条件加快改善，为全省农业农村经济持续健康发展提供了法治保障。

1. 聚焦高质高效推进综合执法。贯彻落实中共中央办公厅、国务院办公厅关于深化农业综合行政执法改革的指导意见，统筹推进综合执法改革，完善依法行政体制。2018年12月30日，甘肃省委办公厅、省政府办公厅印发了《甘肃省深化农业综合行政执法改革的实施意见》（甘办发〔2018〕88号），全省农业综合行政执法改革正式启动。省农业农村厅党组对农业综合行政执法改革高度重视，在统筹推进省级改革的同时，通过培训、调研、督导等方式，加强对市县改革的指导，目前全省农业综合行政执法改革已基本完成，农业执法体系规范化建设也正在大步推进。省级层面，在甘肃省农业农村厅内设农业综合执法局，加挂法规处牌子，配备12名工作人员已全部到位；市级层面，12个市（州）组建成立了市级农业综合行政执法机构，均已挂牌并印发"三定"方案（酒泉、天水两市明确在市级不设立农业综合行政执法机构），全省市级农业综合行政执法队初步核定编制共计506人，实际到岗455人；县级层面，应成立农业综合行政执法队的74个县（区、市）均已挂牌成立，其中73个县（市、区）印发了"三定"方案，初步核定编制共计1623人，实际到岗1404人。

2. 聚焦重点领域加大执法力度。切实履行行业监管职责，联合公安、市场监管等部门扎实开展农资打假、农产品质量安全及种业监管执法年等专项治理行动，依法查处各类涉农违法案件，持续保持高压严打态势，为农业生产安全和农产品质量安全保驾护航。专项行动中普遍采取日常巡查与重点检查相结合、全面检查与专项整治相结合的方式，对问题突出区域、城乡结合部、农资经营集散地等进行重点监管，对种子、农药、肥料、兽药和饲料等主要农资品种进行严格检查和监督抽检，深挖各类案件线索，集中查处和曝光了一批坑农害农案件，有力震慑了违法行为。2017年以来，全省各级农业农村部门累计出动执法人员近22万人次，检查各类农资生产经营企业（门店）14.35万家次，检查、整顿农资市场近1.2万个次，共立案查处各类涉农违法案件4267起，挽回经济损失约9000多万元。

3. 聚焦规范执法加强能力建设。各地通过组织开展农业行政执法大练兵、全国农业综合行政执法示范创建等活动，着力加强执法队伍规范化建设。按照

省厅统一安排部署，各市（州）结合工作实际，积极组织开展政治练兵、专业练兵、实战练兵、军训练兵等多种形式的大练兵活动，有的地区将军训练兵活动与全封闭式军事化培训项目有机结合，设立队列训练、应急处置、理论研讨等科目，取得了良好的培训效果。省厅每年都组织举办全省农业综合行政执法骨干暨师资培训班，重点对中央、省级农业综合执法改革精神、农业行政处罚程序规定及执法文书制作规范和相关业务知识等内容进行培训，同时充分依托农业农村部"崇农云讲堂"在线培训平台、现场授课指导等方式加强对市县执法人员的培训指导。市县农业农村部门也会分片分段分重点组织举办各类执法培训，通过典型案例剖析研讨、模拟演练、执法竞赛、经验交流等多种形式，提升执法人员法律素质和办案能力。截至2022年年底，兰州、嘉峪关、张掖、武威、平凉、定西、临夏、瓜州、甘谷、武山、陇西和白银市平川区等12个市（州）县（区）农业综合行政执法机构和玉门、泾川、秦州等3个县级农业农村部门分别成功创建全国农业综合行政执法示范窗口和全国农业综合行政执法示范单位。

（四）不断强化执法监督，切实规范执法行为

近年来，各级农业农村部门通过不断探索完善依法行政制度机制，创新行政执法监督方式方法，努力构建规范有效的行政执法监督体系，在促进严格规范公正文明执法，树立良好农业执法形象方面取得了明显成效。

1.着力加强制度建设，有效提升执法水平。全面落实行政执法"三项制度"、行政处罚裁量权基准制度、法律顾问审核制度、"双随机、一公开"和执法信息"双公示"等制度，适时修订行政处罚自由裁量权适用规则及相关裁量标准，有效杜绝执法不公、选择性执法、随意性执法等问题的发生。各级农业农村部门认真执行《甘肃省农业综合行政执法事项指导目录》、《甘肃省农业领域轻微违法行为不予行政处罚清单》、《甘肃省人民检察院甘肃省公安厅甘肃省农业农村厅关于加强农业领域行政执法与刑事司法衔接配合工作的实施意见》和重大执法决定法制审核目录清单，依照法定程序对行政处罚案件进行法制审核，对行政许可审查意见进行复核公示。省厅通过现场授课、线上学习等方式组织对行政执法"三项制度"进行专题解读，指导各地全面推行行政执法"三项制度"，有效提升行政执法能力和水平。

2.编制完善权责清单，明确依法行政职责。根据省上有关要求，坚持"法无授权不可为、法定职责必须为"的原则，依法依规准确规范农业农村部门权力事项和责任事项。2019年组织专门力量编制发布了全省农业农村系统权责清单指导目录，构建了省、市、县"三级四同"的清单管理制度。经全面梳理完善，全省农业农村系统省、市、县级权责清单现有各类行政权力事项分别为61项、137项、150项。根据省委编办、省司法厅关于适时调整权责清单的要求，

依据省政府取消调整和下放行政许可事项的相关决定精神以及农业法律法规章最新制修订情况，对省厅权责事项进行梳理调整并予及时公布。通过梳理完善权责清单，进一步强化了权责清单制度的便民性、实用性，有效推进了行政权力运行的公开化、规范化、制度化。

3. **组织开展案卷评查，提高依法办案水平**。自2007年开始，连续16年组织开展全省农业行政处罚案卷评查活动。近5年来，共组织省、市、县三级农业农村部门推荐上报411份参评案卷，其中108份被评为全省优秀案卷，17份被评为全省优秀文书，择优推荐的13份被农业农村部评为全国优秀案卷。2021年以来，评选公布全省农业农村领域行政处罚典型案例共20起。省厅每年从全省组织抽调农业执法骨干，分组、分行业、分地区对参评案卷进行全面评查，对案卷评查整体情况进行及时通报，并对下一步工作提出明确要求。同时，通过采取逐份反馈评查意见的方式，帮助执法办案人员及时改进工作，提高了案卷评查工作的科学性和针对性。各级农业农村部门收到案卷评查情况通报和评查意见后，普遍组织执法人员认真对照检查存在的问题，提出整改措施，确保农业法律法规得到全面有效实施。通过连续多年开展案卷评查，在全面履行法定职责、有效规范执法办案、提高案卷制作水平方面取得了明显成效。

（五）持续深化"放管服"改革，营造良好发展环境

"放管服"改革事关经济社会发展和人民福祉，是一场刀刃向内的政府自我革命。近年来，全省农业农村系统坚持"简政放权、放管结合、优化服务"方针，全力深化"放管服"改革，依法行政能力和便民服务的质量效率显著提升，群众满意度、获得感进一步增强。

1. **完善工作机制，建立健全工作制度**。省厅成立领导小组，统筹推进"放管服"改革和职能转变工作，抓好各项工作任务落实。先后制定了省农业农村厅《行政许可综合办公管理办法》、《行政许可综合办公办事规则》、《实施行政许可程序规定》、《驻省政府政务大厅窗口工作管理办法》等制度，建立完善了行政审批工作首问负责制、"AB角"工作制、限时办结制、一次性告知制、证明事项告知承诺制，一窗受理、分类办理等管理制度，保证了行政审批工作的制度化规范化。

2. **持续深化"放管服"改革，优化农业农村系统营商环境**。全面梳理规范目录清单，组织修订办公指南，清理整治变相审批，落实"三减一优"，压减申请材料30项，办理时限平均缩减51.8%，行政许可事项网办率达到100%。深化"证照分离"改革，做好改革事项接收、退回和反馈工作。推进事项省内通办、跨省通办，有效解决群众异地办事"多地跑"、"来回跑"等堵点难点问题。推行数据共享责任清单管理和高频电子证照共享应用，加快推进政务信息资源共享。积极做好"好差评"工作，省厅对其行政许可事项已全部开通"好差评"

功能，可通过PC端、移动端，实现政务服务事项、评价对象、服务渠道全覆盖。突出"利企便民"理念，2021年组织开展了深化"放管服"改革优化营商环境提质提标年活动，着力营造更加公开透明、规范有序、公平高效的法治化营商环境，有效激发市场主体活力。

3. **积极推动数字政府建设，实现政务服务事项"四级四同"清单式管理。**组织开展公共服务事项梳理工作。分别梳理填报省、市、县级公共服务事项22项、225项、1621项，做到了事项的设定依据、申报材料、办事流程、办理时限等内容全面、准确、可操作。实施行政许可事项清单化管理。分别梳理填报省、市、县级行政许可事项45项、137项、1971项，做到了依申请类政务服务事项办事指南的基本信息、申请材料要求、办理流程等准确、清晰、翔实。实行事项动态化管理。梳理形成甘肃省农业农村系统1～25批取消、调整、下放事项清单，并对清单及时更新，实行动态管理。

4. **总结典型经验，强化宣传推广。**以深化"放管服"改革优化营商环境提质提标年活动为抓手，强化对"放管服"改革工作的宣传推广。2021年以来，在甘肃农业信息网、甘肃经济日报等新闻媒体发布涉及"放管服"改革工作宣传报道22篇，向农业农村部推送"放管服"改革创新经验做法4篇，其中张掖市《行政审批制度改革创新做法》被农业农村部纳入地方农业农村部门深化"放管服"改革典型经验汇编。

（六）化解矛盾纠纷，强化社会治理

坚持把基层治理作为法治政府建设的重点领域，坚持和发展新时代"枫桥经验"，认真贯彻落实《关于完善矛盾纠纷多元化解机制的意见》，组织开展农村基层矛盾纠纷大排查大化解行动，深入排查土地流转确权、拖欠制种款、合作社非法集资等涉农矛盾纠纷突出问题和信访积案，努力做到"件件有着落，事事有回音"，从源头上预防和减少矛盾纠纷和群体性、非正常上访等事件的发生。同时，将行政调解与行政执法结合起来，坚持法定途径，坚守法治底线，在广大农村形成了办事依法、遇事找法、解决问题用法、化解矛盾靠法的良好法治社会环境。特别在化解土地承包纠纷方面，各县区设立了纠纷调解热线，各乡镇成立了调解委员会，各行政村成立了纠纷调解小组，形成了较为完备的仲裁体系，稳妥调处权属争议和矛盾纠纷。

二、农业农村法治建设存在的主要问题

近年来，全省各级农业农村部门大力加强依法行政能力建设，依法履职的能力水平不断提升，但与人民群众对法治建设的新期待、与加快推进国家治理体系和治理能力现代化的新形势和实现乡村全面振兴的新要求相比，农业农村法治建设还存在一定差距，还有一些问题和不足亟待解决和改进。

（一）农村基层对农业农村法治建设重要性认识不足

受传统观念、地域差异等因素影响，我省农村法治文化建设还相对滞后，农民法治观念还相对比较淡漠，法律在调整和化解社会矛盾、维护公民合法权益方面发挥应有作用还不够充分。社会法治化程度不高，一定程度上影响了农村经济和社会事业的持续健康发展。部分乡镇、村民委员会认为脱贫攻坚、乡村振兴才是硬指标，对农村法治建设工作缺乏积极态度，各级各部门对于农业农村法治建设不同程度存在认识不足、重视不够的问题。

（二）基层农业综合执法改革尚未完全到位

市、县两级农业综合行政执法机构普遍存在混编混岗情况。多数机构性质尚未明确，中层干部配备、公开遴选、参公人员职务职级并行、事业人员职称评聘、有毒有害津贴等政策待遇得不到及时落实，一定程度上影响了执法人员的积极性和执法队伍的稳定性。另，部分行政处罚事项经下放赋予乡镇后，部分乡镇与市县农业综合行政执法机构权责不清，存在上下衔接不顺、运行不畅的问题。

（三）农业普法宣传有待进一步深入

一方面，部分县区、乡镇的农村法治建设存在宣传手段单一、形式陈旧、设备简陋等问题，一定程度上影响了农村法治工作的深入开展和良好舆论宣传氛围的营造。另一方面，普遍存在涉农法律法规宣传不够全面、宣传面不够广泛的问题，特别是对新制修订的法律法规宣传不够及时到位，农业生产经营者和农民群众对相关法律规定认识不足，理解不深。

（四）农业综合执法能力有待进一步加强

农业综合行政执法机构改革划转人员原隶属不同单位、不同涉农行业，身份性质也不同，部分执法人员缺乏执法经验，执法能力参差不齐，年龄结构普遍偏大，不会执法、不敢执法、不能执法、不愿执法的问题还没有从根本上得到解决，这些问题在县级执法机构更为突出。提高执法人员的执法办案能力和适应新形势的能力迫在眉睫。

（五）农业综合执法经费和装备亟待改善

自农业综合行政执法改革以来，市、县两级农业综合行政执法机构监管任务大幅增加，机构编制和到岗人员也普遍大幅度增加，但执法运行经费、执法装备建设经费、罚没有毒有害物品处置经费等尚未足额纳入市、县级财政预算。执法装备老化，执法车辆短缺，执法保障乏力，不利于执法工作的有效开展。

同时，受人才、资金、技术等因素制约，农业综合行政执法网络信息化建设工作相对滞后，不能充分适应新形势下农业执法面临的新要求新任务。

三、加强农业法治建设工作思路及对策建议

党的二十大报告鲜明指出，法治政府建设是全面依法治国的重点任务和主体工程。中国特色社会主义建设进入新时代以来，党中央高瞻远瞩、审时度势，明确提出的乡村振兴战略，要求强化乡村振兴法治保障，发挥法治在乡村振兴中的推动作用。党中央的科学判断和重大决策部署赋予了农业农村法治建设新课题新任务新使命。各级农业农村部门要把认真学习贯彻习近平法治思想作为推动党的二十大精神落地见效的实际行动，按照国家对农业农村法治建设的部署要求，持续推进各项任务落细落实。要充分运用法治思维和法治方式促进乡村振兴，统筹城乡发展，激发乡村活力，化解农村矛盾，为谱写农业农村发展新篇章筑牢坚实的法治基础。

（一）切实加强法治建设工作宣贯，营造良好法治氛围

一是加大法治建设工作宣传力度。要以增强法治思维、提升法治素质为核心，在"八五"普法工作中，注重健全完善日常宣传与主题宣传相结合、面向农民与抓好重点对象相结合的工作机制，将法治建设宣传工作向基层延伸，为建设法治政府、实施乡村振兴战略营造良好法治氛围。二是强化"谁执法谁普法"普法责任落实。针对重点时节、重点区域，进一步加大宪法、民法典及涉农法律法规普法力度，不断提高普法覆盖面和知晓率，提升农民群众依法维权的能力和生产经营主体的法治意识、诚信意识，促进农业农村高质量发展。三是加强农村学法用法示范户培育。结合高素质农民培训、农民职业教育等工作，重点培育一批"法治带头人"，充分发挥在宣传政策法规、引导法律服务、化解矛盾纠纷、参与社会治理中的示范带头作用，实现农村法治宣传教育常态化、长效化、精准化。四是加强乡村法治文化建设。坚持把法治文化阵地纳入乡村振兴规划，推进乡村法治广场、农家法治书屋、农民法治大讲堂等阵地建设，实现一村一法治文化阵地，提高农村法治文化阵地的建设率、利用率和覆盖面。

（二）持续深化农业综合行政执法改革，确保各项改革措施落地见效

一方面，要加快县级农业综合行政执法改革步伐。积极争取省委、省政府支持，加强督导协调，督促各县区补齐改革短板，尽快按照中央和省市要求完成改革收尾工作，厘清农业综合行政执法机构职责分工和执法重点，明确执法责任，健全执法体系。同时，尽快明确机构性质及执法人员待遇政策。积极向省委、省政府汇报，协调组织、人社等部门及时研究解决改革过程中执法队伍领导干部配备、职级晋升、职称评聘等关系干部切身利益的问题，实行参公人

员职务职级并行和专业技术人员职称晋升"两条腿"走路政策，充分调动执法人员的积极性和创造性，稳定基层执法队伍。

（三）全面推进规范化建设，提升农业行政执法质效

一是健全规章制度，规范执法行为。进一步细化、完善农业综合行政执法事项指导目录，并建立动态调整机制。全面落实农业行政执法"三项制度"，严格执行行政执法案例指导、行政执法投诉举报及行政执法评价考核等制度。严格执行农业行政执法"六条禁令"，完善农业行政执法内部、层级和外部监督机制，建立领导干部违法违规干预执法活动责任追究制度，探索建立社会监督员制度、责任追究和尽职免责制度，真正做到严格规范公正文明执法。二是坚持主责主业，强化市场监管。突出重点领域监管，建立健全部门间、地区间线索通报、案件协办、联动执法、"两法"衔接、定期会商等工作机制，扎实开展好农资打假、"中国渔政亮剑"、种业执法年、农业知识产权保护等专项执法行动，严肃查办违法案件，维护农资市场秩序和农民群众合法权益。持续改进执法方式，健全以"双随机、一公开"监管为基本手段、以重点监管为补充、以信用监管为基础的新型监管机制，探索推行"互联网＋执法"，全面推进农业综合行政执法信息化、现代化。三是创新体制机制，加大执法力度。把执法办案成效作为衡量改革成果和执法工作的主要标准。探索建立执法办案成效指标评价体系。坚持问题导向，加强案源管理，建立案件信息登记制度，定期梳理案件线索，对所有案件实行闭环管理，做到有头有尾、善始善终、全程留痕。市县农业农村部门要抽调执法骨干组建执法办案指导小组，协助指导基层执法机构实地办案，发挥传帮带作用。充分利用全国农业综合执法信息共享平台、"执法通"等执法信息系统和数据资源，提高执法信息化水平。建议农业农村部进一步完善相关执法信息平台建设，加强系统运维及信息更新等工作，避免因技术支撑乏力、信息滞后缺失等原因影响执法办案的时效性和准确性。

（四）加大执法培训力度，增强综合执法能力

坚持"走出去"与"请进来"相结合，通过组织开展行政执法培训、执法技能竞赛、案卷交叉互评、现场观摩学习等多层次、多形式的培训交流活动，加快提升实战办案能力，培养一批执法办案能手。充分发挥示范作用，支持有条件的市县积极争取全国农业综合行政执法示范创建，以创建促提升，以示范带发展，全面提升农业综合行政执法能力水平。鉴于农业领域实体法律法规及配套规章的陆续制修订，以及《行政处罚法》、《农业行政处罚程序规定》的修订实施和《农业行政执法文书制作规范》即将修订实施的现实，建议农业农村部继续组织编印《农业执法典型案例汇编》、《全国优秀农业行政处罚案卷选编》等权威书籍；对参评全国优秀的行政处罚案卷能够逐份反馈评查意见，指导帮

助执法办案人员查找不足，有的放矢，提高执法办案的准确性。同时，建议农业农村部在常态化组织开展执法骨干能力提升培训的同时，能够考虑西部省份基层一线执法人员的实际需求，适当倾斜扩大培训名额。

（五）落实政策保障，改善执法条件

积极争取各级党委政府支持，贯彻中共中央办公厅、国务院办公厅指导意见要求，强化执法保障，建立执法经费财政保障机制，将农业综合行政执法运行经费、执法装备建设经费、罚没有毒有害及其他物品处置经费等纳入同级财政预算，确保满足执法工作需要。落实国办发〔2018〕118号文件关于保障经费投入的有关要求，参照《全国农业综合行政执法基本装备配备指导标准》，确保市县农业综合执法机构执法装备配备到位。落实执法人员执法补贴、工伤保险、人身意外伤害保险等政策，提高执法人员职业伤害保障水平。建议农业农村部依托全国农业综合行政执法示范创建项目，通过拨付项目经费、配备执法车辆等方式支持改善示范单位、示范窗口的执法条件，提升农业综合行政执法保障水平。

作者单位：甘肃省农业农村厅农业综合执法局（法规处）

打造专业化高水平农业综合行政执法队伍 建设法治农业首善之区

北京市农业农村局

在农业农村部以及中共北京市委、市政府的大力支持和指导下，全市各级农业农村主管部门主动作为，紧密结合实际，积极稳妥地推进农业综合行政执法工作。《北京市深化综合行政执法改革实施方案》（京办字〔2019〕81号）进一步明确了北京市实行农业领域综合行政执法的相关规定和有关要求。截至2022年7月底，北京市先后成立了1个市级农业综合执法总队、13个区级农业综合执法大队，逐步构建机构完善、权责明晰、制度健全、保障有力、运行高效的行政执法体系。

一、农业综合行政执法机构建设情况

截至2021年年底，市级和13个涉农区的农业综合行政执法机构均按照三定方案完成了机构挂牌工作，以本级农业农村局的名义集中行使本级农业行政执法职能。东城区、西城区、石景山区动物卫生监督所承担城三区的兽医兽药（石景山区含饲料）执法，主要包括动物防疫、检疫、兽医医政和药政、动物饲料、动物产品安全监管等行政执法工作。密云水库综合执法大队作为密云区政府直属行政执法机构，承担密云水库农业领域的渔政、水生野生动物保护执法工作及水务、环保、城管领域的水源保护执法工作。北京市经济技术开发区作为国家级经济技术开发区，内设地区协同事务局与综合执法局，承担亦庄新城地区包括农业领域在内的大综合一体化监督管理和执法工作。

（一）机构性质

市、区两级农业综合执法改革通过整合原行政执法机构、参公管理事业单位、全额拨款事业单位，组建成立综合执法机构，均为本级农业农村局直属管理的行政执法机构。其中市农业综合执法总队为正处级农业综合执法机构；13个区农业综合执法大队为副处级农业综合执法机构。截至2022年7月底，已有

10个农业综合执法机构为独立组织机构，拥有机构信用代码，依法独立享有民事权利，承担民事义务，在人、财、事权上拥有一定的自主管理权限，提高了机构运转效率（表1）。

表1 北京市农业综合执法机构独立情况

机构名称	是否独立组织机构	是否独立财务
北京市农业综合执法总队	是	是
大兴区农业综合执法大队	是	是
门头沟区农业综合执法大队	是	是
丰台区农业综合执法大队	否	否
平谷区农业综合执法大队	是	是
延庆区农业综合执法大队	否	否
怀柔区农业综合执法大队	否	否
昌平区农业综合执法大队	是	是
房山区农业综合执法大队	是	是
海淀区农业综合执法大队	是	是
通州区农业综合执法大队	否	否
密云区农业综合执法大队	是	是
朝阳区农业综合执法大队	是	是
顺义区农业综合执法大队	是	是

（二）机构设置

在推进建立"市级以条（系统专业执法）为主、区级以块（区域综合执法）为主，辅以条块结合"的执法机制上，全市形成了30个综合科室+98个支/中/分队，共计128个内设机构构成的执法网络（表2）。市级内设4个综合服务科室，11个执法支队，区农业综合执法机构内设综合服务科室、综合执法中队和区域执法中队。全市综合执法机构在机构设置形式上较为一致，均为综合服务科室配套执法队，综合服务科室为执法队提供业务支持，但在执法模式上市、区两级存在系统专业执法和区域综合执法的区别。

表2 北京市农业综合执法机构内设机构情况

机构名称	综合服务科室	执法支／中／分队 （含动物防疫检查站、路口执法分队）
北京市农业综合执法总队	4	11
大兴区农业综合执法大队	2	10
门头沟区农业综合执法大队	1	5
丰台区农业综合执法大队	3	7
平谷区农业综合执法大队	2	4
延庆区农业综合执法大队	1	9
怀柔区农业综合执法大队	1	5
昌平区农业综合执法大队	2	5
房山区农业综合执法大队	2	7
海淀区农业综合执法大队	2	7
通州区农业综合执法大队	3	7
密云区农业综合执法大队	1	7
朝阳区农业综合执法大队	3	9
顺义区农业综合执法大队	3	5
合计	30	98

（三）法定职权

"三定"规定中市、区两级执法机构综合行使行政处罚权以及与之相关的行政检查，行政强制权。根据梳理的121部法律法规，全市共365项行政处罚权，其中种植101项，畜牧71项，渔政38项，农机20项，动物卫生73项，兽医兽药52项，农安25项，宅基地3项；24项行政检查权，其中种植9项，畜牧4项，渔政3项，农机2项，动物卫生3项，兽医兽药2项，农安1项，宅基地1项；19项行政强制权，其中种植6项，畜牧3项，渔政1项，农机4项，动物卫生3项，兽医兽药3项，农安2项。

各专业领域涉及行政处罚职权所占比重由大至小依次为种植、动物卫生、畜牧、兽医兽药、渔政、农安、农机、宅基地。行政处罚权部、市、区级共有2项，占比0.5%；市、区级共有327项，占比89.5%；市级独有13项，占比4%；区级独有23项，占比6%（图1）。行政检查职权市、区级共有23项，占比95.8%；区级独有1项，占比4.2%。行政强制职权市、区级共有19项，占比100%。市、区在职权覆盖上基本一致。

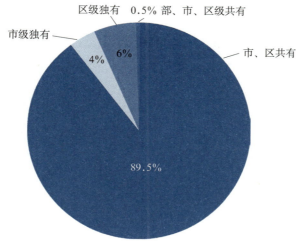

图1　北京市农业综合执法行政处罚权力清单

（四）机构职责

市、区两级农业综合执法职责范围明确，承担工作内容基本一致，除规定行政执法职责以外，各机构根据实际履职情况，也承担了部分行政许可及大量的行政管理事务性工作，如接诉即办、疫情防控、安全生产等（表3）。

表3　北京市农业综合执法机构职责范围

机构名称	行政执法职责	行政许可、确认职责
北京市农业综合执法总队	对辖区范围内的种植、畜牧、动卫、农机、渔政等各部门有效整合，集中行使法律、法规、规章规定的应由农业农村行政主管部门行使的动物卫生、兽医兽药、种子、化肥、渔政、农药、农机、农产品质量安全等领域的行政处罚权以及与之相关的行政检查、行政强制权	动物、动物产品检疫以及拖拉机、联合收割机牌照核发、安全检验、培训考核及监理证核发、事故处理与复核等行政许可、行政确认职责
大兴区农业综合执法大队		动物、动物产品检疫
门头沟区农业综合执法大队		动物、动物产品检疫
丰台区农业综合执法大队		动物、动物产品检疫
平谷区农业综合执法大队		拖拉机、联合收割机牌照核发、安全检验、培训考核及监理证核发、事故处理与复核等行政许可、行政确认职责

（续）

机构名称	行政执法职责	行政许可、确认职责
延庆区农业综合执法大队	对辖区范围内的种植、畜牧、动卫、农机、渔政等各部门有效整合，集中行使法律、法规、规章规定的应由农业农村行政主管部门行使的动物卫生、兽医兽药、种子、化肥、渔政、农药、农机、农产品质量安全等领域的行政处罚权以及与之相关的行政检查、行政强制权	动物、动物产品检疫以及拖拉机、联合收割机牌照核发、安全检验、培训考核及监理证核发、事故处理与复核等行政许可、行政确认职责
怀柔区农业综合执法大队		动物、动物产品检疫以及拖拉机、联合收割机牌照核发、安全检验、培训考核及监理证核发、事故处理与复核等行政许可、行政确认职责
昌平区农业综合执法大队		动物、动物产品检疫
房山区农业综合执法大队		动物、动物产品检疫
顺义区农业综合执法大队		动物、动物产品检疫
海淀区农业综合执法大队		动物、动物产品检疫以及拖拉机、联合收割机牌照核发、安全检验、培训考核及监理证核发、事故处理与复核等行政许可、行政确认职责
通州区农业综合执法大队		动物、动物产品检疫
密云区农业综合执法大队		动物、动物产品检疫
朝阳区农业综合执法大队		动物、动物产品检疫以及拖拉机、联合收割机牌照核发、安全检验、培训考核及监理证核发、事故处理与复核等行政许可、行政确认职责

根据表3，截至2022年4月底，朝阳区的检疫工作由区动物疫病控制中心承担，市级和12个区级农业综合执法机构实际承担动物、动物产品检疫工作，占比92.9%，其中大兴区、门头沟区、丰台区、延庆区、通州区、密云区等6个区的"三定"规定明确规定由农业综合执法机构承担动物、动物产品检疫职责，占比42.9%。

农机监理中涉及拖拉机、联合收割机牌照核发、安全检验、培训考核及监理证核发、事故处理与复核等行政许可、行政确认工作，市级和平谷区、延庆区、怀柔区、海淀区、朝阳区等5个区级农业综合执法机构实际承担，占比42.86%，其中延庆区、朝阳区等2个区的"三定"规定明确规定由农业综合执法机构承担牌照核发、农机安全技术检验、培训考核、事故处理职责，占全市比重为14.3%；门头沟区、昌平区、房山区、顺义区等4个区由区农业综合服务中心承担，占比28.6%；大兴区、丰台区、通州区、密云区4个区尚未明确，占比28.6%。

（五）分析

根据以上现状，本市农业综合行政执法机构建设呈现3个特点。**一是机构设置形式较为一致**。"三定"规定一致，均是由编制部门批准成立的由本级农业农村主管部门管理的行政执法机构，多数已具有独立的人、财、事权。**二是职责权限基本相同**。均负责集中行使法律、法规、规章规定的应由农业农村部门行使的行政处罚权及与之相关的行政检查权、行政强制权。**三是行政管理事务性工作繁重**。市、区两级部分农业综合执法机构依然承担动物及动物产品检疫合格证核发和农机事故责任认定、复核等行政许可、行政确认事项，全市农业综合执法机构还需承担大量的接诉即办、疫情防控、安全生产、重大节日庆典活动服务保障等执法以外的事务性工作。

二、农业综合行政执法队伍建设

（一）农业执法人员构成分析

根据数据统计，截至2022年3月底，全市共有农业执法机构17个，落实行政执法专项编制1194人（市146人、区1048人），均为行政执法类公务员，执法人员共1002人。从性别构成来看，男性570人，占比56.89%；女性432人，占比43.11%（图2），男女比例较为均衡。

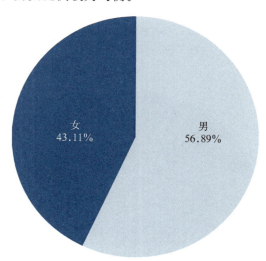

图2　北京市农业执法人员性别构成

从年龄构成来看，30岁及以下72人，占比7.19%；31～40岁323人，占比32.27%；41～50岁349人，占比34.87%；51～60岁258人，占比25.67%（图3）。其中，法律相关专业145人中，30岁及以下6人，占比4.14%；31～40

岁46人，占比31.72%；41～50岁48人，占比33.1%，51～60岁45人，占比31.04%，平均年龄44.19岁（图4）。中青年执法人员及法律相关专业比例稍显不足，法治人才后备力量有待加强培养。

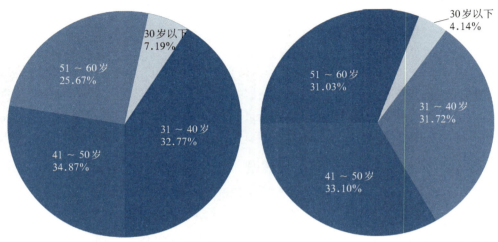

图3　北京市农业执法人员年龄构成　　　图4　北京市农业执法人员法律相关专业年龄构成

从学历构成来看，大学专科及以下学历131人，占比13.07%；大学本科学历664人，占比66.27%；硕士研究生学历203人，占比20.26%；博士研究生及以上学历4人，占比0.4%（图5）。硕士研究生及以上高学历人才比较欠缺，成为制约执法人员整体能力素质提升的关键因素之一。

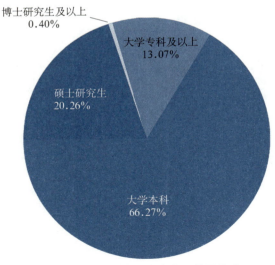

图5　北京市农业执法人员学历构成

从专业构成来看，畜牧兽医相关专业320人，占比31.94%；管理相关专业150人，占比14.97%；法律相关专业145人，占比14.47%；经济相关专业106人，占比10.58%；植保相关专业71人，占比7.09%；其他农业相关专业41人，占比4.09%；计算机相关专业28人，占比2.79%；渔业相关专业20人，占比2%；机械相关专业18人，占比1.8%；生物相关专业9人，占比0.9%；食品相关专业8人，占比0.8%；政治相关专业8人，占比0.8%；其他专业78人，占比7.78%（图6）。其中农业各专业中，畜牧兽医专业偏多，农机、渔业、种植等专业较少，法律相关专业所占比重较低，法治人才不足，与深化法治政府建设，强化依法行政工作的要求还有所差距。

图6　北京市农业执法人员专业构成

从岗位经历情况来看，从事过执法岗位工作786人，占比78.44%；在执法岗位工作超过3年735人，占比73.35%；从事过综合管理岗位工作513人，占比51.2%；从事过专业技术岗位工作439人，占比43.81%；从事过法制审核岗位工作136人，占比13.57%，其中法律专业毕业41人，取得法律执业资格证11人，并取得律师执业证2人（图7）。虽然多数执法人员均有相关专业执法经验，但具有法制审核工作经验人员较少，专业复合型执法人员短缺。

从办案经历情况来看，机构改革前625人查办过案件，占比62.38%，377人未查办过案件，占比37.62%；587人查办过普通程序案件，占比58.58%；544人查办过简易程序案件，占比54.29%；91人办理过行刑衔接案件，占比9.08%；机构改革后687人查办过案件，占比68.56%，较改革前提升6.18%；625人查办过普通程序案件，占比62.38%，较改革前提升3.8%；620人查办过简易程序案件，占比61.87%，较改革前提升7.58%；113人办理过行刑衔接案件，占比11.28%，较改革前提升2.2%。目前，查办过5起以上案件541人，占比54%（图8）。可见现有执法人员的办案经验仍不足，实操技能有待提升，实操（战）类培训的比例须进一步提高。

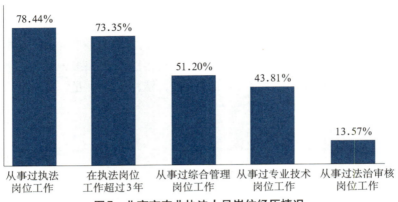

图7　北京市农业执法人员岗位经历情况

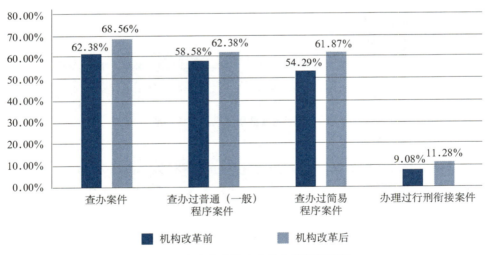

图8　北京市农业执法人员办案经历情况

（二）农业执法人员培训概况

全市高度注重对执法人员的执法能力培训，组织总队执法人员和各区执法骨干开展"学－增本领、训－强作风、论－促交流"3个模块的全员培训，组织"典型案例分析"、"科技讲座专家日"、"执法干部能力素质提升系列培训"，落实执法能力强化工程；制定具体详细的大练兵实施方案，共开展"五项练兵"万余次；通过北京农业执法网、崇农云讲堂等平台线上培训执法人员1万余人次。2021年全市政策、法律法规培训共791学时，业务技能培训共896学时，入职培训、公务员初任等其他培训共596.5学时（表4）。

表4　北京市农业综合执法机构培训情况

机构名称	政策、法律法规培训（学时）	业务技能培训（学时）	其他培训（学时）
北京市农业综合执法总队	50	57.5	100.5
大兴区农业综合执法大队	51	58.5	24
门头沟区农业综合执法大队	52	59.5	28
丰台区农业综合执法大队	53	60.5	20
平谷区农业综合执法大队	54	61.5	82
延庆区农业综合执法大队	55	62.5	0
怀柔区农业综合执法大队	56	63.5	4
昌平区农业综合执法大队	57	64.5	0
房山区农业综合执法大队	58	65.5	0
顺义区农业综合执法大队	59	66.5	118
海淀区农业综合执法大队	60	67.5	72
通州区农业综合执法大队	61	68.5	8
密云区农业综合执法大队	62	69.5	60
朝阳区农业综合执法大队	63	70.5	80
合计	791	896	596.5

（三）分析

综上，根据以上现状，本市农业综合执法队伍建设呈现4个特点。**一是执法人员身份均为行政执法类公务员**。改革前期，部门领导高度重视，通过顶层设计、强力沟通，审批编制均为行政执法专项编。**二是执法人员结构有待优化**。人员性别分布合理，专业执法经验充足，但年龄构成、专业分布层次与职责履行范围还有待优化。**三是执法力量仍显薄弱**。自农业综合行政执法改革以来，执法工作量加大、难度提升，需要更多专业化复合型的执法人员，现有人员执法能力和业务素质无法完全胜任日益繁重的执法任务。**四是培训体系不够健全**。现有培训体系不能完全满足执法人员提升自身能力素质的需要。除培训种类不够丰富、培训方式稍显单一之外，培训成果也不能确定转化为执法人员的实操技能。

三、农业综合行政执法体制机制构建情况

（一）体制建设情况

全市在推进改革的过程中，围绕"三定"方案层层落实，加强顶层设计，全面谋划布局，统筹打造具有北京特点的"两级四层"（总队、专业支队，大队、区域中队）执法体制架构，实施全域专业执法与区域综合执法联动；布局建设由8个专业、81个片区（含路口、驻场）构成的执法网络，织密监管执法位点，确立"条块结合"的工作机制，逐步推动区级工作机制向"综合执法"转变，建立综合服务科室+辖区执法中队/分队（执法人员多重组配）的执法机制。实现权责明晰、上下贯通、指挥顺畅、运行高效、保障有力的执法体系（图9）。截至目前，已有6家单位被农业农村部评定为全国农业综合行政执法"示范窗口"或"示范单位"。

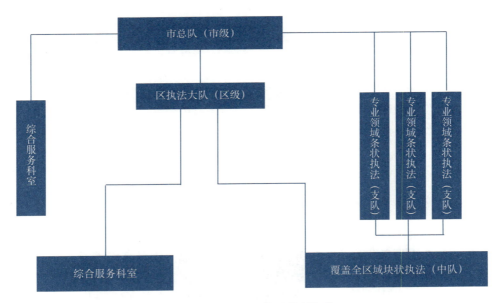

图9 "两级四层"执法体制架构

区农业综合执法机构以"块"为主，由辖区执法中队/分队承担覆盖全领域的执法职权，在划定区域以"综合执法"的形式开展执法活动。同时结合地区实际，进一步明确行业牵头科室/中队/分队，分工统筹行业执法，对接市级专业执法支队，落实全市专项执法行动部署、组织协调辖区大案要案查办等活动。

（二）运行机制情况

机制是否健全完善，既决定了农业综合行政执法的效率，也影响着执法作用发挥，对助力全市农业综合执法工作尽快走上正轨，步入发展的快车道起着关键作用。本市在案件审核、分级量化执法、协同联动执法、行刑衔接等方面开展了一系列工作，取得了积极进展（图10）。

图10　北京市农业综合执法运行机制

一是创设综指专导工作机制。突出综合管理指导促工作、专业执法督导提质量，探索建立综合指导与专业督导相结合的工作机制，并坚持立体化、综合化工作原则，发挥专业执法支队专业督导作用，综合指导与专业督导并重，实现同频叠加共振、双促双进推动的工作优势。将全市18个区级农业执法机构划分为4个片区，成立4个由高级主办牵头、专业执法支队骨干参加的综合指导专家组，由综合指导专家组按片区组织、指导、协调区级执法工作。2021年实地调研指导各区工作280余次，指导查办疑难、重大案件30余起，协调解决困难问题152个。2022年上半年指导各区工作1317次，其中指导各区查办疑难、重大案件73起。

二是深化分级量化执法机制。从科学监管、分类施策出发，运用信用和风险管理理论，深化"风险分级、档案管理、双随机量化监督"执法机制，市级指导全市农业综合执法机构落实分级分类监管机制。设立分级分类监管标准，将全市8个专业、26类、188万个执法服务相对人分别实施市、区两级分级分类监管，按照风险由低到高A、B、C、D四类风险分级工作，积极推进A类成册、BCD建档，ABCD四类标示上图工作，努力实现数字准、底数清、情况明。

同时，创新差异化执法检查模式，实行"高风险高频监管、低风险低频监管"，落实"放管服"改革要求，组织开展双随机量化执法工作，依托北京农业执法管理系统、"双随机、一公开"监管平台等平台，2021年全年组织开展执法检查46.99万件次，人均执法量485.56件次。

三是创立案件审查工作机制。坚持廉政风险管控与法制审核把关并重，创立行政处罚案件"一案双审"工作机制。推行案卷法制审核同时接受纪检审查，对疑难重大、跨区复杂案件，法制和纪检全程参与，监督指导查办工作。制定并实行普通程序行政处罚案件100%按照"一案双审"要求进行审查的制度，案件办理依法依纪，法律条款、裁量基准适用准确。

四是培育协同联动工作机制。注重部门联合、市区联动执法，全市全面落实跨部门联合执法机制和行刑衔接机制，2021年全市跨部门联合检查373次，查办案件52起，市区联合检查170次，查办案件12起（表5），将"两法衔接"落到实处，移送司法机关13起案件，协助公安机关查办涉刑案件20余起。与农业农村主管部门相应管理部门、技术推广部门、农综中心以及疫控中心联合，积极发挥执法人员、农业技术员、农业普法员的作用，推动政策落地、技术落地、检测落地、执法落地。

表5　2021年跨部门跨地区联合执法情况统计

机构名称	类型	市区联合执法（次）	区级联合执法（次）	跨部门联合执法（次）	跨地区（京津冀）联合执法（次）
北京市农业综合执法总队	执法检查（次）	170	—	64	0
	查处案件（起）	13	—	3	0
大兴区农业综合执法大队	执法检查（次）	2	6	4	0
	查处案件（起）	2	0	0	0
门头沟区农业综合执法大队	执法检查（次）	6	0	8	0
	查处案件（起）	4	0	6	0
丰台区农业综合执法大队	执法检查（次）	0	63	63	0
	查处案件（起）	0	2	2	0
平谷区农业综合执法大队	执法检查（次）	28	0	43	0
	查处案件（起）	0	0	0	0
延庆区农业综合执法大队	执法检查（次）	0	8	0	0
	查处案件（起）	0	14	0	0
怀柔区农业综合执法大队	执法检查（次）	32	3	45	0
	查处案件（起）	0	0	20	0

（续）

机构名称	类型	市区联合执法（次）	区级联合执法（次）	跨部门联合执法（次）	跨地区（京津冀）联合执法（次）
昌平区农业综合执法大队	执法检查（次）	3	1	23	0
	查处案件（起）	0	0	5	0
房山区农业综合执法大队	执法检查（次）	3	0	5	1
	查处案件（起）	0	0	6	0
顺义区农业综合执法大队	执法检查（次）	0	0	40	0
	查处案件（起）	0	0	0	0
海淀区农业综合执法大队	执法检查（次）	61	9	7	0
	查处案件（起）	3	0	0	0
通州区农业综合执法大队	执法检查（次）	21	3	65	2
	查处案件（起）	4	0	8	3
密云区农业综合执法大队	执法检查（次）	0	0	2	0
	查处案件（起）	0	0	0	0
朝阳区农业综合执法大队	执法检查（次）	14	153	4	0
	查处案件（起）	0	0	2	0

建立京津冀农业协同执法工作机制，签署《京津冀农业综合执法合作框架协议》，协同开展交界水域渔业资源保护、动物及动物产品跨省调运、农机牌证信息实时互查互通等多领域执法；完善野生动物保护管理执法协调机制、网络市场监管联合执法机制、农机安全生产联合执法机制、宅基地联合执法机制，通过多部门联合，加大水生野生动物保护、动物及动物产品无疫安全、农机生产安全、农民建设住宅等联合执法力度；以市区条块结合、同频双促工作机制为抓手，强化工作计划安排、执法责任落地、违法行为查处、队伍能力建设一盘棋意识，市区联动、专综相辅、一体推进，区域联动执法工作得到进一步加强。

四、农业综合行政执法保障情况

（一）执法经费申报审批情况

市、区两级执法经费均已纳入同级财政预算，执法装备配备逐步实施。根据调查问卷有效数据统计，市、区两级农业综合执法机构中，2021年申报100万元以上执法经费5个，10万～50万元3个，10万元以下4个（图11）。

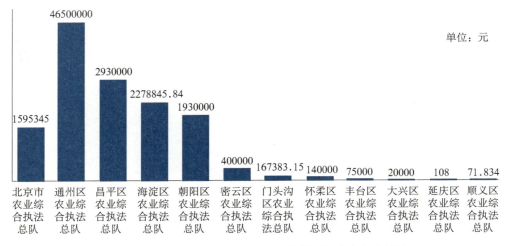

图11 北京市农业综合执法机构2021年执法经费申报审批情况

（二）制度建设情况

全市各级农业综合执法机构不断加大建章立制力度，建立健全公文档案管理、安全管理、一案双审、案件会商、涉刑案件移送、柔性清单、"信用＋风险"分类分级等40余项工作管理制度。严格落实行政执法公示、执法全过程记录、重大执法决定法制审核"三项制度"。统一行政执法案卷、文书基本标准，提高执法案卷、文书规范化水平。全面落实行政裁量权基准制度，细化量化裁量范围、种类、幅度等。规范涉企行政检查，着力解决涉企现场检查事项多、频次高、随意检查等问题。全面严格落实告知制度，依法保障行政相对人陈述、申辩、提出听证申请等权利。在行政处罚罚没收入管理上严格执行罚缴分离和收支两条线管理，罚没收入一律由行政执法人员填写北京市财政局领取的五联式行政处罚缴款书，并由被罚款人直接上缴至国库处。

（三）装备设备建设情况

市总队注重以科技引领执法，探索运用大数据等新一代信息技术，探索提升首都农业综合执法水平，提升综合执法精细化、智慧化、规范化水平。全面梳理农业执法408项行政职权，其中有关数字行政职权108项，有关检测技术行政职权85项。从数字技术、检测技术、智能装备三方面入手，重技术、强装备，实现科技赋能助力农业执法。建立了以闭环监管为核心的首都畜牧兽医综合执法智能指挥系统及北京市农机监理业务平台，并设计规划了具备智能指挥、执法办案、办公应用、移动应用、公众服务5个子系统共28个模块128个功能项的首都农法信息化智能管理平台。

现有执法装备方面，据不完全统计，全市现有记录取证设备、现场和实验室检测设备等执法装备1273台，办公设备1667台，执法车辆129辆，执法装备和办公场所能够满足执法需求，奠定了科技执法应用基础（表6）。执法服装首次配发也在有序落实，截至2022年7月，按照全市统一部署，市级第一批服装配发工作已完成，13个区级执法机构已全部完成执法服装量体，配发工作逐步推进中。

表6　北京市农业综合执法机构装备设备情况

机构名称	执法装备（执法记录取证设备、现场和实验室检测设备等）	办公设备（电脑、打印机等）	执法车辆（辆）
北京市农业综合执法总队	25类296台	5类404台	18
大兴区农业综合执法大队	1类13台	1类58台	7
门头沟区农业综合执法大队	5类59台	7类65台	4
丰台区农业综合执法大队	3类24台	4类104台	5
平谷区农业综合执法大队	8类79台	3类112台	9
延庆区农业综合执法大队	—	2类	5
怀柔区农业综合执法大队	16类98台	15类80台	11
昌平区农业综合执法大队	3类37台	2类62台	8
房山区农业综合执法大队	10类234台	7类227台	16
顺义区农业综合执法大队	6类47台	5类88台	8
海淀区农业综合执法大队	18类181台	3类95台	8
通州区农业综合执法大队	4类33台	3类175台	9
密云区农业综合执法大队	2类97台	2类110台	12
朝阳区农业综合执法大队	2类75台	2类87台	9

五、农业综合行政执法工作运行情况

市、区两级农业综合执法机构始终将依法严查涉农违法案件作为工作重心。狠抓重点、突出难点、聚焦热点，针对北京"三农"工作实际，从重点事项、重点环节和重点领域入手，着眼农业生产的产前、产中、产后各个环节，完善农业全产业链标准化监管执法体系，开展农产品质量安全执法；统筹全市农业执法力量，推动农业综合行政执法服务种子和耕地"两个要害"工作全面落实，针对仿冒假劣种子识别难、展演宠物人畜共患病防治难、村民乱占耕地建住宅查办难等农业执法难点，深入调研，分析成因，优化工作方法，破解执法难题；针对群众反映强烈、媒体曝光频繁的热点问题，以专项执法检查的形式主动出击，积极回应社会关切。

2019年查处普通程序案件396件，简易程序910件；2020年查处普通程序案件645件，简易程序1659件；2021年查处普通程序案件690件，简易程序2301件，案件查办数量呈现稳步上升的趋势（表7，表8，表9，图12）。同时实现系统内案卷评查全覆盖，合格率100%；2021年参加部、市两级案卷评查优秀率100%。

表7　2019年处罚案件数量统计分析表

机构名称	普通程序		简易程序		案件总体	
	数量	占比／%	数量	占比／%	数量	占比／%
北京市农业综合执法总队	41	10.35	24	2.64	65	4.98
大兴区农业综合执法大队	17	4.29	38	4.18	55	4.21
门头沟区农业综合执法大队	1	0.25	1	0.11	2	0.15
丰台区农业综合执法大队	32	8.08	64	7.03	96	7.35
平谷区农业综合执法大队	70	17.68	391	42.97	461	35.30
延庆区农业综合执法大队	32	8.08	12	1.32	44	3.37
怀柔区农业综合执法大队	7	1.77	18	1.98	25	1.91
昌平区农业综合执法大队	10	2.53	15	1.65	25	1.91
房山区农业综合执法大队	21	5.30	49	5.38	70	5.36
顺义区农业综合执法大队	59	14.90	96	10.55	155	11.87
海淀区农业综合执法大队	18	4.55	32	3.52	50	3.83
通州区农业综合执法大队	19	4.80	93	10.22	112	8.58
密云区农业综合执法大队	37	9.34	14	1.54	51	3.91
朝阳区农业综合执法大队	32	8.08	63	6.92	95	7.27
总计	396		910		1306	

表8　2020年处罚案件数量统计分析表

机构名称	普通程序		简易程序		案件总体	
	数量	占比／%	数量	占比／%	数量	占比／%
北京市农业综合执法总队	10	1.55	11	0.66	21	0.91
大兴区农业综合执法大队	17	2.64	110	6.63	127	5.51
门头沟区农业综合执法大队	41	6.36	13	0.78	54	2.34
丰台区农业综合执法大队	22	3.41	56	3.38	78	3.39
平谷区农业综合执法大队	101	15.66	672	40.51	773	33.55
延庆区农业综合执法大队	48	7.44	36	2.17	84	3.65

（续）

机构名称	普通程序		简易程序		案件总体	
	数量	占比／%	数量	占比／%	数量	占比／%
怀柔区农业综合执法大队	31	4.81	192	11.57	223	9.68
昌平区农业综合执法大队	30	4.65	14	0.84	44	1.91
房山区农业综合执法大队	96	14.88	247	14.89	343	14.89
顺义区农业综合执法大队	56	8.68	85	5.12	141	6.12
海淀区农业综合执法大队	40	6.20	37	2.23	77	3.34
通州区农业综合执法大队	43	6.67	45	2.71	88	3.82
密云区农业综合执法大队	53	8.22	37	2.23	90	3.91
朝阳区农业综合执法大队	57	8.84	104	6.27	161	6.99
总计	645		1659		2304	

表9　2021年处罚案件数量统计分析表

机构名称	普通程序		简易程序		案件总体	
	数量	占比／%	数量	占比／%	数量	占比／%
北京市农业综合执法总队	46	6.67	98	4.26	144	4.81
大兴区农业综合执法大队	7	1.01	129	5.61	136	4.55
门头沟区农业综合执法大队	18	2.61	38	1.65	56	1.87
丰台区农业综合执法大队	29	4.20	62	2.69	91	3.04
平谷区农业综合执法大队	117	16.96	676	29.38	793	26.51
延庆区农业综合执法大队	22	3.19	29	1.26	51	1.71
怀柔区农业综合执法大队	30	4.35	156	6.78	186	6.22
昌平区农业综合执法大队	31	4.49	138	6.00	169	5.65
房山区农业综合执法大队	129	18.70	382	16.60	511	17.08
顺义区农业综合执法大队	56	8.12	53	2.30	109	3.64
海淀区农业综合执法大队	58	8.41	137	5.95	195	6.52
通州区农业综合执法大队	49	7.10	194	8.43	243	8.12
密云区农业综合执法大队	41	5.94	41	1.78	82	2.74
朝阳区农业综合执法大队	57	8.26	168	7.30	225	7.52
总计	690		2301		2991	

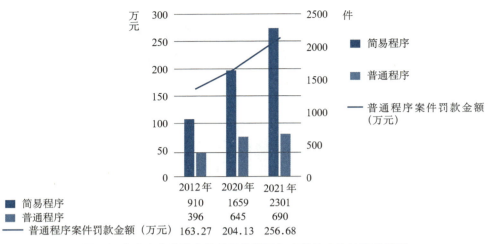

	2012年	2020年	2021年
■ 简易程序	910	1659	2301
■ 普通程序	396	645	690
—— 普通程序案件罚款金额（万元）	163.27	204.13	256.68

图12　北京市农业综合执法机构近三年查处涉农违法案件情况

六、存在问题

（一）农业综合行政执法体系有待完善

农业综合执法作为地方执法，上一级对下一级的统筹、监督指导作用明显不够，导致农业综合执法效能尚未充分发挥，综合执法体系建设推进力度不够，高效运转的工作机制还没有完全建立起来。

（二）农业综合执法队伍建设亟待加强

一是**执法力量仍显薄弱**。农业综合行政执法改革开展以后，随着执法工作量加大、难度提升，需要更多专业化复合型的执法人员，现有人员无法完全胜任日益繁重的执法任务。二是**执法能力有待提升**。大量执法人员从专业执法或专业技术领域过渡到综合执法，对法律法规和综合执法技能掌握不全面、不到位，能力素质建设需要进一步加强。三是**人员结构不合理**。中青年执法人员比例稍显不足，须进一步提升；硕士研究生及以上高学历人才比较欠缺，无法担当执法中坚力量，成为制约执法人员整体能力素质提升的关键因素之一。**四是培训体系不够健全**。现有培训体系不能完全满足执法人员提升自身能力素质的需要。

（三）科技执法手段有待强化

一是尚未实现农业综合执法指挥调度的数字化转型，数字技术在农业综合执法中的场景化应用不够。目前，在监管执法上大多以查看纸质文件、询问负责人为主，数据孤立性突出，无法实现全链条、多维度监管，缺乏与国家或本市其他部门数据平台的有效融合。二是**执法技术装备的便携化和智能化程度不够，与执法场景相匹配的装备技术集成化不足**。市、区两级呈现执法装备便携化不足，执法记录仪、移动执法终端、单兵执法终端等执法人员个人移动执法装备种类和数量不充足，执法装备总体科技含量不高，智能化程度不够。三是**当前行业系统科技执法认识尚不到位，技术支撑体系的系统化重构有待加强**。执法科技化建设水平不足，执法人员的科技执法意识和敏感性不强，针对不同执法场景对相应执法人员的沉浸式和特异化的技能培训不足，农业综合执法的外脑驱动效能尚未得到显现。

七、对策与建议

（一）推进体系建设、建立健全机制

围绕以建立运转高效的农业综合行政执法体制为重点，将分散于各部门的农业行政执法职责整合规范，理顺农业综合行政执法体系，深化"两级四层"的执法架构，科学合理配置执法职能和执法资源。按照"市级以条为主、区级以块为主，辅以条块结合"的工作机制要求，逐步完善市区两级农业综合执法体系，推动建立统分结合、各有侧重，"市级统筹协调，区级组织落实"的工作格局，构建权责明晰、上下贯通、指挥顺畅、运行高效、保障有力的农业综合行政执法体系。

（二）坚持首善标准、推进队伍建设

一是**坚持发展导向**。按照"到2035年基本建成法治国家、法治政府、法治社会"的要求，着眼法治农业首善之区建设，着力加强队伍和装备建设，不断完善法规制度、落实工作举措、营造农法氛围，持续深化农法标规、农法执行、农法监督和农法文化体系建设。二是**多措并举强化内功**。加强农法理论、农法规范、农法文化学习，打造"三家"、"三员"执法队伍。优化执法人员年龄、学历结构，提升中青年人员和高学历人才占比，将市级执法人员培养为农业技术专家、法学专家、执法专家，区级执法人员培养为农业技术员、农业普法员、农业执法员；强化能力提升考核，完善农业综合执法绩效评价体系。三是**优化能力培训体系**。完善线上线下双轨培训模式，搭建形式丰富的培训平台，将培训阵地拓展至田间地头。

（三）利用优势资源、强化科技执法

1. 开展数字执法，强化智能化管理。一是通过信息化平台及时发现违法行为风险点。执法人员能够根据执法大数据发现违法行为风险点，从而预测违法

行为，提早采取行动预防违法现象的发生，同时通过应用大数据技术，能够促进执法人员及时捕捉或固定违法证据。二是执法案件"线上办"。借助信息化平台实现案件办理的电子化和执法文书"无纸化"，执法人员按违法情形填补数据自动生成执法文书。三是处罚案卷"云存储"。线索录入、立案结案、裁量依据等执法信息全部纳入信息库，执法全过程完整记录。四是指挥实时化，指挥中心与执法人员手机端实现系统对接和数据的双向推送。推动农业综合执法向数据互通共享、风险快速感知、指挥远程统一、分析多维立体和执法精准有效的方向发展。

2.**配备智能装备，强化智力支撑。**一是执法装备智能化。加强快检装备和防护装备的配备，促进首都农业综合行政执法装备标准化。配置网络高清执法记录仪及采集站、双光版无人机等执法智能装备，通过将智能执法设备与信息化建设平台配合使用，为执法人员提供一个完整、高效、实用的信息化农业综合执法应用体系。增强移动执法终端、无人机和夜视仪等科技型执法装备的差异化选配，拓展执法装备的智能化、场景化应用。二是推动农业综合执法技术支撑体系的系统化重构。利用科技外援，发挥在京科研机构、高等院校、技术推广、高新企业等科技资源优势，论证、筛选动态技术项目合作支撑单位，在新技术推广、人才培养、确证检验、装备研发等方面开展广泛合作，构建完备的农业综合执法技术支撑体系。

高质量推进农业综合行政执法改革
为乡村振兴提供坚强有力法治保障

湖北省农业综合行政执法局

近年来，湖北省深入学习贯彻习近平法治思想，坚决把中共中央、国务院关于深化农业综合行政执法改革的部署要求落细落实，坚持问题导向，优化政策设计，强化统筹协调，高质量推进农业综合行政执法改革，目前改革任务全面完成。新组建的农业综合行政执法队伍紧紧围绕"三农"中心工作，按照"执法有据、执法有序、执法有度、执法有情"的工作要求，聚焦办案主责主业，坚持严格规范公正文明执法，开启了湖北省农业综合行政执法的历史新篇章，为全面推进乡村振兴和加快建设农业强省提供了坚强有力的法治保障。

一、农业综合行政执法改革全面完成

（一）组建新队伍，执法体系全面构建

全省各级农业农村部门聚焦改革目标任务，对标对表，确保改革重任如期高质量完成。一是强化督办指导，改革全面完成。对市县全面开展业务指导和工作督办，实现了"三定"印发到位、职责整合到位、人员划转到位、条件保障到位，较好地完成了中央部署的农业综合行政执法改革任务。二是取得阶段战果，体系基本建成。2021年12月，湖北省委组织部批复，湖北省农业、交通2支综合行政执法队伍在6支队伍中率先实行行政执法类公务员职级制度，目前，湖北省级农业执法机构已完成执法类公务员改革。全省17个市（州）、直管市、73个单独设立农业综合执法机构的县（市、区）已全部印发"三定"方案，编制数5776人，在岗在编人数5027人，全面建立了"省局、市支队、县大队"的工作架构，权责明晰、上下贯通、指挥顺畅、保障有力的农业综合行政执法体系基本建成。

（二）树立新形象，执法面貌焕然一新

湖北严格落实《全国农业综合行政执法基本装备配备指导标准》要求，深入推进执法装备条件建设，树立执法队伍新形象。**一是强化装备支撑，业务全面规范。**不断优化全省执法执勤装备配备，目前全省共有农业执法执勤车辆编制324辆，配备到位270辆，喷涂标识222辆。多数执法机构做到了办公场所标识规范、制度上墙、人员公示，并设有办案、装备保管、案卷管理等功能区。**二是强化政策支持，保障全面夯实。**省级积极争取政策，以安排执法专项资金、推动评优评先、纳入地方政府乡村振兴考核等方式，支持和鼓励市县配备执法车辆、更新执法装备，2022年5月全省完成统一执法着装，全力打造农业综合行政执法的"正规军"。

（三）展现新作为，执法成效初步彰显

新队伍组建以来，用一系列骄人的成绩践行对党和人民做出的庄严承诺，忠实履行自己的光荣使命。**一是强化调查研究，做好顶层设计。**强化统筹引领，创新体制机制，在充分调研的基础上，在全国农业系统率先出台了《湖北省农业综合行政执法制式服装和标志管理办法》，推进规范文明执法；联合省公安厅、省高院、省检察院出台《湖北省农业行政执法与刑事司法衔接工作实施办法》，建立行刑衔接机制；还将陆续出台《湖北省重大农业违法案件督办管理办法》、《湖北省农业行政执法执勤车辆管理办法》等制度，努力打造一支政治信念坚定、业务技能娴熟、执法行为规范、人民群众满意的农业综合行政执法队伍。**二是积极主动作为，工作成效明显。**全省执法队伍聚焦主责主业，加大执法检查和抽检频次，加大违法案件查处力度，2021年以来办理案件6400余件，挽回经济损失6800余万元，移送公安机关210余件，省级直接立案查处2起案件，罚款4万余元，督导全省办理案件20余起，有力地保障了农产品质量安全、农资质量安全和农业生产安全，为农业农村高质量发展保驾护航。湖北省农业综合行政执法局先后被评为湖北省"七五"普法先进单位、全国行政执法先进单位。2021年，3个案卷被农业农村部评为全国优秀案卷，8个县（市、区）获评全国农业综合执法示范窗口和示范单位。

二、为乡村振兴提供坚强有力法治保障

（一）立足打造农业综合执法铁军，做乡村振兴的最美护航者

打造5000余人的农业执法铁军，力求在"五大练兵"上实现新提升，为全面推进乡村振兴保驾护航。**一是政治练兵铸忠魂。**始终把深入学习贯彻习近平法治思想作为执法队伍建设的首要政治任务，在省、市、县各类培训活动中把

政治理论学习作为开班"第一课"，引导执法人员提高站位学、自觉主动学、持续跟进学、联系实际学、融会贯通学。二是**军训练兵强作风**。指导全省执法队伍常态化开展队列训练、基础防卫等训练，全面提升执法人员的身体素质和精神面貌，切实增强执法队伍凝聚力和战斗力。三是**专业练兵提素质**。小范围、分片区组织培训，举办培训班、研讨班，全面开展种业、畜牧、渔政、农安等执法培训，形成一批省市县培训讲师、办案能手。**四是实战练兵树形象**。经过推荐上报、分类筛选、实战训练、择优确定等环节层层选拔，组建湖北省农业综合行政执法专家库，邀请专家团队在培训班、研讨班上进行授课，选派专家团队参与文书制作范例编写，并指导各地办理大要案、会商疑难案件、传授办案经验。**五是比武练兵造氛围**。成功承办2022年全国农业综合行政执法大比武总决赛，湖北省代表队荣获团体一等奖佳绩，湖北省农业综合行政执法局获得优秀组织奖，得到农业农村部、湖北省政府领导的充分肯定；联合湖北电视台开展广泛宣传报道，不断提升湖北农业综合行政执法队伍的社会影响力和知名度。扎实开展农业行政处罚案卷评查活动，通过分组评查、交叉互评、集中讨论等方式对各市州推荐案卷进行打分、评析，推选优秀案卷，对案卷重难点问题进行答疑解惑，实现以评助练、以查提技、以案强兵。恩施土家族苗族自治州、宜昌市等地因地制宜、分类施策，深入开展案卷评查、比武大练兵活动，全面提升本地区执法水平。

（二）立足打赢"十年禁渔"硬仗，做长江大保护的坚定捍卫者

习近平总书记指出"长江禁渔是为全局计，为子孙谋的重要决策"，强调"沿江各省市和有关部门要加强统筹协同，细化政策措施，压实主体责任，保障退捕渔民就业和生活，要加强执法管理，严厉打击非法捕捞行为，务求禁渔工作取得扎实成效"。湖北认真学习贯彻落实习近平生态文明思想，贯彻落实新发展理念，强化禁捕大要案查处，助力长江经济带高质量发展与长江生态环境高水平保护。一是全面落实指示，**严厉打击整治**。湖北禁捕范围宽，有1061千米的长江干线、858千米的汉江干流和83个水生生物保护区。2020年以来，在省禁捕办统筹领导下，以渔政执法"亮剑"专项行动为抓手，查处行政案件2378起，清缴非法捕捞渔具60321套；配合公安机关侦办刑事案件947件，抓获犯罪嫌疑人1345人；2022年3月，4头江豚现身武汉江面，频频出水"微笑"。**二是创新工作思路，构建协作体系**。为强化农业综合执法办案省际协作，湖北与湖南、江西、四川、河南、重庆、陕西、安徽等八省份签订了《农业综合行政执法省际协作协议》，建立了省际协作办案机制，围绕长江禁捕等执法领域，实现信息共享、检测协作、线索通报、案件协查、联合办案等合作机制，提升省际农业执法办案效能。湖北省十堰市同陕西省商洛市、河南省南阳市建立了鄂豫陕跨省禁捕工作联防联控机制，形成共建共治共享工作机制，加强区域间协

作配合，凝聚打击治理合力。湖北省农业综合行政执法局分别与湖北省公安厅、湖北省市场监管局建立了执法协作机制，共享信息资源、规范移交案件线索、协作办案，严厉打击非法捕捞、非法售卖等违法犯罪行为，形成工作合力。

（三）立足服务种子和耕地两个要害，做国家粮食安全的忠诚守护者

紧紧围绕服务种子和耕地两个要害，着力加强农业行政执法工作，为保障国家粮食安全保驾护航。**一是围绕重要农时，强化种业整治**。耕耘之芯，种业先行。2021年以来，湖北深入开展种业监管执法年活动和"护奥运保春耕"专项行动，围绕春耕生产和秋播等重要农时季节，持续强化种业知识产权保护和种子市场检查，全省出动执法人员7.1万人次，开展种子市场检查近千次，摸排全省244家办证种子企业，巡查检查农资企业和门店20408个（次），查处问题278起。2021年种业执法工作得到了农业农村部表扬，在全国会议上作先进典型发言。《打造湖北粮食安全执法"五部曲"》入选农业农村部《落实2022年"三农"重点任务典型范例汇编》。湖北将陆续开展农资打假"绿剑行动"专项行动和打击假冒伪劣套牌侵权和农业转基因生物安全执法行动，进一步净化市场环境，不断优化营商环境。**二是加强横向联系，凝聚执法合力**。围绕耕地保护检查和执法，加强与市场监管、自然资源、公安等部门和乡镇人民政府的联系，健全完善各部门之间的违法线索通报、案件移送、联合执法等工作机制，切实加大协作配合力度。对涉嫌构成犯罪的种业和耕地违法案件，及时移送公安机关。**三是强化案件查处，形成强大震慑**。湖北充分应用"一地发现，全省联打"模式，发动全省协查，并限期反馈协查情况。2021年以来，全省办理种子和农村宅基地案件910余件，没收违法种子近38万千克，挽回经济损失1100余万元。

（四）立足确保农产品质量安全，做人民群众"舌尖上安全"的有力保障者

民以食为天，食以安为先。积极贯彻习近平总书记关于农产品质量安全"四个最严"、"产出来"、"管出来"等重要批示精神，加大对各类农产品质量安全违法行为的查处力度，全力保障人民群众农产品消费安全。**一是全面配强力量，实施精准执法**。各级均配备专门的农安执法力量，建立常态化农安执法工作机制。围绕重点领域、重点品种和关键环节，聚焦农产品质量安全存在的突出问题和风险隐患，切实提高农产品质量安全执法的针对性和精准性。2022年深入推进"治违禁 控药残 促提升"农产品质量安全行动，组织开展元旦春节"两会"和冬奥会农产品质量安全监督抽查，共抽检3255批次农产品，发现农产品质量问题7起，溯源查处率100%，有力地保障了农产品质量安全、农资质量安全和农业生产安全，为冬奥会顺利举行和春耕生产营造了良好的法治环境。**二是全面摸清底数，依法重拳打击**。动员各地全面摸清本地区农产品生产、收贮运等环节农产品质量安全责任主体情况，建立执法监管名录。2021年以来，

全省共抽检农资产品18192个，抽检各类农产品15.4万批次，严厉查处农产品质量安全领域各类违法违规行为，查处各类农产品质量安全案件877起，移送公安机关32起，做到违法必查、查必到底。在2021年湖北省首届农博会期间，探索采用新的快速检测方法对参展农产品随机抽样检测，并实时在大屏幕公布检测结果，现场吸引大量客户驻足咨询，营造了浓厚宣传氛围。

（五）立足提升民众法治意识，做人民群众"知法、守法、用法"的文明传播者

充分利用农业农村部门主管农业、熟悉农村和贴近农民的工作优势，不断创新方式方法，开展一系列法治宣传活动，推动全民学法、知法、懂法、守法、用法，引导群众树立法治意识，积极营造法律服务助力乡村振兴的良好氛围。**一是加大普法力度，提升法治意识。**严格落实"谁执法谁普法"普法责任制，结合"3·15"消费者权益日、"12·4"国家宪法周、农民丰收节等活动，坚持送法下乡进村入户，让农业法律法规入脑入心。充分利用广播电视、宣传车、明白纸、网络和新媒体等平台载体进行普法宣传，大力宣传《中华人民共和国农业法》、《中华人民共和国种子法》、《中华人民共和国农产品质量安全法》等法律法规，指导农户辨别假劣农资，引导农户树立维权意识，依法维护自己的合法权益。**二是丰富宣传形式，提升宣传成效。**充分发动基层村干部利用微信群、村民代表大会、院坝会、文艺演出等接地气、见成效，群众听得懂、能接受的宣传途径将禁捕政策及相关法律法规知识传达给群众。在禁捕巡查中把握时机进行教育引导，通过执法人员现场批评教育，部分垂钓爱好者主动上交违规钓具，从以往被动禁捕到现在形成了人人主动参与禁捕的良好局面。**三是发布典型案例，强化舆论引导。**联合湖北省电视台拍摄农业执法典型案例，不定期通过电视台等各类媒体公开播放，加大舆论宣传引导。公布2021年农资打假典型案件和2022年全省农产品质量安全行政处罚典型案例等，充分发挥典型案例的教育警示作用，提升农业农村系统执法普法与依法治理工作成效，营造良好的遵法守法社会氛围。

三、加快提升农业综合执法能力迫在眉睫

（一）执法队伍合力不强

农业综合执法监管面广量大，任务繁重，虽然市、县两级执法监管框架已基本形成，但一些市县还存在着人员、机构尚未进行实质整合，存在"综而不合"的现象。**一是裁量尺度不一，后续矛盾较多。**据统计，全省执法机构中具有公务员身份的仅42人（省局40人、市州2人），占比0.7%，参公管理身份485人，占比8.4%，其余人员身份为事业编或工勤人员，占比90.9%。部分地区人

员混编混岗严重，既有参公编制人员，又有全额事业编制人员，还有差额拨款人员，导致一支执法队伍承担同样的工作，但工资待遇不一样，影响工作劲头。**二是人员身份弱化，无法有效履职。**综合行政执法改革的初衷是明确行政执法主体，改变事业执法的原状，使行政执法步入正轨，走正规化、规范化的路子。但事实是全省90%的事业编制人员承担行政执法职能，不能满足行政执法工作所需。混编混岗导致职级并行和职称晋升均无法执行，造成了行政、事业两条路都走不通的尴尬现象。执法类事业编暂无岗位设置，导致职称无法晋升，执法人员应有的待遇得不到解决，大大影响了执法人员的积极性、主动性。

（二）执法条件有待加强

兵马未动，粮草先行。坚强有力的执法保障是农业执法队伍充分践行护农兴农使命的重要前提和重要支撑。**一是对标上级要求落实难。**虽然农业农村部发布了《全国农业综合行政执法装备规范》，但近几年受疫情影响，基层财政困难，在推进农业综合行政执法规范化建设过程中资金难以兑现落实到位，常出现资金打折扣的现象。导致执法车辆、执法记录仪、摄像机、照相机等基本执法装备配备不足，工作硬件设施不完善，缺少必备的工作条件，取证手段落后，明显不适应新时代新形势下农业综合执法工作的现实需要。**二是缺乏有效的项目支撑。**农业农村法治、农业综合执法工作方面缺少项目作为"子弹"和工作的有力抓手，仅凭一腔热情和"三农"情怀去从事一线农业综合执法，执法岗位的吸引力大打折扣，执法体系凝聚汇聚优秀人才的向心力严重受损，人才难招、难留，队伍不稳。

（三）执法能力亟待提升

新组建的农业综合执法队伍大多为农业类专业技术人员，所学专业以农学类为主，缺乏从事行政执法工作的经验，对相关法律法规和规章条例不够熟悉，执法能力尚不能满足新时代农业执法工作要求。**一是执法队伍自身结构问题。**本轮机构改革后，市、县两级农业执法人员普遍年龄较大，人才队伍青黄不接。从农业农村系统其他部门和行业转隶过来的非专业人员比较多，法律专业人员普遍缺乏。**二是监管服务领域拓宽问题。**改革后农业行政执法涉及领域广、链条长、对象多，由原先的单一监管到综合监管，执法监管对象不再单一，监管呈现农资品类繁多、涉及法规规范广泛的特点，提升执法人员的业务知识和专业技能是当务之急。**三是培训手段单一缺乏问题。**基层执法人员参加系统培训的机会不够多，自学教材单一，培训手段缺乏，缺乏能力"速成"的捷径，大多靠"跟班学"、直接"上战场"的方式，难免力不从心。

（四）权责界限尚需厘清

机构改革后，农业综合行政执法工作权限不明、职能不顺问题突出。一是

农业系统内部权责不清。执法机构职能定位不准、执法合力不强等问题仍不同程度存在，同时，基层综合执法机构与行业管理机构之间权责边界还不够清晰、分工不明，信息共享还不够及时全面，还未形成监管合力。**二是行业部门之间权责不清**。与自然资源、市场监管等部门在执法职责上存在交叉，执法边界不清。执法人员在查办案件时，自身难以准确定位，容易出现不作为、乱作为的情况。比较明显地体现在城区禁止活禽交易屠宰执法、农民在耕地建设住宅执法等领域。

四、加快构建协同高效的农业综合执法体系

（一）分类施策，做执法人员编制身份改革的先行者

湖北省委组织部同意对已改革到位、机构为行政机关或参照管理事业单位、人员身份为公务员（或参照管理工作人员）的综合执法队伍，及时列入行政执法类公务员职级制度实施范围。建议农业农村部强化顶层设计，分类施策，及时与中央编办沟通衔接，将全国符合条件的执法人员及时纳入行政执法类公务员，尽早转变人员身份。对于混编混岗的实行"老人老办法，新人新办法"，畅通参公人员走职务职级晋升、事业人员走职称晋升"两条腿"走路的途径，保障基层执法人员的正常晋升途径和切身利益。

（二）政策赋能，做完善经费长效保障体系的推动者

落实政策，保障执法条件。**一是强化项目设置**。建议加强与国家发改、财政等部门沟通衔接，争取项目资金支持，设置农业综合执法能力提升专项，将项目资金分配与全国农业综合行政执法示范窗口、示范单位创建等评优评先挂钩，提升各地争创佳绩的积极性。与国家发改、财政等部门联合出台文件，要求各地发改、财政等部门强化执法保障，建立执法经费财政保障机制，将农业综合行政执法运行经费、执法装备建设经费、罚没物品处置经费等纳入同级财政预算，确保满足执法工作需要，严格执行罚缴分离和收支两条线管理制度。**二是强化考核督办**。建议把《全国农业综合行政执法基本装备配备指导标准》落实情况纳入对地方政府的乡村振兴考核范围，强化督办检查，推动各级政府重视支持农业综合执法工作，尽快制定本地农业行政执法装备配备标准、装备配备规划、设施建设规划和年度实施计划，确保执法装备配备到位。**三是强化执法保障**。基层执法人员长期接触有毒有害农药、病死猪等物质，长期夜间开展执法活动，特别是渔政执法，违法行为发生的时间多在夜间及休息日，执法人员往往需要在夜间和休息时间蹲点守候，白天又要继续参加单位的其他工作，无相应的政策保障，导致执法人员工作积极性不高。建议由财政经费全额保障执法人员的薪酬福利，将一线农业综合执法人员纳入特岗类别，参照公安部门

执法执勤标准，享受特殊岗位津贴，提高农业执法人员待遇，调动农业执法人员的积极性。

（三）苦修内功，做打造高素质执法队伍的缔造者

机构改革后，各地相继组建农业综合执法队伍，但组建后的队伍大多亟须解决呈现人员年龄结构老化、素质参差不齐等问题，全面提高队伍整体素质。**一是坚持常态化培训**。建议积极争取农业农村部科教项目资金支持，参照2013年农业农村部启动实施的"万名农技推广骨干人才培养计划"，在3～5年内，围绕种业、畜牧、渔政、农安等执法领域，完成全国1万名农业综合行政执法队伍骨干人才轮训工作，推动岗位大练兵大轮训，使其成为当地农业综合行政执法工作的行家里手。**二是强化实战练兵**。建议组织开展农业行政处罚案卷省际交叉评查活动，实现以评助练、以查提技、以案强兵，相互取长补短，锤炼业务尖兵。建立全国农业综合执法电子题库，让新从事执法业务的人员每天都可以在"题海"中熟悉业务，尽快"入门"。

（四）深化拓展，做将执法改革推向纵深的引领者

党的十九届四中、五中、六中全会提出，在特定领域，多元主体开展协同治理是国家治理体系和治理能力现代化的一个重要方面，农业综合执法应积极顺应这一发展趋势。**一是厘清权责界限**。建议明确农业综合行政执法的主要职责，对现行的执法权限进行全面的整理、梳理，依法依规对农业综合行政执法边界进行合理划定，厘清综合行政执法与行业管理以及其他有关部门的执法清单，让基层综合行政执法人员有的放矢，提高综合行政执法的效率。**二是建立协同配合机制**。建议建立和完善与市场监管、公安、交通、自然资源规划等职能部门的协调配合机制，建立联席会议、信息通报、联合执法、案件移交、联合督查等制度，打造全面深化改革大背景下共建共治共享的"大融合、大联动、大治理"农业领域执法新格局。**三是构建省际交流平台**。建议搭建省际互动交流平台，继续探索上下联动、联合执法、齐抓共管的机制。探索更全面、更深入的区域协作执法机制，有效打击跨域违法，建立信息资源共享，做到互动互学，提升案件查处效率。

（五）先行先试，做创新执法监管机制的践行者

近年来，武汉市江夏区聚焦建队标准化、办案规范化、执法协同化、指挥智能化、管控多元化"五化"建设，大力探索农业综合执法工作新模式，运行情况良好。好的典型和样板引领着全省农业综合行政执法改革的新航向。建议农业农村部创造条件鼓励地方发挥首创精神，大胆创新、先行先试，积极探索高效综合执法模式，总结推广"最佳实践"，打造示范样板，为全国提供借鉴和参考。

第五章
农业行政执法典型案例

05

第一批
农业行政执法指导性案例

NONGYE NONGCUN FAZHI FAZHAN BAOGAO 2022 NIANDU

一、天津市宝坻区某农资经营部经营假种子案

【案情摘要】2020年9月，天津市宝坻区农业综合行政执法大队接到山东某公司举报，称宝坻区某农资经营部涉嫌以"JM22"小麦种子冒充"LX310"品种进行销售。经立案调查，执法人员在当事人经营场所和库房内发现了标称河北某种业有限公司生产、规格为20千克/袋的"LX310"小麦种子604袋。执法人员依法对上述麦种抽样检测，结果表明"LX310"和"JM22"系同一品种，当事人涉嫌经营假种子。经进一步查明，当事人于2020年9月分别以3.5元/千克和3.7元/千克的价格共购进上述小麦种子610袋12200千克，以3.6元/千克和3.7元/千克的价格累计销售2120千克，违法所得7832元，12200千克种子货值金额44120元。当事人收到检测报告后，主动追回已销售的小麦种子，并与购种农户签订赔偿协议。

【处理结果】天津市宝坻区农业农村委员会依据《中华人民共和国种子法》第七十五条第一款和《中华人民共和国行政处罚法》第二十七条第一款第一项的规定，参照《天津市农业行政处罚自由裁量权〈中华人民共和国种子法〉实施标准》，对当事人作出如下行政处罚决定：①没收假"LX310"种子10080千克；②没收违法所得7832元；③处货值金额12倍罚款529440元。

【典型意义】种子是重要的农业生产资料，直接关系农业生产安全和农民权益。生产经营假劣种子行为破坏了正常的种子管理秩序，一直是农业农村部门的执法重点。本案当事人以"JM22"冒充"LX310"品种销售，是典型的经营假种子行为。根据《中华人民共和国种子法》第七十五条第一款的规定，经营假种子的，依法应当责令其停止生产经营，没收违法所得和种子，吊销种子生产经营许可证，并处罚款。因本案当事人积极配合行政机关调查，主动追回已销售的违法种子，并与购种农户签订赔偿协议，符合《中华人民共和国行政处罚法》第二十七条第一款第一项规定的"当事人有主动消除或者减轻违法行为危害后果的，应当依法从轻或者减轻行政处罚"的情形，农业农村部门依法给予当事人没收假种子、违法所得和罚款的处罚，未吊销其种子生产经营许可证，体现了宽严相济、过罚相当的处罚原则。

二、浙江省温州市某农资经营部经营劣种子案

【案情摘要】2020年3月，浙江省温州市农业农村局在某农资经营部门店抽检了"X绿333"菠菜种子，检验报告显示该种子水分10.9%，高于GB 16715.5—2010水分≤10.0%的规定，检验结果为不合格，当事人涉嫌经营劣种子。该局及时立案调查，依法对当事人和购买该种子的农户进行询问，对现场进行勘验，并提取其他相关证据。查明当事人从某种苗有限公司购进"X

绿333"种子10包，已销售7包，抽样2包（送检1包、留样1包），库存1包，销售价格33元/包，违法所得231元，货值330元。案件处罚完毕后，该局还对该农资经营部门店改正违法行为情况进行了检查核实。

【处理结果】 温州市农业农村局依据《中华人民共和国种子法》第七十六条第一款，参照《浙江省农业行政处罚裁量基准》，对当事人作出没收"X绿333"菠菜种子2包、没收违法所得231元和罚款9000元的行政处罚。

【典型意义】 及时查处种子违法案件，对于维护正常的种子市场秩序、保护农民合法权益具有重要意义。本案虽然货值金额不大，但农业农村部门坚持违法必究，严格办案，对涉案种子的上游供货商、下游农户销售两个方向和进货、销货、存货三个渠道开展全面调查取证，查明了当事人违法经营劣种子的事实，对违法种子数量、货值和违法所得及危害后果等进行了准确认定，并依法作出了行政处罚。此外，本案中农业农村部门在行政处罚决定执行完毕后，还专门开展"回头看"，对当事人改正违法行为的情况进行检查核实，确保了监督检查和行政处罚的实际效果。

三、江西省乐安县某农资门市部经营劣质农药案

【案情摘要】 江西省金溪县农业农村局执法人员根据江西省农业农村厅的工作部署，对乐安县某农资门市部经营的、标称河北某化工有限公司生产的41%草甘膦异丙胺盐水剂进行了监督抽检，检测结果显示实际有效成分含量仅为27.2%。乐安县农业农村局收到金溪县农业农村局转来的检测报告后立即立案调查，对当事人门市部、仓库和经销台账进行检查，调取了相关进货凭证、销售凭证等证据，并对库存产品采取了登记保存等措施。同时，该局还向当事人和产品标称生产企业送达了抽检结果确认通知书，告知其对检测结果有异议可以申请复检，两者收到检测报告后均未提出异议，也未申请复检。经进一步查明，当事人向河北某化工有限公司购进41%草甘膦异丙胺盐水剂农药10箱计120瓶，至案发时已以18元/瓶价格销售69瓶，违法所得1242元；库存51瓶（含抽样3瓶），涉案产品货值2160元。

【处理结果】 乐安县农业农村局依据《农药管理条例》第五十六条的规定，对该农资门市部作出没收41%草甘膦异丙胺盐水剂劣质农药产品，没收违法所得1242元，并处罚款5000元的行政处罚。

【典型意义】 农药产品质量直接关系农业生产安全，使用低于农药质量标准的农药难以起到防治病虫害的作用，可能导致农作物减产甚至绝收，严重损害农户权益。《农药管理条例》第四十五条规定，不符合农药产品质量标准的，属于劣质农药。本案中，当事人经营农药产品的实际有效成分明显低于标称值，属于典型的经营劣质农药违法行为。农业农村部门依法对其经营劣质农药产品

的违法行为进行查处，维护了农药经营管理秩序，保护了农户合法权益。特别是本案系省级农业农村部门组织异地交叉监督抽检发现，并及时移送违法行为地农业农村部门立案查处。实践证明，这种执法办案方式既有利于克服地方保护主义，又有利于落实检打联动机制，值得肯定和借鉴。

四、广东省广州市某农业发展有限公司超出标签标注的使用范围使用农药案

【案情摘要】2020年3月19日，广东省广州市农产品质量安全监督所对广州市某农业发展有限公司种植的农产品例行监测时，发现其生产的番茄、辣椒、油麦菜等产品涉嫌农药残留超标。2020年4月17日，广州市增城区农业农村局执法人员对该公司种植的、已采收准备上市的5号白菜、菜心依法进行了抽样检测，发现均符合食品安全标准。5月6日，执法人员再次对该公司农药使用情况进行执法检查，通过检查农药仓库、查询农药使用台账、询问种植主管人员等，查明该公司在农产品生产过程中存在超范围使用甲氨基阿维菌素苯甲酸盐等五种农药的问题。

【处理结果】广州市增城区农业农村局依据《农药管理条例》第六十条第一款第一项的规定，责令当事人改正不按农药标签标注使用范围使用农药的行为，并作出罚款5.5万元的行政处罚。

【典型意义】农药标签标注的使用范围是农产品生产者正确使用农药的基本指引。食用农产品生产过程中，超出标签标注的范围使用农药，直接威胁到农产品质量安全，危害消费者身体健康和生命安全。本案中，农产品质量安全监管机构通过农产品质量安全例行监测发现了违法线索，之后农业综合行政执法机构立即对当事人进行有针对性的执法检查和监督抽检。在农产品抽检结果符合食品安全标准的情况下，执法人员没有放松警惕"一走了之"，而是继续通过检查农药仓库、查询农药使用台账和询问种植主管人员等方式，最终查明当事人在农产品生产过程中存在超出农药标签标注范围使用农药的违法行为，充分体现了农业农村部门对食品安全高度负责的态度，真正做到了检打联动、精准执法，切实保障了人民群众"舌尖上的安全"。

五、江苏省苏州市某渔药饲料店经营假兽药案

【案情摘要】2020年5月20日，江苏省苏州市吴江区农业农村局执法人员对辖区某渔药饲料店进行执法检查时发现，该店正在经营标示由某生物科技有限公司生产的聚维酮碘溶液，其标签说明书标示为"非药品"，但明确标明对水产动物有防治疾病等作用；标示由某科技股份有限公司生产的弧菌净，其标签标

示为"水体环境修复剂",而说明书标明对水产动物有强力清除弧菌等作用。执法人员通过查看标签、查询中国兽药信息网和询问当事人,确认上述两产品没有取得兽药产品批准文号,依法应按假兽药处理。经执法调查,当事人通过物流直接从厂家购进聚维酮碘溶液4箱、弧菌净1箱,认定违法所得175元,货值3800元。

【处理结果】苏州市吴江区农业农村局依据《兽药管理条例》第五十六条第一款规定,责令当事人停止违法经营行为,并作出如下行政处罚决定:①没收尚未销售的聚维酮碘溶液75瓶,弧菌净40瓶;②没收违法所得175元;③处货值金额3倍罚款11400元。

【典型意义】兽药质量事关水产养殖安全、水产品质量安全和生态环境安全。近年来,部分不法企业将依法应当按照兽药管理的产品以"非药品"等名义进行销售,故意规避监管,给水产品质量安全和生态安全带来巨大隐患。按照《兽药管理条例》第七十二条第一项的规定,凡标称具有预防、治疗、诊断动物疾病或者有目的地调节动物生理机能的物质,都应当按兽药管理,取得兽药产品批准文号后方可生产;未取得产品批准文号即生产经营的,依照《兽药管理条例》第四十七条第二款第二项规定,应当按照假兽药处理。本案中,虽然涉案产品的标签标示其分别为"非药品"和"水体环境修复剂",但执法人员通过检查产品标签和说明书中有关"作用用途"、"适应症"、"功能用途"的表述,发现其明确标明对水产动物细菌、病毒、真菌及各种肠虫具有抑制、杀灭或清除功能,依法认定其属于兽药。通过查询中国兽药信息网和询问当事人,农业农村部门进一步确认上述两产品均未取得兽药产品批准文号,遂按照经营假兽药对当事人给予了行政处罚,准确履行了执法职责。本案就相关产品的定性和处理,对农业农村部门查处同类违法行为具有示范作用。

六、江苏省苏州市某饲料有限公司生产与标签标示内容不一致的饲料案

【案情摘要】2020年6月,江苏省苏州市农业农村局执法人员对苏州市某饲料有限公司开展执法检查,对存放在该公司成品仓库的4%生长肥育猪前期复合预混合饲料进行了抽样送检,检测结果显示抽检饲料中赖氨酸含量仅为2.28%,与标签标示的含量不符。苏州市农业农村局及时立案,查明该批饲料共2.24吨,货值金额9116.8元。当事人在收到产品检测结果后,积极配合调查,并赔偿客户损失。

【处理结果】苏州市农业农村局根据《饲料和饲料添加剂管理条例》第四十六条第一款第一项规定,结合农业农村部《规范农业行政处罚自由裁量权办法》以及《苏州市农业农村局行政处罚自由裁量权基础》有关规定,对当事

人作出没收违法所得9116.8元，并处罚款1万元的行政处罚。

【典型意义】饲料标签包含了饲料产品的成分、质量、标准等关键信息，具有介绍产品、指导养殖者购买使用的作用。饲料有效成分与饲料质量直接相关，我国饲料管理法规明确要求饲料有效成分实际含量应当与标签标注含量相符。本案中，当事人生产的饲料有效成分含量大幅低于标签值，违反了饲料管理法规要求，严重损害养殖者合法权益。农业农村部门在执法检查过程中对饲料抽样送检，发现问题饲料后及时立案查处，有效防止了问题饲料流入市场，保障了养殖者利益。鉴于当事人积极配合农业农村部门调查，主动赔偿客户损失，农业农村部门对当事人依据相关自由裁量基准予以从轻处罚，为类似案例处理提供了参考。

七、湖南省长沙市肖某、黎某未经定点屠宰许可从事生猪屠宰活动案

【案情摘要】2020年4月，湖南省长沙市农业农村部门接群众举报，反映有人私设屠宰场屠宰生猪，影响恶劣。长沙市农业农村部门立即行动，组织执法人员先后7次蹲点摸排和暗访调查，发现某非法设立的屠宰场违法屠宰的生猪数量较大，涉嫌构成刑事犯罪，遂商请公安机关提前介入。公安机关通过对现场出入车辆的大数据分析、卡口视频资料及暗访视频等研判，认定当事人涉嫌私设生猪屠宰场非法从事生猪屠宰经营活动。经周密部署，农业农村部门配合公安机关一举打掉该非法屠宰场，现场抓获犯罪嫌疑人肖某、黎某等涉案人员7名，查获生猪3头、生猪产品314.5千克以及刀、勾等作案工具若干。

【处理结果】2020年10月，长沙市望城区人民法院作出一审判决，认定肖某犯非法经营罪，判处有期徒刑3年，缓刑3年，并处罚金8万元；认定黎某犯非法经营罪，判处有期徒刑2年，缓刑2年，并处罚金4万元。目前判决已生效。

【典型意义】我国实行生猪定点屠宰制度。加强生猪屠宰监管，对保障生猪产品质量安全、猪肉消费安全和人民身体健康具有重要意义。在当前猪价高企情况下，受高额利润驱使，生猪屠宰违法犯罪行为时有发生。此类违法行为隐蔽性强，调查取证难度大，需要加强与公安机关协作配合，建立联合执法机制。本案中，农业农村部门在前期摸排基础上，判断案件可能涉嫌刑事犯罪，遂商请公安机关提前介入，获取了犯罪嫌疑人违法犯罪的关键证据，顺利侦破了案件。需要指出的是，为严厉打击生猪私屠滥宰违法犯罪行为，2013年最高人民法院、最高人民检察院联合发布《关于办理危害食品安全刑事案件适用法律若干问题的解释》，在第十二条第一款明确，违反国家规定私设生猪屠宰厂（场），从事生猪屠宰、销售等经营活动，情节严重的，依照刑法第二百二十五条的规定以非法经营罪定罪处罚。

八、湖南省湘潭市张某经营依法应当检疫而未经检疫动物案

【案情摘要】 2020年5月25日凌晨3时，湖南省湘潭市农业农村局根据群众举报，立即赶赴一处被关停的生猪交易市场，发现当事人张某正在卸载生猪。经立案调查发现，当事人张某从其他省非疫区调运了206头生猪，已累计销售75头，剩余131头，全部无动物检疫合格证明。经市场询价，认定131头生猪货值金额87.12万元。随后，执法机关对131头生猪进行异地登记保存，并进行了补检，在补检合格后解除登记保存。

【处理结果】 湘潭市农业农村局依法责令当事人停止经营依法应当检疫而未经检疫生猪行为，并根据《中华人民共和国动物防疫法》第七十六条、第七十八条第一款的规定，对当事人处以货值金额20%罚款，即17.42万元的行政处罚。

【典型意义】 本案办案过程中，执法人员发现案件线索后，迅速启动执法程序，固定违法证据，证据收集充分完备，为查明案件事实、准确定性和处罚提供了有力支撑。本案中，执法人员采取市场询价的方式对同类检疫合格生猪的货值金额进行认定，并与当事人陈述的价格进行比对，确认一致，为以货值为基础确定罚款数额提供了依据。执法人员对依法应当检疫而未经检疫的生猪予以登记保存，同时为保障当事人利益，在具备补检条件的情况下依法实施补检，减少了当事人不必要的经济损失。农业农村部门在严格依法履职的同时，以对当事人权益减损最小的方式开展执法，符合法治精神。此外，在防控非洲猪瘟疫情的关键时期，农业农村部门对应当检疫而未经检疫的生猪及产品加大查处力度，可以有效降低非洲猪瘟疫情传播风险。

九、重庆市江津区罗某、谢某某非法捕捞水产品案

【案情摘要】 2020年6月15日6时，重庆市江津区农业农村委员会接群众举报，称有人在石蟆镇王背碛长江水域从事非法电鱼活动。执法人员立即赶赴现场，发现当事人罗某正负责驾船及使用电鱼工具捕鱼，其同伙谢某某正在舀鱼，现场查获捕鱼工具电极杆2根、升压器1个、锂电池1个，以及渔获物16尾共计17.22千克。根据西南大学渔业技术综合实验室评估，涉案违法电鱼行为导致渔业资源损失约1.13万元。因当事人在禁渔期内使用禁用方法进行捕捞，涉嫌构成刑事犯罪，江津区农业农村委员会于当日将案件移送至长江航运公安局重庆分局立案查处。

【处理结果】 江津区农业农村委员会与两名当事人签订生态环境损害赔偿协议，罗某、谢某某二人按照评估意见出资1.13万元购买鱼苗实施增殖放流，经专家评估达到了预期修复效果。江津区人民法院考虑到二人自愿出资购买鱼种

增殖放流修复生态环境，决定从轻处罚，分别判处罗某、谢某某拘役7个月、5个月，并没收电捕鱼工具。

【典型意义】本案发生在长江禁捕水域。长江流域重点水域禁捕，对渔业物种资源和生态系统保护具有重要意义。近年来，农业农村部、公安部等部门认真贯彻中央部署，以零容忍态度严厉打击长江非法捕捞，依法开展专项整治和联合执法行动。2020年12月，最高人民法院、最高人民检察院、公安部、农业农村部联合发布的《依法惩治长江流域非法捕捞等违法犯罪的意见》进一步明确，在长江流域禁捕区域使用电鱼等严重破坏渔业资源的禁用方法捕捞的，应依法追究刑事责任。根据《最高人民检察院、公安部关于公安机关管辖的刑事案件立案追诉标准的规定（一）》，在禁渔区或禁渔期内使用禁用工具或方法捕捞水产品，涉嫌构成《刑法》第三百四十条非法捕捞水产品罪，依法应追究刑事责任。此外，本案中农业农村部门依据有关规定与当事人订立协议，由当事人购买鱼苗增殖放流，有利于减轻和消除违法后果，恢复渔业资源和生态环境。

十、浙江省桐乡市陈某非法购买、饲养国家重点保护野生动物案

【案情摘要】2020年9月，浙江省桐乡市农业农村局收到桐乡市人民检察院的检察建议书，内容为建议对当事人陈某未取得驯养繁殖许可证非法购买、饲养国家重点保护野生动物案进行行政处理。桐乡市农业农村局经立案调查，查明当事人陈某从某水族馆以0.6万元的价格购买了一只两爪鳖作为宠物饲养，后因染病将其在某河道内放生。经鉴定，涉案两爪鳖为《濒危野生动植物国际贸易公约》（2019版）附录Ⅱ所列物种，根据农业农村部发布的《濒危野生动植物种国际贸易公约附录水生物种核准为国家重点保护野生动物名录》（农业农村部公告第69号），为国家二级重点保护动物。根据农业农村部《水生野生动物及其制品价值评估办法》，涉案两爪鳖评估价值为0.25万元，因实际交易价格为0.6万元，农业农村部门根据该办法第九条"实际交易价格高于按照本方法评估价值的，按照实际交易价格执行"的规定，决定按交易价格计算罚款金额。

【处理结果】桐乡市农业农村局根据《野生动物保护法》第四十八条第一款及《浙江省海洋与渔业行政处罚裁量基准表》，对当事人处以2.4万元罚款的行政处罚。

【典型意义】保护野生动物，对维护生物多样性和生态平衡、推进生态文明建设具有重要意义。我国建立了严格的野生动物保护法律制度，禁止出售、购买、利用国家重点保护野生动物及其制品；因科学研究、人工繁育、公众展示展演、文物保护或者其他特殊情况，需要出售、购买、利用国家重点保护野生动物及其制品的，应当经有关部门批准，并按规定取得和使用专用标识，保证可追溯。本案当事人违法购买两爪鳖，依法应予以处罚。需要指出的是，农业

农村部门在查处农业违法案件过程中，发现涉嫌构成犯罪依法需要追究刑事责任的，应当及时向司法机关移送；对于司法机关移送农业农村部门的案件，应当根据本部门法定职责及时立案调查并依法作出处理决定。本案中，农业农村部门根据检察机关的检察建议书，及时对野生动物保护违法案件立案查处，为如何处理检察建议提供了较好范例。

第二批
农业行政执法指导性案例

NONGYE NONGCUN FAZHI FAZHAN BAOGAO 2022 NIANDU

一、浙江省宁波市蔡某某、黄某某等未经品种权人许可销售授权品种种子案

【案情摘要】 2021年4月，浙江省宁波市农业综合行政执法队接到宁波某种业公司举报，称其制种基地的农户违反制种合同，擅自将公司委托制种的某系列水稻种子转卖他人非法获利，严重侵犯其知识产权。宁波市农业农村局第一时间将有关情况报告浙江省农业农村厅。在浙江省农业农村厅统一指挥调度下，宁波市农业综合行政执法队与公安机关联合成立专案组，先后在宁波、台州、嘉兴等地查获大量被非法转卖的水稻种子。经查明，制种基地农户蔡某某等5人私自将宁波某种业公司委托制种的杂交稻种子销售给黄某某等3人，黄某某等人又将种子转卖他人获利。因当事人违法行为涉嫌构成刑事犯罪，宁波市农业农村局依法将案件移送宁波市公安局。

【处理结果】 公安机关将蔡某某、黄某某等8人抓获归案，查获涉案侵权种子2.4万余千克，涉案金额157万余元。目前该案已被移送检察机关审查起诉。

【指导意义】 中共中央、国务院高度重视种业发展和种业知识产权保护工作。《中华人民共和国种子法》（简称《种子法》）第二十八条规定，除法律、行政法规另有规定外，任何单位或者个人未经植物新品种权人许可，不得生产、繁殖或者销售该授权品种的繁殖材料，不得为商业目的将该授权品种繁殖材料重复使用于生产另一品种的繁殖材料。本案中，制种农户蔡某某等人擅自将品种权人委托其制种的授权品种种子对外销售，不仅违反了制种合同约定，还侵犯了品种权人的植物新品种权，依法应当承担法律责任。黄某某等人明知其收购的种子系制种基地非法流出的授权品种种子，仍然购进并转卖获利，也侵犯了品种权人的植物新品种权，依法应当承担法律责任。根据《种子法》第七十三条第五款（修订后的《种子法》第七十二条第六款）规定，对侵犯农作物新品种权行为，农业农村部门为了公共利益，有权责令侵权人停止侵权行为，给予没收违法所得、种子和罚款的行政处罚。

二、山东省青岛市徐某某经营假种子案

【案情摘要】 2021年5月，山东省青岛市农业农村局执法人员对徐某某经营的玉米种子进行了监督抽样。经农业农村部植物新品种测试中心检测，送检产品与该产品包装标签标注产品的标准品为不同品种。根据《种子法》第四十九条（修订后的《种子法》第四十八条）规定，徐某某销售的玉米种子属于假种子。经立案调查，查明徐某某于2021年1—5月共销售涉案玉米种子800袋，货值金额3.6万元，销售收入3万元。徐某某在陈述申辩时提出其不具有主观过错，理由及证据包括：涉案玉米种子难以通过外包装和标签标识判断真假；采购涉

案种子时核对了种子的生产经营许可信息、品种审定信息、追溯二维码、检疫证明编号等信息，并在"种子生产经营备案管理系统"对该批种子信息进行了备案。

【处理结果】 青岛市农业农村局认为，徐某某经营假种子的行为违反了《种子法》第四十九条（修订后的《种子法》第四十八条）第一款规定，但鉴于徐某某没有主观过错，且提供了相应证据予以证明，根据2021年修订的《中华人民共和国行政处罚法》（简称新《行政处罚法》）第三十三条第二款规定，决定对徐某某不予处罚。

【指导意义】 新《行政处罚法》生效施行前，行政处罚领域主要遵循客观归责原则，一般不需要考虑当事人的主观过错。新《行政处罚法》第三十三条第二款规定，除法律、行政法规另有规定外，当事人有证据足以证明其没有主观过错的，不予行政处罚。本案中，徐某某的违法行为发生在新《行政处罚法》生效施行前，农业农村部门立案调查和作出行政处罚的时间均在新《行政处罚法》生效施行后，按照新《行政处罚法》第三十七条规定的"从旧兼从轻"适用原则，应当适用新《行政处罚法》第三十三条第二条规定。徐某某经营的种子系假种子的违法事实十分清楚，但其提出无主观过错不应当受到处罚。农业农村部门审查后认为，因徐某某销售的种子为不再分装的包装种子，现行种子法律法规未要求种子零售商对其经营种子的质量和真伪进行检验检测；同时，徐某某的进货查验流程和方法符合一般农资经营门店的进货习惯，且按规定将种子信息向农业农村部门作了备案，已尽到了种子零售商应尽的法律义务和注意义务，其提供的证据足以证明确实无主观过错。据此，农业农村部门对徐某某依法作出了不予行政处罚的决定。该案为种子零售商经营的种子被检测出质量问题后，如何认定其是否具有主观过错、是否应当受到行政处罚等提供了参考。

三、四川省江油市某种业有限公司生产销售未经检疫水稻种子案

【案情摘要】 2021年2月，重庆市合川区农业综合行政执法机构开展执法检查时发现，辖区内某种子经营门店从四川省江油市某种业有限公司调入的某品种水稻种子无植物检疫证书。经检测，该批种子带有植物检疫性病菌。四川省农业农村厅接到线索通报后，迅速组织江油市农业农村局对该公司库存未销售的同品种种子抽样检测，确认带有植物检疫性病菌。江油市农业农村局立即立案调查，查明涉案种子已销往四川省内16个市（州）77个县（区），以及重庆市、湖南省、贵州省的43个县（市、区）。按照农业农村部统一部署，四川、重庆、湖南、贵州4省份农业农村部门立即组织对染病种子开展拉网式排查，依法采取查封扣押、监督召回和销毁等措施，全力阻止染病种子下田入户。因当事

人生产销售带有检疫性病菌水稻种子的行为已涉嫌刑事犯罪，江油市农业农村局依法将案件移送绵阳市公安局。

【处理结果】 公安机关对四川某种业有限公司法定代表人、直接责任人等依法采取了取保候审措施。目前该案已被移送检察机关审查起诉。此外，四川、重庆、湖南、贵州4省份农业农村部门同步对染病种子调运、经营环节的违法行为进行了立案调查，查处未办理植物检疫证调运种子、经营劣种子等相关违法案件100余件。

【指导意义】 植物检疫是农业生产安全的重要保障，依法查处植物检疫违法行为是农业农村部门的重要执法职责。根据《植物检疫条例》、《植物检疫条例实施细则（农业部分）》的规定，调运种子、苗木和其他繁殖材料必须经过检疫，跨省调运还应当事先征得所在地省、自治区、直辖市植物检疫机构同意。因此，农业农村部门对种子开展执法检查时，既要查验种子包装标签、购销台账和种子的质量、真实性、转基因成分等，还要注意查验种子植物检疫证书或检疫证明编号，确保农业生产用种安全。本案中，重庆市合川区农业综合行政执法机构正是通过查验植物检疫证书发现了违法线索，并立即向国家有关部门报告，为案件查处和疫情处置赢得了宝贵时机。鉴于案情复杂、涉及面广，部省两级农业农村部门强化指挥调度，四川、重庆、湖南、贵州4省份120个县（市、区）农业综合行政执法机构联动，同步开展拉网式排查和执法，有效防止了水稻重大疫情的发生和传播，避免了2300余万千克稻谷的损失，对维护农民利益和保障国家粮食安全意义重大。

四、上海市奉贤区某农资公司销售应当审定未经审定的农作物种子案

【案情摘要】 2021年3月，上海市奉贤区农业农村委员会执法人员对辖区内某农资公司进行执法检查时，发现该公司销售的玉米种子标注的品种审定编号为晋审玉201401X，外包装引种信息部分无上海市农业农村部门的引种编号。执法人员通过进一步检查种子标签、查询中国种业大数据平台、询问当事人以及调取种子生产经营档案、进货单据等，查明该玉米种子仅通过山西省品种审定，未经过国家级审定和上海市审定，且山西省发布的品种审定公告确定的适宜生态区域不含上海市。据此，上海市奉贤区农业农村委员会认定当事人涉嫌销售应当审定未经审定的农作物品种。

【处理结果】 上海市奉贤区农业农村委员会依据《种子法》第七十八条（修订后的《种子法》第七十七条）第一款第一项规定，参照上海市农业农村委员会制定的农作物种子管理行政处罚裁量基准规定，责令当事人停止销售应当审定未经审定的玉米种子，作出没收违法销售的种子和违法所得、并处罚款的行政处罚决定。

【指导意义】国家对主要农作物实行品种审定制度。农作物品种的品质、产量、抗性、适应性，除受本身遗传特性的影响外，还会受气候类型、生态条件等因素的影响。农业农村部制定发布的《主要农作物品种审定办法》将品种适宜种植区域作为品种审定公告的重要内容。经营主要农作物种子，必须遵守品种审定、引种备案等规定，不得在农作物品种的适宜生态区外推广、销售，否则将构成违法。农业农村部办公厅《关于种子法有关条款适用的意见》（农办法〔2019〕1号）对如何认定《种子法》第七十八条（修订后的《种子法》第七十七条）规定的"应当审定未经审定的农作物品种进行推广销售"作出了明确规定。本案中，农业综合行政执法人员在执法检查过程中，以检查种子包装上的审定编号和引种编号为突破口，通过检查标签、查询审定信息等方式，查明了当事人销售应当审定未经审定玉米种子的违法行为，并依法查处，有力保障了当地农民的合法权益。

五、山东省烟台市孙某某生产经营假兽药案

【案情摘要】山东省烟台市农业农村局在开展饲料监督抽样检查时，发现某生物科技有限公司涉嫌生产假兽药，现场查获疑似假兽药产品2350千克和多种兽药生产设备。随后，烟台市农业农村局又接到群众举报，在另一家生物科技有限公司查获假兽药产品及生产原料辅料共19700千克。经并案调查，上述2家公司均为孙某某以他人身份信息注册成立，孙某某同时还注册了另外4家公司，均未取得兽药生产许可证，由其中一家公司负责生产假兽药，再用其他公司名义分装销售。因当事人生产销售假兽药情节严重，涉嫌刑事犯罪，烟台市农业农村局依法将案件移送烟台市蓬莱区公安分局。公安机关接案后，联合多地农业农村部门进一步查明，除上述6家公司外，孙某某还在多地注册成立了100多家销售公司，将涉案假兽药产品销往全国多个省份。

【处理结果】公安机关抓获孙某某等涉案人员45人，涉案金额达1.2亿元。目前该案已移送检察机关审查起诉。

【指导意义】加强兽药质量监管执法，对保障动物源性食品安全和维护公共卫生安全有重要意义。本案因案情复杂，当事人违法生产经营行为十分隐蔽，且涉及多个省份，烟台市农业农村部门考虑其行政执法调查手段有限，及时将案件移送公安机关，并协助公安机关报请上级农业农村部门及时出具涉案产品属于假兽药的认定意见，为司法机关追究违法犯罪分子的刑事责任提供了有力支撑。案件查办过程中，农业农村部门和公安机关精诚合作，密切配合，充分体现了农业行政执法与刑事司法工作有机衔接形成的强大合力。同时，该案的查处对生产销售假劣兽药违法行为形成了强大震慑，为净化兽药市场、维护养殖者合法权益发挥了重要作用。

六、湖南省株洲市凌某某未经定点从事生猪屠宰活动案

【案情摘要】2021年7月，湖南省株洲市农业综合行政执法支队接群众举报，反映有人私设屠宰场屠宰生猪。执法人员在乡镇执法联络员的协助下，第一时间赶赴违法现场，并成功控制正在从事生猪屠宰活动的违法嫌疑人凌某某等人，现场查获未经定点从事生猪屠宰活动的生猪产品以及刀、钩等违法屠宰工具若干。

【处理结果】株洲市农业农村局依据《生猪屠宰管理条例》第二十四条第一款规定，参照湖南省农业行政处罚自由裁量基准，对当事人作出没收涉案生猪产品和屠宰工具，并处以货值金额3倍罚款的行政处罚决定。

【指导意义】私屠滥宰行为严重破坏生猪定点屠宰管理秩序，加大动物疫情传播风险，同时还经常伴随着对非法屠宰的动物和动物产品注水、注药等违法行为，严重危害人民群众身体健康。实践中，私屠滥宰窝点大多在城乡接合部或者偏远乡村，隐蔽性强，不少还没有固定的屠宰场所，加上基层农业农村部门执法职责量大面广，客观上存在私屠滥宰违法行为发现难、查处难的问题。本案中，农业农村部门积极创新执法机制，充分发动乡镇和村级干部群众，由乡镇（街道）防疫站、村委会分别明确1名执法联络员负责收集、报送私屠滥宰违法线索，并积极鼓励群众对私屠滥宰违法行为进行举报，为农业农村部门及时查处私屠滥宰违法行为、有效防止不符合农产品质量安全标准和未经检验检疫的动物产品流入市场和餐桌发挥了重要作用。

七、浙江省温州市某日用品有限公司经营假冒登记证农药案

【案情摘要】2021年6月，浙江省温州市农业综合行政执法队接到群众举报，称温州市某日用品有限公司在某网络平台上销售假农药。温州市农业综合行政执法队立案后，联合义乌市综合行政执法局对当事人位于义乌发货仓库中的涉案卫生杀虫剂产品予以扣押，并通过视频连线的方式对位于深圳市的涉案产品生产厂家负责人进行调查询问。经查明，2021年5—6月，温州市某日用品有限公司从深圳市某公司购进卫生杀虫剂并在某网络平台销售，涉案产品系假冒其他企业农药登记证号的农药。

【处理结果】温州市农业农村局根据《农药管理条例》第五十五条规定，参照浙江省农药违法行为行政处罚裁量基准，对温州某日用品有限公司作出没收违法销售的农药和违法所得，并处货值金额5倍罚款的行政处罚决定，并将深圳市某公司涉嫌违法生产未取得登记证农药的违法线索向深圳市市场监管部门进行了移送。

【指导意义】近年来，互联网电商平台销售种子、农药、兽药等农资现象

日益增多。由于网络销售农资产品的生产、加工、销售、仓储、配送场所往往分布在不同地区，农资质量出现违法问题后，如何确定案件管辖机关以及如何调查取证在执法实践中经常引发争议。2020年农业农村部修订发布的《农业行政处罚程序规定》第十四条，对电子商务平台内经营者的农业违法行为管辖问题专门作了规定，明确可以由经营者实际经营地农业农村部门管辖，也可以由电子商务平台经营者住所地或者违法物品的生产、加工、存储、配送地农业农村部门管辖。本案中，销售假冒登记证农药的温州某日用品有限公司注册地在浙江省温州市，发货仓库在浙江省义乌市，违法产品生产企业在广东省深圳市，网络平台经营者住所地在上海市，根据上述规定，这些地方的农业农村部门对本案都具有管辖权。此外，为克服新冠肺炎疫情防控对异地调查取证带来的不便，温州市农业综合行政执法机构在征得相对人同意后，灵活运用网络视频连线方式对涉案人员进行调查询问，对其他地方农业执法部门办理类似案件也具有借鉴意义。

八、上海市崇明区张某某未按照规定处理、随意弃置病死动物案

【案情摘要】2021年7月15日，上海市崇明区农业农村委员会接到群众举报，称崇明区草港公路过蟠龙公路某处垃圾收集点有人随意弃置死禽。执法人员第一时间赶赴现场调查，共发现89羽散乱死禽，属于病死动物。经向附近村民了解情况，该批死禽疑似2021年7月14日车牌号为浙××××××的车辆弃置。为查清案情，上海市崇明区农业农村委员会立即向当地公安派出所发出协助调查函，请求公安机关协助调取案发地点监控视频，调取车牌号为浙××××××的车辆驾驶人员信息。公安机关当日即向农业执法人员提供了监控视频信息和浙××××××的车辆驾驶人员张某某的身份信息和联系电话。经进一步询问当事人和案发地有关常住人员，查明张某某于2021年5—7月先后在上述同一案发地共弃置病死家禽139羽，弃置时均未采取无害化处理措施。

【处理结果】上海市崇明区农业农村委员会依据《中华人民共和国动物防疫法》（简称《动物防疫法》）第九十八条第七项规定，对当事人作出罚款的行政处罚。

【指导意义】随意弃置病死或死因不明的动物，会增加动物疫病传播风险。根据《动物防疫法》第五十七条规定，从事动物饲养、屠宰、经营、隔离以及动物产品生产、经营、加工、贮藏等活动的单位和个人，应当按照国家有关规定做好病死动物、病害动物产品的无害化处理，或者委托动物和动物产品无害化处理场所处理。从事动物、动物产品运输的单位和个人，应当配合做好病死动物和病害动物产品的无害化处理，不得在途中擅自弃置和处理有关动物和动物产品。任何单位和个人不得买卖、加工、随意弃置病死动物和病害动物产品。

实践中，一些地方病死畜禽被随意丢弃情况时有发生，但绝大多数属于偷偷丢弃，农业农村部门很难发现和确定违法行为人。本案中，农业执法人员向案发地点周围群众了解情况掌握初步线索后，借助公安机关调取事发地监控视频和涉案车辆所有人信息，准确锁定违法行为人，查清了违法事实，及时固定违法证据，为查处类似弃置病死动物违法行为案件提供了示范。

2019年度
农业行政执法典型案例

NONGYE NONGCUN FAZHI FAZHAN BAOGAO 2022 NIANDU

一、浙江省温岭市罗某等生产销售伪劣肥料案

2019年5月31日，温岭市农业农村和水利局行政执法人员通过网络获悉，一农资推销团伙在温岭市泽国镇某酒店内召集当地100多位农户举行推销会，兜售一种名为"微生物菌剂"肥料。在台州市农业行政执法队、台州市公安局食药环犯罪侦查支队的支持和指导下，温岭市农业农村和水利局联合温岭市公安局捣毁了以罗某、吴某为首的生产、销售伪劣肥料犯罪团伙，抓获犯罪嫌疑人11人，查扣肥料成品、半成品、原料737吨，查明涉案伪劣肥料6万吨，涉案金额1.5亿元。该案件已依法移送公安机关。

二、山东省青岛市某公司生产销售假农药案

2017年至2018年9月，青岛市农业农村局接到多起投诉，称在网上购买的注册地址位于青岛市城阳区、标称生产企业为某化工集团有限公司生产的农药是假农药，经执法人员查实，该公司系虚假注册的黑窝点。因案情复杂，青岛市农业执法部门商请公安机关提前介入，并将案件及时移送给公安机关。经周密侦查，2019年5月，青岛市公安局城阳分局赴河南省郑州市对该公司实施收网行动，现场查获各类农药原料、农药成品7吨及大量生产设备、产品包装、农药图册等，当场抓获造假犯罪嫌疑人7人。经检测，24种农药成品含有违禁成分。经公安机关认定，涉案金额达1000多万元。

三、河南省某公司未取得农药生产许可证生产经营假劣农药案

2019年9月29日，河南省农业农村厅农业综合行政执法监督局接群众举报，许昌市鄢陵县农药市场有制售假劣农药违法行为。省农业农村厅联合省公安厅食药环犯罪侦查总队，组织郑州市、焦作市、漯河市、驻马店市、许昌市等农业综合执法机构人员，联合许昌市公安局治安支队和鄢陵县公安局公安人员，组成8个案件查办小组，一举将分布在鄢陵县城的某公司制假售假农药窝点成功捣毁，并对分布在彭店镇、陶城镇、只乐镇、马坊镇、南坞镇等乡镇涉嫌经销假劣农药的门店依法查处。经查明，该公司涉嫌未取得农药生产许可证生产经营假劣农药，涉案产品金额达26.4万元，已涉嫌构成犯罪。2019年10月14日，许昌市农业农村局将该案件依法移送公安机关。

四、湖南省衡阳市某农资经营部经营假劣农药案

2019年5月22日,衡阳市农业农村局接到群众举报,反映衡阳市某农资经营部(唐某某)经营的农药是假劣产品。该局农业执法人员立即对举报涉及仓库中存放农药产品依法进行了检查抽样,并对农药销往的乡镇零售商进行清查。经检验,有7个产品共9个批次被认定为假农药,3个产品共3个批次被认定为劣农药。2019年7月12日,衡阳市农业农村局对当事人某农资经营部唐某某立案调查。经调查核实,当事人于2019年1—5月累计购进假农药281件、劣农药62件,并于2019年3—5月销售涉案假农药21件、劣农药16件,其中销售假农药违法所得6400元、销售劣农药违法所得8000元,违法所得合计14400元。查封库存涉案假农药260件、劣农药46件,货值61645元。衡阳市农业农村局依据《农药管理条例》第五十五条第一款、第五十六条的规定,对当事人依法作出没收假农药260件、劣农药46件,没收违法所得14400元,并处罚款524635元的处罚决定。

五、上海市某生物技术有限公司生产假兽药案

2019年5月28日,上海市农业农村委员会执法人员对某生物技术有限公司仓库进行现场检查,查获48箱安宫康(聚维酮碘栓水溶性实芯缓释护理栓)、26箱20%聚醇醚碘溶液、52张聚醇醚碘NPI标签。经调查核实,安宫康和20%聚醇醚碘溶液均未取得兽药产品批准文号,依法认定为假兽药。上海市农业农村委员会依据《兽药管理条例》第十八条第三款和《兽药管理条例》第五十六条第一款,以及农业农村部第97号公告中关于兽药严重违法行为从重处罚情形的规定,依法对该公司作出行政处罚决定,没收违法生产的全部假兽药,并处罚款20万元,同时吊销该公司兽药生产许可证,公司法定代表人兼总经理终身不得从事兽药生产活动。

六、河南省新密市赵某某无兽药生产许可证生产兽药案

2019年8月14日,河南省新密市农业执法大队接新密市曲梁镇政府工作人员举报,该镇尚庄村九组有人在居民旧宅中私自生产兽药。接举报后,新密市农业执法人员即赶赴现场,查获兽药成品11个品种,原料药7个品种,包装材料标签3.6万张、包装盒900个、玻璃安瓿瓶92箱,生产设备6台,生产记录1份。经核算,当事人违法生产的假兽药货值金额214677元,违法所得180541元,且当事人赵某某无法提供《兽药生产许可证》。当事人未取得兽药生产许可证生产兽药金额较大,已涉嫌刑事犯罪。2019年9月19日,新密市农牧部门依

法将该案件移送公安机关。

七、湖北省武汉市某水产生物技术有限公司生产假兽药案

根据群众投诉，湖北省农业农村厅组成联合工作组于 2019 年 5 月 4 日赴仙桃市督办"杀青苔"类"非药品"导致农户养殖的小龙虾死亡事件时，在位于该市的武汉某水产生物技术有限公司成品间发现有"增效铜、车轮斜管净、败血停、弧菌必治"等 4 个产品涉嫌以非兽药冒充兽药的违法行为。执法人员随即对相关产品进行抽样并进行异地登记保存。经检测，4 个样品均含有兽药成分。按照属地管理原则，湖北省农业农村厅将该案交由仙桃市农业农村局调查处理。经仙桃市农业执法人员调查，该公司生产的"增效铜、车轮斜管净、败血停、弧菌必治"4 个产品的标签和包装上均标示为非药品，但标签说明书明确标明对水产动物有防治疾病作用，属于以非兽药冒充兽药。该公司共生产"弧菌必治"65 件，"增效铜"4 件，"车轮斜管净"178 件，"败血停"48 件，货值金额共计 40565 元。仙桃市农业农村局依据《兽药管理条例》第五十六条之规定，责令该公司停止违法生产行为，没收违法生产的假兽药 295 件，并处罚款 101412 元。

八、四川省成都市某饲料有限公司使用限制使用的药物饲料添加剂生产饲料案

2018 年 10 月 30 日，成都市农业农村局根据《四川省农业厅关于依法查处 2018 年 1—9 月全省饲料监测不合格产品的通知》和四川省饲料监察所检验报告，对某饲料有限公司生产过程中使用限制使用的药物饲料添加剂的行为进行立案调查。经调查核实，该公司在 2018 年 4 月 12 日生产"肉兔母兔配合饲料同创 883"过程中使用了金霉素预混剂，涉案产品数量 5 吨，货值金额和违法所得均为 14750 元。2019 年 4 月 9 日，成都市农业农村局依据《饲料和饲料添加剂管理条例》第三十九条第一项，对该公司作出没收违法所得 14750 元、并处罚款 118000 元的行政处罚。

九、江苏省连云港市赣榆区张某某经营依法应当检疫未经检疫动物产品案

2019 年 11 月 22 日，连云港市农业执法支队联合赣榆区农业农村局在赣榆区汽车南站查获一批拟通过客车带货方式运往苏州销售的未经检疫牛肉产品，

执法人员当场扣押运货汽车1辆、涉案牛肉产品1340千克，货值32474元。经查，当事人张某某计划通过连云港市赣榆区至苏州客运班车托运贩卖无检疫证牛肉产品1340千克，且无法在规定时间内提供涉案肉品补检报告。连云港市农业农村局依据《中华人民共和国动物防疫法》第七十六条和《动物检疫管理办法》第四十三条的规定，对张某某作出没收涉案牛肉产品1340千克、并处罚款32474元的行政处罚。

十、浙江省杭州市某养殖有限公司未按照国家有关兽药安全使用规定使用兽药案

2019年1月21日，杭州市农业农村局在对某养殖有限公司进行执法检查时，发现该公司存在使用"猪蓝耳"等"自家苗"的行为。2019年1月25日，杭州市农业农村局对该公司立案调查。经查明，该公司为预防和治疗所属养猪场部分生猪"蓝耳病"等疫病，擅自采集自家养殖场生猪病料，委托杭州某生物技术有限公司生产了"自家苗"，并在明知这些"自家苗"没有产品批准文号的情况下，仍将其使用在了养殖场生猪上。2019年4月23日，杭州市农业农村局依据《兽药管理条例》第六十二条和农业农村部第97号公告第七条，对该养殖有限公司作出罚款5万元的行政处罚。

2020年度
农资执法典型案例

NONGYE NONGCUN FAZHI FAZHAN BAOGAO 2022 NIANDU

一、海南省乐东县某生物科技有限公司非法生产销售假农药、肥料案

2020年1月，海南省农业农村厅对乐东县进行执法检查，发现位于九所镇的某生物科技有限公司为制售假劣农药窝点。1月8日，省农业农村厅组织农业执法骨干和公安民警对该公司进行突击检查，现场查获17种成品农药541箱、38种成品肥料1199箱。经初步核查，该公司在未获得农药生产经营许可证和肥料登记证的情况下，自2018年6月起非法组织生产销售假劣农药和肥料，涉案金额达1900余万元。因涉案金额较大，涉嫌构成刑事犯罪，乐东县农业农村局已依法将该案移送公安机关。

二、江西省某生物科技有限公司生产有效成分和含量与登记批准内容不符肥料案

2020年4月，江西省九江市农业农村局接武宁县农业综合行政执法大队报告，江西某生物科技有限公司销售的有机无机复混肥产品包装标注信息与肥料登记证不一致，怀疑是假劣产品。九江市农业综合行政执法支队立即赴武宁县调查取证，经抽样检测发现该肥料的有效成分和含量与登记批准的内容不符。经核查，该公司自2020年2月21日起生产该肥料，共计生产2700吨，涉案金额达840余万元。因涉案金额较大，涉嫌构成刑事犯罪，九江市农业农村局已依法将该案移送公安机关。

三、河南省长垣市金某辉无证生产经营农药、兽药、饲料添加剂案

2020年2月，长垣市农业农村局接长垣市市场监督管理局情况通报，称有人涉嫌无证生产假劣兽药。长垣市农业农村局执法人员立即开展执法检查，现场查获兽药67种、农药2种、饲料添加剂16种、包装箱434个、兽药标签2971个、包材工具3个。经核查，当事人金某辉涉嫌无证生产经营农药、兽药、饲料添加剂，涉案金额达700余万元。因涉案金额较大，涉嫌构成刑事犯罪，长垣市农业农村局已依法将该案移送公安机关。

四、陕西省商洛市某公司无证生产经营农作物种子案

2020年2月，商洛市农业行政综合执法支队接群众举报，商洛市某公司未取得农作物种子生产经营许可证生产经营马铃薯种子。经查询，该公司农作物种子生产经营许可证已于2018年10月被商洛市农业局撤销。执法人员对该公司在洛南县的仓库进行检查，现场发现该公司人员正在对部分种薯进行分拣、称

重、装袋，并查获印有该公司名称及被撤销的生产经营许可证的包装袋。经核查，该公司涉嫌未取得农作物种子生产经营许可证生产经营马铃薯种子，涉案金额达313.64万元。因涉案金额较大，涉嫌构成刑事犯罪，商洛市农业农村局已依法将该案移送公安机关。

五、山西省运城市某生物科技有限公司生产销售假兽药案

2020年6月3日，运城市农业农村局接群众举报，称位于盐湖区冯村乡某生物科技有限公司涉嫌从事生产假劣兽药活动。该局综合行政执法队立即赴现场进行突击检查，查获一批假兽药产品。经查证，该公司违法生产的假兽药产品货值达65.91万元。因涉案金额较大，涉嫌构成刑事犯罪，运城市农业农村局已依法将该案移送公安机关。

六、黑龙江省佳木斯市某农业科技有限公司经营假水稻种子案

2019年9月，佳木斯市农业综合行政执法局接农民投诉，称其从黑龙江省佳木斯市某农业科技有限公司购买的"龙粳31"水稻种子种植后严重减产，造成重大经济损失。经查，6户农民在该公司购买了"龙粳31"水稻种子共计24150千克，购种金额10.42万元，种植面积147.65公顷。经佳木斯市某司法鉴定中心鉴定，该公司经营的"龙粳31"水稻种子系假种子，导致稻谷减产54万千克，造成经济损失140余万元。因涉案金额较大，涉嫌构成刑事犯罪，佳木斯市农业农村局已依法将案件移送公安机关。

七、陕西省韩城市某农药科技有限公司未取得农药经营许可证经营农药案

2020年4月，韩城市农业综合执法大队接群众举报，称芝阳镇东弋家塬村有人开车走街串巷销售农药。执法人员立即赶赴现场，发现山西某农药公司销售人员正在销售农药，品种包括多福克、10%多抗霉素、吡虫啉、啶虫脒4种，共计106件98桶，货值金额5.77万元，且当天已销售金额1.5万元。经调查核实，该公司超出农药经营许可证的有效范围销售农药，涉嫌无证销售农药。依据《农药管理条例》第五十五条规定，韩城市农业农村局对该公司作出没收农药81件，没收违法所得1.5万元，并处罚款28.83万元的行政处罚。

八、广东省广州市某生物科技有限公司无兽药生产许可证生产兽药案

2020年3月，广州市天河区农业农村局联合广州市农业农村局进行执法检查，在广州市某生物科技有限公司仓库发现6种兽药产品，但该公司不能提供兽药生产许可证及兽药产品批准文号。经立案调查，该公司自2018年1月起，在未取得兽药生产许可证和产品批准文号的情况下生产兽用诊断制品，共计6种176盒、4488头份，货值3.14万元。根据《兽药管理条例》五十六条规定，广州市天河区农业农村局对该公司作出没收兽药产品173盒，没收违法所得588元，并处罚款15.71万元的行政处罚。

九、江苏省宿迁市王某某生产经营假种子案

2019年9月，宿迁市农业农村局接群众举报，称王某某经营的河南某农业科技有限公司生产的"徐麦31"小麦种子为假种子。执法人员对王某某经营的小麦种依法进行了抽样送检，经北京小麦种子检测中心检测后判定为假种子。经立案调查，王某某从河南省永城市农资经销商胡某某处购进小麦种子7500千克，至案发时已销售450千克，违法所得1710元，货值2.4万元。根据《中华人民共和国种子法》第七十五条规定，宿迁市农业农村局对当事人作出没收假"徐麦31"小麦种子，没收违法所得1710元，并处罚款24万元的行政处罚。

十、甘肃省张掖市某公司未取得农药经营许可证经营农药案

2020年3月，张掖市农业农村局根据甘肃省农业农村厅下发的线索通报，对张掖市某公司经销农药行为进行跟踪调查，并在该公司库房现场查获限制使用农药甲基异柳磷160瓶。经核实，该公司不具备经营限制使用农药资质。依照《农药管理条例》第五十五条规定，张掖市农业农村局对该公司作出没收甲基异柳磷160瓶，没收违法所得280元，并处罚款6900元的行政处罚。

2021年度
农业行政执法典型案例

NONGYE NONGCUN FAZHI FAZHAN BAOGAO 2022 NIANDU

一、四川省江油市某种业有限公司生产销售劣种子案

2021年年初，四川省农业农村厅接到全国农业技术推广服务中心通报，称江油市某种业有限公司涉嫌销售带有检疫性有害生物的水稻种子，并立即组织开展排查。江油市农业综合行政执法人员对该公司库存的散装种子进行执法抽检，检出水稻细菌性条斑病菌，该公司涉嫌生产经营劣种子。经立案查明，当事人共生产、销售不合格种子54642千克，且涉案金额巨大，情节严重，涉嫌构成刑事犯罪，江油市农业农村局已依法将该案移送当地公安机关。

二、江苏省如东县某种子门市部经营假种子案

2020年10月，江苏省如东县农业综合行政执法人员在开展农作物种子专项执法交叉检查时，发现如东县某种子门市部经营的豌豆种子无标签标识，涉嫌经营假种子。经立案查明，当事人从江苏省常州市某处购买无标签标识的豌豆种子10000千克。当事人至案发时已销售2475千克，违法所得1.58万元，货值6.4万元。2021年4月8日，依据《中华人民共和国种子法》第四十九条第二款第二项、第七十五条第一款之规定，如东县农业农村局对当事人作出没收豌豆种子7525千克，没收违法所得1.58万元，并处罚款64万元的行政处罚。

三、宁夏回族自治区某农资店销售应当审定未经审定的杂交玉米种子案

2021年2月，宁夏回族自治区平罗县农业综合行政执法人员在春季农资市场检查时，发现平罗县黄渠桥镇某农资店销售的3个杂交玉米品种均未通过宁夏品种审定，上述品种适宜种植区域也不包括宁夏。经立案查明，至案发时当事人已销售涉案种子涉案19袋，违法所得共计1760元。根据《中华人民共和国种子法》第七十八条第一款第一项，平罗县农业农村局对当事人作出没收种子，没收违法所得1760元，并处罚款6万元的行政处罚。

四、福建省莆田市某公司生产、销售伪劣农药案

2020年11月，福建省莆田市农业农村局接到市公安局移交的福建省莆田市某公司涉嫌违法生产农药线索和证据材料后，立即开展核查。经实地检查并依法抽检，农业综合行政执法人员发现该公司生产的15批次、3.93万瓶农药产品不符合农药产品质量标准，被认定为劣质农药，货值约32万元。当事人违法生产劣质农药，且货值金额较大，涉嫌构成刑事犯罪。莆田市农业农村局立即启

动打击涉农犯罪联动执法工作机制，依法将该案移送当地公安机关。在莆田市农业农村局与莆田市公安局共同协作下，目前已抓获犯罪嫌疑人7人，查获不合格农药产品19批次800余吨，涉案金额2000万元。

五、山东省济南市某化工有限公司未取得农药经营许可证经营农药案

2021年4月，山东省济南市农业农村局接到举报，称天桥区某化工有限公司涉嫌非法经营威百亩农药。农业综合行政执法人员立即赴现场对该公司开展突击检查，现场查获农药18桶、标签39张，且发现该公司未取得农药经营许可证。经立案查明，当事人先后购进威百亩农药5吨，货值金额2.46万元，已售出4.55吨，违法所得2.26万元。依据《农药管理条例》第五十五条第一款第一项之规定，济南市农业农村局对当事人作出没收违法经营的农药，没收违法所得2.26万元，并处罚款24.6万元的行政处罚。

六、河南省长垣市金某经营假兽药案

2021年2月，河南省长垣市农业农村局接长垣市市场监督管理局情况通报，称金某涉嫌经营假劣兽药。农业综合行政执法人员根据通报情况立即开展执法检查，现场查获假兽药67种、兽药标签2971个。经立案查明，当事人经营假兽药，涉案金额700余万元，涉嫌构成刑事犯罪，长垣市农业农村局已依法将该案移送当地公安机关。

七、四川省邛崃市某生物科技有限公司违法生产饲料案

2020年12月，四川省成都市农业农村局对邛崃市某生物科技有限公司生产的兔用配合饲料进行监督抽检，农业综合行政执法人员发现该公司生产的兔用配合饲料中含有抗菌药乙酰甲喹，涉嫌使用农业农村部公布的饲料原料目录、饲料添加剂品种目录和药物饲料添加剂品种目录以外的物质生产饲料。经立案查明，当事人生产的10个品种、11个批次共19.63吨兔用配合饲料中非法添加了乙酰甲喹，货值金额4.91万元，至案发时已销售19吨，违法所得4.78万元。依据《饲料和饲料添加剂管理条例》第三十九条第一款之规定，邛崃市农业农村局对当事人作出没收违法生产的饲料及原料，并处罚款29.35万元的行政处罚。

八、湖南省长沙市李某等非法捕捞水产品案

2021年3月，湖南省长沙市农业农村局接到群众举报，称有人在湘江望城段从事非法捕捞活动。经前期摸排、蹲点掌握线索后，农业综合行政执法人员联合当地公安人员对上述非法捕捞活动实施收网，当场抓获正在进行非法捕捞的李某等3人，查获橡皮艇1艘、禁用渔网40余副、渔获物130千克。李某等人在禁渔区使用禁用渔具非法捕捞水产品的行为涉嫌构成刑事犯罪，长沙市农业农村局已依法将该案移送当地公安机关。经公安机关进一步侦查，目前已打掉非法捕捞团伙2个，刑拘犯罪嫌疑人9人，缴获非法捕捞快艇2艘，渔网200余副，涉案渔获物1000余千克，涉案金额80余万元。

九、浙江省杭州市楼某未经定点从事生猪屠宰活动案

2021年1月，浙江省杭州市萧山区农业农村局会同区公安分局联合开展生猪屠宰违法行为专项执法行动，农业综合行政执法人员发现楼某等5人涉嫌未经定点从事生猪屠宰活动，现场查获生猪及产品951千克、屠宰工具31件。经立案查明，当事人长期从事非法生猪屠宰活动，涉案金额200余万元，涉嫌构成刑事犯罪，萧山区农业农村局已依法将该案移送当地公安机关。

十、山西省吕梁市方山县某食品有限公司未经定点从事牛屠宰案

2021年2月，山西省吕梁市农业农村局接到群众举报，称方山县某食品有限公司涉嫌无证屠宰动物。农业综合行政执法人员立即赴现场进行执法检查，现场查获屠宰分割牛肉35袋，总重量共计1013.25千克。经立案查明，当事人未取得畜禽定点屠宰证书非法从事畜禽屠宰活动，货值金额6.08万元。依据《山西省畜禽屠宰管理条例》第二十五条之规定，吕梁市农业农村局对当事人作出没收非法屠宰的动物产品，并处罚款19.45万元的行政处罚。

2022年度
农业行政执法典型案例

NONGYE NONGCUN FAZHI FAZHAN BAOGAO 2022 NIANDU

一、湖南省长沙市某种业公司侵犯植物新品种权案

2021年9月，湖南省绥宁县农业农村水利局接湖南省农业农村厅督办函，长沙市某种业公司涉嫌在绥宁县境内非法利用湖南省浏阳市某公司授权品种杂交水稻恢复系"R900"为父本生产水稻种子。经绥宁县农业综合行政执法人员现场勘验并抽样送检，认定长沙市某种业公司生产的水稻种子与杂交水稻恢复系"R900"属于同一品种。经立案查明，当事人未经品种权人授权，在绥宁县境内生产该水稻种子421亩，总计3.3万千克，货值金额62.7万元。经绥宁县农业农村水利局调解，当事人和品种权人自愿达成赔偿协议，品种权人出具谅解书。依据《中华人民共和国种子法》（2015年修订）第二十八条、第七十三条第五款和《中华人民共和国行政处罚法》第三十二条第一款之规定，绥宁县农业农村水利局对当事人作出没收涉案种子，并处罚款188.1万元的行政处罚。

二、河南省濮阳市某种业公司生产经营假种子案

2021年6月，河南省濮阳市农业综合行政执法支队接河北省邯郸市农业综合行政执法支队通报，濮阳市某种业公司涉嫌生产经营假玉米种子。经农业综合行政执法人员实地检查并抽样送检，认定该公司生产经营的"冀玉228"玉米种子与该品种的标准样品不符，为假种子。经立案查明，至案发时当事人已销售涉案种子40.26万袋，销售金额496.65万元。因当事人的行为涉嫌构成刑事犯罪，濮阳市农业农村局已依法将该案移送当地公安机关。

三、湖北省随州市某食用菌消毒剂公司未取得农药登记证和农药生产经营许可证生产经营农药案

2021年1月，湖北省随州市农业农村局接四川省农业农村部门通报，随州市曾都区某食用菌消毒剂公司涉嫌无证生产经营假农药。2021年2月，随州市农业农村局指定曾都区农业农村局进行立案调查。经立案查明，该食用菌消毒剂公司通过其实际控制的某商贸公司在多家网络经营平台上共注册6家网店销售其生产的农药，至案发时已销售44个品种共922件，销售金额9.37万元。同时查明，该食用菌消毒剂公司未取得农药登记证和农药生产许可证，某商贸公司未取得农药经营许可证，其生产经营的农药依法应当按假农药处理。因当事人的行为涉嫌构成刑事犯罪，随州市曾都区农业农村局已依法将该案移送当地公安机关。

四、山东省临沂市某公司跨省销售假农药案

2021年11月，江苏省连云港市农业农村局接当地某农资经营户举报，某网店销售的"草铵膦"农药存在严重质量问题。经农业综合行政执法人员对涉案农药抽样送检，该农药草铵膦成分为零，且含有禁用农药百草枯成分，为假农药。因涉案网店注册公司的住所地在山东省临沂市，连云港市农业农村局启动了跨区域农资执法监管协作联动机制，商请临沂市农业农村局对当事人有关情况进行核查。经查明，至案发时当事人已向江苏省连云港市销售涉案农药产品3569件，销售金额35.6万元。因当事人的行为涉嫌构成犯罪，连云港市农业农村局依法将该案移送当地公安机关，并协助公安机关抓获1名犯罪嫌疑人，查获涉案农药4000余瓶。

五、江苏省灌云县某公司未取得饲料生产许可证生产饲料案

2021年6月，江苏省灌云县农业农村局接到当地公安机关移交的灌云县某公司涉嫌无证生产饲料的案件线索。经立案查明，当事人未取得饲料生产许可证，至案发时已生产饲料用动物油7.59吨、动物油渣23.14吨，销售金额16.95万元。依据《饲料和饲料添加剂管理条例》第三十八条第一款规定，灌云县农业农村局对当事人作出没收违法所得16.95万元，并处罚款101.73万元的行政处罚。

六、广东省广州市严某未取得兽药生产许可证生产兽药案

2021年3月，广东省广州市番禺区农业农村局接大龙街道办通报，严某涉嫌无证生产兽药。番禺区农业综合行政执法人员立即对严某的经营场所开展执法检查，现场发现5种共169袋兽药产品、4台兽药生产设备及相关兽药原料、标签、包装袋若干，且严某未取得兽药生产许可证。经立案调查，至案发时当事人已无证生产经营上述兽药两个批次以上。依据《兽药管理条例》第五十六条之规定，参照《广东省农业农村厅行政处罚自由裁量标准（兽药）》，广州市番禺区农业农村局责令当事人停止生产兽药，作出没收其违法生产的兽药及相关设备、原料、辅料、包装材料，并处罚款20万元的行政处罚。

七、广西壮族自治区梧州市钟某某等人未经定点从事生猪屠宰活动案

2021年9月，广西壮族自治区梧州市农业农村局接到群众举报，苍梧县沙头镇思艾村有人涉嫌非法从事生猪屠宰活动。经调查，发现钟某某等人未经定

点从事生猪屠宰活动已有较长时间，涉案金额较大，涉嫌构成犯罪。梧州市农业农村局与市公安局成立联合专案组，查明该案共涉及1个生猪屠宰窝点、2个分销点、10余个线下销售点。2021年9月底，梧州市农业综合行政执法支队配合公安机关现场抓获了以钟某某为首的18名犯罪嫌疑人，全案涉案金额5100余万元。目前，公安机关以涉嫌非法经营罪对钟某某等人立案侦查。

八、浙江省台州市陈某等人跨省违法调运生猪和未经定点从事生猪屠宰活动案

2021年8月，浙江省台州市农业综合行政执法队收到台州市路桥区农业综合行政执法人员上报的生猪私屠滥宰违法线索。经立案查明，陈某等人自2020年11月起，从江苏省如东县违法调运生猪至浙江省台州市进行私宰和销售，且数量特别巨大，已涉嫌构成刑事犯罪。浙江省台州市农业农村局依法将该案移送当地公安机关。2022年1月，浙江省台州市及路桥区两级农业综合行政执法机构配合公安机关捣毁该犯罪团伙4个非法生猪屠宰窝点，抓获8名犯罪嫌疑人。经公安机关进一步侦查，该案涉案金额逾3000万元，已依法移送当地检察机关审查起诉。

九、江西省进贤县胡某某等人在禁渔区内使用电鱼方法非法捕捞案

2021年10月，江西省进贤县农业综合行政执法大队在鄱阳湖三阳集水域开展长江禁捕检查巡查时发现，胡某某等人在禁捕水域内使用电鱼器具进行非法捕捞活动，现场查扣渔船2艘、电鱼设备1套。经立案查明，当事人使用电鱼方法在禁捕水域内累计非法捕捞渔获物700余千克。因当事人的行为涉嫌构成犯罪，进贤县农业农村局已依法将该案移送当地公安机关。

十、浙江省遂昌县钟某某未经批准非法占用宅基地建住宅案

2021年5月，浙江省遂昌县农业农村局接该县妙高街道办事处通报，某村村民钟某某涉嫌非法占用宅基地建住宅。经立案查明，当事人钟某某系妙高街道某村农户，经主管部门批准在原宅基地位置拆除旧宅建设新宅，批准面积115平方米，但当事人擅自扩大住宅的占地面积，至案发时，已建成住宅实际占地面积201.77平方米，超出审批面积86.77平方米。依据《中华人民共和国土地管理法》第六十二条、第七十八条之规定，遂昌县农业农村局责令当事人退还非法占用的宅基地，限期45天内拆除在非法占用的宅基地上新建的住宅。当事人已在规定时间内拆除了超面积部分的建筑。

农业执法保障粮食安全典型案例

NONGYE NONGCUN FAZHI FAZHAN BAOGAO 2022 NIANDU

一、山东省济南市邵某某等人未取得种子生产经营许可证生产经营假劣玉米种子案

2022年1月，山东省济南市农业农村局接群众举报，邵某某等人涉嫌无证生产经营假劣玉米种子。济南市农业综合行政执法支队执法人员立即开展核查，发现邵某某等人未取得种子生产经营许可证，在济南市4个区建立生产窝点，非法生产经营玉米种子且数量较大，涉嫌构成犯罪。济南市农业农村局商请济南市公安局提前介入，并积极配合公安机关查明邵某某等人生产涉案玉米种子共141个品种，在山东省聊城市、泰安市、德州市、潍坊市等多地建立分销渠道销售涉案玉米种子。经依法抽样送检，涉案141个玉米品种有106个为假种子，11个为劣种子。经公安机关进一步侦查，目前已查明涉案假劣玉米种子约1200吨，涉案金额1200万元。

二、贵州省毕节市七星关区某农资公司经营假大豆种子案

2022年4月，贵州省毕节市七星关区农业农村局接群众举报，七星关区某农资公司涉嫌经营假大豆种子。经立案查明，该农资公司从黑龙江省哈尔滨市某农业发展公司购进96吨商品大豆，以安顺市农科院选育的"安豆10号"名义对外销售，涉嫌经营假种子。至案发时，当事人已销售涉案大豆种子92.72吨，销售金额250万元。因当事人的行为涉嫌构成犯罪，毕节市七星关区农业农村局依法将该案移送毕节市公安局七星关分局。目前，公安机关以涉嫌销售伪劣产品罪正对当事人进行立案侦查。

三、安徽省濉溪县某农资店经营假玉米种子案

2021年12月，安徽省濉溪县农业农村局接安徽省农业农村厅核查函，濉溪县某农资店涉嫌经营假"弘展898"玉米种子。经濉溪县农业综合行政执法大队执法人员实地检查并依法抽样送检，该农资店经营的标称"弘展898"玉米种子实为其他品种的玉米种子，涉嫌经营假种子。经立案查明，当事人经营涉案玉米种子1000袋，货值金额2.9万元。依据《中华人民共和国种子法》（2015年修订）第七十五条第一款之规定，濉溪县农业农村局责令当事人停止违法行为，作出没收违法经营的假玉米种子和违法所得，并处罚款34.57万元的行政处罚。

四、江苏省宿迁市某农资经营部经营依法应当审定未经审定的玉米种子案

2022年7月，江苏省宿迁市农业综合行政执法支队执法人员在开展种子执法检查时，发现某农资经营部销售的10个品种玉米种子均未标注品种审定编号。经立案查明，上述玉米品种均未通过国家或者省级审定，当事人经营依法应当审定未经审定的玉米种子共计2610袋，货值金额3.5万元。依据《中华人民共和国种子法》第七十七条第一款第一项之规定，宿迁市农业农村局对当事人作出没收违法经营的玉米种子和违法所得，并处罚款12万元的行政处罚。

五、广东省韶关市某米业公司侵犯水稻植物新品种权案

2022年6月，广东省韶关市农业农村局接深圳市某种业公司举报，韶关市某米业公司销售的"美香占"水稻种子涉嫌侵犯其所享有的"美香占2号"品种权。经韶关市农业农村局执法人员实地核查并依法抽样送检，该公司销售的水稻种子与"美香占2号"属相同或极近似品种。经立案查明，当事人未经品种权人授权，非法生产销售"美香占"水稻种子。至案发时，当事人生产种子9005千克，货值金额6.3万元。依据《中华人民共和国种子法》第七十二条第六款之规定，韶关市农业农村局责令当事人停止侵权行为，作出没收非法生产的水稻种子，并处罚款37.82万元的行政处罚。

六、浙江省遂昌县某公司经营劣质农药案

2021年12月，浙江省遂昌县农业农村局接群众举报，遂昌县某公司涉嫌经营劣质农药41%草甘膦异丙胺盐水剂。经遂昌县农业行政执法队执法人员实地核查并依法抽样送检，该农药草甘膦有效成分含量仅8.7%，属劣质农药。经立案查明，至案发时当事人已销售7个批次共1800瓶涉案农药，销售金额16.2万元。因当事人的行为涉嫌构成犯罪，遂昌县农业农村局依法将该案移送遂昌县公安局。经公安机关进一步侦查，抓获犯罪嫌疑人9名，捣毁生产窝点2处，涉案金额1700万元。

七、四川省苍溪县某农资门市部经营假农药案

2021年7月，四川省苍溪县农业综合行政执法大队执法人员在对某农资门市部开展农药产品质量专项执法检查时，发现该门市部销售的3种农药标称的登记证号等信息存在异常。经依法抽样送检，涉案的3种农药有效成分含量均为

零，属假农药。经立案查明，至案发时当事人已销售涉案农药3010袋，销售金额8.3万元。因当事人的行为涉嫌构成犯罪，苍溪县农业农村局依法将该案移送苍溪县公安局。苍溪县农业农村局和公安局随即组建联合专案组，开展溯源调查，查获一个生产并通过网络电商平台向全国24个省份销售假农药的特大犯罪团伙。2022年3月、6月，苍溪县农业综合行政执法大队配合公安机关先后开展两轮集中收网抓捕，共抓获犯罪嫌疑人84名，捣毁制假窝点8个，扣押制假设备21台、成品假农药8万余袋、农药原药6400余千克，收缴赃款500万元，涉案金额1.2亿元。

八、天津市武清区某农资公司跨省线上销售假农药案

2022年6月，天津市武清区农业农村委员会接群众举报，某农资经营有限公司涉嫌通过网络电商平台跨省销售假农药敌草快。经武清区农业综合行政执法支队执法人员依法抽样送检，涉案农药25%敌草快水剂的敌草快含量仅为0.04%，且含有禁用农药百草枯成分，属假农药。经立案查明，当事人在天津取得农药经营许可证后，在江苏省通过网络电商平台销售假农药。2022年7月，天津市武清区农业农村委员会与天津市公安局武清分局成立联合调查组，赴江苏省淮安市、宿迁市等地进一步查明，至案发时当事人销售假农药的金额近200万元。因当事人的行为涉嫌构成犯罪，武清区农业农村委员会依法将该案移送公安机关。2022年8月，武清区农业综合行政执法队配合公安机关抓获犯罪嫌疑人5名，现场查获涉案农药4.5吨，涉案金额2000万元。

九、福建省莆田市某贸易公司经营假农药案

2022年2月，福建省莆田市农业综合行政执法支队执法人员对列入福建省农资企业重点监控名单的莆田市某贸易公司开展执法检查，依法对其经营的3个批次"阿维菌素"农药产品进行抽检送检。经检测，该公司经营的上述农药有效成分种类与标签标注的内容不符，属假农药。经立案查明，当事人经营涉案农药1.08万包，货值金额1.24万元。依据《农药管理条例》第四十四条第一款第三项、第五十五条第一款第二项之规定，莆田市农业农村局责令当事人停止经营假农药，作出没收其违法经营的假农药和违法所得，并处罚款6.22万元的行政处罚决定。同时，依据福建省农资企业重点监控制度，莆田市农业农村局延长对当事人的重点监控期限1年。

十、广西壮族自治区南宁市某肥业有限公司生产销售有效成分和含量与登记批准内容不符的肥料案

2022年1月，广西壮族自治区岑溪市农业农村局接群众举报，南宁市某肥业有限公司涉嫌生产销售劣质海藻黄腐酸肥料。经岑溪市农业综合行政执法大队执法人员依法抽样送检，该公司生产销售的海藻黄腐酸肥料3种有效成分含量均明显低于登记的技术指标。经立案查明，当事人自2021年11月起，在岑溪市以流动摊档方式向31户农户销售涉案肥料1334包，销售金额11万元。因当事人的行为涉嫌构成犯罪，岑溪市农业农村局依法将该案移送岑溪市公安局。2022年3月，广西壮族自治区、梧州市、岑溪市和南宁市武鸣区三级农业综合行政执法机构，配合公安机关现场捣毁该犯罪团伙的代工生产窝点1个、仓库窝点1个，抓获犯罪嫌疑人3名，查获劣质肥料75吨。经公安机关进一步侦查，当事人涉嫌生产经营劣质肥料3300吨，涉案金额1400万元。

第六章

农业农村法治建设大事记(1921—2021年)

06

农业农村法治建设大事记（1921—2021年）¹

　　百年奋斗，初心弥坚。在中国共产党领导下，农业农村法治建设事业步履铿锵，一桩桩重大事件刻上历史年轮，一页页多彩篇章载入发展史册。在建党100周年之际，回顾农业农村法治建设的历史长卷，梳理农业农村法治建设的历史变迁，采撷重大事件，致敬党的百年华诞，展望新时代的愿景与进取，不忘初心、牢记使命，谱写农业农村法治建设新篇章。

1921年9月 《衙前农民协会宣言》和《衙前农民协会章程》颁布。宣告了中国第一个新型农民组织的成立²。

1923年1月 广东海丰县农会在澎湃领导下成立。这是我国的第一个县农会，内设财政、教育、仲裁等部。其中，仲裁部是进行调解、裁判，解决纠纷，具有一定司法性质的机构³。

1925年10月 中共中央执行委员会扩大会议在北京召开。会议发布告农民书，提出解除农民困苦的根本办法是实行"耕地农有"。这是第一次在党内提出要解决农民的土地问题⁴。

1926年10月 湖北、湖南农村大革命爆发。广大农民群众组织起来，对不法地主和土豪劣绅展开斗争。在那些打倒了地主政权的地方，农民协会成了乡村唯一的权力机关，即"一切权力归农会"⁵。

1　执笔人：王乐君、向朝阳、王晖、陈朱勇、朱守银、杨东霞、许海晨、冯汉坤、冯慧、韩洁、田凤、宗勇旭、李夏旭。
2　《中国共产党简史》编写组编著：《中国共产党简史》，人民出版社、中国共产党出版社2021年版，第18页。
3　中央全面依法治国委员会办公室著：《中国共产党百年法治大事记（1921年7月—2021年7月）》，人民出版社、法律出版社2022年版，第6页。
4　中央全面依法治国委员会办公室著：《中国共产党百年法治大事记（1921年7月—2021年7月）》，人民出版社、法律出版社2022年版，第9页。
5　中央全面依法治国委员会办公室著：《中国共产党百年法治大事记（1921年7月—2021年7月）》，人民出版社、法律出版社2022年版，第10页。

1926年12月　湖南省第一次农民代表大会在长沙召开，通过《乡村自治问题决议案》，推动实行农民自治、建立乡村自治机关。大会还通过《司法问题决议案》，提出民刑法律须全部改订，凡不利于农民的条文须一律废除；农民协会有代表会员诉讼之权利；严禁法官收受地主、债主的贿赂；严禁差役违法苛索等内容[1]。

1927年3月　毛泽东发表《湖南农民运动考察报告》。强调把农民组织起来，从政治上打击地主，彻底摧毁地主阶级的政权和武装，建立农民协会和农民武装，由农民协会掌握农村一切权力，然后进行减租减息、分配土地等斗争[2]。

1927年4月　湖北省黄安县（今红安县）七里坪地区农民协会按照董必武的指示，成立了以审判土豪劣绅为主要职能的七里坪革命法庭，内设审判厅、合议厅、警备室。该法庭名义上由国民党党部管理，实际上由中国共产党领导，被称为"中国革命第一法庭"[3]。

1927年5月　中共五大《土地问题议决案》[4]颁布。"议决案"提出了土地革命的目标，就土地问题意义、中国农民运动之趋势、国民革命中的农民政纲等问题作了阐述，指出中国农民占全国人口绝大多数，没有他们自动地、自觉地来参加，国民革命是决不会成功的。

1928年1月　在毛泽东领导下，遂川县工农兵政府成立大会召开。大会宣布《遂川工农县政府临时政纲》和政府组织机构。"临时政纲"对工农基本权利、婚姻家庭、债权债务和劳动用工等作了规定。县政府设立土地、财政、裁判等部。其中，裁判部的任务是布置打土豪、斗劣绅，执行侦察、逮捕、审判、处决反革命分子，调解民事纠纷等工作。遂川县裁判部设立后，红色苏维埃政权省、县、区、乡各级开始普遍设立裁判部或司法部[5]。

1　中央全面依法治国委员会办公室著：《中国共产党百年法治大事记（1921年7月—2021年7月）》，人民出版社、法律出版社2022年版，第10页。

2　中央全面依法治国委员会办公室著：《中国共产党百年法治大事记（1921年7月—2021年7月）》，人民出版社、法律出版社2022年版，第11页。

3　中央全面依法治国委员会办公室著：《中国共产党百年法治大事记（1921年7月—2021年7月）》，人民出版社、法律出版社2022年版，第12页。

4　中共中央文献研究室编：《建党以来重要文献选编（第4册）》，中央文献出版社2011年版，第186页。

5　中央全面依法治国委员会办公室著：《中国共产党百年法治大事记（1921年7月—2021年7月）》，人民出版社、法律出版社2022年版，第10页。

1928年7月	中共六大通过了《土地问题决议案》。"决议案"分析了中国的土地关系，指出中国土地关系的根本是土地所有制度问题，土地革命是中国革命的主要内容，即"中国农民必须推翻地主，推翻帝国主义才能得到解放"。"决议案"规定了涉及政权、土地、租税等问题的土地党纲，认为苏维埃政权巩固后应当实现土地国有。
1928年12月	《井冈山土地法》颁布。在毛泽东主持下，湘赣边界工农兵政府制定了中国共产党领导下的第一部成文土地法——《井冈山土地法》，第一次从法律上肯定了农民拥有分配土地的权利[1]。
1929年4月	《兴国土地法》颁布。该法将《井冈山土地法》规定的"没收一切土地归苏维埃政府"改为"没收一切公共土地及地主阶级的土地归兴国工农兵代表会议政府所有，分给无田地及少田地的农民耕种使用"。
1930年3月	闽西第一次工农兵代表大会通过《苏维埃政权组织法》、《土地法令》、《山林法令》、《借贷条例》、《劳动法》、《婚姻法》、《保护老弱残废条例》、《裁判条例》等16部法案。这是党早期创建苏区过程中较大规模且成体系的立法实践[2]。
1931年11月	《中华苏维埃共和国宪法大纲》颁布。"宪法大纲"指出中国共产党建立的苏维埃政权是属于工人农民、红军战士及一切劳苦民众的。"宪法大纲"宣布中国苏维埃政权以消灭封建制度及彻底地改善农民生活为目的，颁布土地法，主张没收一切地主阶级的土地，分配给贫农、中农，并以实现土地国有为目的。
1931年11月	中华苏维埃第一次全国代表大会通过《关于经济政策的决议案》。"决议案"废除了国民党军阀政府的一切的捐税制度和一切横征暴敛，决定豁免乡村贫苦群众家庭的纳税，取消过去一切口头的书面的奴役及高利贷的契约，取消农民对高利贷的各种债务。
1931年11月	《中华苏维埃共和国暂行税则》颁布。"暂行税则"确定统一的累进税，废除国民党军阀政府的一切田赋、丁粮、厘金、苛捐杂税

1 《从革命根据地法制建设到全面依法治国》，载《法治日报》2021年6月29日，第006版。
2 中央全面依法治国委员会办公室著：《中国共产党百年法治大事记（1921年7月—2021年7月）》，人民出版社、法律出版社2022年版，第18页。

等，以能维持必须生活费为开始标准，按数逐渐起累，不足标准者一概免税，富农起征的标准则低于贫农中农的一半。

1931 年 12 月 1 日　《中华苏维埃共和国土地法》颁布。"土地法"规定，没收所有封建地主、豪绅、军阀、官僚以及其他大私有主的土地，并经过苏维埃由贫农与中农实行分配；雇农、苦力、劳动贫民，均不分男女，同样有分配土地的权利；乡村失业的独立劳动者，在农民群众赞同之下，也可以分配土地。

1932 年 4 月　《中华苏维埃共和国合作社暂行组织条例》颁布。此后至 1933 年 9 月，中华苏维埃共和国政府相继出台了《信用合作社章程》、《粮食合作社简章》、《合作社工作纲要》、《生产合作社标准章程》、《中华苏维埃共和国劳工互助社组织纲要》以及《消费合作社章程》，通过立法促进农民合作，提高劳动生产率，促进农业生产。

1932 年 7 月　修正后的中华苏维埃共和国《暂行税则》与《土地税征收细则》颁布。两法案进一步细化了农业税的征收方式，还规定了农业税减免的 4 种情形，即对红军和公教人员的减免；对贫雇农的减免；鼓励生产的减免；灾情减免及社会照顾的减免。

1933 年 2 月　中华苏维埃共和国人民委员会颁布《关于春耕问题的训令》、《开垦荒地荒田办法》。《关于春耕问题的训令》指出苏区政府促进农业生产，春耕生产不仅关乎苏区工农群众日常所需，同时关系经济的发展和红色政权的巩固，用多种方法帮助群众解决粮食问题，指导群众，大力宣传，使群众了解发展生产的意义。《开垦荒地荒田办法》强调领导耕种互助，解决耕牛、农具、种子等问题，春耕前分配好土地，以多种杂粮以资补助，保障种子，统计余粮做好调配，解决缺粮困难。

1935 年 12 月　中共中央在陕北瓦窑堡举行政治局会议，作出《关于改变对富农策略的决定》。"决定"指出，对于富农只取消其封建式剥削的部分，其他经营的土地、商业和财产不予没收；苏维埃政府应保障富农扩大生产与发展工商业等自由[1]。

　　1　中央全面依法治国委员会办公室著：《中国共产党百年法治大事记（1921 年 7 月—2021 年 7 月）》，人民出版社、法律出版社 2022 年版，第 27 页。

1937年9月　《陕甘宁边区政府颁发土地所有权证条例》颁布。"条例"规定："土地所有权证，为土地所有权之唯一凭证，在土地所有权证颁发后，有关于土地所有权之各种契约，一概作为无效"。此外"条例"还就土地的定义、土地所有权证的载明事项、颁发公告、损坏遗失等作出明确规定。这是中国共产党成立16年第一部在法理和制度上比较完善的土地确权登记发证的法规[1]。

1938年6月　陕甘宁边区政府颁发《关于边区土地、房屋、森林、农具、牲畜和债务纠纷问题处理的决定》。"决定"对农业生产经营中常涉及的民事纠纷问题作出了回应，推动了边区经济发展。

1939年1月　《陕甘宁边区抗战时期施政纲领》颁布。"施政纲领"规定确定私人财产所有权，保护边区人民由土地改革所得之利益；开垦荒地，兴修水利，改良耕种，增加农业生产，组织春耕秋收运动。

1939年4月　陕甘宁边区政府发布《陕甘宁边区土地条例》。"条例"规定人民经分配所得之土地，即为其私人所有，确定土地私有制。土地须申请登记。土地改革前之旧有土地关系，一律作废。凡在土地改革后分得土地之民，须持有分地证或土地登记证。凡边区人民取得土地所有权者，有完全使用与支配其土地之权。凡过去宣布没收而未经分配之土地，作为公地，其支配权属于边区政府。

1941年2月　《陕甘宁边区保障人权财权条例》颁布。"条例"规定："保障边区一切抗日人民的私有财产权及依法之使用及收益自由权（包括土地、房屋、债权及一切资财）"、"边区人民之财产、住宅，除因公益有特别法令规定外，任何机关部队团体不得非法征收、查封、侵入或搜捕"、"人民利益如受损害时，有用任何方式控告任何公务人员非法行为之权"。

1941年5月1日　《陕甘宁边区施政纲领》公布，实行减租减息政策。"施政纲领"规定在土地已经分配的区域，保证一切取得土地的农民之私有土地制；在土地未经分配的区域，实行减租减息政策。

1941年10月　《晋西北行政公署修正垦荒条例》施行。1942年1月，《晋西北行政公署修正兴办水利条例》施行。这些条例的施行增进了农业生

1　《中国共产党不同历史时期的土地法规》，载《光明日报》2012年11月17日，第07版。

产，扩大了根据地的耕地面积[1]。

1941年11月　《禁止粮食出境修正暂行条例》颁布。为防止边区粮食外流资敌，战胜日寇、汉奸、亲日反共派对边区粮食的破坏与封锁，保证全边区部队、机关及人民的粮食供给，"暂行条例"规定："凡边区所有粮食不问属于原料或制成品（如面粉），一概严禁私运出境"，而边区内部则实行自由流通，"各级政府不能予以阻止"。

1942年1月　中共中央发布《关于抗日根据地土地政策的决定》。2月4日，又发布《关于如何执行土地政策决定的指示》。两份文件明确规定：减租减息政策的目的是扶助农民，减轻封建剥削，改善农民生活，提高农民抗日和生产的积极性；实行减租减息后，须实行交租交息，保障地主的地权、财权和人权，以联合地主阶级一致抗日；对于富农则削弱其封建部分，鼓励其资本主义部分的发展，两份文件指导各解放区掀起大规模的减租减息的群众运动[2]。

1942—1943年9月　陕甘宁边区政府陆续出台了《陕甘宁边区土地典当纠纷处理原则》、《陕甘宁边区土地登记试行办法》以及《陕甘宁边区土地典当纠纷处理原则及旧债纠纷处理原则》。对农村中普遍存在的典地问题做出了规定，使农村土地典当活动有法可依。

1943年3月　《陕甘宁边区优待移民难民垦荒条例》颁布。"条例"对移民难民垦荒作了规定，把安置移民难民同开发边区有机结合起来，把奖励移民难民开荒生产与开展大生产运动结合起来，使边区的劳动力迅速增加，耕地面积得到扩大，形成新的农业垦区。

1943年3月　陕甘宁边区政府发出了"提倡马锡五同志的审判方式，以便教育群众"的号召。以"深入基层，巡回审判，调解与审判相结合一线办案"为特点的马锡五审判方式，在陕甘宁边区和其他抗日根据地普遍推广，有力地推动了司法工作的民主化，体现了司法的人民性。

1　中央全面依法治国委员会办公室著：《中国共产党百年法治大事记（1921年7月—2021年7月）》，人民出版社、法律出版社2022年版，第40页。

2　中央全面依法治国委员会办公室著：《中国共产党百年法治大事记（1921年7月—2021年7月）》，人民出版社、法律出版社2022年版，第41页。

1943年6月 《陕甘宁边区民刑事件调解条例》颁布。"条例"旨在调解民间纠纷，减少诉讼，凡一切民事纠纷均应实行调解；凡刑事除内乱罪、外患罪、汉奸罪、故意杀人罪、盗窃罪等23种罪的案件不许调解外，其他均得调解。

1943—1944年 《土地登记试行办法》、《地权条例草案》相继出台。重申"在土地已经分配区域，土地为一切依法分得土地人所有；在土地未经分配区域，土地仍为原合法所有人所有"的规定，在保障农民地权的同时也保障了地主的地权，为抗日民族统一战线的土地政策的贯彻执行提供了保障。

1944年12月 《陕甘宁边区地权条例》、《陕甘宁边区土地租佃条例》颁布。将没收地主土地改为减租减息；规定"土地出租时，业、佃双方须订合同，除保证业户利益外，须保证佃户使用土地之一定年限及租额之不至过高"。

1946年4月 边区第三届参议会第一次会议通过《陕甘宁边区宪法原则》。其中关于经济文化的规定中，允许公营（国营）、合作和私营三种经济形式并存，促进经济繁荣，消灭贫困；提出了"应保障耕者有其田，劳动者有职业，企业有发展的机会"的原则，表明人民民主专政土地政策的重大变化。

1946年5月4日 中共中央作出《中共中央关于清算减租及土地问题的指示》。"五四指示"将全民族抗战时期的减租减息改变为"耕者有其田"政策，并指出解决解放区的土地问题是党目前最基本的历史任务。各解放区迅速开展土地改革运动[1]。

1946年12月 《陕甘宁边区征购地主土地条例草案》公布。陕甘宁边区由减租减息向彻底消灭地主土地所有制转化过程中的过渡性政策。"条例"规定了在未经土地改革的区域，发行土地公债，征购地主超过应留数量之土地，分配给无地和少地之农民，已达到耕者有其田之目的；土地承购应以现耕为基础，进行合理之调剂，使每人所有土地之数量与质量达到大体平均。

1　中国共产党一百年大事记（1921年7月—2021年6月），载新华网，http://www.xinhuanet.com/2021-06/28/c_1127603399.htm

1947年10月10日　《中国土地法大纲》公布，是一个彻底反封建的土地革命纲领。"大纲"规定：废除封建性及半封建性剥削的土地制度，实行耕者有其田的土地制度。"大纲"公布后，解放区迅速形成土地改革热潮[1]。

1948年1月　中共中央发出《关于目前党的政策中的几个重要问题》的指示。论述了土地改革和群众运动中的一些具体政策问题、人民民主专政政权的性质问题和革命统一战线中领导者同被领导者的关系即无产阶级的领导权的问题。此后，中央还发出一系列指示，其中有《在不同地区实施土地法的不同策略》、《新解放区土地改革要点》、《关于工商业政策》、《关于民族资产阶级和开明绅士问题》、《党的政策必须适时地向群众公开》等文件。这些文件使党的农村政策、城市政策、新区政策、工商业政策、统一战线政策逐渐完整和系统化[2]。

1948年8月　《华北人民政府施政方针》颁布。"施政方针"指出，恢复和发展农业生产，为此，必须普遍地颁发土地证，确认农民的地权，承认土地买卖、雇佣劳动和私人借贷自由。在自愿结合、等价交换原则下，建立农业生产合作组织。

1949年9月　全国政协第一次会议通过了《中国人民政治协商会议共同纲领》。在农业农村方面，"共同纲领"提出要有步骤地将封建半封建的土地所有制改编为农民的土地所有制，并对土地改革、实现耕者有其田以及恢复和发展农业生产等作出规定。"共同纲领"在新中国成立初期起着临时宪法的重要作用。

1950年6月　中央人民政府公布施行《中华人民共和国土地改革法》。"土地改革法"对土地的没收和征收、土地的分配、特殊土地问题的处理，以及土地改革的执行机关和执行方法等作出明确规定。确立了废除地主阶级封建剥削的土地所有制，实行农民的土地所有制。到1952年年底，除一部分少数民族地区外，土地改革在中国大陆基本完成，封建土地所有制被彻底摧毁。

1　唐仁健主编：《中国共产党农史纲要》，中国农业出版社2021年版，第230页。
2　中央全面依法治国委员会办公室著：《中国共产党百年法治大事记（1921年7月—2021年7月）》，人民出版社、法律出版社2022年版，第10页。

1950年8月	全国首届治安行政工作会议通过《农村治安条例草案》。"草案"总结经验，研究解决乡村治安工作中的必须与可能解决的主要问题，以配合全国土地改革和经济建设任务。
1950年9月	《新解放区农业税暂行条例》发布。这是新解放区第一个统一的农业税法。"暂行条例"将公粮占农业收入的比例由1949年的17%降至13%，加上地方附加粮，农业税率由20%降至15%。
1950年11月	政务院公布《城市郊区土地改革条例》。为适应城市建设与工商业发展的需要及城市郊区农业生产的特殊情况，对土地的没收、征收及分配办法作出具体规定[1]。
1950年12月	《乡（行政村）人民代表会议通则》等发布。政务院发布《乡（行政村）人民代表会议通则》和《乡（行政村）人民政府组织通则》，重新调整和组建了农村基层政权，乡人民政府由正乡长、副乡长、文书和委员若干人组成。
1951年9月20—30日	中共中央召开全国第一次互助合作会议。会议通过的《关于农业生产互助合作的决议（草案）》指出，要在农民中提倡"组织起来"，按照自愿和互利的原则，发展农民互助合作的积极性，要根据生产发展的需要与可能的条件而稳步前进的方针，在农村发展互助合作运动，引导农民走集体化道路[2]。会后，农业生产互助合作运动很快开展起来。1953年2月15日，"决议（草案）"经过修正以中共中央正式决议的形式下发。
1953年11月15日	《中共中央关于在全国实行计划收购油料的决定》发布。"决定"批准中财委提出有关收购花生仁、芝麻、菜籽及其他杂油料的数量，并明令各单位加强统购统销业务[3]。
1953年11月23日	《粮食市场管理暂行办法》发布。"暂行办法"主要明确对于城市中的熟食业、食品工业等所需粮食，旅店、火车、轮船

1　中央全面依法治国委员会办公室著：《中国共产党百年法治大事记（1921年7月—2021年7月)》，人民出版社、法律出版社2022年版，第69页。

2　中共中央党史研究室编：《中国共产党历史大事记：1919.5—2009.9》，中共党史出版社2010年版，第159页。

3　中共中央文献研究室编：《建国以来重要文献选编（第4册)》，中央文献出版社2011年版，第482页。

等供应旅客膳食用粮及其他工业用粮，由国家粮食部门有计划的予以供应[1]。

1953年11月23日　政务院发布《关于实行粮食的计划收购和计划供应的命令》"命令"根据共同纲领第二十八条"凡属有关国家经济命脉和足以操纵国民生计的事业，均应由国家统一经营"的规定，对粮食计划收购与供应的种类、规格、价格和管理办法以及违法责任都作了细致的规定。

1953年12月　中共中央作出《关于发展农业生产合作社的决议》。"决议"总结了办社经验，进一步指明引导个体农民经过具有社会主义萌芽的互助组，到半社会主义性质的初级社，再到完全社会主义性质的高级社，是党对农业进行社会主义改造的正确道路；指出发展农业合作化，无论何时何地，都必须根据农民自愿这一个根本的原则。在此指引下，农业生产合作社从试办时期开始进入发展时期[2]。

1953年12月　政务院公布《国家建设征用土地办法》。为适应国家建设的需要，慎重地妥善地处理国家建设征用土地问题，制定了国家征用土地的规范，并提出了国家建设征用土地的基本原则。1958年修订。

1954年9月　中华人民共和国第一届全国代表大会第一次会议通过了《中华人民共和国宪法》。这是我国第一部社会主义的宪法。"宪法"明确规定，国家依照法律保护农民的土地所有权和其他生产资料所有权。

1954年9月　政务院发布《关于实行棉布计划收购和计划供应的命令》。按照国家的计划进行生产和分配，进一步取缔市场投机，巩固物价稳定，决定自1954年9月15日开始，在全国范围内实行棉布的计划收购和计划供应。

1955年8月25日　《农村粮食统购统销暂行办法》公布。"办法"对粮食产量核定、国家统购粮食及用粮标准、国家粮食供应计划及标准以

1　中共中央党校理论研究室编：《历史的丰碑：中华人民共和国国史全鉴（经济卷）4》，中央文献出版社2004年版，第227页。
2　中共中央党史研究室编：《中国共产党历史大事记：1919.5—2009.9》，中共党史出版社2010年版，第170页。

及国家粮食产、购、销数字核定之后的调整办法和申诉奖惩程序作出规定。

1955年11月　第一届全国人民代表大会常务委员会第二十四次会议通过《农业生产合作社示范章程草案》。"草案"规定，农业生产合作社是劳动农民的集体经济组织，是农民在共产党和人民政府的领导和帮助下，按照自愿和互利的原则组织起来的；它统一地使用社员的土地、耕畜、农具等主要生产资料，并且逐步地把这些生产资料公有化；它组织社员进行共同的劳动，统一地分配社员的共同劳动的成果。

1956年1月23日　中央政治局提出，后经多次变动和修改，1960年4月公布《1956年到1967年全国农业发展纲要（草案）》（即《农业四十条》）。《农业四十条》规定，在不很长的时间内大大提高我国农、林、牧、副、渔生产的要求，以及达到这个要求的各种有效措施。制定了在发展生产的基础上，开展农村文化、教育、卫生等各方面建设的规划。纲要草案及其修正案的公布，不仅促进了农业合作化和农业生产的高潮，还在全国范围内掀起了我国历史上从未有过的大兴水利的群众运动。

1956年6月30日　《高级农业生产合作社示范章程》公布。"章程"确立了农业生产合作社的原则，规定了农业生产合作社是劳动农民在共产党和人民政府的领导和帮助下，在自愿和互利的基础上组织起来的社会主义的集体经济组织。按照社会主义的原则，把社员私有的主要生产资料转为合作社集体所有，组织集体劳动，实行"各尽所能，按劳取酬"。

1957年9月20日至10月9日　中共中央八届三中全会通过《全国农业发展纲要（修正草案）》。1960年4月11日，"纲要"提交全国人民代表大会讨论通过，作为正式文件公布。"纲要"提出巩固农业合作化制度、大力提高粮食的产量和其他农作物的产量、发展畜牧业等40项举措。"纲要"序言指出，纲要是在我国第一个到第三个五年计划期间，为迅速发展农业生产力，以便加强我国社会主义工业化、提高农民以及全体人民生活水平的一个斗争纲领。

1957年12月 全国人大常委会原则批准，国务院公布《国务院关于调整获利较大的经济作物的农业税附加比例的规定》。"规定"指出，依据经济作物区的农业税附加可以酌量提高的原则，对农民种植某些经济作物农业税附加比例作了细化规定。

1958年1月 全国人大常委会原则批准，国务院公布《关于农业生产合作社股份基金的补充规定》。本着鼓励城市居民和其他非农业人口下乡上山参加农业生产的精神，同时适当照顾原有社员利益的原则，国务院以高级农业生产合作社示范章程为基础对于农业合作社社员家庭的劳动力增加或者减少的时候，股份基金如何处理，以及复员军人、退伍军人、城市居民、国家机关和企业、事业单位的工作人员、青年学生下乡上山入社，应当如何交纳股份基金等问题作了补充规定。

1958年6月 《中华人民共和国农业税条例》公布。"条例"规定农业税的征收实行比例税制，并详细规定了农业税的课税对象、农业收入的计算、税率、优待和减免、征收等。全国的平均税率规定为常年产量的15.5%；各省（自治区、直辖市）的平均税率，由国务院根据全国平均税率，结合各地区的不同经济情况，分别加以规定。

1958年8月 中共中央政治局扩大会议在北戴河召开。会议通过了《中共中央关于在农村建立人民公社问题的决议》。"决议"认为这是提前建成社会主义并逐步过渡到共产主义所必须采取的方针。在短短3个月内，全国74万个农业社改组合并成2.6万个公社，加入的农户占总数的99%以上，基本实现了人民公社化[1]。

1960年11月 《关于农村人民公社当前政策问题的紧急指示信》颁布。"指示信"针对农村一直刮的"一平二调"的"共产风"指出，实行三级所有，队（大队）为基础，是现阶段人民公社的根本制度，从1961年起，至少7年不变。"一平二调"破坏了农业生产力，必须彻底纠正。

1961年3月 中央工作会议讨论并通过《农村人民公社工作条例（草案）》（即"农业六十条"）。1961年5月21日至6月12日，中共中央制定《农

---

1 《中华人民共和国简史》编写组编著：《中华人民共和国简史》，人民出版社、当代中国出版社2021年版，第82页。

村人民公社工作条例（修正草案）》，取消原草案中公共食堂和供给制的规定。1962年9月27日中国共产党第八届中央委员会通过的《农村人民公社工作条例修正草案》，把农业生产基本核算单位确定在生产队，确立了"三级所有、队为基础"的公社制度。

1979年2月10日	《水产资源繁殖保护条例》发布。"条例"规定了水生资源的保护对象和采捕原则、禁渔区和禁渔期、渔具和渔法、水域环境的维护及奖惩机制等。
1982年1月1日	包产（干）到户被正名。中共中央批转《全国农村工作会议纪要》，肯定包产到户等各种生产责任制都是社会主义集体经济的生产责任制。"纪要"提出，包产到户、到组，包干到户、到组等，都是社会主义集体经济的生产责任制。提出应制订各级土地利用规划和严格的土地管理法令。
1982年12月4日	《中华人民共和国宪法》经全面修改后公布施行。第五届全国人民代表大会第五次会议通过全面修改后的《中华人民共和国宪法》，即现行宪法，也称"八二宪法"。此次修改明确了农村土地产权归属：农村和城市郊区的土地，除由法律规定属于国家所有的以外，属于集体所有；宅基地和自留地、自留山，属于集体所有。改变农村人民公社"政社合一"的体制，设立乡政权；增加了城乡基层群众自治的规定，将村民委员会和居民委员会写进了宪法，并对村民委员会的性质、任务和组织原则作了具体规定。此后，为适应改革开放和社会主义现代化建设的需要，我国分别于1988年、1993年、1999年、2004年、2018年先后5次对宪法作了修改。
1983年1月2日	中共中央印发《当前农村经济政策的若干问题》。"若干问题"提出加强立法工作。建议国家机关对农村各类经济形式及其活动，加强法制管理，制定相应的法规。同时，对过去的有关法令、法规，要一一进行清理，宜留则留，宜废则废。所有立法都要以适当形式布告周知，以便做到有法可依，违法必究。
1983年1月3日	《植物检疫条例》发布。"条例"规定了植物检疫主管部门、对象、方法等内容。1992年5月修正。2017年10月7日修订。

1983年10月12日　中共中央、国务院发出《关于实行政社分开建立乡政府的通知》。到1984年年底，全国基本完成了政社分设。

1984年1月1日　中共中央发出《关于一九八四年农村工作的通知》。"通知"指出，延长土地承包期，土地承包期一般应在15年以上；允许有偿转让土地使用权；鼓励农民向各种企业投资入股；继续减少统派购的品种和数量；允许务工、经商、办服务业的农民自理口粮到集镇落户。

1984年5月　《中华人民共和国水污染防治法》公布。该法对水环境质量标准和污染物排放标准、水污染防治的监督管理、防止地表水与地下水污染及法律责任作出规定。1996年第一次修正。2008年修订，细化了水污染的种类，完善了水污染事故处置制度。2017年第二次修正，完善了污染物排放总量控制制度、饮用水水源保护区管理制度与排污许可制度，加大了处罚力度。

1984年6月　中国农业经济法研究会正式成立。1984年6月经农业部批准成立，1993年10月经民政部批准登记。2019年11月7日经民政部批准中国农业经济法研究会更名为中国农业农村法治研究会。

1985年1月　改革农产品统购派购制度。中共中央、国务院发出《关于进一步活跃农村经济的十项政策》。"十项政策"明确提出，从1985年起，除个别品种外，国家不再向农民下达农产品统购派购任务，按照不同情况，分别实行合同定购和市场收购。

1985年6月18日　《中华人民共和国草原法》公布。这是改革开放后制定的第一部农业法律。该法对草原所有权、使用权及其争议处理、草原生态保护及其违法行为处罚作出规定。2002年修订，修改了立法目的和使用权制度。2009年、2013年、2021年修正。

1985年11月22日　"一五"普法启动。第六届全国人大常委会第十三次会议通过《关于在公民中基本普及法律常识的决议》，规定从1986年起，争取用5年左右时间，有计划、有步骤地在一切有接受教育能力的公民中，普遍进行一次普及法律常识的教育，并且逐步做到制度化、经常化。

1986年1月20日 《中华人民共和国渔业法》公布。该法对渔业生产管理、渔业资源养护和合理利用、渔业水域生态环境保护、珍贵水生生物保护、远洋渔业发展、外国人和外国渔船进入我国水域开展渔业活动等作出明确规定；确立了养殖使用证、水产苗种管理、船网工具指标、捕捞许可证、渔业资源增殖保护费、渔船检验、禁渔期（区）等基本制度。2000年、2004年、2009年、2013年先后作了4次修正。1987年10月20日经国务院批准，原农牧渔业部发布《渔业法实施细则》，2020年3月、11月作了修订。

1986年4月12日 明确农村承包经营户的法律地位。第六届全国人民代表大会第四次会议通过《中华人民共和国民法通则》，明确了农村承包经营户的法律地位，规定了集体土地所有权的主体以及行使方式、土地的承包经营权正式入法。

1986年6月25日 《中华人民共和国土地管理法》公布。该法规定，集体所有的土地，全民所有制单位、集体所有制单位使用的国有土地，可以由集体或者个人承包经营，从事农、林、牧、渔业生产。承包经营土地的集体或者个人，有保护和按照承包合同规定的用途合理利用土地的义务。土地的承包经营权受法律保护。1988年第一次修正，规定土地"使用权可以依法转让"、"国家依法实行国有土地有偿使用制度"等内容。1998年修订，规定实行国有土地有偿使用制度。2004年第二次修正，将"征用"修改为"征收或者征用并给予补偿"。2019年第三次修正，改革土地征收制度，完善农村宅基地制度，将"基本农田"全部修改为"永久基本农田"，规定土地督察制度。

1987年5月21日 《兽药管理条例》公布。"条例"对兽药生产企业的管理、兽药经营企业的管理、兽药医疗单位的药剂管理、新兽药审批和进出口兽药管理、兽药监督、兽药的商标和广告管理以及罚则作出规定。2001年修订。2004年3月24日通过新的《兽药管理条例》，2014年修订，对兽药安全性评价作了明确规定；2016年修订，明确执法主体、发证机关；2020年修订，将临床试验申请改为备案、简化了进口兽药通关程序、增加了未备案的处罚规定以及备案部门职责。

1987年11月24日	《中华人民共和国村民委员会组织法（试行）》公布。该法确立了村民委员会成员的选举程序、村民民主议事制度、农村的民主管理和民主监督制度。1998年11月4日《中华人民共和国村民委员会组织法》公布，从法律上进一步确立了村民自治作为我国一项政治制度的地位[1]。2010年修订，完善村民选举委员会的组成和推选程序。2018年修正，明确任期。规定村民委员会成员可以连选连任。
1988年4月12日	《中华人民共和国宪法修正案》公布。第七届全国人民代表大会第一次会议通过《中华人民共和国宪法修正案》，明确任何组织或者个人不得侵占、买卖或者以其他形式非法转让土地。土地的使用权可以依照法律的规定转让。
1988年11月8日	《中华人民共和国野生动物保护法》公布。该法对野生动物保护、野生动物管理、法律责任作出规定。2004年、2009年修正，2016年修订对野生动物栖息地、国家重点保护的野生动物名录，刑事责任等方面作了补充、完善。2018年第三次修正。
1989年3月13日	《中华人民共和国种子管理条例》发布。"条例"规范了新品种选育、试验、审定、推广及种子生产、经营、质量检验等管理制度。
1989年12月26日	《中华人民共和国环境保护法》公布。该法对环境监督管理、保护和改善环境、防止环境污染和其他公害、法律责任作出规定。2014年修订对信息公开和公众参与、环境公益诉讼制度、强化企业责任等方面作了补充、完善。
1990年6月3日	《中华人民共和国乡村集体所有制企业条例》发布。"条例"对企业的设立、变更和终止、企业的所有者和经营者、企业管理、企业与政府有关部门的关系以及其奖惩作出规定。2011年修订，将第三十一条中的"参照《国营企业劳动争议处理暂行规定》"修改为"依照《中华人民共和国劳动争议调解仲裁法》"。

1　《中华人民共和国简史》编写组编著：《中华人民共和国简史》，人民出版社、当代中国出版社2021年版，第227页。

1991年1月4日　《中华人民共和国土地管理法实施条例》发布。"条例"对土地的所有权和使用权、土地的利用和保护、国家建设用地、乡（镇）建设用地以及法律责任作出规定，1999年1月4日废止。1998年12月27日新的《土地管理法实施条例》发布。建立土地调查制度，完善了国家土地利用规划制度和土地所有权使用权制度，细化了土地用途改变的程序和具体内容。2011年修订，将土地中的"征用"修改为"征收"；2014年修订，完善了土地利用总体规划制度；2021年修订，根据2021年1月1日施行的《中华人民共和国土地管理法》，就国土空间规划、耕地保护、土地征收、集体经营性建设用地入市、农民宅基地权益保护等作了细化和明确。

1991年4月　农业系统"二五"普法启动。原农业部制定《关于在全国农业系统开展法制宣传教育的第二个五年规划》，将农业系统各级领导干部和立法、执法人员以及各农业院校师生作为重点普法对象，将《中华人民共和国草原法》、《中华人民共和国渔业法》、《中华人民共和国土地管理法》、《中华人民共和国种子管理条例》等"三法五例"列为农业系统"二五"普法重点内容。此后，原农业部于1996年起每5年制定普法规划，重点围绕农业农村的领导干部、农民、农业系统执法人员等对象，以党的思想理论、国家基本法律知识、农业专业法律作为农业系统普法宣传的重点内容。

1991年10月30日　《中华人民共和国进出境动植物检疫法》公布。该法对进境检疫、出境检疫、过境检疫、携带或邮寄物检疫、运输工具检疫及法律责任等作出规定，建立了我国进出境动物检疫法律制度。2009年修正，对刑事责任的规定作出修改。

1991年11月29日　党的十三届八中全会通过《关于进一步加强农业和农村工作的决定》。"决定"指出，要把以家庭联产承包为主的责任制、统分结合的双层经营体制作为我国乡村集体经济组织的一项基本制度长期稳定下来，并不断充实完善。

1991年12月7日　《农民承担费用和劳务管理条例》发布。"条例"设立了各级政府及其农民负担监督管理部门以及其他职能部门配合的管理体制，针对村提留和乡统筹费设立全年统算统收制度、财务管理制度、内部审计制度，农民承担费用监督管理制度及奖励与处罚制度等。

1993年3月29日　"家庭联产承包为主的责任制"写入宪法。第八届全国人民代表大会第一次会议通过《中华人民共和国宪法修正案》，确立了农村中的家庭联产承包为主的责任制；明确了国家实行社会主义市场经济，国家加强经济立法，完善宏观调控；规定了省、直辖市、县、市、市辖区的人民代表大会每届任期5年。乡、民族乡、镇的人民代表大会每届任期3年。

1993年7月2日　《中华人民共和国农业法》公布。该法对农业生产经营体制、农业生产、农产品流通、农业投入、农业科技与农业教育、农业资源与农业环境保护、法律责任等作出规定。2002年修订，增加粮食安全、农民权益保护、农村经济发展、执法监督4章，修改增加了农业和农村经济结构调整、农业产业化经营、农产品质量安全等内容。2009年第一次修正，将第七十一条中的"征收"改为"征用"；2012年第二次修正，增加了农业技术推广方面的内容。

1993年7月2日　《中华人民共和国农业技术推广法》公布。该法确立了农技推广体系在农村经济发展中的地位，规定了农业技术推广体系、农业技术的推广与应用、农业技术推广的保障措施、法律责任等内容。2012年修订，明确了农业技术推广机构公益性职责，因地制宜设立区域性推广机构等。

1993年11月5日　中共中央、国务院印发《关于当前农业和农村经济发展的若干政策措施》。"若干政策措施"提出在原定的耕地承包期到期之后，再延长30年不变。

1994年1月23日　《农村五保供养工作条例》公布。2006年3月1日，该条例废止。同日，新修订的《农村五保供养工作条例》实施，"条例"对供养内容、供养对象、供养形式、监督管理、法律责任作了明确规定。

1994年8月起　全国人大常委会启动涉农法律执法检查。全国人大常委会先后对《中华人民共和国农业法》、《中华人民共和国乡镇企业法》、《中华人民共和国种子法》、《中华人民共和国土地管理法》、《中华人民共和国村民委员会组织法》、《中华人民共和国农村土地承包法》、《中华人民共和国农民专业合作社法》、《中华人民共和国农产品质量安全法》、《中华人民共和国农业技术推广法》、《中华人民共和国动物防疫法》等多部涉农法律的贯彻实施情况进行了执法检查。

1995年10月30日　《中华人民共和国固体废物污染环境防治法》公布。该法对固体废物污染环境防治的监督管理与具体防治措施、危险废物污染环境防治作出规定。2004年修订，完善了污染者责任处罚制度和固体废物的进口管理方式。2013年、2015年、2016年修正。2020年修订，建立了工业固体废物污染环境防治制度、生活垃圾污染环境防治制度、危险废物污染环境防治制度等。

1996年9月30日　《中华人民共和国野生植物保护条例》发布。"条例"对野生植物保护主管部门，野生植物保护分类、保护等级、保护区域、保护设施、保护标志，野生植物资源调查、采集、出售收购、经营利用、出口以及相关法律责任等作出规定。2017年修正。

1996年10月29日　《中华人民共和国乡镇企业法》公布。该法明确乡镇企业是农村经济的重要支柱和国民经济的重要组成部分，主要任务是支援农业，推进农业和农村现代化，促进国民经济和社会事业发展。该法对乡镇企业的所有制形式、投资主体、设立形式、税收优惠等作出规定。

1997年3月20日　《中华人民共和国植物新品种保护条例》发布。"条例"对品种权的内容、授予品种权的条件、品种权的申请批准、品种权的保护期限、罚则作出规定，建立了植物新品种保护制度。2013年、2014年作了2次修订。2013年修订，加大了对侵权假冒行为的处罚力度。2014年修订，明确了审批机关。

1997年5月8日　《农药管理条例》公布。"条例"明确了农药登记、农药生产、农药使用和其他规定等。其后分别于2001年、2017年作了修订。

1997年7月3日　《中华人民共和国动物防疫法》公布。该法确立了"预防为主"

的原则，明确了预防、控制、扑灭动物疫病，动物卫生监督管
理一系列规定。2007年第一次修订，对动物疫病防控理念，防
疫管理制度、人畜共患传染病的防治、野生动物及犬只的检疫
管理、机构队伍的稳定等方面的内容作了修改完善。2013年、
2015年修正。2021年修订，对动物疫病防控方针、动物防疫
责任制度和管理制度、兽医管理制度、防疫保障措施、法律责
任等作了完善。

1997年10月25日　《农业行政处罚程序规定》发布。"规定"明确了农业行政处
罚的管辖规定，行政处罚的简易程序、一般程序、听证程
序规定，农业行政处罚决定的送达和执行规定等。2006年、
2011年、2020年、2021年农业农村部先后对该"规定"作
了修订。

1997年12月19日　《生猪屠宰管理条例》公布。"条例"中对屠宰地点、监督管
理、法律责任作了限制和说明。2008年、2011年、2016年、
2021年作了4次修订。其中2021年修订，对生猪屠宰全过程
管理、动物疫病防控、法律责任等作了完善。

1998年6月6日　《粮食收购条例》发布。"条例"对粮食定购制度、保护价制
度、粮食收购资金管理、法律责任等作出规定。

1998年10月14日　党的十五届三中全会通过《关于农业和农村工作若干重大问
题的决定》。"决定"提出，到2010年建设有中国特色社会
主义新农村的奋斗目标。

1998年12月27日　《基本农田保护条例》发布。"条例"明确了基本农田保护机
制。设立了包括各级政府及其土地行政主管部门以及农业行
政主管部门的管理体制，基本农田保护区的划定、保护、监
督管理及责任追究制度等。2011年修订，将"征用"修改为
"征收"。

1999年1月12日　农业执法体制改革全面启动。原农业部印发《关于进一步开
展农业行政综合执法试点工作的意见》的通知，在全国启动
了农业综合执法试点工作。这是对我国农业行政执法体制改革
进行的重要探索。此后，农业综合执法工作迅速在全国推开。

1999年2月13日 中共中央印发《中国共产党农村基层组织工作条例》。"条例"对党的农村基层组织设置、具体职责任务、经济建设、精神文明建设、干部队伍和领导班子建设、党员队伍建设等作出规定。2018年12月28日修订，明确乡镇党委和村党支部是党在农村的基层组织，建立了农村基层党组织乡村治理制度与党的农村层次组织领导与保障制度。

1999年3月15日 "统分结合的双层经营体制"写入《中华人民共和国宪法》。1999年第九届全国人民代表大会第二次会议通过《中华人民共和国宪法修正案》，第五条规定"中华人民共和国实行依法治国，建设社会主义法治国家"，确立了农村集体经济组织实行家庭承包经营为基础、统分结合的双层经营体制。

1999年5月29日 《饲料和饲料添加剂管理条例》发布。"条例"设立了包括饲料、饲料添加剂新产品审定与进口管理制度，饲料、饲料添加剂生产、经营管理制度以及违反饲料和饲料添加剂管理条例的责任追究机制。其后又分别于2001年、2011年、2013年、2016年和2017年作了修订。

2000年7月8日 《中华人民共和国种子法》公布。该法规定了种质资源保护，品种选育与审定、植物新品种保护、种子生产经营、种子使用、种子质量、种子进出口和对外合作等内容。该法对提高品种选育水平，发育种子生产经营多元主体，规范种子市场秩序等方面发挥了重要作用。2004年、2013年修正。2015年修订，对种质资源保护、育种科研体制机制、品种管理、植物新品种保护、种子生产经营、监督管理、扶持措施、法律责任等八个方面作出了修改与完善。2021年修正，重点是强化种业知识产权保护，进一步扩大了植物新品种的保护范围、扩展了保护环节、建立了实质性派生品种制度、完善了侵权损害赔偿制度和法律责任。

2000年7月至2001年12月 及时清理法规对接世界贸易组织规则。为履行世界贸易协定和对外承诺，我国对农业法律、法规和规章进行了清理，修改或废止了37件不符合世界贸易组织协定的规章，在改善农业投资环境、构建开放的农业体制环境方面发挥了重要作用。

2001年5月23日 《农业转基因生物安全管理条例》公布。"条例"规定了从事农业转基因生物研究、试验、生产、加工、经营和进出口等活动的各项管理制度。2011年、2017年作了两次修订，完善了农业转基因生物安全评价程序，优化了安全评价资料提交要求，删除了农民购买转基因种子审批手续，农民养殖、种植转基因动植物由销售单位代办审批手续等方面的内容。

2001年8月31日 《中华人民共和国防沙治沙法》公布。该法对防沙治沙规划、土地沙化的预防、沙化土地的治理、保障措施、法律责任等作出规定。2018年修正。

2002年8月29日 《中华人民共和国农村土地承包法》公布。该法确立了我国农村土地基本经营制度，规定了家庭承包、其他方式的承包、争议的解决和法律责任等内容。2009年修正，将"征用"改为"征收、征用"。2018年修正，重点围绕"三权"分置，农村土地承包到期后续延长，完善土地承包经营权权能，维护进城务工落户农民土地承包权益，保护妇女土地权益等重大问题作了修改。

2002年10月 在农业管理领域实行综合执法。《国务院办公厅转发中央编办关于清理整顿行政执法队伍实行综合行政执法试点工作意见的通知》（国办发〔2002〕56号）明确要求"在城市管理、文化市场管理、资源环境管理、农业管理、交通运输管理以及其他适合综合行政执法的领域，合并组建综合行政执法机构"。这是国办文件首次提出在农业管理领域实行综合执法。

2002年12月14日 《退耕还林条例》公布。"条例"对退耕还林的规划和计划、造林、管护与检查验收、资金和粮食补助、其他保障措施、法律责任等作出规定。2016年修订。

2003年8月27日 《中华人民共和国行政许可法》公布。该法对行政许可的设定、行政许可的实施机关、行政许可的实施程序（包括申请与受理、审查与决定、期限、听证、变更与延续、特别规定）、行政许可的费用、监督检查、法律责任等作出明确规定。2019年修正。

2003年11月17日 农业部行政审批综合办公大厅正式运行。成为国务院部门中第一个对外办公的综合性服务大厅，树立了"第一窗口"形象。2018年，大厅更名为农业农村部政务服务大厅，实现了政务服务事项纳入大厅统一受理和回复，为企业和群众提供更加规范、高效、便捷的政务服务。

2003年12月 中共中央、国务院印发《关于促进农民增加收入若干政策的意见》。"意见"提出，积极推进有关农民专业合作组织的立法工作；健全有关法律法规，依法保障进城就业农民的各项权益；有关部门要抓紧清理和修改不利于粮食自由流通的政策法规。

2004年3月14日 完善土地征收征用制度。2004年第十届全国人民代表大会第二次会议通过《中华人民共和国宪法修正案》，明确国家为了公共利益的需要，可以依照法律规定对土地实行征收或者征用并给予补偿。此外，将乡镇人民代表大会的任期由3年改为5年。

2004年3月22日 国务院发布《全面推进依法行政实施纲要》。"纲要"明确提出推进依法行政的目标和基本要求。原农业部于2005年5月印发《农业系统贯彻落实〈全面推进依法行政实施纲要〉的意见》，明确了农业依法行政的目标，并对落实"纲要"作出具体部署。原农业部2004年10月印发《关于继续推进农业综合执法试点工作的意见》（农政发〔2004〕4号），启动第三批100个试点，并在文件中首次提出农业执法"六要六禁止"要求。

2004年5月26日 《粮食流通管理条例》公布。2013年、2016年、2021年作了修订，修订后"条例"从严格规范政策性粮食经营活动、优化监管措施、强化粮食质量安全监管、防止和减少粮食损失浪费、加大对违法行为的惩处力度、明确监督管理职责6个方面对加强和规范粮食流通管理作出规定。

2004年6月 《中华人民共和国农业机械化促进法》公布。该法对农业机械的科研开发、质量保障、推广服务、社会化服务、扶持措施、法律责任作出规定。2018年10月修正，完善了市场监督管理部门监督管理职责。

2004年11月12日　《病原微生物实验室生物安全管理条例》公布。"条例"设立了病原微生物实验室生物安全管理体制、病原微生物的分类和管理制度、实验室设立与管理制度、感染控制制度、生物安全监督管理制度及法律责任等。"条例"于2016年修订，对科研项目审批及法律责任作了补充规定。2018年修订。

2004年12月31日　中共中央、国务院印发《关于进一步加强农村工作提高农业综合生产能力若干政策的意见》。"意见"提出，要尽快立法，把国家的重大支农政策制度化、规范化；修订耕地占用税暂行条例；加快农产品质量安全立法；推进农村法治建设，加强农村普法教育，搞好农业综合执法。这是中央一号文件首次对农业综合执法提出明确要求。

2005年5月　行政处罚案卷评查工作启动。2005年农业部办公厅印发《关于开展农业行政处罚案卷评查活动的通知》（农办政〔2005〕4号），首次在农业系统启动行政处罚案卷评查工作。此后，农业农村部坚持每年组织开展全国农业行政处罚案卷评查活动。

2005年11月18日　《重大动物疫情应急条例》公布。"条例"设立了包括重大动物疫情应急责任制和分级管理制度，监测网络和预防控制体系，监测、报告和公布及应急责任追究制度等。2017年修订，加重了违反重大动物疫情应急规定的法律责任等。

2005年12月29日　《中华人民共和国畜牧法》公布。该法对畜禽的遗传资源保护利用、繁育、饲养、经营、运输等环节作了全面规范，明确了畜禽遗传资源保护制度，确立了种畜禽生产经营许可制度，规定了种畜禽质量监督管理的内容。2015年修正。

2005年12月29日　《中华人民共和国农业税条例》废止。第十届全国人大常委会第十九次会议决定，自2006年1月1日起废止1958年通过的《中华人民共和国农业税条例》，取消农业税，终结了中国历史上农民持续上缴两千多年的"皇粮国税"[1]。

1　《中华人民共和国简史》编写组编著：《中华人民共和国简史》，人民出版社、当代中国出版社2021年版，第294页。

2005 年 12 月 31 日	中共中央、国务院印发《关于推进社会主义新农村建设的若干意见》。"意见"提出，积极引导和支持农民发展各类专业合作经济组织，加快立法进程；鼓励发展农村法律、财务等中介组织，为农民发展生产经营和维护合法权益提供有效服务。
2006 年 1 月 31 日	国务院印发《关于解决农民工问题的若干意见》。"意见"指出，要逐步建立城乡统一的劳动力市场和公平竞争的就业制度，保障农民工合法权益的政策体系和执法监督机制，惠及农民工的城乡公共服务体制和制度。
2006 年 4 月 29 日	《中华人民共和国农产品质量安全法》公布。该法确立了农产品质量安全管理体制、农产品质量安全标准的强制实施、农产品产地管理、包装与标识，农产品质量安全监督检查、风险分析、评估制度和信息发布及责任追究等制度。2018年修正。
2006 年 4 月 29 日	《中华人民共和国濒危野生动植物进出口管理条例》公布。"条例"根据《濒危野生动植物种国际贸易公约》及我国濒危野生动植物进出口管理工作实际情况，对濒危野生动植物及其产品进出口的主管部门、审批程序、审批期限及法律责任等作了明确规定。2018年、2019年修订。
2006 年 10 月 31 日	《中华人民共和国农民专业合作社法》公布。该法明确了农民专业合作社的法律地位、设立条件、组织机构、合作社成员的权利与义务、财务会计、盈余分配制度及国家对农民专业合作社的扶持政策等。2017年修订，对法律调整范围、成员资格和构成、土地经营权作价出资、联合社、成员内部信用合作、农民专业合作社的营业执照吊销、成员新入社和除名、盈余分配，以及法律责任等内容作了完善。
2006 年 12 月 31 日	中共中央、国务院印发《关于积极发展现代农业扎实推进社会主义新农村建设的若干意见》。"意见"提出，加快农业投入立法进程，加强执法检查；认真贯彻农民专业合作社法，支持农民专业合作组织加快发展；认真贯彻农产品质量安全法，提高农产品质量安全监管能力；加强对农资生产经营和农村食品药品质量安全监管，探索建立农资流通企业信用档案制度和质量保障赔偿机制。

2007年3月16日　土地承包经营权被确定为用益物权。第十届全国人民代表大会第五次会议通过《中华人民共和国物权法》，将土地承包经营权界定为用益物权，从法律上明确了土地承包经营权的财产权性质，赋予农民更加充分而有保障的土地承包经营权[1]。《中华人民共和国民法典》颁布后，将土地承包经营权作为第十一章规定在物权编用益物权分编。

2007年7月　《国务院关于加强食品等产品安全监督管理的特别规定》发布。"特别规定"建立了进货检查验收制度、违法行为的不良记录制度、进口产品分类管理制度，明确规定监督管理部门不作为的法律责任，强化了农业、卫生、质检、商务、工商、药品等监督管理部门之间的工作衔接。

2007年8月　持续推进农业综合执法。2007年农业部办公厅印发《农业综合执法规范化建设示范工作方案》（农办政〔2007〕9号），启动以规范运行、提高能力为重点的农业综合执法规范化建设示范工作。2008年12月农业部印发《关于全面加强农业执法扎实推进综合执法的意见》（农政发〔2008〕2号），明确提出"力争三年内，在全国农业县（市、区）全部实行综合执法"的工作目标。2011年12月，全国县级农业综合执法覆盖率达到98.2%。

2007年12月31日　中共中央、国务院印发《关于切实加强农业基础建设进一步促进农业发展农民增收的若干意见》。"意见"提出，加快农业投入立法；严格执行土地利用总体规划和年度计划，全面落实耕地保护责任制，建立和完善土地违法违规案件查处协调机制，切实控制建设占用耕地和林地；严格执行土地承包期内不得调整、收回农户承包地的法律规定；加强农民负担监管工作，推进减轻农民水费负担综合改革试点，继续开展重点领域农村乱收费专项治理工作。

2008年10月9日　《乳品质量安全监督管理条例》公布。"条例"主要规定了奶畜养殖、生鲜乳收购、乳制品生产以及奶畜饲养以及生鲜乳生产环节、收购环节的监督检查及其法律责任。

　1　《改革开放简史》编写组编著：《改革开放简史》，人民出版社、中国社会科学出版社2021年版，第165页。

2008年10月9—12日	党的十七届三中全会通过《关于推进农村改革发展若干重大问题的决定》。"决定"赋予农民更加充分而有保障的土地承包经营权，现有土地承包关系要保持稳定并长久不变。同时强调加强农村法治建设，完善涉农法律法规，增强依法行政能力，强化涉农执法监督和司法保护，加强农村法制宣传教育。
2008年12月31日	中共中央、国务院印发《关于2009年促进农业稳定发展农民持续增收的若干意见》。"意见"提出，抓紧出台食品安全法，制定和完善农产品质量安全法配套规章制度，健全部门分工合作的监管工作机制，进一步探索更有效的食品安全监管体制，实行严格的食品质量安全追溯制度、召回制度、市场准入和退出制度。稳定农村土地承包关系。抓紧修订、完善相关法律法规和政策。
2009年2月28日	《中华人民共和国食品安全法》公布。该法对食品安全风险监测和评估、食品安全标准、食品生产经营、食品检验、食品进出口、食品安全事故处置、监督管理及法律责任作了规定。2015年修订，2018年、2021年修正。2009年7月20日《食品安全法实施条例》公布。为配合《食品安全法》的实施，《食品安全法实施条例》对《食品安全法》作了必要的补充和细化，对食品安全风险监测和评估、食品安全标准、食品生产经营、食品检验、食品进出口、食品安全事故处置、监督管理及法律责任等作出规定。2016年、2019年修订，2019年修订强化食品生产经营者主体责任、加大了食品安全处罚力度、明确了保健食品标准。
2009年6月27日	《中华人民共和国农村土地承包经营纠纷调解仲裁法》公布。该法确定了运用调解、仲裁双渠道化解农村土地承包经营纠纷的原则，明确了"纠纷"的范围，对仲裁委员会的组成、仲裁员的条件、仲裁申请和受理的程序、仲裁庭的组成、开庭和裁决等作出规定。
2009年9月17日	《农业机械安全监督管理条例》公布。"条例"明确了农业机械生产、销售和维修，使用操作规则，农业机械事故处理规则以及法律责任等。其后分别于2016年和2019年作了两次修

订。2016年修订，规范了申请农业机械维修技术合格证书的程序。2019年修订，加大了法律责任。

2009年12月31日　中共中央、国务院印发《关于加大统筹城乡发展力度进一步夯实农业农村发展基础的若干意见》。"意见"提出，加快修改土地管理法；强化草原执法监督；鼓励有条件的地方开展农村集体产权制度改革试点；推进农业综合执法。

2010年3月14日　《中华人民共和国全国人民代表大会和地方各级人民代表大会选举法》修正。第十一届全国人民代表大会第三次会议表决通过了关于修改《中华人民共和国全国人民代表大会和地方各级人民代表大会选举法》的决定，将我国农村和城市每一名全国人大代表所代表的人口数比例规定为1：1，实现城乡平权。

2010年12月31日　中共中央、国务院印发《关于加快水利改革发展的决定》。"决定"提出，建立健全水法规体系，抓紧完善水资源配置、节约保护、防汛抗旱、农村水利、水土保持、流域管理等领域的法律法规，全面推进水利综合执法。

2011年12月31日　中共中央、国务院印发《关于加快推进农业科技创新持续增强农产品供给保障能力的若干意见》。"意见"提出，完善品种审定、保护、退出制度，强化种子生产经营行政许可管理，严厉打击制售假冒伪劣、套牌侵权、抢购套购等违法行为；加快修改完善相关法律，落实现有土地承包关系保持稳定并长久不变的政策；健全土地承包经营纠纷调解仲裁制度；加快修改土地管理法，完善农村集体土地征收有关条款，健全严格规范的农村土地管理制度；推行重大信息及时披露和权威发布制度，防止各类虚假信息影响产业发展、损害农民利益。

2012年3月14日　中国特色社会主义法律体系已经形成。第十一届全国人民代表大会第四次会议批准的全国人大常委会工作报告宣布：以宪法为统帅，以宪法相关法、民法商法等多个法律部门的法律为主干，由法律、行政法规、地方性法规等多个层次的法律规范构成的中国特色社会主义法律体系已经形成。

2012年11月12日　《农业保险条例》公布。"条例"设立了农业保险信息共享机制、工作机制、大灾风险分散机制、合同制度、经营规则及监督管理制度和责任追究制度等。2016年修订，对农业保险业务的批准机关、管理规定以及法律责任作了相应修改。

2012年11月　　确立全面依法治国基本方略。党的十八大将建设社会主义法治国家纳入全面建成小康社会的奋斗目标，明确提出法治是治国理政的基本方式，要加快建设社会主义法治国家，全面推进依法治国。

2012年12月31日　加快完善土地法律制度。中共中央、国务院印发《关于加快发展现代农业进一步增强农村发展活力的若干意见》。"意见"提出，抓紧研究现有土地承包关系保持稳定并长久不变的具体实现形式，完善相关法律制度；健全农村土地承包经营权登记制度，强化对农村各类土地承包经营权的物权保护；加快修订土地管理法，尽快出台农民集体所有土地征收补偿条例；完善征地补偿办法，合理确定补偿标准，严格征地程序，约束征地行为；改革和完善农村宅基地制度；扶持联户经营、专业大户、家庭农场；抓紧研究修订农民专业合作社法。

2013年11月11日　《畜禽规模养殖污染防治条例》公布。"条例"明确了畜禽养殖污染防治管理机制、畜禽养殖污染预防制度、畜禽养殖废弃物综合利用和治理制度、畜禽养殖污染防治的激励措施以及畜禽养殖场、养殖小区的法律责任等。

2013年11月12日　党的第十八届三中全会通过《中共中央关于全面深化改革若干重大问题的决定》。"决定"提出，要建立城乡统一的建设用地市场，在符合规划和用途管制前提下，允许农村集体经营性建设用地出让、租赁、入股，实行与国有土地同等入市、同权同价。同时，完善对被征地农民合理、规范、多元保障机制。赋予农民更多财产权利，并保障农民集体经济组织成员权利。

2014年1月2日　　中共中央、国务院印发《关于全面深化农村改革加快推进农业现代化的若干意见》。"意见"指出，把饭碗牢牢端在自己手上，是治国理政必须长期坚持的基本方针；提出抓紧构建新形势下以我为主、立足国内、确保产能、适度进口、科技支撑的国家粮食安全战略。提出完善法律法规和标准体系，强化农产品质量和食品安全监管；抓紧修订有关法律法规，保障农民公平分享土地增值收益；落实最严格的耕地保护制度、节约集约用地制度、水资源管理制度、环境保护制度等。

2014年10月23日　党的十八届四中全会通过《中共中央关于全面推进依法治国若干重大问题的决定》。"决定"明确全面依法治国的总目标是建设中国特色社会主义法治体系，建设社会主义法治国家。

2014年11月6日　中共中央办公厅、国务院办公厅印发《关于引导农村土地经营权有序流转发展农业适度规模经营的意见》。"意见"明确指出，引导农村土地经营权有序流转发展农业适度规模经营的总体要求、稳定完善农村土地承包关系、加快培育新型农业经营主体、建立健全农业社会化服务体系等内容。2016年10月22日，中共中央办公厅、国务院办公厅印发《关于完善农村土地所有权承包权经营权分置办法的意见》。"三权"分置是继家庭联产承包责任制后农村改革的又一重大制度创新。

2015年2月1日　中共中央、国务院印发《关于加大改革创新力度加快农业现代化建设的若干意见》。"意见"提出，健全农村产权保护法律制度，加强对农村集体资产所有权、农户土地承包经营权和农民财产权的保护；统筹推进与农村、与农业发展尤其是农村集体经济组织、土地、环境等有关的法律法规制定和修改与完善工作。

2015年11月2日　中共中央办公厅、国务院办公厅印发《深化农村改革综合性实施方案》。"实施方案"提出了深化农村改革的总体要求，对深化农村集体产权制度改革、加快构建新型农业经营体系、健全农业支持保护制度、健全城乡发展一体化体制机制、加强和创新农村社会治理等重大举措进行部署，尤为强调推动土地经营权规范有序流转。

2015年12月23日　中共中央、国务院印发《法治政府建设实施纲要（2015—2020年）》。"纲要"提出，大力推行权力清单、责任清单、负面清单制度并实行动态管理；完善行政组织和行政程序法律制度；重点在农林水利等领域推行综合执法。

2015年12月31日	中共中央、国务院印发《关于落实发展新理念加快农业现代化实现全面小康目标的若干意见》。"意见"提出，推动法律法规立改废释；加强农村法治建设，完善农村产权保护、农业市场规范运行、农业支持保护、农业资源环境等方面的法律法规。
2016年12月26日	中共中央、国务院印发《关于稳步推进农村集体产权制度改革的意见》。"意见"提出了关于稳步推进农村集体产权制度改革的重大意义与总体要求，并主要就全面加强农村集体资产管理、由点及面开展集体经营性资产产权制度改革、因地制宜探索农村集体经济有效实现形式、切实加强党对农村集体产权制度改革的领导等方面展开阐述，强调加强健全适应社会主义市场经济体制要求、以公平为核心原则的农村产权保护法律制度。
2016年12月31日	中共中央、国务院印发《关于深入推进农业供给侧结构性改革加快培育农业农村发展新动能的若干意见》。"意见"提出，抓紧修订农产品质量安全法；健全农产品贸易反补贴、反倾销和保障措施法律法规；加快修订村庄和集镇规划建设管理条例；积极推动农村金融立法；抓紧研究制定农村集体经济组织相关法律，赋予农村集体经济组织法人资格；为推进农业供给侧结构性改革提供法治保障。
2017年6月21日	农业部发布《农药生产许可管理办法》。"办法"对申请与审查、变更与延续及监督检查作出规定。2018年修正。
2017年6月21日	农业部发布《农药经营许可管理办法》。"办法"对申请与受理、审查与决定、变更与延续及监督检查作出规定。
2017年9月19日	国务院办公厅印发《关于进一步加强农药兽药管理保障食品安全的通知》。"通知"指出，要加强农药兽药生产经营管理，加强农药兽药使用管理和指导，加强农药兽药残留抽检监测，加强食用农产品产地准出和市场准入管理，加强食品安全风

险源头治理，严厉打击食品安全违法犯罪，严格落实地方属地管理责任。

2018年1月2日 中共中央、国务院印发《关于实施乡村振兴战略的意见》。"意见"提出，建立健全农村土地承包经营纠纷调处机制；抓紧研究制定乡村振兴法有关工作，及时修改和废止不适应的法律法规；推进粮食安全保障立法，制定促进乡村振兴的地方性法规、地方政府规章；深入推进综合行政执法改革向基层延伸。6月26日，中共中央、国务院印发《乡村振兴战略规划（2018—2022年）》。

2018年2月 党的十九届三中全会部署农业综合执法改革全面推进工作。全会审议通过的《深化党和国家机构改革方案》明确，整合组建农业综合执法队伍，将农业系统内兽医兽药、生猪屠宰、种子、化肥、农药、农机、农产品质量等执法队伍整合，实行统一执法。农业综合执法队伍成为党的十九届三中全会直接部署、重点建设的五支综合执法队伍之一。

2018年3月11日 《中华人民共和国宪法修正案》通过。第十三届全国人民代表大会第一次会议通过了宪法修正案，以国家根本法的形式确立了习近平新时代中国特色社会主义思想在国家政治和社会生活中的指导地位。这次修宪是中国特色社会主义进入新时代的首次修宪，对于坚持和发展中国特色社会主义、建设社会主义现代化强国具有重大的现实意义和深远的历史意义[1]。

2018年8月31日 《中华人民共和国土壤污染防治法》公布。该法对土壤污染风险管控和修复的条件、状况调查、风险评估、污染责任人变更的修复义务等内容作了规定，并建立了农用地分类管理制度及建设用地土壤污染风险管控和修复名录制度。

2018年10月1日 中共中央、国务院印发《关于保持土地承包关系稳定并长久不变的意见》。"意见"指出，"长久不变"的政策内涵是保持土地集体所有、家庭承包经营的基本制度长久不变，保持农户依法承包集体土地的基本权利长久不变，保持农户承包地稳定。"意见"为充分保障农民土地承包权益，进一步完

---

1 《从革命根据地法制建设到全面依法治国》，载《法治日报》，2021年6月29日，第006版。

善农村土地承包经营制度，推进实施乡村振兴战略发挥重要作用。

2018年11月 　中共中央办公厅、国务院办公厅印发《关于深化农业综合行政执法改革的指导意见》。"指导意见"明确了农业综合行政执法改革的总体要求、主要任务。2020年5月，国务院办公厅印发《关于农业综合行政执法有关事项的通知》，对农业综合执法改革提出进一步要求。

2019年1月3日 　中共中央、国务院印发《关于坚持农业农村优先发展做好"三农"工作的若干意见》。"意见"提出，加快推进粮食安全保障立法进程；完善落实集体所有权、稳定农户承包权、放活土地经营权的法律法规和政策体系；研究起草农村宅基地使用条例；全面推开农村土地征收制度改革和农村集体经营性建设用地入市改革，加快建立城乡统一的建设用地市场；加快修订土地管理法、物权法等法律法规；推进农村基层依法治理，建立健全公共法律服务体系；加强农业综合执法。

2019年3月26日 　《农业农村部关于全面推行行政执法公示制度执法全过程记录制度重大执法决定法制审核制度的实施方案》发布。"方案"明确要求在各级农业农村主管部门全面推行"三项制度"，确保行政处罚、行政强制、行政检查、行政许可等行为得到有效规范，做到农业行政执法基本信息及时公开、农业执法行为过程信息全程记载、执法全过程可回溯管理、重大执法决定法制审核全覆盖。

2019年5月31日 　《规范农业行政处罚自由裁量权办法》发布。"办法"对农业农村主管部门制定行政处罚自由裁量基准和行使行政处罚自由裁量权作出明确规定。为规范农业行政执法行为，保障农业农村主管部门合法、合理、适当地行使行政处罚自由裁量权，保护公民、法人和其他组织的合法权益提供了制度保障。

2019年6月11日 　《农业农村部关于印发〈全国农业综合行政执法基本装备配备指导标准〉的通知》发布。"通知"分级分类提出了省、市、县三级农业综合行政执法机构执法装备配备的项目和数量，要求各地根据上述标准并结合本地区执法实际，进一步补充完善本地区农业综合行政执法装备需求项目和数量，尽快推动省级人民政府制定农业综合行政执法装备配备标准、装备配备规划、设施建设规划和年度实施计划。

2019年8月19日　中共中央印发《中国共产党农村工作条例》。"条例"明确了党的农村工作的指导思想、基本方针；提出广泛开展民主法治教育；建立健全党委领导、政府负责、社会协同、公众参与、法治保障、科技支撑的现代乡村社会治理体制，健全党组织领导下的自治、法治、德治相结合的乡村治理体系。

2019年10月24日　《农业农村部关于开展全国农业综合行政执法示范创建活动的意见》发布。"意见"部署在全国开展农业综合行政示范窗口和示范单位创建活动，采取上下结合、省部共创方式，每年开展1次。到2021年已开展3次，累计发布3批245个全国农业综合行政示范窗口和120个示范单位。

2019年12月30日　《保障农民工工资支付条例》公布。"条例"从落实主体责任、规范工资支付行为、明确工资清偿责任、细化重点领域治理措施、强化监管手段等方面对保障农民工工资支付作出规定。

2020年1月2日　中共中央、国务院印发《关于抓好"三农"领域重点工作确保如期实现全面小康的意见》。"意见"提出，加快农村公路条例立法进程；出台并落实保障农民工工资支付条例；认真落实《中国共产党农村基层组织工作条例》；深化农业综合行政执法改革，完善执法体系。

2020年2月24日　《全国人民代表大会常务委员会关于全面禁止非法野生动物交易、革除滥食野生动物陋习、切实保障人民群众生命健康安全的决定》公布。"决定"加大对猎捕、交易、运输、食用野生动物的处罚力度，全面禁止食用国家保护的陆生野生动物，并对严格检疫、执法管理制度作了规定。

2020年3月25日　中央全面依法治国委员会印发《关于加强法治乡村建设的意见》。"意见"提出法治乡村建设要以习近平新时代中国特色社会主义思想为指导，要着力完善涉农领域立法、规范涉农行政执法、强化乡村司法保障、加强乡村法治宣传教育、完善乡村公共法律服务、健全乡村矛盾纠纷化解和平安建设机制、推进乡村依法治理、加快"数字法治·智慧司法"建设、深化法治乡村示范建设等九项主要任务。

2020年3月26日	《农作物病虫害防治条例》公布。"条例"对危害农作物及其产品的病、虫、草、鼠等有害生物的监测与预报、预防与控制、应急处置等防治活动及其监督管理作出规定，建立农作物病虫害监测制度、防治应急响应和处置机制，要求各级农业行政主管部门制定辖区内农作物病虫害预防控制方案，健全防治体系，并鼓励和扶持开展专业化服务及绿色防控。
2020年5月27日	《农业农村部关于实施农业综合行政执法能力提升行动的通知》发布。"通知"明确了农业综合行政执法能力提升行动的六项主要任务：一是整合队伍，完善执法体系；二是健全制度，规范执法行为；三是落实政策，保障执法条件；四是加大培训，提升执法水平；五是强化办案，加大执法力度；六是加强党建，铸就执法之魂。要求通过3～5年的努力，实现执法人员素质普遍提高，执法制度机制更加完善，执法保障措施基本落实，执法办案能力明显增强，为农业农村农民保驾护航的能力水平显著提升。
2020年5月27日	经国务院批准，农业农村部公布《农业综合行政执法事项指导目录（2020年版）》。"目录"公布行政处罚和行政强制事项251项，梳理规范了农业综合行政执法的事项名称、职权类型、实施依据、实施主体（包括责任部门、第一责任层级建议），明确各地可根据法律法规立改废释和地方立法等情况，作了补充、细化和完善。
2020年5月28日	《中华人民共和国民法典》公布。第十三届全国人民代表大会第三次会议通过《中华人民共和国民法典》。从民事基本法的角度明确规定了农村基本经济制度，落实了农村土地承包"三权"分置政策，确立了土地经营权制度，完善了农村土地征收制度和农村集体产权保护制度，明确赋予了农村承包经营户民事主体地位。该法赋予农村集体经济组织特别法人地位，标志着农村集体经济组织可以作为独立的市场主体参与

市场竞争。同时，"民法典"物权编明确规定国家对耕地实行特殊保护，严格限制农用地转为建设用地。

2020年5月29日　《国家畜禽遗传资源目录》公布。"目录"明确了33种属于家畜家禽的动物。

2020年10月17日　《中华人民共和国生物安全法》公布。该法贯彻总体国家安全观，统筹发展和安全，坚持以人为本、风险预防、分类管理、协同配合的原则，健全完善生物安全风险防控基本制度及各类具体风险防范和应对制度。同时，对防控重大新发突发传染病、动植物疫情，生物技术研究、开发与应用，病原微生物实验室生物安全，人类遗传资源与生物资源安全，防范生物恐怖与生物武器威胁，以及生物安全能力建设等方面明确了法律措施和法律责任。

2020年11月16—17日　中央全面依法治国工作会议召开。习近平讲话强调，坚定不移走中国特色社会主义法治道路，为全面建设社会主义现代化国家、实现中华民族伟大复兴的中国梦提供有力法治保障。会议总结并阐述了习近平法治思想[1]。

2020年12月1日　《法治中国建设规划（2020—2025年）》印发。"规划"以中国特色社会主义法治体系"五大体系"为主体框架，围绕"五大体系"作出具体部署安排，明确法治中国建设的指导思想、主要原则和总体目标；围绕全面贯彻实施宪法，建设完备的法律规范体系、高效的法治实施体系、严密的法治监督体系、有力的法治保障体系、完善的党内法规体系，依法维护国家主权、安全和发展利益，加强党对法治中国建设的集中统一领导等，提出相关改革发展举措。

2020年12月7日　《法治社会建设实施纲要（2020—2025年）》印发。"纲要"提出建立人民群众监督评价机制，促进野生动物保护等关系群众切身利益的重点领域执法力度和执法效果不断提高；修改城市居民委员会组织法和村民委员会组织法；加强农村土地承包经营纠纷调解仲裁工作。

1　中国共产党一百年大事记（1921年7月—2021年6月），载新华网，http://www.xinhuanet.com/2021-06/28/c_1127603399.htm

2020年12月26日　《中华人民共和国长江保护法》公布。这是首部全国性流域立法。该法对长江流域的规划与管控、资源保护、水污染防治、生态环境修复、绿色发展、保障与监督、法律责任等方面作出规定。建立了长江流域协调机制、规划体系与生态保护补偿制度，制定了珍贵、濒危水生野生动植物保护计划、水环境质量标准、生态环境修复规划、湖岸线修复规范、典型生态系统修复方案和行动计划。

2021年1月4日　中共中央、国务院印发《关于全面推进乡村振兴加快农业农村现代化的意见》。"意见"指出，新发展阶段"三农"工作依然极端重要，须臾不可放松，务必抓紧抓实。要坚持把解决好"三农"问题作为全党工作重中之重，把全面推进乡村振兴作为实现中华民族伟大复兴的一项重大任务，举全党全社会之力加快农业农村现代化，让广大农民过上更加美好的生活。

2021年4月16日　《农业农村部办公厅关于开展全国农业行政执法大练兵活动的通知》印发。"通知"部署2021年在各地农业农村部门开展农业行政执法大练兵活动，要求通过政治练兵、专业练兵、实战练兵、军训练兵、竞技练兵，在全国农业综合行政执法队伍中营造"学本领、练技能、当标兵"的浓厚氛围，提升农业综合行政执法队伍的整体素质和能力水平，发现和培养一批业务水平高、综合素质强的执法尖兵和办案能手。

2021年4月20日　《农业农村部关于全面推进农业农村法治建设的意见》发布。"意见"明确，到2025年农业农村法治建设的总体目标，并从完善农业农村法律规范体系、提高农业执法监管能力、提升农业农村普法实效、依法全面履行职能、强化农业农村部门依法治理能力等5个方面，提出了强化重点领域立法、严格规范性文件合法性审核等15项重点举措。

2021年4月29日　《中华人民共和国乡村振兴促进法》公布。这是第一部以乡村振兴命名的基础性、综合性法律。该法聚焦增加农民收入、提高农民生活水平、提升农村文明程度等核心任务，对乡村振兴的总目标、总方针、总要求作出明确规定，把实施乡村振兴战略必须遵循的重要原则、重要制度、重要机制固定下来，对产业发展、人才支撑、文化繁荣、生态保护、组织建设等乡村振兴重点任务作出了全方位的规定。乡村振兴促进法与党中央一号文件、乡村振兴战略规划、中国共产党农村工作条例等共同构建了实施乡村振兴战略的"四梁八柱"。

2021年4月29日　《中华人民共和国反食品浪费法》公布。该法对食品和食品浪费的定义、反食品浪费的原则和要求、政府及其部门职责、各类主体责任、监管措施、法律责任等作出规定，将防止食品浪费上升到法律制度层面，对建立反食品浪费长效机制，倡导文明、健康、科学的饮食文化具有重要意义。为全社会确立食品消费基本行为准则，加强对食品浪费行为监督管理，营造浪费可耻、节约为荣的氛围提供了法律保障。

2021年5月31日　农业农村部印发《全国农业综合行政执法人员培训大纲》和《全国农业综合行政执法人员考试大纲》。"培训大纲"明确了农业综合行政执法培训对象、培训内容、培训要求、培训考核。"考试大纲"规定了农业行政执法基础知识、农业行政执法专业法律知识、农业行政处罚程序与执法文书制作三大科目。

2021年7月5日　《农业农村部关于农业综合行政执法服务种子和耕地两个要害的指导意见》印发。"指导意见"要求各地农业农村部门充分发挥农业综合行政执法服务种子和耕地两个要害的作用，加大种业执法力度，加强种业知识产权保护执法、加强种业全产业链执法检查、加大种子执法抽检力度、依法查处种业违法行为；加强耕地保护检查和执法，积极开展耕地保护摸排巡查、创新耕地保护监管方式、依法查处耕地违法行为。

2021年7月16日　农业农村部、司法部联合印发《培育农村学法用法示范户实施方案》。"实施方案"明确了示范户培育工作的总体要求、目标任务、基本原则、认定标准、工作内容和保障措施，提出了开展有针对性的学法用法培训、开展执法机构与示范户"结对子"活动、建设农村法治教育基地等创新举措，明确到2025年年底实现学法用法示范户覆盖全国每个行政村，到2035年力争每个行政村的学法用法示范户数量和效果都符合当地法治工作要求。

2021年8月12日	农业农村部印发《农业综合行政执法人员依法履职管理规定》。"规定"明确了执法人员依法履职应当遵循的基本要求、依法应当追究执法人员行政责任的情形、依法可以从轻、减轻和不予追究行政责任的情形、依法依规应当移送纪检监察机关处理的情形、保障执法人员依法履职的措施等内容。
2021年8月18日	农业农村部印发《农业农村系统法治宣传教育第八个五年规划（2021—2025年)》。"规划"强调以习近平法治思想引领农业农村法治宣传教育工作，强调坚持抓住领导干部这个"关键少数"，引导农业农村系统工作人员牢固树立法治观念，提升农业综合行政执法人员的法治能力，带动农民群众学法用法，培养农业企业和农民专业合作社等新型农业经营主体的法治思维。
2021年9月10日	《农业农村部关于做好农业综合行政执法制式服装和标志管理工作的通知》印发。"通知"要求各级农业农村部门高度重视统一农业综合行政执法制式服装和标志管理工作，认真执行财政部、司法部印发的《综合行政执法制式服装和标志管理办法》规定，严格控制着装范围，切实加强对着装工作的监督管理。
2021年10月19日	《农业农村部关于统一农业综合行政执法标识的通知》印发。"通知"公布了农业综合行政执法标识构成，明确了标识适用领域、权利归属等。标识由文字和图形构成，整体表达"依法治农、依法兴农、依法护农"的理念。

附录
农业农村法治工作规章、文件

中华人民共和国农业农村部令

2021年第3号

（2021年12月14日农业农村部令第3号公布，自2022年1月15日起施行）

《农业农村部行政许可实施管理办法》已经农业农村部2021年12月7日第16次常务会议审议通过，现予发布，自2022年1月15日起施行。

2021年12月14日

农业农村部行政许可实施管理办法

第一章 总 则

第一条 为了规范农业农村部行政许可实施，维护农业农村领域市场主体合法权益，优化农业农村发展环境，根据《中华人民共和国行政许可法》、《优化营商环境条例》等法律法规，制定本办法。

第二条 农业农村部行政许可条件的规定、行政许可的办理和监督管理，适用本办法。

第三条 实施行政许可应当遵循依法、公平、公正、公开、便民的原则。

第四条 农业农村部法规司（以下简称"法规司"）在行政许可实施过程中承担下列职责：

（一）组织协调行政审批制度改革，指导、督促相关单位取消和下放行政许可事项、强化事中事后监管；

（二）负责行政审批综合办公业务管理工作，审核行政许可事项实施规范、办事指南、审查细则等，适时集中公布行政许可事项办事指南；

（三）受理和督办申请人提出的行政许可投诉举报；

（四）受理申请人依法提出的行政复议申请。

第五条 行政许可承办司局及单位（以下简称"承办单位"）在行政许可实施过程中承担下列职责：

（一）起草行政许可事项实施规范、办事指南、审查细则等；

（二）按规定选派政务服务大厅窗口工作人员（以下简称"窗口人员"）；

（三）依法对行政许可申请进行审查，在规定时限内提出审查意见；

（四）对申请材料和行政许可实施过程中形成的纸质及电子文件资料及时归档；

（五）调查核实与行政许可实施有关的投诉举报，并按规定整改反馈；

（六）持续简化行政许可申请材料和办理程序，提高审批效率，提升服务水平；

（七）实施行政许可事中事后监管。

第六条 行政许可事项实行清单管理。农业农村部行政许可事项以国务院公布的清单为准，禁止在清单外以任何形式和名义设定、实施行政许可。

第二章　行政许可条件的规定和调整

第七条　部门规章可以在法律、行政法规设定的行政许可事项范围内，对实施该行政许可作出具体规定。农业农村部规范性文件可以明确行政许可条件的具体技术指标或资料要求，但不得增设违反上位法的条件和程序，不得限制申请人的权利、增加申请人的义务。

部门规章和农业农村部规范性文件应当按照法定程序起草、审查和公布，法律、行政法规、部门规章和农业农村部规范性文件以外的其他文件不得规定和调整行政许可具体条件及其技术指标或资料要求。

第八条　行政许可具体条件调整后，承办单位应当及时进行宣传、解读和培训，便于申请人及时了解、地方农业农村部门按规定实施。

第九条　行政许可具体条件及其技术指标或资料要求调整后，承办单位应当及时修改实施规范、办事指南、审查细则等，并送法规司审核。

修改后的实施规范、办事指南、审查细则等，承办单位应当及时在农业农村部政务服务平台、国家政务服务平台等载体同源同步更新，确保信息统一。

第三章　行政许可申请和受理

第十条　申请人可以通过信函、电子数据交换和电子邮件等方式提出行政许可申请。申请书需要采用格式文本的，承办单位应当向申请人免费提供行政许可申请书格式文本。

第十一条　农业农村部行政许可的事项名称、依据、条件、数量、程序、期限以及需要提交全部材料的目录和申请书示范文本等，应当在农业农村部政务服务大厅及一体化在线政务服务平台进行公示。

申请人要求对公示内容予以说明、解释的，承办单位或者窗口人员应当说明、解释，提供准确、可靠的信息。

第十二条　除直接涉及国家安全、国家秘密、公共安全、生态环境保护，直接关系人身健康、生命财产安全以及重要涉外等情形以外，对行政许可事项要求提供的证明材料实行证明事项告知承诺制。承办单位应当提出实行告知承诺制的事项范围并制作告知承诺书格式文本，法规司统一公布实行告知承诺制的证明事项目录。

第十三条　实行告知承诺制的证明事项，申请人可以自主选择是否采用告知承诺制方式办理。

第十四条　承办单位不得要求申请人提交法律、行政法规和部门规章、农业农村部规范性文件要求范围以外的材料。

第十五条　对申请人提出的行政许可申请，应当根据下列情况分别作出处理：

（一）申请事项依法不需要取得行政许可的，应当即时告知申请人不受理及不受理的理由；

（二）申请事项依法不属于农业农村部职权范围的，应当即时作出不予受理的决定，并告知申请人向有关行政机关申请；

（三）申请材料存在可以当场更正的错误的，应当允许申请人当场更正；

（四）申请材料不齐全或者不符合法定形式的，应当当场或者在五个工作日内一次性告知申请人需要补正的全部内容，逾期不告知的，自收到申请材料之日起即为受理；

（五）申请事项属于农业农村部职权范围，申请材料齐全、符合法定形式，或者申请人按照要求提交全部补正申请材料的，应当受理行政许可申请。

受理或者不予受理行政许可申请，应当出具通知书。通知书应当加盖农业农村部行政审批专用章，并注明日期。

第十六条 申请人在行政许可决定作出前要求撤回申请的，应当书面提出，经承办单位审核同意后，由窗口人员将行政许可申请材料退回申请人。撤回的申请自始无效。

第十七条 农业农村部按照国务院要求建设一体化在线政务服务平台，强化安全保障和运营管理，拓展完善系统功能，推动行政许可全程网上办理。

第十八条 除法律、行政法规另有规定或者涉及国家秘密等情形外，农业农村部行政许可应当纳入一体化在线政务服务平台办理。

第十九条 农业农村部政务服务大厅与一体化在线政务服务平台均可受理行政许可申请，适用统一的办理标准，申请人可以自主选择。

第四章 行政许可审查和决定

第二十条 承办单位应当按规定对申请材料进行审查。

申请人提交的申请材料齐全、符合法定形式和有关要求，能够当场作出决定的，应当当场作出书面的行政许可决定。

根据法定条件和程序，需要对申请材料的实质内容进行核实的，承办单位应当指派两名以上工作人员进行核查。

第二十一条 依法应当先经省级人民政府农业农村部门审查后报农业农村部决定的行政许可，省级人民政府农业农村部门应当在法定期限内将初步审查意见和全部申请材料报送农业农村部。窗口人员和承办单位不得要求申请人重复提供申请材料。

第二十二条 承办单位审查行政许可申请，发现行政许可事项直接关系他人重大利益的，应当在作出行政许可决定前告知利害关系人。申请人、利害关系人有权进行陈述和申辩，承办单位应当听取申请人、利害关系人的意见。申请人、利害关系人依法要求听证的，承办单位应当在二十个工作日内组织听证。

第二十三条 申请人的申请符合规定条件的，应当依法作出准予行政许可的书面决定。

作出不予行政许可的书面决定的，应当说明理由，并告知申请人享有依法申请行政复议或者提起行政诉讼的权利。

第二十四条 除当场作出行政许可决定的情形外，行政许可决定应当在法定期限内按照规定程序作出。行政许可事项办事指南中明确承诺时限的，应当在承诺时限内作出行政许可决定。

第二十五条 在承诺时限内不能作出行政许可决定的，承办单位应当提出书面延期申请并说明理由，会签法规司并报该行政许可决定签发人审核同意后，将延长期限的理由告知申请人，但不得超过法定办理时限。

第二十六条 作出行政许可决定，依法需要听证、检验、检测、检疫、鉴定和专家评审的，所需时间不计算在办理期限内。承办单位应当及时安排、限时办结，并将所需时间书面告知申请人。

第二十七条 农业农村部一体化在线政务服务平台设立行政许可电子监察系统，对行政许可办理时限全流程实时监控，及时予以警示。

第二十八条 窗口人员或者承办单位应当在行政许可决定作出之日起十个工作日内，将行政许可决定通过农业农村部一体化在线政务服务平台反馈申请人，并通过现场、邮政特快专递等方式向申请人颁发、送达许可证件，或者加盖检疫印章。

第二十九条 农业农村部作出的准予行政许可决定应当公开，公众有权查阅。

第三十条 农业农村部按照国务院要求推广应用电子证照，逐步实现行政许可证照电子化。承办单位会同法规司制定电子证照标准，制作和管理电子证照，对有效期内存量纸质证照数据逐步实行电子化。

第五章 监督管理

第三十一条 已取消的行政许可事项，承办单位不得继续实施或者变相实施，不得转由其他单位或组织实施。

第三十二条 中介服务事项作为行政许可办理条件的，应当有法律、行政法规或者国务院决定依据。

承办单位不得为申请人指定或者变相指定中介服务机构；除法定行政许可中介服务事项外，不得强制或者变相强制申请人接受中介服务。

农业农村部所属事业单位、主管的社会组织，及其设立的企业，不得开展与农业农村部行政许可相关的中介服务。法律、行政法规另有规定的，依照其规定。

第三十三条 承办单位应当对实施的行政许可事项逐项明确监管主体，制定并公布全国统一、简明易行的监管规则，明确监管方式和标准。

第三十四条 已取消的行政许可事项，承办单位应当变更监管规则，加强事中事后监管；已下放的行政许可事项，承办单位应当同步调整优化监管层级，确保审批与监管权责统一。

第三十五条　承办单位负责同志、直接从事行政许可审查的工作人员，符合法定回避情形的应当回避；直接从事行政许可审查的工作人员应当定期轮岗交流。

第三十六条　承办单位及相关人员违反《中华人民共和国行政许可法》和其他有关规定，情节轻微，尚未给公民、法人或者其他组织造成严重财产损失或者严重不良社会影响的，采取通报批评、责令整改等方式予以处理。涉嫌违规违纪的，按照干部管理权限移送纪检监察机关。涉嫌犯罪的，依法移送司法机关。

第三十七条　申请人隐瞒有关情况或者提供虚假材料申请行政许可的，不予受理或者不予行政许可，并给予警告；行政许可申请属于直接关系公共安全、人身健康、生命财产安全事项的，申请人在一年内不得再次申请该行政许可。法律、行政法规另有规定的，依照其规定。

第三十八条　被许可人以欺骗、贿赂等不正当手段取得行政许可的，应当依法给予行政处罚；取得的行政许可属于直接关系公共安全、人身健康、生命财产安全事项的，申请人在三年内不得再次申请该行政许可。法律、行政法规另有规定的，依照其规定。

第六章　附　　则

第三十九条　农业农村部政务服务大厅其他政务服务事项的办理，参照本办法执行。

第四十条　本办法自2022年1月15日起施行。

中华人民共和国农业农村部令

2021年第4号

　　《农业行政处罚程序规定》已经农业农村部2021年12月7日第16次常务会议审议通过，现予发布，自2022年2月1日起施行。

2021年12月21日

农业行政处罚程序规定

第一章 总 则

第一条 为规范农业行政处罚程序,保障和监督农业农村主管部门依法实施行政管理,保护公民、法人或者其他组织的合法权益,根据《中华人民共和国行政处罚法》、《中华人民共和国行政强制法》等有关法律、行政法规的规定,结合农业农村部门实际,制定本规定。

第二条 农业行政处罚机关实施行政处罚及其相关的行政执法活动,适用本规定。

本规定所称农业行政处罚机关,是指依法行使行政处罚权的县级以上人民政府农业农村主管部门。

第三条 农业行政处罚机关实施行政处罚,应当遵循公正、公开的原则,做到事实清楚,证据充分,程序合法,定性准确,适用法律正确,裁量合理,文书规范。

第四条 农业行政处罚机关实施行政处罚,应当坚持处罚与教育相结合,采取指导、建议等方式,引导和教育公民、法人或者其他组织自觉守法。

第五条 具有下列情形之一的,农业行政执法人员应当主动申请回避,当事人也有权申请其回避:

(一) 是本案当事人或者当事人的近亲属;

(二) 本人或者其近亲属与本案有直接利害关系;

(三) 与本案当事人有其他利害关系,可能影响案件的公正处理。

农业行政处罚机关主要负责人的回避,由该机关负责人集体讨论决定;其他人员的回避,由该机关主要负责人决定。

回避决定作出前,主动申请回避或者被申请回避的人员不停止对案件的调查处理。

第六条 农业行政执法人员调查处理农业行政处罚案件时,应当向当事人或者有关人员出示农业行政执法证件,并按规定着装和佩戴执法标志。

农业行政执法证件由农业农村部统一制定,省、自治区、直辖市人民政府农业农村主管部门负责本地区农业行政执法证件的发放和管理工作。

第七条 各级农业行政处罚机关应当全面推行行政执法公示制度、执法全过程记录制度、重大执法决定法制审核制度，加强行政执法信息化建设，推进信息共享，提高行政处罚效率。

第八条 县级以上人民政府农业农村主管部门在法定职权范围内实施行政处罚。

县级以上人民政府农业农村主管部门依法设立的农业综合行政执法机构承担并集中行使行政处罚以及与行政处罚有关的行政强制、行政检查职能，以农业农村主管部门名义统一执法。

县级以上人民政府农业农村主管部门依照国家有关规定在沿海、大江大湖、边境交界等水域设立的渔政执法机构，承担渔业行政处罚以及与行政处罚有关的行政强制、行政检查职能，以其所在的农业农村主管部门名义执法。

第九条 县级以上人民政府农业农村主管部门依法设立的派出执法机构，应当在派出部门确定的权限范围内以派出部门的名义实施行政处罚。

第十条 上级农业农村主管部门依法监督下级农业农村主管部门实施的行政处罚。

县级以上人民政府农业农村主管部门负责监督本部门农业综合行政执法机构、渔政执法机构或者派出执法机构实施的行政处罚。

第十一条 农业行政处罚机关在工作中发现违纪、违法或者犯罪问题线索的，应当按照《执法机关和司法机关向纪检监察机关移送问题线索工作办法》的规定，及时移送纪检监察机关。

第二章　农业行政处罚的管辖

第十二条 农业行政处罚由违法行为发生地的农业行政处罚机关管辖。

省、自治区、直辖市农业行政处罚机关应当按照职权法定、属地管理、重心下移的原则，结合违法行为涉及区域、案情复杂程度、社会影响范围等因素，厘清本行政区域内不同层级农业行政处罚机关行政执法权限，明确职责分工。

第十三条 渔业行政违法行为有下列情况之一的，适用"谁查获、谁处理"的原则：

（一）违法行为发生在共管区、叠区；

（二）违法行为发生在管辖权不明确或者有争议的区域；

（三）违法行为发生地与查获地不一致。

第十四条 电子商务平台经营者和通过自建网站、其他网络服务销售商品或者提供服务的电子商务经营者的农业违法行为由其住所地县级以上农业行政处罚机关管辖。

平台内经营者的农业违法行为由其实际经营地县级以上农业行政处罚机关管辖。电子商务平台经营者住所地或者违法物品的生产、加工、存储、配送地的县级以上农业行政处罚机关先行发现违法线索或者收到投诉、举报的，也可以管辖。

第十五条 对当事人的同一违法行为，两个以上农业行政处罚机关都有管辖权的，应当由先立案的农业行政处罚机关管辖。

第十六条 两个以上农业行政处罚机关因管辖权发生争议的，应当自发生争议之日起七个工作日内协商解决；协商解决不了的，报请共同的上一级农业行政处罚机关指定管辖。

第十七条 农业行政处罚机关发现立案查处的案件不属于本部门管辖的，应当将案件移送有管辖权的农业行政处罚机关。受移送的农业行政处罚机关对管辖权有异议的，应当报请共同的上一级农业行政处罚机关指定管辖，不得再自行移送。

第十八条 上级农业行政处罚机关认为有必要时，可以直接管辖下级农业行政处罚机关管辖的案件，也可以将本机关管辖的案件交由下级农业行政处罚机关管辖；必要时可以将下级农业行政处罚机关管辖的案件指定其他下级农业行政处罚机关管辖。

下级农业行政处罚机关认为依法应由其管辖的农业行政处罚案件重大、复杂或者本地不适宜管辖的，可以报请上一级农业行政处罚机关直接管辖或者指定管辖。上一级农业行政处罚机关应当自收到报送材料之日起七个工作日内作出书面决定。

第十九条 农业行政处罚机关在办理跨行政区域案件时，需要其他地区农业行政处罚机关协查的，可以发送协助调查函。收到协助调查函的农业行政处罚机关应当予以协助并及时书面告知协查结果。

第二十条 农业行政处罚机关查处案件，对依法应当由原许可、批准的部门作出吊销许可证件等行政处罚决定的，应当将查处结果告知原许可、批准的部门，并提出处理建议。

第二十一条 农业行政处罚机关发现所查处的案件不属于农业农村主管部门管辖的，应当按照有关要求和时限移送有管辖权的部门处理。

违法行为涉嫌犯罪的案件，农业行政处罚机关应当依法移送司法机关，不得以行政处罚代替刑事处罚。

农业行政处罚机关应当将移送案件的相关材料妥善保管、存档备查。

第三章　农业行政处罚的决定

第二十二条 公民、法人或者其他组织违反农业行政管理秩序的行为，依法应当给予行政处罚的，农业行政处罚机关必须查明事实；违法事实不清的，不得给予行政处罚。

第二十三条 农业行政处罚机关作出农业行政处罚决定前，应当告知当事人拟作出的决定内容、事实、理由及依据，并告知当事人依法享有的权利。

采取一般程序查办的案件，农业行政处罚机关应当制作行政处罚事先告知书送达当事人，并告知当事人可以在收到告知书之日起三日内进行陈述、申辩。符合听证条件的，应当告知当事人可以要求听证。

当事人无正当理由逾期提出陈述、申辩或者要求听证的，视为放弃上述权利。

第二十四条 农业行政处罚机关应当及时对当事人的陈述、申辩或者听证情况进行复核。当事人提出的事实、理由成立的，应当予以采纳。

农业行政处罚机关不得因当事人申辩加重处罚。

第一节 简易程序

第二十五条 违法事实确凿并有法定依据，依照《中华人民共和国行政处罚法》的规定可以适用简易程序作出行政处罚的，农业行政处罚机关依照本节有关规定，可以当场作出农业行政处罚决定。

第二十六条 当场作出行政处罚决定时，农业行政执法人员应当遵守下列程序：

（一）向当事人表明身份，出示农业行政执法证件；

（二）当场查清当事人的违法事实，收集和保存相关证据；

（三）在行政处罚决定作出前，应当告知当事人拟作出决定的内容、事实、理由和依据，并告知当事人有权进行陈述和申辩；

（四）听取当事人陈述、申辩，并记入笔录；

（五）填写预定格式、编有号码、盖有农业行政处罚机关印章的当场处罚决定书，由执法人员签名或者盖章，当场交付当事人，并应当告知当事人如不服行政处罚决定可以依法申请行政复议或者提起行政诉讼。

第二十七条 农业行政执法人员应当在作出当场处罚决定之日起、在水上办理渔业行政违法案件的农业行政执法人员应当自抵岸之日起二日内，将案件的有关材料交至所属农业行政处罚机关归档保存。

第二节 一般程序

第二十八条 实施农业行政处罚，除适用简易程序的外，应当适用一般程序。

第二十九条 农业行政处罚机关对涉嫌违反农业法律、法规和规章的行为，应当自发现线索或者收到相关材料之日起十五个工作日内予以核查，由农业行政处罚机关负责人决定是否立案；因特殊情况不能在规定期限内立案的，经农业行政处罚机关负责人批准，可以延长十五个工作日。法律、法规、规章另有规定的除外。

第三十条　符合下列条件的，农业行政处罚机关应当予以立案，并填写行政处罚立案审批表：

（一）有涉嫌违反农业法律、法规和规章的行为；

（二）依法应当或者可以给予行政处罚；

（三）属于本机关管辖；

（四）违法行为发生之日起至被发现之日止未超过二年，或者违法行为有连续、继续状态，从违法行为终了之日起至被发现之日止未超过二年；法律、法规另有规定的除外。

第三十一条　对已经立案的案件，根据新的情况发现不符合第三十条规定的立案条件的，农业行政处罚机关应当撤销立案。

第三十二条　农业行政处罚机关对立案的农业违法行为，应当及时组织调查取证。必要时，按照法律、法规的规定，可以进行检查。

农业行政执法人员调查收集证据、进行检查时不得少于二人，并应当出示农业行政执法证件。

第三十三条　农业行政执法人员有权依法采取下列措施：

（一）查阅、复制书证和其他有关材料；

（二）询问当事人或者其他与案件有关的单位和个人；

（三）要求当事人或者有关人员在一定的期限内提供有关材料；

（四）采取现场检查、勘验、抽样、检验、检测、鉴定、评估、认定、录音、拍照、录像、调取现场及周边监控设备电子数据等方式进行调查取证；

（五）对涉案的场所、设施或者财物依法实施查封、扣押等行政强制措施；

（六）责令被检查单位或者个人停止违法行为，履行法定义务；

（七）其他法律、法规、规章规定的措施。

第三十四条　农业行政处罚证据包括书证、物证、视听资料、电子数据、证人证言、当事人的陈述、鉴定意见、现场检查笔录和勘验笔录等。

证据应当符合法律、法规、规章的规定，并经查证属实，才能作为农业行政处罚机关认定事实的依据。

第三十五条　收集、调取的书证、物证应当是原件、原物。收集、调取原件、原物确有困难的，可以提供与原件核对无误的复制件、影印件或者抄录件，也可以提供足以反映原物外形或者内容的照片、录像等其他证据。

复制件、影印件、抄录件和照片由证据提供人或者执法人员核对无误后注明与原件、原物一致，并注明出证日期、证据出处，同时签名或者盖章。

第三十六条　收集、调取的视听资料应当是有关资料的原始载体。调取原始载体确有困难的，可以提供复制件，并注明制作方法、制作时间、制作人和证明对象等。声音资料应当附有该声音内容的文字记录。

第三十七条　收集、调取的电子数据应当是有关数据的原始载体。收集电子数据原始载体确有困难的，可以采用拷贝复制、委托分析、书式固定、拍照录像等方式取证，并注明制作方法、制作时间、制作人等。

农业行政处罚机关可以利用互联网信息系统或者设备收集、固定违法行为证据。用来收集、固定违法行为证据的互联网信息系统或者设备应当符合相关规定，保证所收集、固定电子数据的真实性、完整性。

农业行政处罚机关可以指派或者聘请具有专门知识的人员或者专业机构，辅助农业行政执法人员对与案件有关的电子数据进行调查取证。

第三十八条　农业行政执法人员询问证人或者当事人，应当个别进行，并制作询问笔录。

询问笔录有差错、遗漏的，应当允许被询问人更正或者补充。更正或者补充的部分应当由被询问人签名、盖章或者按指纹等方式确认。

询问笔录经被询问人核对无误后，由被询问人在笔录上逐页签名、盖章或者按指纹等方式确认。农业行政执法人员应当在笔录上签名。被询问人拒绝签名、盖章或者按指纹的，由农业行政执法人员在笔录上注明情况。

第三十九条　农业行政执法人员对与案件有关的物品或者场所进行现场检查或者勘验，应当通知当事人到场，制作现场检查笔录或者勘验笔录，必要时可以采取拍照、录像或者其他方式记录现场情况。

当事人拒不到场、无法找到当事人或者当事人拒绝签名或者盖章的，农业行政执法人员应当在笔录中注明，并可以请在场的其他人员见证。

第四十条　农业行政处罚机关在调查案件时，对需要检测、检验、鉴定、评估、认定的专门性问题，应当委托具有法定资质的机构进行；没有具有法定资质的机构的，可以委托其他具备条件的机构进行。

检验、检测、鉴定、评估、认定意见应当由检验、检测、鉴定人员签名或者盖章，并加盖所在机构公章。检验、检测、鉴定、评估、认定意见应当送达当事人。

第四十一条　农业行政处罚机关收集证据时，可以采取抽样取证的方法。执法人员应当制作抽样取证凭证，对样品加贴封条，并由办案人员和当事人在抽样取证凭证上签名或者盖章。当事人拒绝签名或者盖章的，应当采取拍照、录像或者其他方式记录抽样取证情况。

农业行政处罚机关抽样送检的，应当将抽样检测结果及时告知当事人，并告知当事人有依法申请复检的权利。

非从生产单位直接抽样取证的，农业行政处罚机关可以向产品标注生产单位发送产品确认通知书。

第四十二条　在证据可能灭失或者以后难以取得的情况下，经农业行政处罚机关负责人批准，农业行政执法人员可以对与涉嫌违法行为有关的证据采取先行登记保存措施。

情况紧急的，农业行政执法人员需要当场采取先行登记保存措施的，可以采用即时通讯方式报请农业行政处罚机关负责人同意，并在二十四小时内补办批准手续。

先行登记保存有关证据，应当当场清点，开具清单，填写先行登记保存执法文书，由当事人和农业行政执法人员签名、盖章或者按指纹，并向当事人交付先行登记保存证据通知书和物品清单。

第四十三条　先行登记保存物品时，就地由当事人保存的，当事人或者有关人员不得使用、销售、转移、损毁或者隐匿。

就地保存可能妨害公共秩序、公共安全，或者存在其他不适宜就地保存情况的，可以异地保存。对异地保存的物品，农业行政处罚机关应当妥善保管。

第四十四条　农业行政处罚机关对先行登记保存的证据，应当在七日内作出下列处理决定并送达当事人：

（一）根据情况及时采取记录、复制、拍照、录像等证据保全措施；

（二）需要进行技术检测、检验、鉴定、评估、认定的，送交有关部门检测、检验、鉴定、评估、认定；

（三）对依法应予没收的物品，依照法定程序处理；

（四）对依法应当由有关部门处理的，移交有关部门；

（五）为防止损害公共利益，需要销毁或者无害化处理的，依法进行处理；

（六）不需要继续登记保存的，解除先行登记保存。

第四十五条　农业行政处罚机关依法对涉案场所、设施或者财物采取查封、扣押等行政强制措施，应当在实施前向农业行政处罚机关负责人报告并经批准，由具备资格的行政执法人员实施。

情况紧急，需要当场采取行政强制措施的，农业行政执法人员应当在二十四小时内向农业行政处罚机关负责人报告，并补办批准手续。农业行政处罚机关负责人认为不应当采取行政强制措施的，应当立即解除。

第四十六条　农业行政处罚机关实施查封、扣押等行政强制措施，应当履行《中华人民共和国行政强制法》规定的程序和要求，制作并当场交付查封、扣押决定书和清单。

第四十七条　经查明与违法行为无关或者不再需要采取查封、扣押措施的，应当解除查封、扣押措施，将查封、扣押的财物如数返还当事人，并由执法人员和当事人在解除查封或者扣押决定书和清单上签名、盖章或者按指纹。

第四十八条　有下列情形之一的，经农业行政处罚机关负责人批准，中止案件调查，并制作案件中止调查决定书：

（一）行政处罚决定必须以相关案件的裁判结果或者其他行政决定为依据，而相关案件尚未审结或者其他行政决定尚未作出；

（二）涉及法律适用等问题，需要送请有权机关作出解释或者确认；

（三）因不可抗力致使案件暂时无法调查；

（四）因当事人下落不明致使案件暂时无法调查；

（五）其他应当中止调查的情形。

中止调查的原因消除后，应当立即恢复案件调查。

第四十九条 农业行政执法人员在调查结束后，应当根据不同情形提出如下处理建议，并制作案件处理意见书，报请农业行政处罚机关负责人审查：

（一）违法事实成立，应给予行政处罚的，建议予以行政处罚；

（二）违法事实不成立的，建议予以撤销案件；

（三）违法行为轻微并及时纠正，没有造成危害后果的，建议不予行政处罚；

（四）违法行为超过追诉时效的，建议不再给予行政处罚；

（五）案件应当移交其他行政机关管辖或者因涉嫌犯罪应当移送司法机关的，建议移送相关机关；

（六）依法作出处理的其他情形。

第五十条 农业行政处罚机关负责人作出行政处罚决定前，应当依法严格进行法制审核。未经法制审核或者审核未通过的，农业行政处罚机关不得作出行政处罚决定。

农业行政处罚法制审核工作由农业行政处罚机关法制机构负责；未设置法制机构的，由农业行政处罚机关确定的承担法制审核工作的其他机构或者专门人员负责。

案件查办人员不得同时作为该案件的法制审核人员。农业行政处罚机关中初次从事法制审核的人员，应当通过国家统一法律职业资格考试取得法律职业资格。

第五十一条 农业行政处罚决定法制审核的主要内容包括：

（一）本机关是否具有管辖权；

（二）程序是否合法；

（三）案件事实是否清楚，证据是否确实、充分；

（四）定性是否准确；

（五）适用法律依据是否正确；

（六）当事人基本情况是否清楚；

（七）处理意见是否适当；

（八）其他应当审核的内容。

第五十二条 法制审核结束后，应当区别不同情况提出如下建议：

（一）对事实清楚、证据充分、定性准确、适用依据正确、程序合法、处理适当的案件，拟同意作出行政处罚决定；

（二）对定性不准、适用依据错误、程序不合法或者处理不当的案件，建议纠正；

（三）对违法事实不清、证据不充分的案件，建议补充调查或者撤销案件；

（四）违法行为轻微并及时纠正没有造成危害后果的，或者违法行为超过追诉时效的，建议不予行政处罚；

（五）认为有必要提出的其他意见和建议。

第五十三条　法制审核机构或者法制审核人员应当自接到审核材料之日起五个工作日内完成审核。特殊情况下，经农业行政处罚机关负责人批准，可以延长十个工作日。法律、法规、规章另有规定的除外。

第五十四条　农业行政处罚机关负责人应当对调查结果、当事人陈述申辩或者听证情况、案件处理意见和法制审核意见等进行全面审查，并区别不同情况分别作出如下处理决定：

（一）违法事实成立，依法应当给予行政处罚的，根据其情节轻重及具体情况，作出行政处罚决定；

（二）违法行为轻微，依法可以不予行政处罚的，不予行政处罚；

（三）违法事实不能成立的，不得给予行政处罚；

（四）不属于农业行政处罚机关管辖的，移送其他行政机关处理；

（五）违法行为涉嫌犯罪的，将案件移送司法机关。

第五十五条　下列行政处罚案件，应当由农业行政处罚机关负责人集体讨论决定：

（一）符合本规定第五十九条所规定的听证条件，且申请人申请听证的案件；

（二）案情复杂或者有重大社会影响的案件；

（三）有重大违法行为需要给予较重行政处罚的案件；

（四）农业行政处罚机关负责人认为应当提交集体讨论的其他案件。

第五十六条　农业行政处罚机关决定给予行政处罚的，应当制作行政处罚决定书。行政处罚决定书应当载明以下内容：

（一）当事人的基本情况；

（二）违反法律、法规或者规章的事实和证据；

（三）行政处罚的种类、依据和理由；

（四）行政处罚的履行方式和期限；

（五）不服行政处罚决定，申请行政复议或者提起行政诉讼的途径和期限；

（六）作出行政处罚决定的农业行政处罚机关名称和作出决定的日期，并且加盖作出行政处罚决定农业行政处罚机关的印章。

第五十七条　在边远、水上和交通不便的地区按一般程序实施处罚时，农业行政执法人员可以采用即时通讯方式，报请农业行政处罚机关负责人批准立案和对调查结果及处理意见进行审查。报批记录必须存档备案。当事人可当场向农业行政执法人员进行陈述和申辩。当事人当场书面放弃陈述和申辩的，视为放弃权利。

前款规定不适用于本规定第五十五条规定的应当由农业行政处罚机关负责人集体讨论决定的案件。

第五十八条　农业行政处罚案件应当自立案之日起六个月内作出处理决定；因案情复杂、调查取证困难等特殊情况六个月内不能作出处理决定的，报经上一级农业行政处罚机关批准可以延长至一年。

案件办理过程中，中止、听证、公告、检验、检测、鉴定等时间不计入前款所指的案件办理期限。

第三节　听证程序

第五十九条　农业行政处罚机关依照《中华人民共和国行政处罚法》的规定，在作出责令停产停业、吊销许可证件、较大数额罚款、没收较大数额财物等重大行政处罚决定前，应当告知当事人有要求举行听证的权利。当事人要求听证的，农业行政处罚机关应当组织听证。

前款所指的较大数额罚款，县级以上地方人民政府农业农村主管部门按所在省、自治区、直辖市人民代表大会及其常委会或者人民政府规定的标准执行；农业农村部对公民罚款超过三千元、对法人或者其他组织罚款超过三万元属较大数额罚款。

第一款规定的没收较大数额财物，参照第二款的规定执行。

第六十条　听证由拟作出行政处罚的农业行政处罚机关组织。具体实施工作由其法制机构或者相应机构负责。

第六十一条　当事人要求听证的，应当在收到行政处罚事先告知书之日起三日内向听证机关提出。

第六十二条　听证机关应当在举行听证会的七日前送达行政处罚听证会通知书，告知当事人举行听证的时间、地点、听证人员名单及可以申请回避和可以委托代理人等事项。

当事人应当按期参加听证。当事人有正当理由要求延期的，经听证机关批准可以延期一次；当事人未按期参加听证并且未事先说明理由的，视为放弃听证权利。

第六十三条　听证参加人由听证主持人、听证员、书记员、案件调查人员、当事人及其委托代理人等组成。

听证主持人、听证员、书记员应当由听证机关负责人指定的法制工作机构工作人员或者其他相应工作人员等非本案调查人员担任。

当事人委托代理人参加听证的，应当提交授权委托书。

第六十四条　除涉及国家秘密、商业秘密或者个人隐私等情形外，听证应当公开举行。

第六十五条　当事人在听证中的权利和义务：

（一）有权对案件的事实认定、法律适用及有关情况进行陈述和申辩；

（二）有权对案件调查人员提出的证据质证并提出新的证据；

（三）如实回答主持人的提问；

（四）遵守听证会场纪律，服从听证主持人指挥。

第六十六条　听证按下列程序进行：

（一）听证书记员宣布听证会场纪律、当事人的权利和义务。听证主持人宣布案由，核实听证参加人名单，宣布听证开始；

（二）案件调查人员提出当事人的违法事实、出示证据，说明拟作出的农业行政处罚的内容及法律依据；

（三）当事人或者其委托代理人对案件的事实、证据、适用的法律等进行陈述、申辩和质证，可以当场向听证会提交新的证据，也可以在听证会后三日内向听证机关补交证据；

（四）听证主持人就案件的有关问题向当事人、案件调查人员、证人询问；

（五）案件调查人员、当事人或者其委托代理人相互辩论；

（六）当事人或者其委托代理人作最后陈述；

（七）听证主持人宣布听证结束。听证笔录交当事人和案件调查人员审核无误后签字或者盖章。

第六十七条　听证结束后，听证主持人应当依据听证情况，制作行政处罚听证会报告书，连同听证笔录，报农业行政处罚机关负责人审查。农业行政处罚机关应当按照本规定第五十四条的规定，作出决定。

第六十八条　听证机关组织听证，不得向当事人收取费用。

第四章　执法文书的送达和处罚决定的执行

第六十九条　农业行政处罚机关送达行政处罚决定书，应当在宣告后当场交付当事人；当事人不在场的，应当在七日内将行政处罚决定书送达当事人。

第七十条　农业行政处罚机关送达行政执法文书，应当使用送达回证，由受送达人在送达回证上记明收到日期，签名或者盖章。

受送达人是公民的，本人不在时交其同住成年家属签收；受送达人是法人或者其他组织的，应当由法人的法定代表人、其他组织的主要负责人或者该法人、其他组织负责收件的有关人员签收；受送达人有代理人的，可以送交其代理人签收；受送达人已向农业行政处罚机关指定代收人的，送交代收人签收。

受送达人、受送达人的同住成年家属、法人或者其他组织负责收件的有关人员、代理人、代收人在送达回证上签收的日期为送达日期。

第七十一条　受送达人或者他的同住成年家属拒绝接收行政执法文书的，

送达人可以邀请有关基层组织或者其所在单位的代表到场，说明情况，在送达回证上记明拒收事由和日期，由送达人、见证人签名或者盖章，把行政执法文书留在受送达人的住所；也可以把行政执法文书留在受送达人的住所，并采用拍照、录像等方式记录送达过程，即视为送达。

第七十二条 直接送达行政执法文书有困难的，农业行政处罚机关可以邮寄送达或者委托其他农业行政处罚机关代为送达。

受送达人下落不明，或者采用直接送达、留置送达、委托送达等方式无法送达的，农业行政处罚机关可以公告送达。

委托送达的，受送达人的签收日期为送达日期；邮寄送达的，以回执上注明的收件日期为送达日期；公告送达的，自发出公告之日起经过六十日，即视为送达。

第七十三条 当事人应当在行政处罚决定书确定的期限内，履行处罚决定。

农业行政处罚决定依法作出后，当事人对行政处罚决定不服申请行政复议或者提起行政诉讼的，除法律另有规定外，行政处罚决定不停止执行。

第七十四条 除本规定第七十五条、第七十六条规定外，农业行政处罚机关及其执法人员不得自行收缴罚款。决定罚款的农业行政处罚机关应当书面告知当事人向指定的银行缴纳罚款。

第七十五条 依照本规定第二十五条的规定当场作出农业行政处罚决定，有下列情形之一的，执法人员可以当场收缴罚款：

（一）依法给予二十元以下罚款的；

（二）不当场收缴事后难以执行的。

第七十六条 在边远、水上、交通不便地区，农业行政处罚机关及其执法人员依照本规定第二十五条、第五十四条、第五十五条的规定作出罚款决定后，当事人向指定的银行缴纳罚款确有困难，经当事人提出，农业行政处罚机关及其执法人员可以当场收缴罚款。

第七十七条 农业行政处罚机关及其执法人员当场收缴罚款的，应当向当事人出具省、自治区、直辖市财政部门统一制发的罚款收据，不出具财政部门统一制发的罚款收据的，当事人有权拒绝缴纳罚款。

第七十八条 农业行政执法人员当场收缴的罚款，应当自返回农业行政处罚机关所在地之日起二日内，交至农业行政处罚机关；在水上当场收缴的罚款，应当自抵岸之日起二日内交至农业行政处罚机关；农业行政处罚机关应当在二日内将罚款交至指定的银行。

第七十九条 对需要继续行驶的农业机械、渔业船舶实施暂扣或者吊销证照的行政处罚，农业行政处罚机关在实施行政处罚的同时，可以发给当事人相应的证明，责令农业机械、渔业船舶驶往预定或者指定的地点。

第八十条 对生效的农业行政处罚决定，当事人拒不履行的，作出农业行政处罚决定的农业行政处罚机关依法可以采取下列措施：

（一）到期不缴纳罚款的，每日按罚款数额的百分之三加处罚款；

（二）根据法律规定，将查封、扣押的财物拍卖抵缴罚款；

（三）申请人民法院强制执行。

第八十一条　当事人确有经济困难，需要延期或者分期缴纳罚款的，应当在行政处罚决定书确定的缴纳期限届满前，向作出行政处罚决定的农业行政处罚机关提出延期或者分期缴纳罚款的书面申请。

农业行政处罚机关负责人批准当事人延期或者分期缴纳罚款后，应当制作同意延期（分期）缴纳罚款通知书，并送达当事人和收缴罚款的机构。延期或者分期缴纳的最后一期缴纳时间不得晚于申请人民法院强制执行的最后期限。

第八十二条　除依法应当予以销毁的物品外，依法没收的非法财物，应当按照国家有关规定处理。处理没收物品，应当制作罚没物品处理记录和清单。

第八十三条　罚款、没收的违法所得或者拍卖非法财物的款项，应当全部上缴国库，任何单位或者个人不得以任何形式截留、私分或者变相私分。

第五章　结案和立卷归档

第八十四条　有下列情形之一的，农业行政处罚机关可以结案：

（一）行政处罚决定由当事人履行完毕的；

（二）农业行政处罚机关依法申请人民法院强制执行行政处罚决定，人民法院依法受理的；

（三）不予行政处罚等无须执行的；

（四）行政处罚决定被依法撤销的；

（五）农业行政处罚机关认为可以结案的其他情形。

农业行政执法人员应当填写行政处罚结案报告，经农业行政处罚机关负责人批准后结案。

第八十五条　农业行政处罚机关应当按照下列要求及时将案件材料立卷归档：

（一）一案一卷；

（二）文书齐全，手续完备；

（三）案卷应当按顺序装订。

第八十六条　案件立卷归档后，任何单位和个人不得修改、增加或者抽取案卷材料，不得修改案卷内容。案卷保管及查阅，按档案管理有关规定执行。

第八十七条　农业行政处罚机关应当建立行政处罚案件统计制度，并于每年1月31日前向上级农业行政处罚机关报送本行政区域上一年度农业行政处罚情况。

第六章　附　则

第八十八条　沿海地区人民政府单独设置的渔业行政主管部门及其依法设立的渔政执法机构实施渔业行政处罚及其相关的行政执法活动，适用本规定。

前款规定的渔政执法机构承担本部门渔业行政处罚以及与行政处罚有关的行政强制、行政检查职能，以其所在的渔业主管部门名义执法。

第八十九条　本规定中的"以上"、"以下"、"内"均包括本数。

第九十条　期间以时、日、月、年计算。期间开始的时或者日，不计算在内。

期间届满的最后一日是节假日的，以节假日后的第一日为期间届满的日期。

行政处罚文书的送达期间不包括在路途上的时间，行政处罚文书在期满前交邮的，视为在有效期内。

第九十一条　农业行政处罚基本文书格式由农业农村部统一制定。各省、自治区、直辖市人民政府农业农村主管部门可以根据地方性法规、规章和工作需要，调整有关内容或者补充相应文书，报农业农村部备案。

第九十二条　本规定自2020年3月1日起实施。2006年4月25日农业部发布的《农业行政处罚程序规定》同时废止。

中华人民共和国农业农村部令

2022 年第 9 号

　　《农业综合行政执法管理办法》已于2022年11月3日经农业农村部第11次常务会议审议通过，现予公布，自2023年1月1日起施行。

2022 年 11 月 22 日

农业综合行政执法管理办法

第一章 总　　则

第一条　为加强农业综合行政执法机构和执法人员管理，规范农业行政执法行为，根据《中华人民共和国行政处罚法》等有关法律的规定，结合农业综合行政执法工作实际，制定本办法。

第二条　县级以上人民政府农业农村主管部门及农业综合行政执法机构开展农业综合行政执法工作及相关活动，适用本办法。

第三条　农业综合行政执法工作应当遵循合法行政、合理行政、诚实信用、程序正当、高效便民、权责统一的原则。

第四条　农业农村部负责指导和监督全国农业综合行政执法工作。

县级以上地方人民政府农业农村主管部门负责本辖区内农业综合行政执法工作。

第五条　县级以上地方人民政府农业农村主管部门应当明确农业综合行政执法机构与行业管理、技术支撑机构的职责分工，健全完善线索处置、信息共享、监督抽查、检打联动等协作配合机制，形成执法合力。

第六条　县级以上地方人民政府农业农村主管部门应当建立健全跨区域农业行政执法联动机制，加强与其他行政执法部门、司法机关的交流协作。

第七条　县级以上人民政府农业农村主管部门对农业行政执法工作中表现突出、有显著成绩和贡献或者有其他突出事迹的执法机构、执法人员，按照国家和地方人民政府有关规定给予表彰和奖励。

第八条　县级以上地方人民政府农业农村主管部门及其农业综合行政执法机构应当加强基层党组织和党员队伍建设，建立健全党风廉政建设责任制。

第二章　执法机构和人员管理

第九条　县级以上地方人民政府农业农村主管部门依法设立的农业综合行政执法机构承担并集中行使农业行政处罚以及与行政处罚相关的行政检查、行政强制职能，以农业农村部门名义统一执法。

第十条　省级农业综合行政执法机构承担并集中行使法律、法规、规章明确由省级人民政府农业农村主管部门及其所属单位承担的农业行政执法职责，负责查处具有重大影响的跨区域复杂违法案件，监督指导、组织协调辖区内农业行政执法工作。

市级农业综合行政执法机构承担并集中行使法律、法规、规章规定明确由市级人民政府农业农村主管部门及其所属单位承担的农业行政执法职责，负责查处具有较大影响的跨区域复杂违法案件及其直接管辖的市辖区内一般农业违法案件，监督指导、组织协调辖区内农业行政执法工作。

县级农业综合行政执法机构负责统一实施辖区内日常执法检查和一般农业违法案件查处工作。

第十一条 农业农村部建立健全执法办案指导机制，分领域遴选执法办案能手，组建全国农业行政执法专家库。

市级以上地方人民政府农业农村主管部门应当选调辖区内农业行政执法骨干组建执法办案指导小组，加强对基层农业行政执法工作的指导。

第十二条 县级以上地方人民政府农业农村主管部门应当建立与乡镇人民政府、街道办事处执法协作机制，引导和支持乡镇人民政府、街道办事处执法机构协助农业综合行政执法机构开展日常巡查、投诉举报受理以及调查取证等工作。

县级农业行政处罚权依法交由乡镇人民政府、街道办事处行使的，县级人民政府农业农村主管部门应当加强对乡镇人民政府、街道办事处综合行政执法机构的业务指导和监督，提供专业技术、业务培训等方面的支持保障。

第十三条 上级农业农村主管部门及其农业综合行政执法机构可以根据工作需要，经下级农业农村主管部门同意后，按程序调用下级农业综合行政执法机构人员开展调查、取证等执法工作。

持有行政执法证件的农业综合行政执法人员，可以根据执法协同工作需要，参加跨部门、跨区域、跨层级的行政执法活动。

第十四条 农业综合行政执法人员应当经过岗位培训，考试合格并取得行政执法证件后，方可从事行政执法工作。

农业综合行政执法机构应当鼓励和支持农业综合行政执法人员参加国家统一法律职业资格考试，取得法律职业资格。

第十五条 农业农村部负责制定全国农业综合行政执法人员培训大纲，编撰统编执法培训教材，组织开展地方执法骨干和师资培训。

县级以上地方人民政府农业农村主管部门应当制定培训计划，组织开展本辖区内执法人员培训。鼓励有条件的地方建设农业综合行政执法实训基地、现场教学基地。

农业综合行政执法人员每年应当接受不少于60学时的公共法律知识、业务法律知识和执法技能培训。

第十六条　县级以上人民政府农业农村主管部门应当定期开展执法练兵比武活动，选拔和培养业务水平高、综合素质强的执法办案能手。

第十七条　农业综合行政执法机构应当建立和实施执法人员定期轮岗制度，培养通专结合、一专多能的执法人才。

第十八条　县级以上人民政府农业农村主管部门可以根据工作需要，按照规定程序和权限为农业综合行政执法机构配置行政执法辅助人员。

行政执法辅助人员应当在农业综合行政执法机构及执法人员的指导和监督下开展行政执法辅助性工作。禁止辅助人员独立执法。

第三章　执法行为规范

第十九条　县级以上人民政府农业农村主管部门实施行政处罚及相关执法活动，应当做到事实清楚，证据充分，程序合法，定性准确，适用法律正确，裁量合理，文书规范。

农业综合行政执法人员应当依照法定权限履行行政执法职责，做到严格规范公正文明执法，不得玩忽职守、超越职权、滥用职权。

第二十条　县级以上人民政府农业农村主管部门应当通过本部门或者本级政府官方网站、公示栏、执法服务窗口等平台，向社会公开行政执法人员、职责、依据、范围、权限、程序等农业行政执法基本信息，并及时根据法律法规及机构职能、执法人员等变化情况进行动态调整。

县级以上人民政府农业农村主管部门作出涉及农产品质量安全、农资质量、耕地质量、动植物疫情防控、农机、农业资源生态环境保护、植物新品种权保护等具有一定社会影响的行政处罚决定，应当依法向社会公开。

第二十一条　县级以上人民政府农业农村主管部门应当通过文字、音像等形式，对农业行政执法的启动、调查取证、审核决定、送达执行等全过程进行记录，全面系统归档保存，做到执法全过程留痕和可回溯管理。

查封扣押财产、收缴销毁违法物品产品等直接涉及重大财产权益的现场执法活动，以及调查取证、举行听证、留置送达和公告送达等容易引发争议的行政执法过程，应当全程音像记录。

农业行政执法制作的法律文书、音像等记录资料，应当按照有关法律法规和档案管理规定归档保存。

第二十二条　县级以上地方人民政府农业农村主管部门作出涉及重大公共利益，可能造成重大社会影响或引发社会风险，案件情况疑难复杂、涉及多个法律关系等重大执法决定前，应当依法履行法制审核程序。未经法制审核或者审核未通过的，不得作出决定。

县级以上地方人民政府农业农村主管部门应当结合本部门行政执法行为类别、执法层级、所属领域、涉案金额等，制定本部门重大执法决定法制审核目录清单。

第二十三条 农业综合行政执法机构制作农业行政执法文书，应当遵照农业农村部制定的农业行政执法文书制作规范和农业行政执法基本文书格式。

农业行政执法文书的内容应当符合有关法律、法规和规章的规定，做到格式统一、内容完整、表述清楚、逻辑严密、用语规范。

第二十四条 农业农村部可以根据统一和规范全国农业行政执法裁量尺度的需要，针对特定的农业行政处罚事项制定自由裁量权基准。

县级以上地方人民政府农业农村主管部门应当根据法律、法规、规章以及农业农村部规定，制定本辖区农业行政处罚自由裁量权基准，明确裁量标准和适用条件，并向社会公开。

县级以上人民政府农业农村主管部门行使农业行政处罚自由裁量权，应当根据违法行为的事实、性质、情节、社会危害程度等，准确适用行政处罚种类和处罚幅度。

第二十五条 农业综合行政执法人员开展执法检查、调查取证、采取强制措施和强制执行、送达执法文书等执法时，应当主动出示执法证件，向当事人和相关人员表明身份，并按照规定要求统一着执法服装、佩戴农业执法标志。

第二十六条 农业农村部定期发布农业行政执法指导性案例，规范和统一全国农业综合执法法律适用。

县级以上人民政府农业农村主管部门应当及时发布辖区内农业行政执法典型案例，发挥警示和震慑作用。

第二十七条 农业综合行政执法机构应当坚持处罚与教育相结合，按照"谁执法谁普法"的要求，将法治宣传教育融入执法工作全过程。

县级农业综合行政执法人员应当采取包区包片等方式，与农村学法用法示范户建立联系机制。

第二十八条 农业综合行政执法人员依法履行法定职责受法律保护，非因法定事由、非经法定程序，不受处分。任何组织和个人不得阻挠、妨碍农业综合行政执法人员依法执行公务。

农业综合行政执法人员因故意或者重大过失，不履行或者违法履行行政执法职责，造成危害后果或者不良影响的，应当依法承担行政责任。

第二十九条 农业综合行政执法机构及其执法人员应当严格依照法律、法规、规章的要求进行执法，严格遵守下列规定：

（一）不准徇私枉法、庇护违法者；

（二）不准越权执法、违反程序办案；

（三）不准干扰市场主体正常经营活动；

（四）不准利用职务之便为自己和亲友牟利；

（五）不准执法随意、畸轻畸重、以罚代管；

（六）不准作风粗暴。

第四章 执法条件保障

第三十条 县级以上地方人民政府农业农村主管部门应当落实执法经费财政保障制度，将农业行政执法运行经费、执法装备建设经费、执法抽检经费、罚没物品保管处置经费等纳入部门预算，确保满足执法工作需要。

第三十一条 县级以上人民政府农业农村主管部门应当依托大数据、云计算、人工智能等信息技术手段，加强农业行政执法信息化建设，推进执法数据归集整合、互联互通。

农业综合行政执法机构应当充分利用已有执法信息系统和信息共享平台，全面推行掌上执法、移动执法，实现执法程序网上流转、执法活动网上监督、执法信息网上查询。

第三十二条 县级以上地方人民政府农业农村主管部门应当根据执法工作需要，为农业综合行政执法机构配置执法办公用房和问询室、调解室、听证室、物证室、罚没收缴扣押物品仓库等执法辅助用房。

第三十三条 县级以上地方人民政府农业农村主管部门应当按照党政机关公务用车管理办法、党政机关执法执勤用车配备使用管理办法等有关规定，结合本辖区农业行政执法实际，为农业综合行政执法机构合理配备农业行政执法执勤用车。

县级以上地方人民政府农业农村主管部门应当按照有关执法装备配备标准为农业综合行政执法机构配备依法履职所需的基础装备、取证设备、应急设备和个人防护设备等执法装备。

第三十四条 县级以上地方人民政府农业农村主管部门内设或所属的农业综合行政执法机构中在编在职执法人员，统一配发农业综合行政执法制式服装和标志。

县级以上地方人民政府农业农村主管部门应当按照综合行政执法制式服装和标志管理办法及有关技术规范配发制式服装和标志，不得自行扩大着装范围和提高发放标准，不得改变制式服装和标志样式。

农业综合行政执法人员应当妥善保管制式服装和标志，辞职、调离或者被辞退、开除的，应当交回所有制式服装和帽徽、臂章、肩章等标志；退休的，应当交回帽徽、臂章、肩章等所有标志。

第三十五条 农业农村部制定、发布全国统一的农业综合行政执法标识。

县级以上地方人民政府农业农村主管部门应当按照农业农村部有关要求，规范使用执法标识，不得随意改变标识的内容、颜色、内部结构及比例。

农业综合行政执法标识所有权归农业农村部所有。未经许可，任何单位和个人不得擅自使用，不得将相同或者近似标识作为商标注册。

第五章　执法监督

第三十六条　上级农业农村部门应当对下级农业农村部门及其农业综合行政执法机构的行政执法工作情况进行监督，及时纠正违法或明显不当的行为。

第三十七条　属于社会影响重大、案情复杂或者可能涉及犯罪的重大违法案件，上级农业农村部门可以采取发函督办、挂牌督办、现场督办等方式，督促下级农业农村部门及其农业综合行政执法机构调查处理。接办案件的农业农村部门及其农业综合行政执法机构应当及时调查处置，并按要求反馈查处进展情况和结果。

第三十八条　县级以上人民政府农业农村主管部门应当建立健全行政执法文书和案卷评查制度，定期开展评查，发布评查结果。

第三十九条　县级以上地方人民政府农业农村主管部门应当定期对本单位农业综合行政执法工作情况进行考核评议。考核评议结果作为农业行政执法人员职级晋升、评优评先的重要依据。

第四十条　农业综合行政执法机构应当建立行政执法情况统计报送制度，按照农业农村部有关要求，于每年6月30日和12月31日前向本级农业农村主管部门和上一级农业综合行政执法机构报送半年、全年执法统计情况。

第四十一条　县级以上地方人民政府农业农村主管部门应当健全群众监督、舆论监督等社会监督机制，对人民群众举报投诉、新闻媒体曝光、有关部门移送的涉农违法案件及时回应，妥善处置。

第四十二条　鼓励县级以上地方人民政府农业农村主管部门会同财政、司法行政等有关部门建立重大违法行为举报奖励机制，结合本地实际对举报奖励范围、标准等予以具体规定，规范发放程序，做好全程监督。

第四十三条　县级以上人民政府农业农村主管部门应当建立领导干部干预执法活动、插手具体案件责任追究制度。

第四十四条　县级以上人民政府农业农村主管部门应当建立健全突发问题预警研判和应急处置机制，及时回应社会关切，提高风险防范及应对能力。

第六章　附　　则

第四十五条　本办法自2023年1月1日起施行。

农业农村部关于全面推进
农业农村法治建设的意见

农法发〔2021〕5号

各省、自治区、直辖市农业农村（农牧）厅（局、委），部机关各司局、派出机构：

为深入贯彻习近平法治思想，落实党中央、国务院决策部署，坚持依法治农、依法护农、依法兴农，走中国特色社会主义乡村振兴道路，充分发挥法治在我国农业农村现代化进程中固根本、稳预期、利长远的重要作用，全面推进农业农村法治建设，提出如下意见。

一、总体要求

（一）指导思想

坚持以习近平新时代中国特色社会主义思想为指导，全面贯彻党的十九大和十九届二中、三中、四中、五中全会精神，全面贯彻习近平法治思想，增强"四个意识"、坚定"四个自信"、做到"两个维护"，按照中央全面依法治国工作会议部署和法治中国建设规划、法治政府建设实施纲要、法治社会建设实施纲要的要求，立足新发展阶段，贯彻新发展理念，构建新发展格局，围绕"保供固安全，振兴畅循环"，全面推进农业农村法治建设，有效发挥法治对农业高质量发展的支撑作用、对农村改革的引领作用、对乡村治理的保障作用、对政府职能转变的促进作用，为全面推进乡村振兴、加快农业农村现代化提供有力法治保障。

（二）主要原则

——**坚持党的领导**。牢牢把握党的领导是社会主义法治最根本的保证，把党的理论和路线方针政策贯穿到农业农村法治建设各方面全过程，确保农业农村法治正确方向。

——**坚持以人民为中心**。顺应人民群众新需求新期待,以法治反映人民愿望、维护人民权益、增进人民福祉,涉及农民基本权益、牵一发而动全身的事情要保持历史耐心,把握好时度效,不断增强人民群众获得感、幸福感、安全感。

——**坚持新发展理念**。立足新阶段新格局,在农业农村法治建设中完整、准确、全面贯彻创新、协调、绿色、开放、共享的新发展理念,促进农业农村高质量发展,提升质量效益和竞争力。

——**坚持问题导向**。以解决农业农村法治领域突出问题为着力点,聚焦中央关注、农业农村改革发展急需、农民群众期盼的重点事项和法治建设薄弱环节,注重补短板、强弱项,增强农业农村法治建设的针对性、实效性。

——**坚持统筹推进**。适应农业农村部门职能拓展和全面推进乡村振兴新要求,树牢系统观念,统筹推进农业农村各领域各层级法治建设,强化横向协作、上下协同,形成推动农业农村法治建设的强大合力。

(三)总体目标

到2025年,农业农村法律规范体系更加完备,农业行政执法体系更加完善、执法能力显著增强。职责明确、依法行政的农业农村行政管理体系日益健全,农业农村工作全面纳入法治轨道。各级农业农村部门依法行政能力大幅提升,行政权力运行更加透明规范,农业农村系统干部运用法治思维和法治方式深化改革、推动发展、化解矛盾、维护稳定、应对风险能力显著增强。乡村依法治理水平明显提升,市场化法治化营商环境更加优化,企业群众合法权益得到切实保护,基层农村干部和农民群众法治观念明显增强。

二、主要任务

(四)强化乡村振兴法治保障

围绕乡村振兴重点领域和主要任务,依法巩固拓展脱贫攻坚成果,促进乡村产业、人才、文化、生态和组织全面振兴,推动工农互促、城乡互补、协调发展、共同繁荣的新型工农城乡关系加快形成。充分发挥法治对农业农村高质量发展的引领和推动作用,依法强化农业支持保护,保障乡村建设有序开展,持续增加农民收入,促进农业高质高效、乡村宜居宜业、农民富裕富足。

(五)完善农业农村优先发展制度支撑

把农业农村优先发展要求法律化制度化,依法推动干部配备优先考虑、要素配置优先满足、资金投入优先保障、公共服务优先安排。围绕加快农业农村现代化,将行之有效的强农惠农政策措施制度化法定化,营造公平、透明、可预期的农业农村法治环境。加强立法与改革衔接，及时将农业农村重大改革决策、改革成果上升为法律制度，在法治轨道上推动改革不断深化。

（六）着力提高依法行政水平

坚持法定职责必须为、法无授权不可为，全面履行法定职责，把法治作为农业农村部门行政决策、行政管理、行政监督的重要标尺，厘清政府和市场、政府和社会的关系，用法律和制度遏制不当干预经济活动的行为。以提升法治素质为核心，进一步增强农业农村系统领导干部和工作人员尊法学法守法用法意识，提升运用法治思维和法治方式推动工作的能力水平。

（七）深入推进乡村依法治理

坚持以法治保障乡村治理，充分发挥法律法规、村规民约和农村集体经济组织、农民专业合作社章程等的规范指导作用，让依法决策、依法治理成为乡村干部的习惯和自觉。深入开展农业农村法治宣传教育，推动法律知识进村入户，培育办事依法、遇事找法、解决问题用法、化解矛盾靠法的乡村法治环境，积极引导农民群众依法维权和化解矛盾纠纷，维护农村和谐稳定。

三、完善农业农村法律规范体系

（八）强化重点领域立法

坚持统筹发展与安全，加强粮食安全、种业和耕地、农业产业发展、农村基本经营制度、农业资源环境保护、农产品质量安全等重点领域立法，构建完备的农业农村法律规范体系。围绕依法全面推进乡村振兴和加快农业农村现代化，推动制定乡村振兴促进法、粮食安全保障法、农村集体经济组织法等综合性、基础性法律，加快农产品质量安全法、畜牧法、渔业法、基本农田保护条例、植物新品种保护条例等法律法规制修订进程。推动制修订动物防疫法、野生动物保护法、进出境动植物检疫法、生猪屠宰管理条例等法律法规，研究推动家庭农场等农业经营主体立法。完善配套法规规章和制度措施，增强法律制度的针对性、可操作性。

（九）健全立法工作机制

落实年度立法计划制度，科学安排农业农村年度立法项目，加强前瞻性研究和项目储备，充分发挥立法计划的统筹引领作用。完善立项、起草、论证、协调、审查工作机制，增强专家、立法拟调整主体和社会公众参与立法的实效性，注重运用新媒体新技术拓宽公众参与立法渠道，广泛听取各方面意见建议，切实提高立法质量。坚持立改废释并举，着力解决部分涉农法律规定该硬不硬、该严不严、该重不重等问题。指导支持各地加强立法交流与协作，突出地方特色，体现农业农村地方性立法的实施性、补充性、探索性，避免越权立法、重复立法。对不适应形势发展和改革要求的法律法规规章，及时修改、废止或提出相关建议。

（十）严格规范性文件合法性审核

全面推行规范性文件合法性审核机制，各级农业农村部门发布的涉及公民、法人和其他组织的权利、义务，具有普遍约束力并在一定期限内反复适用的文件，统一纳入合法性审核范围，不得以征求意见、会签、参加审议等方式代替合法性审核。没有法律、法规或者国务院的决定、命令依据，规范性文件不得作出减损公民、法人和其他组织合法权益或者增加其义务的规定，不得增加本部门的权力或者减少本部门的法定职责。除依法需要保密的外，对涉及群众切身利益或者对公民、法人和其他组织权利义务有重大影响的行政规范性文件，要向社会公开征求意见，期限一般不得少于30天。涉及市场主体经济活动的，还应当按要求开展公平竞争审查。

四、提高农业执法监管能力

（十一）实施农业综合行政执法能力提升行动

全面完成农业综合行政执法改革任务，逐步建立农业综合行政执法部省协调机制，完善省市县农业综合行政执法机构体系。建立健全部省市县四级培训体系，组织开展执法大练兵等活动，五年内将所有执法人员轮训一遍；建立农业执法办案指导机制，组建省级和市级执法办案指导小组；开展农业综合行政执法示范创建，组织执法技能竞赛、执法大比武等活动，培养执法能手，着力打造革命化、正规化、专业化、职业化农业综合行政执法队伍。推动建设部省两级农业综合行政执法指挥中心，完善农业综合行政执法共享信息平台和移动终端系统，推动建设一批地市级罚没有毒有害物品临时存储和销毁场所、涉渔违法违规船舶扣押场所。制定农业执法人员尽职免责制度，协调有关部门完善综合行政执法人员立功奖励以及办案津补贴、接触有毒有害物质补助等职业保障政策。

（十二）加大重点领域执法力度

加大农资质量、植物新品种权保护、动植物疫情防控、农产品质量安全、长江禁渔、农机安全生产等重点领域的执法力度。组织开展执法监管年活动，开展打击侵犯农作物品种权、重点水域非法养殖和捕捞、生猪私屠滥宰、农资打假、违法违规用药和非法添加、水生野生动物非法经营利用等专项治理，加大案件查处力度，依法维护良好市场秩序。建立健全跨区域农业执法协作联动机制、跨部门联合执法机制，强化农业综合行政执法机构与行业管理等机构的协作配合，形成执法监管合力。

（十三）加强农业行政执法监督

严格落实行政执法公示制度、执法全过程记录制度、重大执法决定法制审核制度，动态调整和发布农业综合行政执法事项指导目录，建立跨区域执法工作随机抽查和交叉评议机制，推进严格规范公正文明执法。完善农业行政执法证件管理制度，加强执法人员资格管理。加强执法案例指导，及时公布有影响力、有震慑力的典型案例。加大执法案卷评查力度，发布优秀案卷。充分利用立法解释和执法答复，及时解决执法办案和复议应诉中的疑难问题。研究制定执法办案成效指标评价体系，将执法办案情况作为衡量改革成效和执法工作的基本标准。

五、提升农业农村普法实效

（十四）深入实施普法规划

制定实施农业农村普法规划。全面落实"谁执法谁普法"责任制，将普法融入农业农村立法、执法和管理服务全过程。加强对新出台农业农村法律法规规章的解读，在充分利用传统有效的普法方式基础上，运用新技术新媒体开展精准普法，加大以案普法力度，提高普法针对性和实效性。

（十五）开展重点专项普法活动

组织开展"宪法进农村"活动，推动习近平法治思想和宪法精神深入基层农村，走进农民群众，着力提升基层干部和农民群众法治意识和法治素养。利用中国农民丰收节等重要时间节点，围绕促进乡村振兴，广泛开展社会覆盖面广、农民群众参与度高的特色普法活动，弘扬法治精神，培育法治文化。积极参与国家基本法律专项法治宣传教育活动。

（十六）推动法律法规进村入户

建立部省牵头、市县乡村联动机制，培育农村学法用法示范户，开展农村法治教育基地建设工作。注重发挥示范户和法治教育基地在农村普法和乡村治理中的重要作用，开展面向农村、服务农民的普法主题实践活动。统筹运用农村文化礼堂、农家书屋，为农民群众搭建有效学法平台。推动法治文化与民俗文化、乡土文化融合发展，组织编写、创作具有乡村文化特色、群众喜闻乐见的法治文化作品。

六、依法全面履行职能

（十七）坚持依法科学民主决策

各级农业农村部门要健全依法决策机制，重大行政决策要严格落实调查研究、公众参与、专家论证、风险评估、合法性审查、集体讨论决定等程序要求，提升决策科学化、民主化、法治化水平。对直接关系农民切身利益、容易引发社会稳定风险的重大决策事项，要先进行风险评估。领导干部要强化依法决策意识，注重听取合法性审查机构、外聘法律顾问或者公职律师的意见，严格遵循法定权限和程序作出行政决策。重大行政决策草案依照法律法规和有关规定应当听取法律意见而未听取的，未经合法性审查或经审查不合法的，不得提交审议、作出决定。

（十八）加快转变职能和管理方式

适应新阶段、新要求，切实担负起农业农村部门统筹研究和组织实施"三农"工作战略、规划和政策等职责，加强重大问题统筹和部门间协作配合，依法全面推进乡村振兴、加快农业农村现代化。推行清单管理制度，依照有关法律和规定编制公布农业农村部门权责事项清单、行政许可清单、备案管理事项清单、综合执法事项目录等，规范权力运行，接受社会监督。坚持以公开为常态、不公开为例外，深化农业农村政务公开，依法保障人民群众知情权。

（十九）深化"放管服"改革

进一步加大简政放权力度，以企业群众需求为导向，清理整合、取消下放农业行政许可事项，坚决防止以备案、登记、行政确认、征求意见等方式变相设置行政许可。建立健全以"双随机、一公开"监管为基本手段、以重点监管为补充、以信用监管为基础的新型监管机制，对取消下放的审批事项要及时跟进监管，防止出现管理真空。依法规范审批程序，推进行政许可标准化审查。落实证明事项告知承诺制，公布实行告知承诺制的证明事项目录。创新政务服务方式，大力推动许可事项全程电子化办理。完善政务服务监督员和开放日制度，实施政务服务"好差评"制度，畅通企业群众意见沟通反馈机制，打造市场化法治化国际化营商环境，激发涉农市场主体活力创造力。

七、强化农业农村部门依法治理能力

（二十）加强干部法治教育培训

完善农业农村部门领导班子定期学法制度，每年至少举办2次法治专题讲座。把习近平法治思想和宪法、民法典、公共行政法律、涉农法律法规等知识作为农业农村部门干部初任培训、任职培训的重要内容，组织干部通过旁听庭审等活动增强法治意识。各级农业农村部门领导干部要带头尊崇法治、了解法律、带头遵纪守法、依法办事，提高运用法治思维和法治方式推进农业农村现代化的本领和能力，做尊法学法守法用法的模范。

（二十一）依法化解涉农矛盾纠纷

健全完善农村土地承包经营纠纷调解仲裁体系，及时调处农村土地承包经营纠纷。依法办理涉农信访事项，注重从政策层面预防和化解信访反映的普遍性、倾向性问题，切实维护农民群众、农村集体经济组织和新型农业经营主体等的合法权益。坚持法律效果、政治效果、社会效果有机统一，注重以法为据、以理服人、以情感人，加大农业执法过程中调处化解涉农矛盾纠纷的力度。落实深化行政复议体制改革要求，推进行政复议规范化、专业化、信息化建设，依法公正办理复议案件。

（二十二）提升涉农突发事件依法处置能力

健全完善重大动植物疫病、农业重大自然灾害、农产品质量安全等各类涉农突发事件预防和应急处理制度，强化监测预警、信息报告、应急响应、恢复重建、调查评估等机制建设，提高涉农突发事件应对法治化、规范化水平。强化依法分级分类施策，加强涉农突发事件日常应急储备和演练，完善处置程序和协调机制，提高依法处置疫情、灾情、渔船和农机安全生产事故等涉农突发事件能力，确保产业安全和生产安全。

八、保障措施

（二十三）强化组织领导

各级农业农村部门要深入贯彻落实习近平法治思想，把法治建设作为强职能、打基础、管根本的重大政治任务，健全法治建设工作领导机制，加强统筹协调，推动解决法治建设重大问题。各级农业农村部门的主要负责人要切实履行推进法治建设第一责任人职责，对农业农村法治建设重要工作亲自部署、重大问题亲自过问、重点环节亲自协调、重要任务亲自督办，将履行推进法治建设第一责任人职责情况列入年终述职内容，切实抓好农业农村法治建设各项任务落实。各级农业农村部门要积极组织出庭应诉，提高行政应诉能力，尊重并执行法院生效裁判。

（二十四）强化工作力量

加强法治工作体系建设，配齐配强专业力量，注重把政治素质好、业务能力强、具有法律专业背景的人员调整充实到法治工作岗位。加强干部依法行政培训，加大业务岗位与法治岗位间干部交流力度，培养既懂业务又懂法治的高素质工作人才。选优配强以内部法律顾问为主体、外聘法律顾问为补充的法律顾问队伍，充分发挥法治工作机构、法治研究机构、公职律师和法学专家作用，内外结合强化重点难点法律问题研究，为农业农村法治建设提供理论支撑。

（二十五）强化条件保障

按照事权与支出责任相一致的原则，全面落实法治经费保障制度，推动将法治经费纳入同级财政预算。贯彻落实综合行政执法制式服装和标志管理办法、农业综合行政执法基本装备（渔政执法装备）配备指导标准，推进执法条件装备建设和统一着装，加强执法人员职业保障。充分运用大数据、云计算、人工智能等现代科技手段，提升农业农村法治工作信息化水平。

（二十六）强化激励约束

将法治建设成效作为衡量各级农业农村部门工作实绩的重要内容，列入领导班子和领导干部绩效管理评价指标，加大考核权重，强化激励问责。把法治素养和依法履职情况纳入干部考核评价体系，重视选拔使用依法行政意识好、运用法治思维和法治方式推进工作能力强的干部。对落实法治建设要求不力、问题较多，或者违法行政造成重大损失、恶劣影响的，依法依纪严肃追究责任。

农业农村部
2021年4月20日

农业农村系统法治宣传教育第八个五年规划
（2021—2025年）

农法发〔2021〕11号

各省、自治区、直辖市及计划单列市农业农村（农牧）厅（局、委），部机关有关司局、派出机构、有关直属单位：

为深入学习宣传贯彻习近平法治思想，扎实推进农业农村法治宣传教育，根据中共中央、国务院转发的《中央宣传部、司法部关于开展法治宣传教育的第八个五年规划（2021—2025年)》，我部制定了《农业农村系统法治宣传教育第八个五年规划（2021—2025年)》。现印发给你们，请结合本地区、本部门实际，认真组织实施，切实抓好贯彻落实。

农业农村部
2021 年 8 月 18 日

农业农村系统法治宣传教育第八个五年规划
（2021—2025年）

深入开展法治宣传教育是推进全面依法治国、建设社会主义法治国家的重要基础性工作。全国第七个五年法治宣传教育规划实施期间，各级农业农村部门深入贯彻落实习近平新时代中国特色社会主义思想，紧紧围绕农业农村经济社会发展目标任务，大力宣传法治精神、传播法律知识，推动普法向基层延伸，广大干部和农民群众的法治观念日益增强，乡村依法治理能力不断提升。

　　我国已开启了全面推进乡村振兴、加快农业农村现代化的新征程，迫切需要发挥法治的引领保障作用，做好新形势下农业农村法治宣传教育工作具有特殊重要意义。为深入学习宣传贯彻习近平法治思想，贯彻落实《全国人民代表大会常务委员会关于开展第八个五年法治宣传教育的决议》、《中央宣传部、司法部关于开展法治宣传教育的第八个五年规划（2021—2025年）》，进一步加大农业农村法治宣传教育力度，增强针对性和实效性，结合农业农村系统实际，制定本规划。

一、以习近平法治思想引领农业农村法治宣传教育

（一）指导思想

　　坚持以习近平新时代中国特色社会主义思想为指导，全面贯彻党的十九大和十九届二中、三中、四中、五中全会精神，深入贯彻习近平法治思想，增强"四个意识"、坚定"四个自信"、做到"两个维护"，立足新发展阶段，贯彻新发展理念，构建新发展格局，推动高质量发展，围绕"保供固安全，振兴畅循环"，以持续提升干部群众法治意识和法治素养为核心，以提高普法针对性和实效性为根本，以构建农业农村普法工作长效机制为重点，着力推动法治理念、法治方法、法治服务进村入户，提升干部群众办事依法、遇事找法、解决问题用法、化解矛盾靠法能力，建设更加和谐民主的法治乡村，增强农民群众获得感、幸福感、安全感，为全面推进乡村振兴、加快农业农村现代化提供法治保障。

（二）主要目标

　　到2025年，农业农村普法工作长效机制更加完善、工作体系更加健全、普法力量配置更加合理，"谁执法谁普法"的普法责任制全面落实，农业农村系统干部职工的法治思维、法治能力明显增强，农民群众对法律法规的知晓度、法治精神的认同度、法治实践的参与度显著提高，乡村治理法治化水平不断提升，自觉尊法学法守法用法的乡村法治氛围和法治习惯逐渐形成。

（三）基本原则

　　——坚持党的领导。牢牢把握党的领导是农业农村法治宣传教育最根本的保证，把讲政治的要求贯穿农业农村法治宣传教育全过程和各方面，始终保持正确的政治方向和舆论导向。

　　——坚持以人为本。坚持农业农村法治宣传教育为了人民、依靠人民、服务人民，着眼于不同群体的法治需求，因地制宜开展法治宣传教育，使各项普法工作更加贴近基层、贴近群众、贴近实际。

——坚持服务大局。紧紧围绕农业农村经济社会发展中心任务，深入开展农业农村法治宣传教育，服务全面推进乡村振兴和加快农业农村现代化，确保农业农村各项工作在法治轨道上运行。

——坚持问题导向。着力畅通普法进村入户"最后一公里"，解决普法针对性不够、实效性不强、创新性不足等问题，补齐农业农村法治宣传教育的短板弱项，更好地服务乡村治理、乡村建设。

——坚持开拓创新。深入推进农业农村法治宣传教育工作理念、思路、机制和方法的创新，注重采用寓教于乐、群众喜闻乐见的宣传方式，充分运用大数据系统和现代技术手段，推动农业农村法治工作高质量发展。

——坚持深度融合。将农业农村法治宣传教育与法治实践相结合，将普法与立法、执法一体化推进，将普法融入日常管理服务全过程，教育引导干部群众正确行使权利、忠实履行义务，筑牢乡村振兴法治基石。

二、明确农业农村法治宣传教育重点内容

（一）深入学习宣传习近平法治思想

深入学习宣传习近平法治思想的重大意义、丰富内涵、精神实质和实践要求，引导农业农村系统干部群众坚定不移走中国特色社会主义法治道路。把习近平法治思想作为党委（党组）理论学习中心组重点学习内容、党校（行政学院）和干部学院重点课程，作为农业农村部门干部初任培训、任职培训的必训内容，推动领导干部带头学习、模范践行，不断深化思想认识、筑牢理论根基。通过媒体报道、理论文章、学习读本、短视频等形式，运用各类融媒体手段和平台，充分发挥农业农村普法阵地作用，推动习近平法治思想深入人心。

（二）深入学习宣传宪法

深入持久开展宪法学习宣传和贯彻实施活动，结合"12·4"国家宪法日和"宪法宣传周"等重要时间节点，组织开展多种形式的"宪法进农村"主题活动，普及宪法知识，弘扬宪法精神，增强宪法意识，推动形成尊崇宪法、学习宪法、遵守宪法、维护宪法、运用宪法的乡村法治氛围。加强"宪法进农村"主题活动与经常性宪法宣传有机结合，推动宪法学习宣传常态化、制度化。全面落实宪法宣誓制度，增强国家公职人员恪守宪法原则、履行宪法使命的自觉性和坚定性。加强国旗法、国歌法等宪法相关法的学习宣传。

（三）深入学习宣传民法典等国家基本法律

广泛开展民法典学习宣传活动，大力弘扬民法典关于民事活动平等、自愿、公平、诚信等基本原则，重点宣传好民法典中的涉农法律条文，让民法典

走到群众身边、走进群众心里。广泛宣传与经济社会发展和人民群众利益密切相关的法律法规，强化"十四五"期间制定和修改的法律法规宣传教育。大力宣传有关平等保护、公平竞争、激发市场主体活力、防范风险、知识产权保护、科技成果转化等方面法律法规。大力宣传总体国家安全观和国家安全法、反分裂国家法、国防法、反恐怖主义法、生物安全法、网络安全法等，组织开展"4·15"全民国家安全教育日普法宣传活动。围绕平安建设、生态文明建设、食品药品安全、扫黑除恶、毒品预防等领域开展法治宣传教育，推动干部群众自觉尊崇信仰法治和遵守法律法规。

（四）深入学习宣传乡村振兴促进法

把学习宣传贯彻乡村振兴促进法作为农业农村法治宣传教育重要任务，列入普法责任清单和普法工作计划，阐释好乡村振兴促进法公布施行的重大意义，解读好乡村振兴促进法的重点内容，推动干部群众深入理解法律核心要义和精神实质，准确把握法律的基本内容和各项措施。组织开展针对性强、普及面广的乡村振兴促进法学习宣传贯彻活动，对乡村振兴促进法进行全方位、多层次、立体式宣传，有效引导、促进、保障乡村振兴战略实施。

（五）深入学习宣传与农业高质量发展密切相关的法律法规

围绕保障国家粮食安全，大力宣传土地管理法、土壤污染防治法、反食品浪费法和基本农田保护条例、农作物病虫害防治条例等法律法规，引导干部群众树牢粮食安全意识。围绕促进农业产业发展，大力宣传农业法、种子法、畜牧法、渔业法、长江保护法、野生动物保护法和野生植物保护条例、植物新品种保护条例、农业转基因生物安全管理条例等法律法规，为打好种业翻身仗和推进农业现代化提供法治保障。围绕确保农业产业安全，大力宣传农产品质量安全法、动物防疫法、进出境动植物检疫法、农业机械安全监督管理条例和农药、肥料、兽药、饲料等农业投入品方面法律法规，充分发挥法治在规范农业农村市场经济秩序和维护人民身体健康中的作用。围绕强化农业支持保护，大力宣传农业技术推广法、农业机械化促进法和与农业科技教育、农业金融保险等相关的法律法规，为促进农业质量效益提升营造良好法治环境。

（六）深入学习宣传与乡村治理现代化密切相关的法律法规

围绕推进农村重点领域改革，着力做好农村土地承包、农村集体产权制度、宅基地管理、农村集体经济组织、农民专业合作社等方面的法律法规宣传，不断提高运用法治方式深化农村改革的能力，筑牢乡村社会稳定基础。围绕实施乡村建设行动，着力做好与农村人居环境整治提升、村庄规划建设、传统村落保护、乡村人才振兴等相关的法律法规宣传，健全完善城乡基本公共服务均等化的法律体系，促进乡村宜居宜业。围绕法治乡村建设，着力做好行政复议、行政诉讼、调解仲裁、信访等方面的法律法规宣传，引导农民群众依法表达诉求、维护权益和化解纠纷，有效调动农民群众参与乡村治理的主动性和创造性。

（七）深入学习宣传党内法规

突出学习宣传党章，教育引导农业农村系统广大党员干部以党章为根本遵循，尊崇党章、遵守党章、贯彻党章、维护党章。深入学习宣传《中国共产党农村工作条例》、《中国共产党农村基层组织工作条例》等党内法规，严格落实党内法规学习宣传责任制。把学习掌握党内法规作为合格党员的基本要求，列入党组织"三会一课"内容，在考核党员干部时注意了解相关情况，促进党内法规学习宣传常态化、制度化。

三、持续提升干部群众法治素养

（一）坚持抓住领导干部这个"关键少数"，推动领导干部带头做尊法学法守法用法的模范

落实农业农村部门主要负责同志履行推进法治建设第一责任人制度，将主要负责同志推进法治建设情况列入年度述职重要内容。建立农业农村系统领导干部学法清单，明确领导干部履职应知应会法律和党内法规。坚持领导班子带头集体学法、定期学法、重大决策前专题学法，每年至少举办2次法治专题讲座，推动领导干部牢固树立守法律、重程序、受监督的法治理念，提高依法决策、依法执政、依法行政水平。

（二）引导农业农村系统工作人员牢固树立法治观念，提高依法办事的能力和水平

落实国家工作人员学法用法制度，把法治教育纳入农业农村系统干部教育培训总体规划和各类干部培训的必修内容，有针对性地加强与履职相关法律知识的学习培训，保证法治培训课时数量和培训质量。采取网上观看或者现场旁听等形式，落实国家工作人员旁听庭审相关制度。把法治素养和依法履职情况纳入考核评价干部的重要内容，让尊法学法守法用法成为干部职工自觉行为和必备素质。

（三）提升农业综合行政执法人员的法治能力，打造专业化、职业化、现代化的农业综合行政执法队伍

实施农业综合行政执法人员能力提升行动，制定执法人员培训规划和年度培训计划，通过集中培训与网络培训相结合，确保在编在岗执法人员每年法律

培训时间不少于30学时，新进执法人员每年培训时间不少于60学时，提高农业综合行政执法人员法治意识和专业素养。制定农业综合行政执法人员执法培训大纲和考试大纲，建设农业综合行政执法培训师资库，编写培训教材。组织开展执法技能竞赛、执法大练兵、执法大比武等活动，培养执法能手。

（四）带动农民群众学法用法，营造人人学法、人人用法的良好氛围

培育农村学法用法示范户，激发农民群众学法用法自觉性。聚焦农民群众关心关注的问题，利用中国农民丰收节等重要时间节点和农贸会、庙会、各类集市等，组织开展内容丰富、形式多样、鲜活生动的法治宣传教育活动，广泛宣传与农民群众生产生活密切相关的法律法规。深入农村开展"放心农资下乡宣传周"、"食品安全宣传周"、"安全生产月"等送法下乡活动，提高农民群众自觉守法意识和依法维权能力。

（五）培养农业企业和农民专业合作社等新型农业经营主体的法治思维，增强诚信经营、依法办事的观念

通过集中培训、专家指导、开通热线、发放宣传材料等多种方式，加强对各类农业企业、农民专业合作社、家庭农场等群体的法治宣传教育，广泛宣传与市场经济、经营管理相关的法律法规，重点宣传农产品质量安全和农业投入品等方面的法律法规。注重法治宣传教育和法律服务紧密结合，在提供法律服务的过程中传授法律知识、培育法律意识。

四、积极创新农业农村法治宣传教育方式举措

（一）把普法融入立法执法全过程

在农业农村法律法规规章和规范性文件制定、修改过程中，对社会关注度高、涉及公众切身利益的重大事项，通过公开征求意见、听证会、论证会、立法调研等多种形式广泛听取公众意见。结合法律法规规章和规范性文件颁布实施日等重要时间节点，对新法新规进行宣传解读，方便社会公众理解掌握。把向行政相对人、社会公众普法融入监督检查、案件受理、调查取证、告知听证、处罚决定和处罚执行程序中，实现执法办案的全员普法、全程普法。在落实行政处罚法和行政执法公示、执法全过程记录、重大执法决定法制审核制度中，加强法治宣传教育。

（二）把普法融入日常服务管理

在办公场所或者本部门网站主动公开与本部门承担的行政许可和政务服务事项有关的法律法规规章、规范性文件、办事指南等。在办理行政许可和政务

服务事项时，使用群众听得懂、听得进的语言普及法律知识。在农业技术推广、动植物疫病防控、农村实用人才培训、高素质农民培育、新型农业经营主体培育、农产品质量安全监测检测等公共服务过程中，向农业生产经营者宣传普及相关法律法规知识，指导其合法生产经营。在办理行政复议、行政应诉案件和调处农村土地承包经营纠纷时，积极向当事人普及相关法律法规，将处理问题与宣讲法律规定、分析案件事实有机结合，引导当事人和社会公众依法维护自身合法权益。

（三）加大以案普法力度

利用线上线下平台及时推送关系群众生产生活、推进乡村全面振兴、维护社会大局稳定的典型案例。大力宣传农业行政执法、行业监督检查、农村土地承包经营纠纷调处、行政复议、行政应诉中的典型案例，围绕案件事实、证据程序和法律适用等问题进行释法析理，使典型案例依法解决的过程成为普法的公开课。健全以案普法长效机制，针对干部群众关心关注的具体法律问题，编写普法案例、录制普法微视频，利用典型案例对相关重点人群进行法律法规政策解读宣传。

（四）重视法治文化培育

充分利用新时代文明实践中心（所、站）、爱国主义教育基地和公共文化机构等法治文化阵地，传播法治文化，弘扬法治精神。积极创作具有乡土文化特色、农民群众喜闻乐见的法治文化作品，因地制宜开展丰富多彩的农业农村法治文化活动，推动法治文化与民俗文化、乡土文化融合发展，扩大法治文化的覆盖面和影响力，引导群众自觉履行法定义务、社会责任、家庭责任，形成遵规守则的良好风尚。

（五）充分运用先进技术

在继续利用传统有效的普法方式基础上，加大对云计算、大数据、人工智能等新技术新手段的运用力度，开展精准普法、智慧普法。利用网站、移动客户端、微信公众号、直播平台等新媒体，特别是"智慧普法"平台和"中国普法"两微一端等普法资源，进行全方位、多层次、立体式普法宣传，打造"报、网、端、微、屏"一体化推进的农业农村法治宣传教育网络体系。加大互动式、服务式、场景式普法方式应用，增强普法的吸引力和感染力。

（六）加强典型示范引领

注重培育、选树、宣传农业农村普法工作的好做法好经验，加强普法工作成果交流、开阔工作视野、拓展工作思路。积极争创全国普法工作先进单位、先进个人和全国年度法治人物，组织开展农村学法用法故事征集评选活动，通过各类媒体广泛宣传推广崇法向善、坚守法治的模范人物和典型事迹，营造学习先进、争当先进的良好氛围。

五、深入开展农业农村法治宣传教育专项行动

（一）培育农村学法用法示范户

构建推动农民群众学法用法的工作机制，形成部门协同、上下对接、各环节联结的工作格局。组织认定农村学法用法示范户，组织有针对性的学法用法培训，开展农业综合行政执法机构与农村学法用法示范户"结对子"活动，探索推广一批可复制可操作的学法用法模式，到2025年底每个行政村都有学法用法示范户，为乡村振兴培养一批农村法律人才。

（二）开展中国农民丰收节普法活动

2021年6月1日施行的乡村振兴促进法首次以法律的形式确定每年农历秋分日为中国农民丰收节。在中国农民丰收节期间，以乡村振兴促进法为重点，大力宣传纳入本部门普法责任清单的法律法规、与农民群众生产生活密切相关的法律法规，组织特色主题普法活动，推动法律法规进基层、进乡村。

（三）开展"宪法进农村"主题活动

在"12·4"国家宪法日和"宪法宣传周"期间，深入开展既有地方特色又具良好社会影响的"宪法进农村"活动。针对农民群众法治需求和关注的热点问题，通过灵活多样的组织形式、高效快捷的传播手段，深入宣传贯彻习近平法治思想，大力宣传宪法及涉农法律法规，推动宪法法律走入日常生活、走入农民群众，增强农民群众对宪法法律的情感认同和守法用法意识。

（四）发布"三农"领域法治案例

围绕社会公众关心关注的"三农"领域法律问题，每年征集发布有影响力、有震慑力的典型案例，通过报纸、杂志等传统媒体和网站、移动客户端、微信公众号、直播平台等新媒体，广泛开展宣传报道，充分发挥法治案例的引导、规范、预防与教育功能。

（五）讲述农村学法用法故事

围绕关系农民群众切身利益的重要法律问题，鼓励采用快板、相声、小品、戏剧、演讲等各种形式，讲述发生在农民群众身边的学法用法故事，通过网络投票、专家评审等方式评选优秀故事，编印农村学法用法故事汇编，推广农村

学法用法故事短视频，提高农民群众学法用法积极性。

（六）建设农村法治教育基地

利用农村文化礼堂、法治文化长廊、农家书屋等基层综合性文化服务中心和职业院校等具备法治普及功能的单位机构，以及全国农业科教云平台、崇农云讲堂、各地农业农村法律网络培训平台等线上学法用法平台，依托农业企业、农民专业合作社、家庭农场等新型农业经营主体，建设农村法治教育基地，不断提高利用率和群众参与度，提升基地建设质量，更好地服务农民群众学法用法。

六、切实加强农业农村法治宣传教育支持保障

（一）加强组织领导

各级农业农村部门要把普法工作摆上重要工作日程，科学研究制定落实本规划的方案举措，明确重点任务，认真组织实施。要把普法工作纳入本部门法治建设总体部署，纳入综合绩效考核、平安建设、文明创建等考核评价内容。各级农业农村部门主要负责同志要严格按照推进法治建设第一责任人职责的要求，认真履行普法领导责任，定期听取普法工作汇报，积极构建普法工作长效机制。

（二）落实普法责任

严格落实"谁执法谁普法"的普法责任制，根据法律法规的立改废情况，及时调整完善普法责任清单，明确职责分工，细化工作措施，推动普法工作落实落细。健全完善普法工作考核评价体系，探索引入社会第三方评估和社会满意度测评。开展普法规划实施情况中期评估和总结验收，加强规划实施的动态监测，强化检查评估结果运用。

（三）完善普法机制

各级农业农村部门要认真履行组织、协调、指导、检查的职能作用，充分调动各方积极性，形成普法工作合力。加强农业农村部门内的协作配合，有效整合资源，形成法治机构与业务机构各司其职、分工负责、齐抓共管的普法工作格局。加强部、省、市、县四级农业农村部门的上下联动，营造宣传声势，扩大普法效果。加强农业农村部门与司法行政、新闻宣传、教育培训等部门单位的沟通联系，构建普法合作机制，强化协同配合。

（四）建强普法队伍

加强农业农村部门普法工作机构建设，充分发挥综合执法队伍、行业管理队伍、矛盾纠纷调处队伍、复议应诉队伍的作用，努力打造一支业务精湛、作风过硬的普法队伍。加强普法讲师团建设，遴选政治过硬、专业功底强、熟悉"三农"法律实践的专家学者律师等，深入基层开展普法活动。加强普法骨干培训，积极探索研究式、互动式学法方式，不断提高普法工作人员政治素养、法律素质和业务能力。

（五）加强经费保障

各级农业农村部门要按照事权与支出责任相一致的原则，积极争取同级政府和财政部门的支持，把农业农村普法工作经费列入本级预算。统筹利用好现有经费渠道，搭建农业农村法治宣传平台，配备必要的普法设施，保证普法工作顺利开展。鼓励引导社会资金参与支持普法工作。加强对普法经费投入支出的监督管理，定期进行跟踪检查，最大限度发挥经费使用效益。

农业农村部办公厅关于进一步加强
地方农业农村立法工作的通知

农办法函〔2022〕20号

各省、自治区、直辖市农业农村（农牧）厅（局、委）：

近年来，一些地方从本地实际出发，围绕"三农"重点工作，积极探索开展"小切口"立法，制定了《安徽省粮食作物生长期保护规定》《四川省现代农业园区条例》《山西省小杂粮保护促进条例》、《湖州市美丽乡村建设条例》等一批特色鲜明、主题突出、务实管用的地方性法规，取得了很好的法律效果和社会效果。为进一步加强农业农村领域的地方立法工作，充分发挥立法在全面推进乡村振兴中的保障和推动作用，现将有关事项通知如下。

一、提高思想认识

乡村振兴，法治先行。"三农"工作重心历史性转移后，农业农村部门职责任务进一步拓展、工作领域进一步拓宽，对建立健全一套系统完备、细致完善法规制度的需求更加迫切。新阶段深化农村改革任务更重，新征程农业农村依法治理要求更高，更加需要增强立法的整体性和协同性，有效发挥法治固根本、稳预期、利长远的保障作用。地方性法规是农业农村法律规范体系的重要组成部分，目前农业农村领域的地方性法规规章达到600多部。随着乡村振兴战略的全面实施，地方农业农村立法将发挥越来越重要的作用。各省（自治区、直辖市）农业农村部门要提高认识，高度重视，积极主动履职尽责，加强与有关部门沟通协作，切实推进农业农村高质量立法。

二、把握总体要求

要聚焦保障国家粮食安全和不发生规模性返贫"两条底线"，围绕乡村发展、乡村建设、乡村治理三件大事，充分发挥地方立法实施性、补充性、探索性作用，结合本地实际，有重点地推进粮食生产、种业振兴、耕地保护、乡村产业发展、农业资源环境保护、农产品质量安全、长江十年禁渔等重要领域立法，加快制修订亟需急缺的法规规章，及时清理废止不适应上位法和实践要求的法规规章和规范性文件，增强立法的针对性、适用性、可操作性，以"小切口"切实解决乡村振兴中的难点、痛点、堵点问题。

在立法工作中要遵循以下主要原则：一是坚持党的领导。认真学习贯彻习近平法治思想和习近平总书记关于"三农"工作的重要论述，把党的主张、方针、政策转化为法律规定，确保农业农村立法正确方向。二是坚持急用先行。既要着眼长远谋划制定立法规划和年度计划等顶层设计，统筹有序开展立法；也要围绕"三农"领域"国之大者"，区分轻重缓急，因需因时推进专项立法，在确保质量前提下加快立法步伐。三是坚持有效管用。紧密结合地方实际，精准立法项目选题，聚焦实际问题，精炼结构内容，彰显地方特色，以"小快灵"立法形式出台一批"长牙齿"的法律措施。四是坚持法治统一。处理好上位法和下位法关系，地方立法和国家立法要相互补充支持、协调统一，减少重复立法，杜绝"立法放水"。

三、深入调查研究

要坚持问题导向，根据新时代"三农"工作的形势任务，深入研究新情况新问题，努力把握内在规律，增强法律制度的科学性、针对性、有效性。通过深入研究，了解清楚情况，找准具体问题，研究妥善解决方案，使法律条款建立在扎实的研究论证基础上。要坚持开门立法，广泛听取意见，认真研究各方面的意见建议，反复论证，根据需要举行立法听证会，厚植立法群众基础，努力做到周密稳妥。农业农村立法主要是为广大农民群众立的，立法语言要"接地气"，尽可能通俗易懂，让农民群众易于理解和遵守。

四、强化指导交流

建立完善部省两级农业农村立法交流机制和平台，通过发布案例、组织区域交流、专题研讨、开展培训等多种方式，加强上下联动，推动解决立法中的一些共性和疑难问题。开展农业农村法律、行政法规和部门规章数据库建设，及时动态更新，方便查询使用。各省（自治区、直辖市）农业农村部门要认真总结基层先行先试、特色立法的做法经验，及时向部里报送，并在每年年底前将年度立法情况报部法规司。省级农业农村部门之间要加强合作，建立健全区域协同立法、流域立法、共同立法工作机制；对于相同的立法项目，可以联合开展研讨交流，互相启发借鉴。要加强与有关高等院校、科研单位的合作，积极吸收热爱"三农"事业、专业造诣高的专家学者，凝聚各方面资源和力量参与立法，助力提升农业农村立法质量和效率。

五、做好立法宣传

既要把法规立好修好，也要宣传好、解读好、阐释好。坚持把立法工作同普法工作有机结合起来，及时对外发声，发布立法工作信息，加强舆论引导。结合法律法规规章和规范性文件颁布实施日等重要时间节点，对新法新规进行宣传解读，创新宣传形式，拓展宣传渠道，使"法言法语"为农民群众能了解、所熟悉、会运用。要用好农村学法用法示范户这个有效抓手，畅通普法进村入户"最后一公里"，切实提高普法的针对性和实效性。

农业农村部办公厅

2022年9月30日

农业农村部关于开展全国农业综合
行政执法示范创建活动的意见

农法发〔2019〕6号

各省、自治区、直辖市及计划单列市农业农村（农牧）厅（局、委）：

为贯彻落实中办、国办关于深化农业综合行政执法改革的有关要求和中央全面依法治国办《关于开展法治政府建设示范创建活动的意见》的要求，深入推进农业综合行政执法改革，大力培育农业综合行政执法先进典型，全面提升农业综合行政执法能力和水平，我部决定开展全国农业综合行政执法示范窗口和示范单位创建活动，现提出以下意见。

一、总体要求

（一）指导思想

坚持以习近平新时代中国特色社会主义思想为指导，全面贯彻党的十九大和十九届二中、三中全会精神，深入贯彻习近平总书记全面依法治国新理念新思想新战略，加快建设法治政府，全面推进依法行政，以创建促提升，以示范带发展，以点带面、辐射全国，为深化农业综合行政执法改革、全面加强农业行政执法工作提供典型引领，为加快构建权责明晰、上下贯通、指挥顺畅、运行高效、保障有力的农业综合行政执法体系提供示范样板，为实施乡村振兴战略、推进农业农村现代化提供有力法治保障。

（二）创建目标

通过开展农业综合行政执法示范创建，深入总结和推广地方深化农业综合行政执法改革、推进执法规范化建设的典型经验和成功模式，展示农业行政执法良好形象，引导和带动各地加强农业综合行政执法队伍建设，实现农业执法机构规范设置、执法职能集中行使、执法人员严格管理、执法条件充分保障，促进严格规范公正文明执法。

（三）基本原则

坚持党的全面领导。坚决维护习近平总书记党中央的核心、全党的核心地位，坚决维护党中央权威和集中统一领导，自觉在思想上政治上行动上同党中央保持高度一致，把加强党对一切工作的领导贯穿农业综合行政执法示范创建活动的全过程。

坚持全面依法行政。全面整合组建农业综合行政执法队伍，实行集中统一执法。完善执法程序，规范执法行为，做到严格规范公正文明执法。加强执法监督，落实市县执法责任，提高执法监管效能。

坚持典型示范引领。鼓励大胆探索、积极创新，深化农业综合行政执法重点领域和关键环节改革，形成一批可复制、可推广的做法和经验。强化总结提升和宣传交流，发挥典型引路、示范带头的积极作用，整体推动农业综合行政执法工作。

坚持公开公正规范。注重执法工作实效，坚持客观公正、公开透明，努力做到高标准、严要求。建立健全准入与退出机制，既要严把"入口关"，也要避免"终身制"，确保示范创建活动的权威性、针对性、实效性。

二、创建条件

（一）全国农业综合行政执法示范窗口创建

全国农业综合行政执法示范窗口的创建对象为省、市、县农业综合行政执法机构。示范窗口应当在深化农业综合行政执法改革、队伍建设、保障措施、规范化建设和农业执法成效等方面具有示范引领作用，能够带动提升本地区农业综合行政执法工作。具体创建条件参见《全国农业综合行政执法示范窗口创建条件》（附件1）。

（二）全国农业综合行政执法示范单位创建

全国农业综合行政执法示范单位的创建对象为地市和区县级农业农村部门。示范单位应当在推进农业农村法治建设、深化农业综合行政执法改革、加强农业行政执法工作等方面具有示范引领作用，在全国范围内居于领先地位。具体创建条件参见《全国农业综合行政执法示范单位创建条件》（附件2）。

三、创建方式

全国农业综合行政执法示范创建采取上下结合、省部共创方式开展，每年开展一次。

（一）组织创建

各省（区、市）农业农村部门结合实际制定本地区示范创建活动实施方案，积极组织本地区农业农村部门和农业综合行政执法机构开展示范创建活动。

（二）自愿申报

市、县级农业农村部门和各级农业综合行政执法机构按照示范创建条件进行自查自评，认为达到示范创建要求的，可以向本省（区、市）农业农村部门进行申报。申报时应当提供充分体现深化农业综合行政执法改革举措、执法成效和工作亮点等内容的自评报告和相关证明材料，并征求同级人事和纪检监察部门意见。

（三）初审推荐

各省（区、市）农业农村部门要精心组织本地区的申报工作，对申报材料进行认真审核把关，确保申报对象符合示范创建各项要求、申报材料真实。初审合格后择优提出推荐名单并排序，同时附推荐意见，报送农业农村部。

（四）审查遴选

农业农村部组织有关单位对各省（区、市）推荐上报的示范窗口和示范单位进行书面审查和实地考核，确定全国农业综合行政执法示范窗口和示范单位名单，并在农业农村部网站上公示。农业农村部对符合条件的示范窗口和示范单位予以命名。

四、监督管理

各省（区、市）农业农村部门要切实加强对示范窗口和示范单位的监督管理，不断完善工作机制，推动示范窗口和示范单位农业综合行政执法工作始终走在全国前列。

（一）年度报告

获得命名的全国农业综合行政执法示范窗口和示范单位应当于每年1月底前将上一年度推进农业综合行政执法情况报送本省（区、市）农业农村部门，各省（区、市）农业农村部门汇总后报送农业农村部。

（二）监测评价

农业农村部组织有关单位对已获得命名的全国农业综合行政执法示范窗口和示范单位进行跟踪监测和定期评价，确保示范窗口和示范单位始终符合示范创建各项要求。

（三）撤销命名

全国农业综合行政执法示范窗口和示范单位有下列情形之一的，农业农村部应当撤销其命名。

1.发生严重违法违规行为，或者因行政不作为、乱作为造成恶劣社会影响的；

2.通过提供虚假材料、隐瞒事实真相或者其他不正当手段获取示范命名的；

3.跟踪监测评价中证实已经达不到示范创建基本要求的；

4.农业农村部规定的其他应当撤销示范命名的情形。

各省（区、市）农业农村部门在工作中发现本地区示范窗口和示范单位存在上述情形的，要及时报请农业农村部撤销其命名。

五、组织保障

（一）提高思想认识

各地要切实提高政治站位，从树牢"四个意识"、坚定"四个自信"、坚决做到"两个维护"的高度，深刻认识示范创建活动对深化农业综合行政执法改革、强化农业行政执法工作的重要意义，以开展示范创建活动为抓手，深入总结本地区农业综合行政执法作的成绩和问题，努力打造全国农业综合行政执法工作的示范样板。

（二）加强组织领导

各地要认真抓好示范创建活动的部署落实，将全国农业综合行政执法示范创建活动纳入重要议事日程，制定创建方案，明确目标方向，积极开展示范创建活动，深入推进本地区农业综合行政执法工作，确保示范创建活动达到预期效果。

（三）促进交流借鉴

农业农村部将通过开展经验交流、现场观摩、媒体报道等多种形式，及时总结、宣传推广示范窗口和示范单位的好做法、好经验。各地要注意借鉴示范窗口和示范单位经验，对标先进找差距，形成"先进带后进"的创建机制，着力提升农业综合行政执法规范化水平。

（四）强化支持保障

各地要加大对示范窗口和示范单位的支持力度，在政策上给予倾斜，在有关督察考核中简化任务要求，在相同条件下优先使用法治素养好、依法办事能力强的干部。

各省（区、市）农业农村部门要认真组织开展本省（区、市）农业综合行政执法示范创建活动，并积极推荐申报全国农业综合行政执法示范窗口和示范单位，每省（区、市）可申报 3—5 个示范窗口和 2—4 个示范单位，每个地市（区县）不得同时申报示范窗口和示范单位。各省（区、市）农业农村部门需就示范窗口和示范单位基本情况、主要特色或亮点形成书面推荐材料，连同《全国农业综合行政执法示范窗口创建申报表》（附件 3）和《全国农业综合行政执法示范单位创建申报表》（附件 4）各一份，报送农业农村部法规司综合执法指导处。

附件：（略）

农业农村部

2019 年 10 月 24 日

农业农村部关于实施农业综合
行政执法能力提升行动的通知

农法发〔2020〕3号

各省、自治区、直辖市、计划单列市农业农村厅（局、委），新疆生产建设兵团
农业农村局、福建省海洋与渔业局，青岛市、厦门市海洋发展局：

为深入贯彻落实中共中央、国务院《关于抓好"三农"领域重点工作确保
如期实现全面小康的意见》提出的"深化农业综合行政执法改革，完善执法体
系，提高执法能力"的要求，全面落实中办、国办关于深化农业综合行政执法
改革的指导意见，着力提高农业行政执法水平，农业农村部决定实施农业综合
行政执法能力提升行动（以下简称"能力提升行动"）。现将有关事项通知如下。

一、充分认识能力提升行动的重要意义

农业综合行政执法改革是党的十九届三中全会部署的一项重大改革任务，
中办、国办专门印发指导意见对改革作出总体部署，最近国办又印发了关于农
业综合行政执法有关事项的通知，对推进农业综合行政执行作出具体安排。目
前，农业综合行政执法改革已经取得显著成效，省级改革基本完成，市县改革
加快推进，但与党中央、国务院的要求相比，与全面履行农业行政执法职责任
务相比，各地农业综合行政执法工作仍存在一些问题和短板：少数地方对改革
工作重视不够，对改革要求理解有偏差，队伍整合不到位、职能整合不准确；
一些地方仅完成了农业综合行政执法机构挂牌工作，"三定"规定尚未印发，人
员划转尚未到位；基层普遍存在执法经费不足、装备条件保障不足；大量新进
执法人员为非法律专业或改革前未从事过执法工作，不敢、不会、不愿执法办
案。实施能力提升行动，对全面准确落实中央部署的改革任务，确保农业农村
领域法律法规严格实施、农业农村部门法定职责全面履行具有重要意义。

二、准确把握能力提升行动的目标要求

实施能力提升行动，要深入贯彻党的十九大和十九届二中、三中、四中全

会精神，贯彻落实习近平总书记全面依法治国新理念新思想新战略，深入推进农业综合行政执法改革，加快构建权责明晰、上下贯通、指挥顺畅、运行高效、保障有力的农业综合行政执法体系，打造一支政治信念坚定、业务技能娴熟、执法行为规范、人民群众满意的农业综合行政执法队伍，为实施乡村振兴战略、推进乡村治理体系和治理能力现代化提供有力的法治保障。

实施能力提升行动，要牢固树立以人民为中心的发展思想，努力实现依法治农、依法护农、依法兴农。要聚焦执法办案主业，全面履行执法职责，严格规范公正文明执法。要坚持问题导向，着力解决执法人员素质不够强、执法办案水平不够高、执法制度体系不够完善、执法条件保障不够有力等问题，加快补齐办案短板、筑牢制度基础、强化条件保障。

通过实施能力提升行动，经过3～5年努力，农业综合行政执法队伍（含相对独立设置的渔政执法队伍，下同）实现执法人员素质普遍提高，执法制度机制更加完善，执法保障措施基本落实，执法办案能力明显增强，为农业农村农民保驾护航的能力水平显著提升。

三、全面完成能力提升行动的主要任务

（一）整合队伍，完善执法体系

严格按照中央要求整合执法队伍和执法职能，建立健全省市县三级农业综合行政执法机构，市、县级农业综合行政执法机构基本完成挂牌，2020年底前全部印发"三定"规定，由其集中行使行政处罚以及与行政处罚相关的行政检查、行政强制职能，以农业农村部门的名义统一执法。按照执法力量与执法职能、执法任务相适应的要求合理确定机构编制，并按照编随事走、人随编走的原则及时划转现有执法人员，保持队伍稳定，坚决防止因改革出现执法"空档期"。厘清省市县农业综合行政执法机构职责分工和执法重点，明确执法责任。

（二）健全制度，规范执法行为

贯彻落实国办函〔2020〕34号文件要求，进一步细化、完善农业综合行政执法事项指导目录，并建立动态调整机制。完善执法人员持证上岗和资格管理、行政执法案例指导、行政执法案卷管理、行政执法投诉举报以及行政执法评价和考核监督等制度。全面落实农业行政执法"三项制度"、规范农业行政处罚自由裁量权办法、农业行政处罚程序规定，制定行政执法工作规程和操作手册。严格执行农业行政执法"六条禁令"，完善农业行政执法内部、层级和外部监督机制，建立领导干部违法违规干预执法活动或插手具体案件查处责任追究制度，探索建立社会监督员制度、责任追究和尽职免责制度，做到严格规范公正文明执法。

（三）落实政策，保障执法条件

贯彻中办、国办指导意见要求，强化执法保障，建立执法经费财政保障机制，将农业综合行政执法运行经费、执法装备建设经费、罚没有毒有害及其他物品处置经费等纳入同级财政预算，确保满足执法工作需要，严格执行罚缴分离和收支两条线管理制度。落实国办发〔2018〕118号文件关于保障经费投入的有关要求，推动各省（自治区、直辖市）人民政府参照《全国农业综合行政执法基本装备配备指导标准》，尽快制定本地农业行政执法装备配备标准、装备配备规划、设施建设规划和年度实施计划，确保执法装备配备到位。充分利用全国农业综合执法信息共享平台等执法信息系统和数据资源，提高执法信息化水平。

（四）加大培训，提升执法水平

制定执法人员培训规划和年度培训计划，在编在岗执法人员每年培训时间不少于30学时，新进执法人员每年培训时间不少于60学时。省、市两级执法培训覆盖面分别不低于本行政区域执法人员总数的10%和50%，把培训考试情况作为执法证件核发的基本条件，使执法人员尤其是新进人员尽快适应新形势新任务新要求。组织开展执法技能竞赛、"执法标兵"评选、执法大比武活动，加快提升办案能力，培养执法能手。继续组织开展全国农业综合行政执法示范创建活动，对命名的窗口和单位进行跟踪监测和动态管理，以创建促提升，以示范带发展。

（五）强化办案，加大执法力度

把执法办案成效作为衡量改革成果和执法工作的主要标准。探索建立执法办案成效指标评价体系。坚持有案必查、查必见效，省级综合行政执法机构要对重大违法案件挂牌督办。及时公布有影响力、有震慑力的典型案例，发布农业行政执法优秀案卷和文书。在抓好日常执法工作的同时，要强化农产品质量安全、农资、动植物卫生、渔业（长江禁捕）等领域违法行为的查处力度。建立不同层级、不同区域农业执法协作机制，加强信息共享、协查配合、案件移交移送。以省级为单位探索抽调执法骨干组建执法办案指导小组，协助指导实地办案，发挥传帮带作用。完善联合执法机制、行政执法与刑事司法衔接机制，坚决防止有案不移、以罚代刑。

（六）加强党建，铸就执法之魂

建立健全农业综合行政执法机构党组织，把党对一切工作的领导贯穿到农业综合行政执法改革和农业行政执法工作各方面和全过程。坚持党建与执法工作互融互促，做到"两手抓、两手硬"，充分发挥基层党组织战斗堡垒作用和党员先锋模范作用，将理想信念的坚定性体现到本职工作中，充分发挥党建铸魂补钙、强身健体重要作用，为执法工作提供政治思想和纪律作风保障。牢固树立执法为民理念，坚持正风肃纪，奋力担当作为，严抓政风行风建设，培养造就一支懂农业、爱农村、爱农民的农业综合行政执法队伍。

四、切实强化能力提升行动的措施保障

（一）加强组织领导

各级农业农村部门要切实强化责任意识，把能力提升行动作为当前和今后一个时期的重点工作，制定工作方案，明确目标思路、重点任务、进度安排、责任分工和保障措施，确保能力提升行动取得实效。

（二）加强统筹推进

坚持上下联动、相互配合，将能力提升行动的目标和内容渗透到本地区本部门深化执法改革、完善执法体系、提高执法能力、强化执法办案的各项具体工作中，同向发力，同步推进，常抓不懈。

（三）加强创新实践

拓展工作思路，不断创新执法体制机制和执法模式。鼓励各地结合本地实际探索创新执法机制和执法方式，推进各项重点任务落实落地，将能力提升行动引向深入。

（四）加强宣传引导

及时总结宣传推广各地实施能力提升行动的好经验、好做法，采用多种方式，深入报道实施能力提升行动的丰富实践、先进典型，引导各地互学互促，充分发挥示范引领作用。

农业农村部

2020 年 5 月 27 日

农业农村部办公厅关于开展
全国农业行政执法大练兵活动的通知

农办法〔2021〕3号

各省、自治区、直辖市农业农村（农牧）厅（局、委），福建省海洋与渔业局：

为深入贯彻落实党中央、国务院关于深化农业综合行政执法改革的部署要求，扎实实施农业综合行政执法能力提升行动，努力打造一支革命化、正规化、专业化、职业化的农业执法队伍，农业农村部决定于2021年在全国开展农业行政执法大练兵活动。现将《全国农业行政执法大练兵活动方案》印发给你们，请认真组织实施。

农业农村部办公厅
2021年4月16日

全国农业行政执法大练兵活动方案

为深入贯彻落实党中央、国务院关于深化农业综合行政执法改革的部署要求，扎实实施农业综合行政执法能力提升行动，农业农村部决定于2021年在全国开展农业行政执法大练兵活动。制定活动方案如下。

一、总体要求

（一）指导思想

坚持以习近平新时代中国特色社会主义思想为指导，全面贯彻习近平法治思想，深入贯彻党的十九大和十九届二中、三中、四中、五中全会精神，认真落实中办、国办关于深化农业综合行政执法改革的部署要求，加强农业综合行政执法队伍革命化、正规化、专业化、职业化建设，为全面推进乡村振兴、加快农业农村现代化提供有力的法治保障。

（二）目标任务

通过开展农业行政执法大练兵活动，在全国农业综合行政执法队伍中营造"学本领、练技能、当标兵"的浓厚氛围，提升农业综合行政执法队伍的整体素质和能力水平，发现和培养一批业务水平高、综合素质强的执法尖兵和办案能手，打造一支敢办案、会办案、办铁案的农业综合行政执法队伍。

（三）原则方法

一是突出政治标准。坚持把讲政治摆在首位，教育引导农业行政执法人员增强"四个意识"、坚定"四个自信"、做到"两个维护"，忠于党、忠于国家、忠于人民、忠于法律。

二是坚持问题导向。立足岗位需求，坚持补短板、强弱项，强化应知应会、必用必学的基础知识和执法技能，着力解决执法工作中存在的不敢、不愿、不会办案问题，增强农业行政执法人员履职尽责本领。

三是确保务求实效。将执法大练兵与实战实操相结合，聚焦执法办案主责主业，以学助练、以查提技、以案强兵，在实战中练兵、在练兵中提升。

二、活动内容

（一）政治练兵

加强政治理论学习，将深入学习贯彻习近平新时代中国特色社会主义思想、习近平法治思想、习近平总书记关于"三农"工作重要论述作为必修课，认真开展党史学习教育，牢固树立大历史观、大"三农"观和大法治观，坚定理想信念和执法为民理念。

（二）专业练兵

以公共法律知识、专业基础知识和执法办案技能为重点，综合运用集中教学、线上教学、现场教学等形式，加大执法培训力度。完善执法机构内部人才培养机制，推动不同专业背景执法人员"互学互助"、经验丰富执法人员"传帮带"、省市专业执法人员"下沉式指导"。省市两级要选调执法骨干成立办案指导小组，指导基层执法人员尤其是新进执法人员提高办案水平。

（三）实战练兵

把执法练兵活动融入日常执法工作，通过集中执法、联合执法等实战，全方位演练发现问题、调查取证、适用法律、制作文书等执法办案实务技能。重点围绕农资质量、品种权保护、动物卫生、长江禁捕、农产品质量安全等领域谋划和实施练兵活动，加大执法力度，集中查处一批大案要案，公布一批典型案例。

（四）军训练兵

组织执法人员开展基本队列会操、基础防卫、应急处置等训练活动，提高执法人员身体素质和抗压能力，增强执法队伍的凝聚力和战斗力。加强执法着装和标志管理，规范执法人员仪容仪表，强化纪律和规矩意识。

（五）竞技练兵

广泛运用案卷评查、知识竞赛、执法比武、技能考核、模拟执法等方式开展竞技练兵，激发练兵热情，展示练兵风采，检验练兵成果。

三、时间安排

（一）部署阶段（2021年4月下旬）

农业农村部制定印发全国农业行政执法大练兵活动方案，各地农业农村部门结合本地实际细化实施方案，宣传发动，动员部署。

（二）实施阶段（2021年5月—10月）

各地农业农村部门组织开展大练兵活动，并及时向上级农业农村部门报送大练兵活动开展情况。农业农村部法规司将择时与地方联合开展一次执法比武活动。

（三）总结阶段（2021年11月）

各省级农业农村部门于11月15日前将本省（自治区、直辖市）大练兵总结报告报送农业农村部法规司。

四、工作要求

（一）强化组织领导

各地农业农村部门要高度重视执法大练兵活动，将其作为深入实施执法能力提升行动的重要内容，作为提升执法人员素质、加强队伍建设、树立执法权威的重要抓手，细化目标任务，明确工作措施，强化经费保障，有序推进大练兵工作。

（二）强化成果运用

各地农业农村部门要将执法大练兵作为展示农业执法队伍素质形象、挖掘选树执法骨干的重要平台，要将执法大练兵的成绩成效作为全国农业综合行政执法示范创建和执法人员表彰、奖励的重要依据，对成绩突出的单位和个人优先考虑。

（三）强化宣传总结

各地农业农村部门要充分利用报纸、电视、网络、广播等新闻媒体做好大练兵活动宣传报道，及时梳理总结执法大练兵活动中的典型经验、成功案例和工作成效，加强宣传推广和经验交流。

农业农村部关于农业综合行政执法服务
种子和耕地两个要害的指导意见

农法发〔2021〕8号

各省、自治区、直辖市农业农村（农牧）厅（局、委），新疆生产建设兵团农业农村局：

为深入实施国家粮食安全战略，落实藏粮于地、藏粮于技要求，充分发挥农业综合行政执法服务种子和耕地两个要害的作用，助力打赢种业翻身仗，促进耕地数量和质量提升，提出如下意见。

一、总体要求

（一）指导思想

坚持以习近平新时代中国特色社会主义思想为指导，深入贯彻党的十九大和十九届二中、三中、四中、五中全会精神，全面贯彻习近平法治思想，增强"四个意识"、坚定"四个自信"、做到"两个维护"，按照中央经济工作会议、中央农村工作会议和中央全面依法治国工作会议部署，立足"保供固安全，振兴畅循环"的工作定位，围绕服务种子和耕地两个要害，着力加强农业行政执法工作，为保障国家粮食安全提供有力法治保障。

（二）基本原则

——坚持依法履职。严格规范公正文明执法，依法查处种子和耕地违法行为。对非农业农村部门执法事项，及时依法移送相关部门或报告同级政府，确保执法无缝衔接，监管无盲区。

——坚持突出重点。聚焦制种和育种基地、品种权保护等重点区域、重点环节和春秋重要用种季节，强化种子违法案件查处。聚焦耕地"非农化"、"非粮化"、耕地土壤污染等重点问题，加大耕地保护力度。

——坚持分类施策。针对不同地区、不同领域发生的种子和耕地问题，区分不同情况分类处置，采取不同手段和方法，有效解决实际问题。

——坚持协同高效。加强部门间、区域间协作配合，着力打通执法"堵点"，充分调动各方力量，构建多元共治机制，提升执法效果。

（三）工作目标

通过加强农业行政执法，种业领域侵权套牌、制假售假等违法行为得到有力打击，农作物新品种权保护意识明显增强，制售假劣种子、非法生产经营转基因种子等行为得到有效遏制；耕地"非农化"、"非粮化"得到有效制止，耕地数量和质量得到较好保护，耕地保护社会共治格局基本形成，跨区域跨部门执法协作机制更加完备，国家粮食安全法治保障水平明显提高。

二、加大种业执法力度

（四）加强种业知识产权保护执法

各地农业农村部门要及时受理农作物新品种权所有人或者利害关系人有关侵权案件或违法线索的投诉举报，立即开展调查取证并依法查处。发现确有侵犯品种权行为的，要及时告知品种权人，支持其依法提起侵权诉讼，并向人民法院积极提供行政执法取得的相关证据。侵权案件当事人双方自愿申请调解的，要依法积极受理、快速调解。对于涉及公共利益的品种权侵权案件，以及假冒授权品种案件，各地农业农村部门要依法及时立案查处，从严从重处罚。

（五）加强种业全产业链执法检查

各地农业农村部门要加强对制种基地的检查，重点检查生产经营许可、委托合同、品种权属、亲本来源、产地检疫情况等内容。加强对种子生产企业的检查，重点检查生产经营档案、包装标签、产地检疫证书和种子质量、真实性、转基因成分等。加强对种子市场（含网络销售）的检查，农作物种子重点检查种子包装标签、购销台账、植物检疫证书和种子质量、真实性、转基因成分等，种畜禽品种重点检查是否存在无证生产经营、假冒优质种公牛（猪）冷冻精液等问题。加强对种子使用环节的检查，重点检查农业企业、农民专业合作社、家庭农场、种植大户用种情况，通过倒查掌握了解种子来源和质量情况。

（六）加大种子执法抽检力度

各地农业农村部门要加大种子执法抽检经费投入，合理制定抽检计划，确定重点品种、检测对象、质量指标。对举报投诉较多和列入重点监控名单的种子生产经营单位，要作为必抽对象加大抽检力度。抽检任务要重点安排在制种、生产经营环节。制种基地抽检主要检测转基因成分，种子生产经营环节抽检主要检测真实性、转基因成分和质量指标。部、省级抽检侧重于制种基地和育繁推一体化种子企业，市、县级抽检侧重于一般的种子生产经营主体。要严格按照规定开展种子监督检查、扦样和检测，确保公正、规范、科学。要认真制作现场笔录和扦样单等，做好样品确认等证据固定工作，确保每个样品证据材料完整可靠。

（七）依法查处种业违法行为

各地农业农村部门要以品种权侵权、制售假劣、无证生产经营、非法生产经营转基因种子等为执法重点，加大违法案件查办力度。一般案件按属地管理原则由市、县级查处，跨区域、重大复杂案件由省、市级直接查办或者组织查处、挂牌督办。经营、使用环节发现的种子违法案件，要同步开展溯源调查，一查到底。农业农村部和各省（自治区、直辖市）农业农村部门要定期通报种业案件查处情况，适时遴选发布种业典型案例。

三、加强耕地保护检查和执法

（八）积极开展耕地保护摸排巡查

各地农业农村部门要充分利用经常深入乡村和田间地头的时机、与农业生产和农民群众联系密切的优势，按照遏制耕地"非农化"、严格管控耕地"非粮化"要求，积极开展耕地保护情况摸排巡查，主动了解耕地保护、撂荒和非法占用情况。要建立耕地保护巡查摸排记录，分门别类进行相应处置，发现违法占用耕地建房、绿化造林、挖湖造景或从事其他非农建设的，或者污染耕地的，要及时通报或移送有关部门；属于农业农村部门职责范围、有权处理的，要严格依法查处。各地农业农村部门要将发现的耕地"非农化"、"非粮化"和撂荒等情况纳入耕地种粮情况动态监测评价内容。

（九）创新耕地保护监管方式

市、县级农业农村部门要建立分片巡查、包干负责的耕地保护巡查机制，做到违法情况早发现、早处置。建立与乡镇综合行政执法、农业技术推广和社会综合治理等机构的协作配合机制，充分发挥乡镇综合行政执法人员、农业技术推广人员和社会综合治理网格员的作用，及时掌握违法占用耕地情况。鼓励地方探索建立耕地保护田长制，培养村级耕地保护协管员。市、县级农业农村部门要及时把耕地摸排巡查、违法行为依法查处、案件或线索移交移送等情况向同级人民政府和上级农业农村部门报告，各省（自治区、直辖市）农业农村部门每半年向农业农村部报告相关情况。

（十）依法查处耕地违法行为

各地农业农村部门要加强与自然资源、生态环境等部门的衔接合作，在依法界定各自职责分工的基础上，严格履行《土地管理法》、《土壤污染防治法》、《基本农田保护条例》等法律法规赋予的有关土地管理保护执法职责，依法依职能查处破坏耕地、破坏或者改变基本农田保护区标志、未按规定回收农药和肥料等包装废弃物的违法行为。

四、完善工作机制

（十一）建立健全违法投诉举报机制

各地农业农村部门要依托"12316"信息平台等及时受理种子、耕地违法案件或问题线索的投诉举报。要积极探索建立举报奖励机制，发动社会各方参与，实现共管共治。市、县级农业农村部门对上级农业农村部门通报、移交的案件和问题线索，要立即跟进调查，并及时报送核查情况。

（十二）建立健全执法协作配合机制

强化跨区域种业执法信息共享和联动响应机制，实现"一处发现、全国通报、各地联查"。建立农业综合行政执法机构和行业管理机构分工协作机制，强化"检打联动"，行业管理机构要及时向执法机构移交日常检查和监督抽查发现的违法线索。建立农业农村部门与市场监管、自然资源、生态环保和公安等部门以及乡镇人民政府之间的违法线索通报、案件移送、定期会商、联合执法等工作机制，强化协作配合。加强农业行政执法与刑事司法的衔接，对涉嫌构成犯罪的种子和耕地违法案件，及时移送公安机关依法从严从重打击。

（十三）建立健全考核通报机制

农业农村部将把各地种业执法、耕地保护工作开展情况作为粮食安全省长责任制考核相关指标评价的重要依据，作为全国农业综合行政执法示范单位和示范窗口创建的重要依据。各省（自治区、直辖市）农业农村部门要将种业执法和耕地保护工作成效纳入本部门绩效考核的重要内容，对辖区内问题严重或整改纠正不及时、不到位的地方，要及时约谈或通报。农业农村部将视情况约谈问题突出省份或者在全国进行通报。

五、强化保障措施

（十四）加强组织领导

各地农业农村部门要从保障国家粮食安全的政治高度，充分认识服务种子和耕地两个要害的重要意义，结合本地实际研究制定农业综合行政执法服务两个要害的实施方案，细化工作任务，完善制度机制，层层压实责任，确保工作落实到位。

（十五）提升执法能力

各地农业农村部门要高度重视农业综合行政执法能力建设，配齐配强工作力量和执法装备，确保与工作任务相适应。要加强执法队伍专业化、职业化、现代化建设，建立健全定期培训和工作交流制度，开展多种形式的业务学习和经验交流，全面提升执法人员办案水平。

（十六）加强宣传引导

各地农业农村部门要充分利用报刊、广播、电视、网络和新媒体新技术，广泛宣传种子和耕地法律法规、遏制耕地"非农化"和严格管控耕地"非粮化"等政策要求、典型经验和执法案例，促进相互学习借鉴提高。正确引导社会舆论，积极回应社会关切，广泛凝聚社会共识，营造良好法治氛围。

农业农村部

2021 年 7 月 5 日

农业农村部关于统一农业
综合行政执法标识的通知

农法发〔2021〕13号

各省、自治区、直辖市农业农村（农牧）厅（局、委）：

为贯彻落实农业综合行政执法改革要求，深入推进农业综合行政执法队伍规范化建设，进一步提升农业行政执法形象，树立农业农村部门执法权威，结合农业综合行政执法制式服装和标志，我部确定了农业综合行政执法标识。现将有关事项通知如下。

一、标识构成

农业综合行政执法标识由文字和图形构成，主色调为深蓝色和白色，内侧绕排"农业执法"中、英文。图形由橄榄枝和盾牌两部分组成，其中盾牌内含五角星、麦穗和梯田，象征"农业、农村、农民"三位一体，整体表达"依法治农、依法兴农、依法护农"的理念。

二、适用领域

农业综合行政执法标识用于农业综合行政执法机构办公场所、执法车辆及装备、执法网站、会议培训、法治宣传等。各地使用标识时可以根据需要等比例放大或缩小，但不得随意改变标识的内容、颜色、内部结构及比例。

三、权利归属

农业综合行政执法标识的所有权归农业农村部所有。未经许可，任何单位和个人不得将该标识或与该标识相似的标识作为商标注册，也不得擅自使用。

四、有关要求

农业综合行政执法标识自本通知印发之日起启用，《农业部关于统一农业综合行政执法标识的通知》（农政发〔2012〕2号）同时废止。标识电子版可通过农业农村部网站或全国农业综合执法信息共享平台下载。

附件：农业综合行政执法标识

农业农村部

2021 年 10 月 19 日

附件

制图比例：a为基本计量单位，大小规范应根据此比例缩放

字体大小：中文3/4 a，英文1/3 a

字　　体：思源黑体

字体粗细：中文Heavy，英文Bold

显示色彩：R0、G18、B94

印刷色彩：C100、M90、Y0、K50

农业农村部办公厅关于开展农业综合行政执法"护奥运保春耕"专项行动的通知

农法发〔2022〕1号

各省、自治区、直辖市农业农村（农牧）厅（局、委），新疆生产建设兵团农业农村局：

2022年春节将至，北京冬奥会和冬残奥会、全国两会召开在即，春耕生产就要全面展开。为深入贯彻中央经济工作会议、中央农村工作会议和全国农业农村厅局长会议精神，确保2022年春节、北京冬奥会和冬残奥会、全国两会期间农产品质量安全，保障春耕生产顺利进行，我部决定2022年在全国开展农业综合行政执法"护奥运保春耕"专项行动。现就有关事项通知如下。

一、总体要求

按照保供固安全、振兴畅循环的工作定位，围绕2022年春节、北京冬奥会和冬残奥会、全国两会、春耕备耕等关键节点，聚焦农产品质量安全、品种权保护、农资质量、畜禽屠宰、动植物检疫等重点领域，突出农产品种养殖基地、制种基地、农资经营集散地、畜禽屠宰场等重点对象，加大执法检查和抽检频次，强化违法案件查处力度，严打违法行为，严惩不法分子，确保农产品质量安全、农资质量安全和农业生产安全，保障国家粮食安全和重要农产品有效供给。

二、主要任务

（一）突出重点领域执法

农产品质量安全执法要重点查处禁限用药物违法使用、常规农兽药残留超标等违法行为。种子执法要重点查处套牌侵权、制售假劣、白皮袋种子、未审先推、无证生产经营、非法制售转基因种子等违法行为。农药执法要重点查处违法添加禁限用和未登记成分、假冒伪劣、无证生产经营、套用或冒用农药登记证等违法行为。兽药执法要重点查处制售假劣兽药、非法添加食品动物中禁止使用的药品及其他化合物、超剂量超范围使用抗菌药等违法行为。饲料和饲料添加剂执法要重点查处无证生产、制售假劣饲料和饲料添加剂、使用非法添加物等违法行为。肥料执法要重点查处假冒和伪造登记证、登记产品中有效成分含量不足、非法添加农药成分等违法行为。畜禽屠宰执法要重点查处私屠滥宰、注水注药、收购和屠宰加工病死畜禽等违法行为。动植物检疫执法要重点查处违规调运、逃避检疫、骗取或伪造变造检疫证明和检疫标志等违法行为。

（二）突出重点环节执法

农产品质量安全执法要以农业投入品使用环节为重点，强化对农产品生产记录和农业投入品使用记录的核查，加大农产品种养殖基地和生产企业即将上市农产品的执法抽检力度。生鲜乳质量安全执法要以收购运输环节为重点，强化对生鲜乳收购许可证、生鲜乳准运证和生鲜乳交接单的核查，加大生鲜乳违禁添加物的执法抽检力度。种子执法要以制种环节为重点，强化对品种权授权情况、委托繁制种合同、亲本来源的核查，加大品种真实性和转基因成分的执法抽检力度。农药、兽药、肥料、饲料和饲料添加剂等农资质量执法要以生产经营环节为重点，强化对制假黑窝点、网络违法销售假劣农资、农资下乡"忽悠团"、游商走村入户贩售假劣农资等环节的整治。畜禽屠宰执法要以定点屠宰环节为重点，加大"瘦肉精"等禁用物质的执法抽检力度。动植物检疫执法要以动物及动物产品、种子跨区域调运环节为重点，强化对检疫证明和标志的核查。

（三）突出重点区域执法

北京2022年冬奥会和冬残奥会农产品供应基地、赛区城市所在省级农业农村部门，要督促和指导直供基地、企业所在的市县级农业农村部门加大监管执法力度，明确专人驻点驻场监管执法，确保责任到人，坚决保障冬奥会和冬残奥会农产品质量安全。直供基地、企业所在县（区、市）农业农村部门要指导直供基地、企业加强农产品生产全过程管控，实行可追溯闭环管理，严防农业投入品误用、乱用和滥用。各级农业农村部门要将近年来新闻媒体曝光较多、群众企业投诉举报较多、农业违法案件发生较多的地区作为执法重点区域，要特别加强重要农产品种养殖基地、制种基地、农资经营集散地、城乡接合部和省市县交界区域的执法，确保不留死角和隐患。

（四）强化重大案件查处

各级农业农村部门要健全投诉举报机制，完善电话、邮箱、网站、手机APP等渠道，建立执法直通车，对有明确违法线索或初步证据材料的举报投诉案件，必须立即核查、快速查处，不得以任何理由拖延或卸责。充分运用检查巡查和产品执法抽检相结合、定期检查与突击检查相结合、日常执法与专项整治执法相结合等方式，加大执法检查和违法案件查处力度，对违法行为发现一起、查处一起，绝不手软，涉嫌犯罪的及时移送司法机关追究刑事责任。省级农业农村部门要建立重大农业违法案件挂牌督办制度，对涉及面广、危害严重、影响恶劣或社会关注的重大案件，要挂牌督办、限期查办；对案情复杂疑难或跨区域的案件，要直接查办或牵头组织查办。及时发布执法典型案例，加大警示和震慑力度。

三、工作要求

（一）压实属地责任

各级农业农村部门要切实提高政治站位，充分认识开展专项行动的重要意义，把专项行动纳入重要议事日程，加大执法投入，强化执法保障，层层压实责任。省级农业农村部门要发挥牵头抓总、统筹协调和督促指导作用。市县级农业农村部门要明确职责分工，细化工作任务，做到事有人办、责有人担，确保各项任务落到实处。

（二）加强协调配合

各级农业农村部门要加强跨区域农业执法协作联动、信息共享，做到"一处发现、全国通报、各地联查"。强化农业农村部门内部综合行政执法与行业管理、动植物检疫机构的协作配合。健全完善农业农村与公安、法院、检察院、市场监管等部门的线索通报、定期会商等工作机制，适时开展联合执法，加大对违规行为的打击力度。

（三）加强宣传引导

各级农业农村部门要充分利用互联网、"两微一端"等新媒体以及报纸、电视、广播等传统媒体加强对专项行动成效做法的宣传力度，定期通报违法违规行为查处结果，曝光违法企业名单，有效震慑违法行为。要加强舆情监测和应急处置工作，严防不实炒作，对于社会关切的热点问题早发现、快反应、严处理。

各省、自治区、直辖市农业农村部门要及时总结本地区开展专项行动的做法、成效及存在问题，于2022年6月30日前将总结材料和统计表（见附件）报我部法规司。我部将把专项行动开展情况作为2022年农业综合行政执法跨省交叉互评工作重点内容，对工作开展不力的将适时通报或约谈。

附件：执法检查和办案情况统计表

农业农村部办公厅

2022年1月27日

附件

执法检查和办案情况统计表

单位名称：

序号	领域	执法检查			执法办案						
		出动执法人员（人次）	检查生产养殖主体（个次）	检查市场（个次）	一般程序行政处罚案件（件）	罚款（万元）	没收违法所得（万元）	没收违法财物货值（万元）	吊销许可证照数量（个）	移送司法机关案件数（件）	挽回损失（含协议赔偿）（万元）
1	农产品										
2	种子										
3	农药										
4	兽药										
5	饲料										
6	肥料										
7	畜禽屠宰										
8	动物检疫										
9	植物检疫										
10	生鲜乳										

联系人：　　　　　　　　　　　　　　　　　　　　　　　　　　联系电话：

农业农村部办公厅关于组织开展
全国农业综合行政执法大比武活动的通知

农办法函〔2022〕5号

各省、自治区、直辖市农业农村（农牧）厅（局、委），新疆生产建设兵团农业农村局：

为贯彻落实2022年中央一号文件关于加强农业综合行政执法能力建设的部署要求，深入实施农业综合行政执法能力提升行动，检验2021年全国农业行政执法大练兵活动成效，2022年我部将组织开展全国农业综合行政执法大比武活动。现将有关事项通知如下。

一、总体目标

通过组织开展全国农业综合行政执法大比武活动，推动各地扎实开展农业综合行政执法能力提升行动，以比促学展风采、以学促干助发展，提升农业综合行政执法队伍整体素质，提高执法人员办案能力水平，以实际行动迎接党的二十大胜利召开。

二、活动安排

（一）开展时间

全国农业综合行政执法大比武活动将于2022年2—6月开展。

2—3月，各地农业农村部门结合本地实际和疫情防控要求组织开展比武活动。

4月15日前，各地省级农业农村部门按照自愿原则组队向我部申请参加全国总决赛。参赛代表队需4名队员，包括1名领队、3名正式参赛队员（至少有1名女队员）。

5—6月，我部从全国择优选择10支代表队，在湖北省武汉市举办全国农业综合行政执法大比武活动全国总决赛。

（二）比武内容

全国农业综合行政执法大比武活动主要检验执法人员运用法治思维和法治

方式解决实际执法问题的能力，具体包括对公共法律常识、专业法律知识、农业行政执法程序的掌握程度，以及调查取证、文书制作等执法技能。

（三）全国总决赛

全国总决赛由 10 支代表队现场竞技，分风采展示、知识竞赛、模拟执法三个环节比赛评分。

风采展示：播放各参赛代表队提前准备的风采展示专题片。专题片要求时长 2 分钟，充分展示本地农业执法办案成效，展现新时代农业综合行政执法人员形象。

知识竞赛：围绕全国农业综合行政执法大比武内容，进行现场知识竞答。

模拟执法：参赛代表队观看事先录制好的农业行政执法短片（每部短片 2—3 分钟），找出短片中出现的执法不规范问题，并给出正确处理方法。

（四）结果通报

各地组织开展全国农业综合行政执法大比武活动的情况和全国总决赛结果将在全国农业综合行政执法队伍建设工作会上进行通报。

三、工作要求

（一）高度重视

各地农业农村部门要切实把全国农业综合行政执法大比武活动作为深化农业综合行政执法改革、提升执法队伍能力水平、激发执法人员争先创优意识的重要举措，抓紧抓实。各级农业综合行政执法机构负责同志要带头参与、以上率下，确保大比武活动取得实效。

（二）精心组织

各地农业农村部门要对大比武活动周密部署，统筹抓好执法工作和练兵比武，确保工作比武两不误。我部将结合全国农业综合行政执法自查与跨省交叉互评工作，择机派出指导组对大比武活动进行指导。

（三）加强宣传

各地农业农村部门要以此次全国农业综合行政执法大比武活动为契机，充分利用各种新闻媒体，积极开展宣传报道，集中展示农业综合行政执法队伍形象和风采，大力宣传农业综合行政执法队伍建设工作成效。

农业农村部办公厅
2022 年 2 月 15 日

农业农村部关于印发《全国农业综合行政执法基本装备配备指导标准（2022年版）》的通知

农法发〔2022〕3号

各省、自治区、直辖市农业农村（农牧）厅（局、委），新疆生产建设兵团农业农村局：

为进一步提升农业综合行政执法队伍装备配备水平，强化农业综合行政执法条件保障，确保执法装备满足新时期农业综合行政执法需要，我部对2019年制定的《全国农业综合行政执法基本装备配备指导标准》进行了修订，形成了《全国农业综合行政执法基本装备配备指导标准（2022年版）》。现印发给你们，请结合实际认真组织实施。

附件：全国农业综合行政执法基本装备配备指导标准（2022年版）

农业农村部

2022年5月24日

附件

全国农业综合行政执法基本装备
配备指导标准（2022年版）

类别	序号	名称	单位	省级	地市级	县级
基础装备类	1	执法专用车辆（汽车、摩托车，含车载设备）	辆	根据党政机关执法执勤用车管理办法及相关规定，结合执法工作需要配备		
	2	农业投入品（农产品）快速检验车（含车载装备）	辆	根据执法工作需要配备，每个机构1辆以上		
	3	渔政船艇（含船载装备）	艘	根据执法工作需要配备		
	4	执法专用无人机	台	每个机构1台以上，具有红外摄像、喊话、定位、导航等功能的无人机根据执法工作需要配备		
	5	定位导航仪	台	每车（船）1台		
	6	车载冷藏箱	个	1	2	2
	7	台式计算机	台	每人1台		
	8	打印机	台	每3人1台		
	9	传真机	台	每3人1台		
	10	装订机	台	每3人1台		
	11	复印机	台	2	3	4
	12	投影仪	台	2	2	2
	13	扫描仪	台	2	3	4
	14	笔记本电脑	台	每人1台		
	15	便携式打印机	台	每3人1台		
	16	便携式复印机	台	每3人1台		

类别	序号	名称	单位	省级	地市级	县级
基础装备类	17	便携式快速扫描仪	台	每3人1台		
	18	计算器	台	每3人1台		
	19	案卷装订机	台	1	1	1
	20	光盘刻录机	台	根据执法工作需要配备		
	21	对讲机	台	每人1台		
	22	移动执法终端（手机、PAD等）	台	每人1台		
	23	条码（二维码）识别仪器（电子监管码识别终端）	台	每2人1台		
	24	冰箱（冰柜）	个	1	2	2
	25	便携式执法工具箱（含检疫执法工作箱）	个	根据执法工作需要配备		
	26	便携式执法工具包	个	每人1个		
	27	强光手电（头灯）	个	根据执法工作需要配备		
	28	停车指示灯（牌）	个	根据执法工作需要配备		
	29	执法视频指挥系统	套	根据执法工作需要配备		
	30	望远镜	台	每5人1台		
取证设备类	31	抽样工具包（内含手电筒、剪刀、镊子、放大镜、抽样袋等）	套	每3人1套		
	32	便携式冷藏箱	台	每5人1台		
	33	无菌采样袋、采样袋、采样瓶、一次性医用橡胶手套、一次性工作服等	个	根据执法工作需要配备		
	34	暗访取证设备	套	每5人1套		
	35	数码照相机	台	每3人1台		

类别	序号	名称	单位	省级	地市级	县级
取证设备类	36	摄像机	台	每5人1台		
	37	红外摄像机	台	根据执法工作需要配备		
	38	夜视仪	台	根据执法工作需要配备		
	39	录音笔	个	根据执法工作需要配备		
	40	移动式监控摄像头	台	每5人1台		
	41	手持式定位仪	台	每5人1台		
	42	现场执法记录仪	套	根据执法工作需要配备		
	43	执法记录采集工作站（含系统）	台	1	1	1
	44	种子（肥料、饲料、生鲜乳）扦样（取样）器、抽样密封袋、真空密封机、抽样瓶、铅封拉条	个	根据执法工作需要配备		
	45	激光测距仪	台	每5人1台		
	46	红外线测温仪	套	1	1	1
	47	农（兽）药残留快速检测仪	台	根据执法工作需要配备		
	48	肉类水分快速测定仪	台	根据执法工作需要配备		
	49	甲醛快速测定仪	台	每5人1台		
	50	现场快速检测盒、检测卡、试剂、试纸类	套	根据执法工作需要配备		
	51	照度计、温度计	个	根据执法工作需要配备		
	52	便携式电子现场取证工具	台	根据执法工作需要配备		
	53	电子物证工作站	台	根据执法工作需要配备		
	54	皮尺	个	根据执法工作需要配备		
	55	取证袋	只	根据执法工作需要配备		
	56	酒精测试仪	个	根据执法工作需要配备		

类别	序号	名称	单位	省级	地市级	县级
应急专用类	57	便携式卫星电话	台	根据执法工作需要配备		
	58	移动存储器	个	根据执法工作需要配备		
	59	无线上网卡	张	根据执法工作需要配备		
	60	车载电源转换器	台	每车1台		
	61	手持扩音器	台	2	2	2
	62	应急保障装备（包括移动电源、便携式车用充气泵、应急帐篷、冷暖风机、防水接线板、电灯、汽油桶、净水装置、便携炊具、电热水壶、警示标志等）	套	根据执法工作需要配备		
个人防护类	63	防护服装	套	根据执法工作需要配备		
	64	防尘毒口罩	只	根据执法工作需要配备		
	65	护目镜	副	根据执法工作需要配备		
	66	防护手套	副	根据执法工作需要配备		
	67	防暴盾牌	个	根据执法工作需要配备		
	68	救护包	个	每5人或每车（船）1个		
	69	消毒设备及用品	套	每5人或每车（船）1个		
	70	灭火器	个	每5人或每车（船）1个		
	71	其他防护用具	套	根据执法工作需要配备		
其他装备类	72	警戒带	盘	每车（船）1~2盘		
	73	信号屏蔽器	个	根据执法工作需要配备		
	74	听证室用话筒、监控和摄录设备	套	每间听证室1套		

备注：

高原、山区、沙漠等特殊地区根据党政机关执法执勤用车管理办法及相关规定，结合实际需要配备越野车等车型。

移动执法终端应当具备定位、拍照与录音功能，配有满足工作需求的存储空间，可根据需求选配电子监管码识别等功能，并根据需求配有加密措施。

录音笔宜具备语音转文字功能。

便携式电子现场取证工具用于执法现场取证，应当具备计算机数据快速提取、已删除数据恢复、数据分析统计、密码绕过、有司法有效性的写保护等功能。

电子证物工作站应当具备介质固定、取证分析、系统仿真、数据挖掘、密码恢复、报告生成、防篡改等功能。

现场快速检测盒、检测卡、试剂、试纸应当配套使用、及时按需补充。

防护服装指多功能防护服、防刺服、防化服、防辐射服或有反光标志的冲锋衣等，可根据需求选配不同的防护服装。

急救包内装有止血药物、止血绷带、硝酸甘油等急救用品与药物，可根据需求选配不同的急救用品与药物。

其他防护用具包括安全帽、防噪音耳塞、防护靴、肩灯等，可根据需求选配不同的防护用具。

农业农村部办公厅关于2022年全国农业综合行政执法大比武总决赛结果的通报

农办法〔2022〕4号

各省、自治区、直辖市农业农村（农牧）厅（局、委）：

为贯彻落实2022年中央一号文件关于加强农业综合行政执法能力建设的部署要求，深入实施农业综合行政执法能力提升行动，全面检验各地执法队伍建设成效，我部于2022年2月组织各地开展了农业综合行政执法大比武活动，7月在湖北省武汉市举办了2022年全国农业综合行政执法大比武总决赛。参赛代表队经过知识竞赛、模拟执法等环节的角逐，最终决出团体一等奖2个、二等奖3个、三等奖5个。同时，根据选手个人表现和各省（自治区、直辖市）大比武活动组织情况，评选出个人表现优异奖10个、优秀组织奖15个。现将相关获奖情况予以通报。

获奖单位和个人要珍惜荣誉，再接再厉，发挥好示范带头作用，在服务和保障"三农"中心工作上再创佳绩。各地农业农村部门要以此次大比武活动为契机，不断加强执法队伍能力建设，全面提升农业综合行政执法队伍素质水平，为全面推进乡村振兴、加快农业农村现代化保驾护航。

附件：2022年全国农业综合行政执法大比武总决赛获奖名单

农业农村部办公厅

2022年7月22日

附件

2022年全国农业综合行政执法
大比武总决赛获奖名单

一、团体奖

（一）一等奖（2个）

湖北省农业农村厅代表队

参赛选手：十堰市农业综合执法支队董鑫
　　　　　武汉市农业综合执法支队汪垚岑
　　　　　湖北省农业综合行政执法局熊娟

江西省农业农村厅代表队

参赛选手：抚州市农业综合行政执法支队邹来华
　　　　　九江市农业综合行政执法支队郭军
　　　　　赣州市农业综合行政执法支队陈卿如

（二）二等奖（3个）

河南省农业农村厅代表队

参赛选手：郑州市农业综合行政执法支队董卫超
　　　　　郑州市农业综合行政执法支队王冬

郑州市农业综合行政执法支队朱园园

福建省农业农村厅代表队

参赛选手：福州市农业综合执法支队于学荣
　　　　　漳州市农业综合执法支队蓝晓莉
　　　　　厦门市农业综合执法支队周海东

山西省农业农村厅代表队

参赛选手：临汾市农业综合行政执法队赵乐乐
　　　　　长治市农业综合行政执法队郭伟
　　　　　临汾市霍州市农业综合行政执法队肖雪

（三）三等奖（5个）

浙江省农业农村厅代表队
参赛选手：丽水市青田县农业行政执法队潘伟芬
　　　　　丽水市莲都区农业行政执法队田恬雪
　　　　　丽水市庆元县农业行政执法队吴鑫宇
江苏省农业农村厅代表队
参赛选手：南通市海门区农业综合执法大队徐锦前
　　　　　南通市农业综合行政执法支队彭泽兵
　　　　　南通市海门区农业综合执法大队徐文娟
　　　　　河北省农业农村厅代表队
参赛选手：邯郸市农业综合行政执法支队贾娟
　　　　　衡水市农业综合行政执法支队曹玲芝
　　　　　石家庄市农业综合行政执法支队郭飞
北京市农业农村局代表队
参赛选手：北京市农业综合执法总队段永恒
　　　　　海淀区农业综合执法大队万晓
　　　　　海淀区农业综合执法大队李岳
新疆维吾尔自治区农业农村厅代表队
参赛选手：新疆维吾尔自治区农业农村厅综合执法监督
　　　　　局昆楚阿克·波拉特
　　　　　阿勒泰地区农业综合行政执法支队张琦
　　　　　伊犁哈萨克自治州农业综合行政执法支队
　　　　　萨黑·艾布都哈拉合

二、个人表现优异奖（10个）

段永恒　北京市农业综合执法总队
贾　娟　河北省邯郸市农业综合行政执法支队
赵乐乐　山西省临汾市农业综合行政执法队
彭泽兵　江苏省南通市农业综合行政执法支队
潘伟芬　浙江省丽水市青田县农业行政执法队
蓝晓莉　福建省漳州市农业综合执法支队
邹来华　江西省抚州市农业综合行政执法支队
王　冬　河南省郑州市农业综合行政执法支队
汪垚岑　湖北省武汉市农业综合执法支队
张　琦　新疆维吾尔自治区阿勒泰地区农业综合行政执法支队

三、优秀组织奖（15个）

北京市农业综合执法总队
河北省农业农村厅农业综合执法局
山西省农业农村厅法规处（执法监督处）
江苏省农业农村厅农业综合行政执法监督局
浙江省农业农村厅法规与执法指导处
安徽省农业农村厅法规处（综合执法监督处）
福建省农业农村厅农业综合执法监督局
江西省农业农村厅执法监督处
河南省农业农村厅农业综合行政执法监督局
湖北省农业综合行政执法局
广西壮族自治区农业农村厅农业综合行政执法局
四川省农业农村厅综合执法监督局
甘肃省农业农村厅农业综合执法局（法规处）
青海省农业综合行政执法监督局
新疆维吾尔自治区农业农村厅综合执法监督局

农业农村部 司法部关于印发
《培育农村学法用法示范户实施方案》的通知

农法发〔2021〕9号

各省、自治区、直辖市农业农村（农牧）厅（局、委）、司法厅（局）：

为深入贯彻习近平法治思想，加强法治乡村建设，经中央批准，全国评比达标表彰工作协调小组同意开展农村学法用法示范户创建示范活动。按照《中共中央、国务院关于全面推进乡村振兴加快农业农村现代化的意见》和《中共中央、国务院转发〈中央宣传部、司法部关于开展法治宣传教育的第八个五年规划（2021—2025年）〉的通知》关于培育农村学法用法示范户工作的部署要求，农业农村部会同司法部制定了《培育农村学法用法示范户实施方案》，现予以印发，并将有关事项通知如下。

一、充分认识培育工作重大意义

以习近平同志为核心的党中央高度重视全民普法工作，强调坚持把全民普法和守法作为全面依法治国的长期基础性工作。习近平总书记在中央全面依法治国工作会议上指出，普法工作要在针对性和实效性上下功夫，不断提升全体公民法治意识和法治素养。培育农村学法用法示范户是落实习近平总书记关于提高普法针对性和实效性要求的重要举措，是构建新发展时期农业农村法治宣传教育机制、畅通普法进村入户"最后一公里"的创新方式，是提升农民群众法治素养、增强乡村依法治理能力的重要途径，是助力全面推进乡村振兴、加快农业农村现代化的必然要求。各级农业农村部门、司法行政部门要充分认识农村学法用法示范户培育工作的重大意义，切实把思想、行动统一到党中央决策部署上来，坚持面向农民、深入农村，广泛开展农村学法用法教育，扎实推进农村学法用法示范户培育工作。

二、准确把握培育工作目标任务

培育农村学法用法示范户工作自2021年起组织实施。到2025年，力争农村学法用法示范户覆盖到全国每个行政村。到2035年，力争每个行政村的学法用法示范户数量和效果都符合当地法治工作要求。各级农业农村部门要会同司法行政部门因地制宜地为农民搭建学法用法平台，发挥农村法治宣传教育主阵地作用，更好地服务农民群众学法用法；推动县级农业综合行政执法人员采取包区包片等方式，与农村学法用法示范户"结对子"，开展以案释法、以案说法，提供有针对性的培育指导；加强对农村学法用法示范户的跟踪评估、提级增效，使农村学法用法培育工作有成果、可推广、能持续，切实发挥其在乡村振兴各项事业中的重要作用。

三、切实抓好培育工作落实落地

各级农业农村部门、司法行政部门要高度重视培育农村学法用法示范户工作，将其纳入本地"八五"普法规划，将其作为建设法治乡村、全面推进乡村振兴的重要内容，采取有力措施，确保取得实效。要根据本地实际制定具体实施方案，将培育农村学法用法示范户与创建民主法治示范村、培养"法律明白人"等工作结合起来，统筹推进培育工作。要建立推动农民群众学法用法的工作机制，促进部门协同、上下对接、各环节联结，合力推进培育工作。要加强对云计算、大数据、人工智能等新技术新手段的使用，充分运用网络平台开设在线学法用法课程，增强法治教育的吸引力感染力，提高法治教育的针对性实效性，深入推进培育工作。

培育农村学法用法示范户是一项全新的工作，各级农业农村部门要会同司法行政部门积极探索实践，及时报送好经验好做法，工作中如有任何问题和建议，请及时与农业农村部法规司联系。

附件：培育农村学法用法示范户实施方案

农业农村部　司法部

2021年7月16日

附件

培育农村学法用法示范户实施方案

　　培育农村学法用法示范户是2021年中央一号文件和全国"八五"普法规划部署的重要任务。为深入贯彻党中央决策部署，扎实做好农村学法用法示范户培育工作，促进带动农民群众尊法学法守法用法，有效提升农民群众办事依法、遇事找法、解决问题用法、化解矛盾靠法的能力，现结合实际制定培育农村学法用法示范户实施方案如下。

一、总体要求

　　以习近平新时代中国特色社会主义思想为指导，深入贯彻习近平法治思想，围绕"十四五"时期农业农村社会经济发展目标任务、全面实施"八五"普法规划和加快推进乡村人才振兴要求，广泛开展农村学法用法教育，加强农村学法用法示范户培育，促进农民群众法治素养明显提升，乡村法治环境明显改善，乡村治理能力明显增强，为全面推进乡村振兴、加快农业农村现代化提供法治保障。

二、目标任务

　　培育农村学法用法示范户工作自2021年起组织实施，力争用5年时间，实现农村学法用法示范户覆盖到全国每个行政村，到2022年底实现50%的行政村有学法用法示范户，到2025年底实现每个行政村都有学法用法示范户。到2035年力争每个行政村的学法用法示范户数量和效果都符合当地法治工作要求。

三、基本原则

（一）坚持目标导向

　　农村学法用法示范户培育工作要紧紧围绕构建上下贯通的农业农村普法工作机制、提升农民群众法治素养能力，有针对性地解决普法进村入户"最后一公里"问题，营造良好的乡村法治环境，为乡村振兴培养一批农村法律人才。

（二）坚持立足实际

　　农村学法用法示范户培育工作要注重结合本地实际，利用好现有法治宣传教育平台、人才培养项目资源和联系对接机制等开展示范户培训教育工作，有条件的地方可对现有资源平台进行整合升级，打造便于农民群众使用的教育培训平台。

（三）坚持循序推进

农村学法用法示范户培育工作于"八五"普法期间全面实施。组织实施过程中，要尊重乡村发展规律和法治建设需求设计好本地实施方式，可以全面推开，也可以选择基础条件好的地方先行试点再逐步推开，以不低于目标要求为限。

（四）坚持探索创新

培育农村学法用法示范户是一项全新工作。各地要坚持边实践边探索，注重创新推动工作的机制和方法，总结提炼有助于发挥示范作用的经验做法，增强工作的带动力和实效性。

（五）坚持注重效果

要把培育农村学法用法示范户与促进农业农村法治新实践结合起来、与构建农业农村普法新格局结合起来，使农村学法用法示范户培育工作落地见效，真正发挥农民群众在乡村振兴中的重要作用。

四、认定标准

农村学法用法示范户应当具备下列基本条件：拥护党的领导，热爱祖国，维护宪法法律权威，自觉尊法学法守法用法，自觉践行社会主义核心价值观；家庭主要成员了解公民的基本权利、义务，熟悉与农民生产生活密切相关的宪法、民法典等公共法律知识，以及乡村振兴促进法、农业法、农村土地承包法、农民专业合作社法、农产品质量安全法、种子法等主要农业农村法律法规；能够自觉运用法治的方式参与社会经济活动，依法维护合法权益；能够带动本村及周边农民群众提高法治意识，帮助指导解决法律问题；积极协助并主动参与矛盾纠纷劝导、化解工作，防止矛盾激化、纠纷升级，维护基层社会和谐稳定。

农村学法用法示范户有下列情形之一的，应当撤销示范户的称号：示范户家庭成员违反国家法律法规和政策；侵犯公民、法人和其他组织合法权益；违反公序良俗；违反村规民约；煽动、教唆他人违法犯罪；其他造成不良社会影响的情形。

五、工作内容

（一）制定示范户培育工作具体实施方案

各省（自治区、直辖市）农业农村部门会同司法行政部门结合实际制定农村学法用法示范户培育工作具体实施方案，明确工作责任、目标任务、机制方法和推进举措，绘制时间表、路线图，并及时报送农业农村部、司法部备案。

（二）开展有针对性的学法用法培训工作

各地对照农村学法用法示范户培育基本标准，将农民学用法内容纳入高素质农民培育课程，运用法治讲堂、田间课堂等多种方式，开展有针对性的法治培训。充分利用全国智慧普法平台、全国农业科教云平台、崇农云讲堂和各省法律网络培训平台，开设在线学法用法课程，提供在线法律咨询服务。

（三）开展执法机构与示范户"结对子"活动

农业综合行政执法机构将农村学法用法示范户培育工作作为落实"谁执法谁普法"普法责任制的具体举措。县级农业综合行政执法人员采取包区包片等方式，深入农村与学法用法示范户"结对子"，开展以案释法、以案说法，提供有针对性的培育指导和跟踪服务。

（四）建设符合农民需求的农村法治教育基地

各地充分利用农村文化礼堂、法治文化长廊、农家书屋等基层综合性文化服务中心和职业院校等具备法治普及功能的单位机构，依托农业企业、农民专业合作社、家庭农场等新型农业经营主体，建设农村法治教育基地，打造农民学法用法平台，更好地服务农民学法用法。

（五）组织开展农村学法用法示范户认定工作

从2022年开始，每年组织一次农村学法用法示范户认定工作。各省（自治区、直辖市）农业农村部门对照示范户认定的基本标准，采用自下而上的方式，组织好本省（自治区、直辖市）示范户的遴选、认定工作，以适当方式向社会公布，并将名单报农业农村部、司法部备案。县级农业农村部门对经认定的示范户登记造册、颁发标志牌，对应当撤销示范户称号的报省级农业农村部门审核后，及时予以撤销并收回标志牌。标志牌样式由农业农村部统一规定。

（六）加强对示范户的跟踪调研和监测评估

各地要加强对农村学法用法示范户培育工作的调研监测，及时掌握示范户的学法用法和示范带动情况。注重挖掘和宣传示范户学法用法典型案例，组织讲好农村学法用法故事，及时向农业农村部报送。要善于总结农村学法用法示范户培育工作经验，探索推广一批可复制、可操作的培育模式，巩固拓展示范户培育工作成果，推动构建农村法治宣传教育长效机制。农业农村部将组织开展阶段性总结评估。

六、保障措施

（一）统一思想认识

各级农业农村部门、司法行政部门要将思想和行动统一到中央部署要求上来，尽快适应农业农村法治宣传教育的新形势新定位，将农村学法用法示范户培育工作作为提升普法针对性实效性的重要抓手，多措并举推动工作。

（二）压实工作责任

各级农业农村部门、司法行政部门要将培育农村学法用法示范户工作纳入本地农业农村"十四五"规划和"八五"普法规划，加强组织领导，落实分工责任，统筹部署安排，全力推动工作，力戒形式主义和官僚主义，避免给基层组织增加不合理负担。

（三）构建协同机制

建立农业农村部牵头、司法部参与、省市县农业农村和司法行政部门联动的工作机制，形成上下联动、多方协同的工作格局。要将培育农村学法用法示范户工作与创建民主法治示范村、培养法律明白人等工作有机结合，组织广大基层法律服务工作者、普法志愿者对示范户开展服务对接，合力推进培育工作。

（四）强化激励约束

各级农业农村部门、司法行政部门要将农村学法用法示范户培育工作纳入本地"八五"普法规划实施的考核范围。要积极探索提高示范户学法用法积极性的激励机制，将农村学法用法示范户先进典型列入各级普法先进表彰中，引导示范户主动参与乡村治理和乡村建设，在乡村振兴各项事业中发挥重要作用。

农业农村部办公厅　司法部办公厅关于发布农村学法用法示范户标志牌统一样式的通知

农办发〔2022〕2号

各省、自治区、直辖市农业农村（农牧）厅（局、委）、司法厅（局）：

按照《农业农村部、司法部关于印发〈培育农村学法用法示范户实施方案〉的通知》（农法发〔2021〕9号，以下简称《实施方案》）有关要求，农业农村部会同司法部组织设计了农村学法用法示范户标志牌统一样式，现印发给你们。请各地严格落实《实施方案》的要求，结合本地实际，按照实用易行、节约成本的原则，统筹组织好农村学法用法示范户标志牌制作、颁发和示范户认定、公布、备案等工作，主动接受社会和群众监督，积极营造培育农村学法用法示范户的良好氛围。

附件：1.农村学法用法示范户标志牌统一样式
　　　2.农村学法用法示范户标志牌统一样式制作说明

农业农村部办公厅　司法部办公厅
2022年2月28日

附件1

附件2

农村学法用法示范户标志牌统一样式制作说明

材质：钛金/不锈钢

工艺：金属丝网印刷/保护膜/UV印刷

悬挂方式：打钉

厚度：8mm/5mm（折边厚度）

制作请按标准文件执行，不可随意改变间隙位置，只可根据标准文件按比例整体放大或缩小（缩小限度根据工艺实际情况而定）

农业农村部办公厅关于推介农业农村
普法典型案例和优秀视频的通知

农办法函〔2022〕13号

各省、自治区、直辖市及计划单列市农业农村（农牧）厅（局、委），新疆生产建设兵团农业农村局：

按照《农业农村系统法治宣传教育第八个五年规划（2021—2025年）》关于"发布'三农'法治案例"的部署要求，我部于2021年底面向全国征集农业农村普法典型案例和优秀视频，发掘和总结各地普法工作典型经验做法，推动普法更加精准有效地服务保障"三农"中心工作。在各省推荐基础上，聚焦落实普法责任制、畅通普法进村入户"最后一公里"、开展"乡村振兴、法治先行"和"宪法进农村"普法活动等内容，精选了10个案例和8个视频，现印发各地，供交流互鉴。

深入开展法治宣传教育是推进全面依法治国、建设社会主义法治国家的重要基础性工作。全面推进乡村振兴、加快农业农村现代化迫切需要发挥法治的保障作用，做好新形势下农业农村法治宣传教育工作具有特殊重要意义。各级农业农村部门要把普法工作摆上重要工作日程，科学研究制定落实《农业农村系统法治宣传教育第八个五年规划（2021—2025年）》的方案举措，明确重点任务，认真组织实施，着力推动法治理念、法治方法、法治服务进村入户，提升干部群众自觉守法、遇事找法、解决问题靠法能力，建设更加和谐民主的法治乡村，要注重培育、选树、宣传农业农村普法工作的好做法好经验，加强普法工作成果交流，营造尊法学法守法用法的良好氛围。

案例和视频的具体内容通过"全国农业综合行政执法"和"农业农村法治"等微信公众号发布。

附件：1.农业农村普法典型案例
2.农业农村普法优秀视频

农业农村部办公厅
2022年5月19日

附件1

农业农村普法典型案例[1]

1.加强法治文化建设　推动普法工作创新发展（江苏省农业农村厅）

2.构建"立体化"普法格局　打造乡村振兴法治高地（福建省农业农村厅）

3.培育农村学法用法示范户　畅通普法"最后一公里"（江西省农业农村厅）

4.多维度开展普法宣传　全方位助推种业振兴（广东省农业农村厅）

5.用文化搭台　让法律"赶集"（宁夏回族自治区农业农村厅）

6.加强普法宣传　助力乡村振兴（辽宁省营口市农业综合行政执法队）

7.讲学法用法故事　践为民服务初心（上海市浦东新区农业农村委员会）

8.打破传统思维　开启农业农村普法"数字化"新模式（山东省青岛市农业农村局）

9.在普法实效上发力　助力乡村振兴（山西省运城市芮城县农业农村局）

10.创新开展"乡音说法"　深化法治乡村建设（四川省成都市蒲江县农业农村局）

1　具体内容见本书第三章。

附件2

农业农村普法优秀视频

1.学好民法典 生活倍有范（福建省农业农村厅）

2.学习宣贯《植物检疫条例》（广东省农业农村厅）

3.新疆维吾尔自治区实施《农村土地承包法》办法（新疆维吾尔自治区农业农村厅）

4.严格审批宅基地 安居乐业新农村（山西省太原市农业农村局）

5.农膜的循环人生（江苏省常州市新北区农业农村局）

6.我与宪法（江西省九江市农业农村局）

7.长沙市农业综合行政执法局普法视频——动物防疫（湖南省长沙市农业综合行政执法局）

8.农村土地互换纠纷（四川省成都市蒲江县农业农村局）

农业农村部办公厅关于推介农村
学法用法优秀短视频的通知

农办法函〔2022〕25号

各省、自治区、直辖市及计划单列市农业农村（农牧）厅（局、委）：

为深入学习宣传习近平法治思想，贯彻落实《农业农村系统法治宣传教育第八个五年规划（2021—2025年）》，农业农村部组织开展了农村学法用法故事短视频征集活动。各省农业农村部门积极参与选送，在各省推荐基础上，经过严格审核把关，精选出8个农村学法用法优秀短视频。这些短视频采用纪实拍摄、情景短剧、曲艺表演、音乐短片等形式，对农村学法用法情况进行了生动描绘和展示。现将农村学法用法优秀短视频名单印发各地，视频内容通过"全国农业综合行政执法"和"农业农村法治"等微信公众号发布，供交流互鉴。

培育农村学法用法示范户是落实习近平总书记关于提高普法针对性和实效性要求的重要举措，是构建新时代农业农村法治宣传教育机制、畅通法律进村入户"最后一公里"的创新方式，是提升农民群众法治素养、增强乡村依法治理能力的重要途径。各地农业农村部门要全面贯彻落实党的二十大精神，按照中央关于深入开展法治宣传教育、增强全民法治观念的决策部署，不断完善工作机制，落实落细工作举措，加快培育农村学法用法示范户，引导农民群众做社会主义法治的忠实崇尚者、自觉遵守者、坚定捍卫者。要巩固拓展农村学法用法示范户培育工作成果，深入发掘和推广典型经验做法，讲好发生在农民群众身边的学法用法故事，为全面推进乡村振兴培养法律人才、夯实法治根基。

附件：农村学法用法优秀短视频名单

农业农村部办公厅
2022年12月9日

附件

农村学法用法优秀短视频名单

1.两轮跑出的普法路——福建省福州市罗源县松山镇北山村农村学法用法示范户于子赤的故事

2.长乐长安有法宝——福建省福州市长乐区长安村农村学法用法示范户林木春的故事

3.与法同行，我们的日子一定会更红火——安徽省滁州市全椒县农村学法用法示范户张银花的故事

4.带你学习民法典——江西省萍乡市农村学法用法示范户邹鹏、彭方萍乡春锣表演

5.听我说唱来普法——广东省广州市南沙区东涌镇小乌村、榄核镇湴湄村农村学法用法示范户集体说唱表演

6.畅通普法"最后一公里"，我们在路上——江苏省无锡市惠山区农村学法用法示范户工作纪实

7.学法用法，助农维权——江苏省徐州市沛县农村学法用法示范户刘培振的故事

8.学法用法结对子，携手共育示范户——陕西省宝鸡市农业综合执法人员与农村学法用法示范户"结对子"工作纪实

1　　　　2　　　　3　　　　4

5　　　　6　　　　7　　　　8

农业农村部关于进一步深化
"放管服"改革的意见

农法发〔2022〕2号

各省、自治区、直辖市农业农村（农牧）、畜牧兽医、农垦、渔业厅（局、委），新疆生产建设兵团农业农村局，部机关各司局、派出机构，各直属单位：

为进一步深化农业农村领域"放管服"改革、持续优化营商环境，深入贯彻《国务院关于加快推进政务服务标准化规范化便利化的指导意见》（国发〔2022〕5号）、《国务院办公厅关于全面实行行政许可事项清单管理的通知》（国办发〔2022〕2号）和《国务院办公厅关于加快推进电子证照扩大应用领域和全国互通互认的意见》（国办发〔2022〕3号）部署要求，现提出以下意见。

一、总体要求

（一）指导思想

深化农业农村领域"放管服"改革工作，要以习近平新时代中国特色社会主义思想为指导，全面贯彻党的十九大和十九届历次全会精神，认真贯彻党中央、国务院决策部署，不断推进政府治理体系和治理能力现代化，严格落实行政许可事项清单管理，加强事前事中事后全链条全领域监管，持续推进政务服务标准化、规范化、便利化，更大激发市场活力和社会创造力，切实增强农业农村领域市场主体的获得感，助推乡村振兴战略全面实施。

（二）工作目标

2022年底前，构建形成全国统筹、分级负责、事项统一、权责清晰的农业农村领域行政许可事项清单体系，依法设定的行政许可事项全部纳入清单管理，对清单内事项逐项编制发布实施规范；编制农业农村领域政务服务事项基本目录，政务服务平台服务能力显著增强；制定完善农业农村领域常用证照的电子证照标准，推动电子证照应用和共享。到2025年，实现同一行政许可事项在不同地区和层级同要素管理、同标准办理；政务服务线上线下协调发展，标准化、规范化、便利化水平大幅提升；电子证照应用制度规则逐步健全，实现跨层级、跨地域、跨部门共享互认互信。

二、基本原则

（一）坚持便民高效

强化服务意识，创新服务方式，从企业和群众的需求出发，破除束缚企业发展的不合理障碍，便利企业群众生产经营与办事创业，践行全心全意为人民服务的宗旨。

（二）坚持市场导向

处理好政府和市场的关系，使市场在资源配置中起决定性作用和更好发挥政府作用，为市场主体营造稳定、公平、透明、可预期的环境，激发市场活力和社会创造力。

（三）坚持法治引领

强化法治思维，依法保护各类市场主体合法权益，用法治巩固和深化"放管服"改革成果，提高监管的精准性、有效性，使改革与建设法治政府、推进依法行政协同推进，相辅相成。

（四）坚持系统推进

建立完善协同高效的"放管服"改革工作推进机制，分级负责、协同联动，将简政放权、放管结合、优化服务与全面实施乡村振兴战略紧密衔接、整体谋划、统筹推进。

三、严格落实行政许可事项清单管理

（一）依法编制行政许可事项清单

编制并公布国家、省、市、县四级行政许可事项清单，形成清单体系。地方各级农业农村部门要按照清单编制的责任、程序和要求，梳理上级设定、本地区实施的行政许可事项和本地区地方性法规、省级政府规章设定的行政许可事项，编制本部门行政许可事项清单，逐项明确事项名称、主管部门、实施机关、设定和实施依据等基本要素。上级设定、本地区实施的行政许可事项及其基本要素，不得超出上级清单的范围，确保事项同源、统一规范。各级农业农村部门在起草或修改法律、法规、规章草案时拟新设或者调整行政许可的，应当充分研究论证，并在起草说明中专门作出说明。因修改法律、法规、规章或深化行政审批制度改革需要调整行政许可事项清单的，应当按照相关程序提出调整申请。上级清单作出动态调整的，下级清单要及时相应调整。行政许可事项清单调整时，要同步申请调整政务服务事项基本目录，实现政务服务事项数据同源、动态更新、联动管理。

（二）科学制定行政许可实施规范

农业农村部行政审批相关司局对《法律、行政法规、国务院决定设定的行政许可事项清单（2022年版，农业农村部门）》（以下简称"农业农村部门清单"，见附件）中的行政许可事项，要逐项制定实施规范。按照依法行政、利企便民、准确规范的原则，逐一确定子项、办理项，明确许可条件、申请材料、中介服务、审批程序、审批时限、收费、许可证件、数量限制、年检年报等内容，防止出现漏项、错项、含义模糊等情况。相关司局于2022年5月底前将实施规范报农业农村部法规司审查后，报送国务院办公厅政府职能转变办公室审核，6月底前通过农业农村部网站、全国一体化政务服务平台集中向社会公布，接受社会监督。各地农业农村部门应当根据本地区统一部署，制定地方性法规、省级政府规章设定的行政许可事项实施规范。对于地区间实施规范存在差异的事项，农业农村部行政审批相关司局应当及时了解、及时解决，制定衔接办法，推动行政许可事项在不同地区和层级同要素管理、同标准办理。

（三）优化完善行政许可办事指南

农业农村部行政审批相关司局要依据行政许可实施规范，优化完善部本级实施的行政许可事项办事指南，于2022年8月底前报农业农村部法规司审核，9月底前通过农业农村部网站、全国一体化政务服务平台向社会公布。办事指南不得随意增加许可条件、申请材料、中介服务、审批环节、收费、数量限制等内容，但可以作出有利于行政相对人的合理优化调整。

（四）依法依规实施行政许可

实施规范和办事指南一经公布，各级农业农村部门应当严格遵照执行，建立健全监督机制，防止在审批过程中出现违规增设条件和材料、超期审批、吃拿卡要等违法违规行为。严格落实清单之外一律不得违法实施行政许可的要求，清理整治以备案、证明、目录、计划、规划、指定、认证、年检等名义实施的变相许可。加强《农业农村部行政许可实施管理办法》的宣传培训和贯彻落实，规范行政许可条件的设定和调整，严格行政许可申请、受理、审查、决定程序要求，严查行政许可实施中的不规范行为。

四、加强事前事中事后全链条全领域监管

（一）明确监管重点

对列入农业农村部门清单的事项，各级农业农村部门要实施有针对性、差异化的监管政策，提升监管的精准性和有效性。对直接涉及公共安全、公众健康，以及潜在风险大、社会风险高的重点领域，要依法依规重点监管，守牢质量和安全底线。与行政许可事项对应的监管事项，要纳入"互联网＋监管"平台监管事项动态管理系统。

（二）落实监管主体

各级农业农村部门要严格依照法律法规和"三定"规定确定监管主体，法律法规和"三定"规定未明确监管职责的，按照"谁审批、谁监管，谁主管、谁监管"的原则确定监管主体。实行相对集中行政许可权改革的地区，按照改革方案确定监管职责。

（三）完善监管规则标准

农业农村部行政审批相关司局要围绕农业农村部门清单，按照事项或领域逐一制定并公布全国统一、简明易行、科学合理的监管规则和标准。地方农业农村部门应根据本地区有关部门统一部署，制定地方性法规、省级政府规章设定的行政许可事项的监管规则和标准。对已经取消和下放的行政许可事项要继续深入梳理，对监管层级、监管部门不明确，以及监管规则、标准缺失或者难以适应当前形势需要的，要及时补充完善。

五、持续推进政务服务标准化规范化便利化

（一）编制政务服务事项基本目录

政务服务事项包括依申请办理的行政权力事项和公共服务事项，行政权力事项主要是指行政许可、行政确认、行政裁决、行政给付、行政奖励、行政备案等。农业农村部相关司局负责编制本司局职责范围内由农业农村部实施的和指定地方实施的政务服务事项基本目录，于2022年10月底前报农业农村部法规司审查后，报送国务院办公厅审核并统一公布。地方农业农村部门根据国家政务服务事项基本目录和本地实际，修订完善本地区政务服务事项基本目录。

（二）推进政务服务标准化

农业农村部相关司局要依据农业农村领域政务服务事项目录，明确政务服

务事项拆分标准，在推进名称、编码、依据、类型等基本要素"四级四同"基础上，推动逐步实现同一政务服务事项受理条件、服务对象、办理流程、申请材料、法定办结时限、办理结果等要素在全国范围内统一，形成政务服务事项实施清单。

（三）推进政务服务规范化

各级农业农村部门应当严格按照政务服务事项实施清单提供办事服务，不得额外增加或变相增加办理环节和申请材料，对中介服务、现场勘验、技术审查、听证论证等程序实施清单化管理。规范政务服务场所设立、窗口设置及业务办理，统筹网上办事入口，规范网上办事指引，提升网上办事深度。

（四）推进政务服务便利化

除直接涉及国家安全、国家秘密、公共安全、生态环境保护，直接关系人身健康、生命财产安全，以及重要涉外等风险较大、纠错成本较高、损害难以挽回的政务服务事项外，各级农业农村部门要按照最大限度利企便民原则，采取告知承诺制方式办理。完善容缺受理服务机制，依法依规编制并公布可容缺受理的政务服务事项清单，明确事项名称、主要申请材料和可容缺受理的材料。

（五）推动电子证照扩大应用范围

各级农业农村部门要按照国务院统一部署，加快制定完善农业农村领域电子证照有关标准和签发规则；抓紧推动有效期内存量实体证照电子化，明确实体证照数据要素缺失、颁发机构调整等情况的处理方式，统筹建设完善电子证照库，按照"应归尽归"原则将电子证照信息汇聚至国家政务服务平台，不断提高电子证照数据完整性、准确性和共享实效性。在办理行政许可事项过程中，凡是通过电子证照可以获取的信息，不再要求企业和群众提供相应材料。

六、保障措施

（一）加强组织领导

充分发挥农业农村部推进职能转变和"放管服"改革工作领导小组在组织推动落实、解决重大问题等方面的作用，形成推动农业农村领域"放管服"改革发展合力。地方各级农业农村部门要健全工作机制，强化责任落实，扎实推进各项工作。

（二）加强统筹协调

农业农村部推进职能转变和"放管服"改革工作领导小组各成员单位要主

动协调、督促指导地方行政许可事项清单管理、电子证照应用、政务服务优化等工作。省级农业农村部门要加强与部内有关司局的沟通衔接，化解工作中遇到的问题，总结典型经验和做法。

（三）加强督促落实

各级农业农村部门要加强对行政许可事项清单实施情况的动态评估和全程监督，确保电子证照应用工作安全有序推进。畅通投诉举报渠道，依托"12345政务服务便民热线"、政务服务"好差评"系统、部门门户网站等接受社会监督。

（四）加强培训宣传

各级农业农村部门要认真学习、深刻领会党中央、国务院关于深化"放管服"改革、优化营商环境的一系列决策部署要求，将其列入行业培训的重要内容。加大对行政许可事项清单实施、电子证照应用等工作的宣传力度，及时回应社会关切，营造良好氛围。

附件：法律、行政法规、国务院决定设定的行政许可事项清单（2022年版，农业农村部门）

农业农村部

2022年4月6日

附件

法律、行政法规、国务院决定设定的行政许可事项清单
（2022年版，农业农村部门）

序号	中央主管部门	许可事项名称	实施机关	设定依据
1	农业农村部	农药登记	农业农村部（部分由省级农业农村部门受理）	《农药管理条例》
2	农业农村部	农药登记试验单位认定	农业农村部	《农药管理条例》
3	农业农村部	农药生产许可	省级农业农村部门	《农药管理条例》
4	农业农村部	农药经营许可	省级、设区的市级、县级农业农村部门	《农药管理条例》
5	农业农村部	农药广告审查	省级农业农村部门	《中华人民共和国广告法》
6	农业农村部	肥料登记	农业农村部（由省级农业农村部门受理）；省级农业农村部门	《中华人民共和国土壤污染防治法》《肥料登记管理办法》（农业部令2000年第32号公布，农业部令2017年第8号、农业农村部令2022年第1号修正）
7	农业农村部	新饲料、新饲料添加剂证书核发	农业农村部	《饲料和饲料添加剂管理条例》

序号	中央主管部门	许可事项名称	实施机关	设定依据
8	农业农村部	进口饲料和饲料添加剂登记	农业农村部	《饲料和饲料添加剂管理条例》
9	农业农村部	饲料添加剂产品批准文号核发	省级农业农村部门	《饲料和饲料添加剂管理条例》
10	农业农村部	从事饲料、饲料添加剂生产的企业审批	省级农业农村部门	《饲料和饲料添加剂管理条例》
11	农业农村部	新兽药研制、注册审批	农业农村部	《兽药管理条例》
12	农业农村部	兽药产品批准文号核发及标签、说明书审批	农业农村部	《兽药管理条例》
13	农业农村部	兽药生产许可	省级畜牧兽医部门	《兽药管理条例》
14	农业农村部	兽药经营许可	省级、设区的市级、县级畜牧兽医部门	《兽药管理条例》
15	农业农村部	进口兽药注册和兽药进口审批	农业农村部	《兽药管理条例》
16	农业农村部	兽医微生物菌、毒种进出口审批	农业农村部	《国务院对确需保留的行政审批项目设定行政许可的决定》《动物病原微生物菌（毒）种保藏管理办法》（农业部令2008年第16号公布，农业部令2016年第3号修正）
17	农业农村部	兽药广告审批	农业农村部；省级畜牧兽医部门	《中华人民共和国广告法》《兽药管理条例》

序号	中央主管部门	许可事项名称	实施机关	设定依据
18	农业农村部	国家重点保护的天然种质资源的采集、采伐批准	省级农业农村部门	《中华人民共和国种子法》
19	农业农村部	农作物种子生产经营许可	农业农村部；省级、设区的市级、县级农业农村部门	《中华人民共和国种子法》《农业转基因生物安全管理条例》
20	农业农村部	食用菌菌种生产经营许可	省级农业农村部门（由县级农业农村部门受理）；县级农业农村部门	《中华人民共和国种子法》《食用菌菌种管理办法》（农业部令2015年第1号修正）
21	农业农村部	农作物种子、食用菌菌种质量检验机构资质认定	省级农业主管部门	《中华人民共和国种子法》
22	农业农村部	对外提供种质资源与农作物种子、食用菌菌种进出口审批	农业农村部；省级农业农村部门	《中华人民共和国种子法》
23	农业农村部	向外国人转让农业植物新品种申请权或品种权审批	农业农村部	《中华人民共和国植物新品种保护条例》
24	农业农村部	使用低于国家或地方规定的种用标准的农作物种子审批	省级、设区的市级、县级政府（由农业农村部门承办）	《中华人民共和国种子法》
25	农业农村部	畜禽、蜂、蚕遗传资源引进、输出、对外合作研究审批	农业农村部门〔由省农业农村（蜂业、蚕业）部门受理〕；省级农业农村（蜂业、蚕业）部门	《中华人民共和国畜牧法》《蚕种管理办法》（农业部令2006年第68号）
26	农业农村部	培育新的畜品种、配套系中间试验审批	省级畜牧兽医部门	《中华人民共和国畜牧法》
27	农业农村部	新选育或引进蚕品种中间试验审批	省级农业农村（蚕业）部门	《中华人民共和国畜牧法》《蚕种管理办法》（农业部令2006年第68号）

序号	中央主管部门	许可事项名称	实施机关	设定依据
28	农业农村部	种畜禽生产经营许可	农业农村部；省级、设区的市级、县级农业农村部门	《中华人民共和国畜牧法》 《农业转基因生物安全管理条例》 《养蜂管理办法（试行）》（农业部公告第 1692 号）
29	农业农村部	蚕种生产经营许可	省级农业农村（蚕业）部门〔由设区的市级、县级农业农村（蚕业）部门受理〕	《中华人民共和国畜牧法》 《蚕种管理办法》（农业部令 2006 年第 68 号）
30	农业农村部	从国外引进农业种子、苗木检疫审批	农业农村部（由省级农业农村检疫机构或者其所属的植物检疫机构受理）；省级农业农村部门或者其所属的植物检疫机构	《植物检疫条例》 《植物检疫条例实施细则（农业部分）》（农业部令 1995 年第 5 号公布，农业部令 2007 年第 6 号修正）
31	农业农村部	农业植物检疫证书核发	省级、设区的市级、县级农业农村部门或者其所属的植物检疫机构	《植物检疫条例》
32	农业农村部	农业植物产地检疫证签发	省级、设区的市级、县级农业农村部门或者其所属的植物检疫机构	《植物检疫条例》
33	农业农村部	出口国家重点保护的农业野生植物或者进出口中国参加的国际公约限制进出口的农业野生植物审批	省级农业农村部门	《中华人民共和国野生植物保护条例》
34	农业农村部	农业野生植物采集、出售、收购、野外考察审批	省级农业农村部门或者其授权机构（采集国家二级保护野生植物的，由省级农业农村部门受理）	《中华人民共和国野生植物保护条例》
35	农业农村部	农业转基因生物研究、试验、加工、进口和广告审批	农业农村部；省级农业农村部门	《农业转基因生物安全管理条例》（农业部令 2002 年第 9 号公布，农业部令 2017 年第 8 号修正） 《农业转基因生物进口安全管理办法》 《农业转基因加工审批办法》（农业部令 2006 年第 59 号）

序号	中央主管部门	许可事项名称	实施机关	设定依据
36	农业农村部	运输高致病性病原微生物菌、毒种或者样本审批	农业农村部（由省级畜牧兽医部门受理）；省级畜牧兽医部门	《病原微生物实验室生物安全管理条例》
37	农业农村部	高致病性病原微生物实验室实验活动审批	农业农村部（实验活动由省级畜牧兽医部门受理）；省级畜牧兽医部门	《病原微生物实验室生物安全管理条例》
38	农业农村部	动物及动物产品检疫合格证核发	省级、设区的市级、县级动物卫生监督机构	《中华人民共和国动物防疫法》《动物检疫管理办法》（农业农村部令2019年第2号修正）
39	农业农村部	动物防疫条件合格证核发	省级、设区的市级、县级农业农村部门	《中华人民共和国动物防疫法》
40	农业农村部	向无规定动物疫病区输入易感动物、动物产品的检疫审批	省级动物卫生监督机构	《中华人民共和国动物防疫法》《动物检疫管理办法》（农业农村部令2019年第2号修正）
41	农业农村部	动物诊疗许可	设区的市级、县级农业农村部门	《动物诊疗机构管理办法》（农业部令2017年第8号修正）
42	农业农村部	执业兽医资格认定	省级农业农村部门	《中华人民共和国动物防疫法》《国家职业资格目录（2021年版）》
43	农业农村部	家畜繁殖员职业资格认定	农业农村部	《中华人民共和国畜牧法》《国家职业资格目录（2021年版）》
44	农业农村部	生猪定点屠宰厂（场）设置审查	设区的市级政府（由农业农村部门承办）	《生猪屠宰管理条例》
45	农业农村部	生鲜乳收购站许可	县级畜牧兽医部门	《乳品质量安全监督管理条例》

序号	中央主管部门	许可事项名称	实施机关	设定依据
46	农业农村部	生鲜乳准运证明核发	县级畜牧兽医部门	《乳品质量安全监督管理条例》
47	农业农村部	拖拉机和联合收割机驾驶证核发	县级农业农村部门	《中华人民共和国道路交通安全法》《农业机械安全监督管理条例》
48	农业农村部	拖拉机和联合收割机登记	县级农业农村部门	《中华人民共和国道路交通安全法》《农业机械安全监督管理条例》
49	农业农村部	农产品质量安全检测机构考核	农业农村部；省级农业农村部门	《中华人民共和国农产品质量安全法》《农产品质量安全检测机构考核办法》（农业部令2017年第8号修正）
50	农业农村部	工商企业等社会资本通过流转取得土地经营权审批	省级、设区的市级、县级、乡镇政府（由农业农村部门或者农村经营管理部门承办）	《中华人民共和国农村土地承包法》《农村土地经营权流转管理办法》（农业农村部2021年第1号）
51	农业农村部	农村村民宅基地审批	乡镇政府	《中华人民共和国土地管理法》
52	农业农村部	猎捕国家重点保护生野生动物审批	农业农村部（由省级渔业部门受理）；省级农业农村部门	《中华人民共和国野生动物保护法》《中华人民共和国水生野生动物保护实施条例》
53	农业农村部	出售、购买、利用国家重点保护水生野生动物及其制品审批	农业农村部（由省级渔业部门受理）；省级渔业部门	《中华人民共和国野生动物保护法》《中华人民共和国水生野生动物保护实施条例》《国家林业局、农业部公告（2017年第14号）》
54	农业农村部	人工繁育国家重点保护水生野生动物审批	农业农村部（由省级渔业部门受理）；省级渔业部门	《中华人民共和国野生动物保护法》《中华人民共和国野生水生动物利用特许办法》（1999年第15号公布，农业部令2017年第8号修正）《国家林业局、农业部公告（2017年第14号）》

序号	中央主管部门	许可事项名称	实施机关	设定依据
55	农业农村部	水生野生动物或者其制品进出口审批	农业农村部	《中华人民共和国野生动物保护法》
56	农业农村部	外国人在我国对国家重点保护水生野生动物或者在野外拍摄电影、录像等活动审批	省级渔业部门	《中华人民共和国野生动物保护法》
57	农业农村部	建设禁渔区线内侧的人工鱼礁审批	省级渔业部门或者其授权单位	《中华人民共和国渔业法实施细则》
58	农业农村部	渔业船舶船员证书核发	省级、设区的市级、县级渔业部门	《中华人民共和国渔港水域交通安全管理条例》《中华人民共和国渔业船员管理办法》（农业部令2017年第8号修正）《国家职业资格目录（2021年版）》（国务院公布，农业部令2014年第4号）
59	农业农村部	水产苗种进出口审批	农业农村部（由省级渔业部门受理）；省级渔业部门	《中华人民共和国渔业法》《水产苗种管理办法》（农业部令2005年第46号）
60	农业农村部	水产苗种生产经营审批	农业农村部；省级、设区的市级、县级渔业部门	《中华人民共和国渔业法》《水产苗种管理办法》（农业部令2005年第46号）《农业转基因生物安全管理条例》
61	农业农村部	水域滩涂养殖证核发	省级、设区的市级、县级政府（由渔业部门承办）	《中华人民共和国渔业法》
62	农业农村部	围垦沿海滩涂审批	省级、设区的市级、县级政府（由其指定部门承办）	《中华人民共和国渔业法》
63	农业农村部	渔业船网工具指标审批	农业农村部（由省级渔业部门受理）；省级、设区的市级渔业部门	《中华人民共和国渔业法》《渔业捕捞许可管理规定》（农业农村部令2018年第1号）

序号	中央主管部门	许可事项名称	实施机关	设定依据
64	农业农村部	渔业捕捞许可	农业农村部（部分由省级渔业部门受理）；省级、设区的市级、县级渔业部门	《中华人民共和国渔业法》《中华人民共和国渔业法实施细则》《渔业捕捞许可管理规定》（农业农村部令2018年第1号）
65	农业农村部	远洋渔业审批	农业农村部	《中华人民共和国渔业法》《国务院关于深化"证照分离"改革进一步激发市场主体发展活力的通知》（国发〔2021〕7号）
66	农业农村部	专用航标的设置、撤除、位置移动和其他状况改变审批	省级、设区的市级、县级渔业部门	《中华人民共和国航标条例》《渔业航标管理办法》（农业部令2008年第13号）
67	农业农村部	渔港内新建、改建、扩建设施或者其他水上、水下施工审批	省级、设区的市级、县级渔业部门	《中华人民共和国渔港水域交通安全管理条例》
68	农业农村部	渔港内易燃、易爆、有毒等危险品装卸审批	省级、设区的市级、县级渔业部门	《中华人民共和国渔港水域交通安全管理条例》
69	农业农村部	渔业船舶国籍登记	省级、设区的市级、县级渔业部门	《中华人民共和国渔港水域交通安全管理条例》《中华人民共和国渔业船舶登记办法》（农业部令2013年第5号公布，农业农村部2012年第8号公布，农业部令第5号修正）

图书在版编目（CIP）数据

农业农村法治发展报告.2022年度／农业农村部法规司编.—北京：中国农业出版社，2023.7
　ISBN 978-7-109-30887-9

　Ⅰ.①农…　Ⅱ.①农…　Ⅲ.①农村－法治－发展－研究报告－中国－2022　Ⅳ.①D920.0

中国国家版本馆CIP数据核字（2023）第126873号

NONGYE NONGCUN FAZHI FAZHAN BAOGAO 2022 NIANDU

中国农业出版社出版

地址：北京市朝阳区麦子店街18号楼
邮编：100125
责任编辑：陈　亭　　文字编辑：吴沁茹
版式设计：王　怡　　责任校对：吴丽婷　　责任印制：王　宏
印刷：北京通州皇家印刷厂
版次：2023年7月第1版
印次：2023年7月北京第1次印刷
发行：新华书店北京发行所
开本：700mm×1000mm　1/16
印张：30
字数：605千字
定价：88.00元